대한민국 법령 시리즈 233

항공안전법

법령

시행령

시행규칙

해광출판사

머리말

이 책은 방대한 법전을 보지 않고 간편하게 해당되는 법령만 참고해서 볼 수 있도록 하였습니다. 공공기관이나 관련 종사자들이 쉽고 간편하게 해당 법령을 참조 할 수 있도록 하였습니다.

특히 해당법률은 물론 관련 시행령, 시행규칙을 함께 실어 관련법을 서로 참고할 수 있게 하였습니다.

법률이라는 것이 크든 작든 항상 변하는 관계로, 출간 이후의 정확하고 최신의 법률은 법제처 국가법령정보센터에서 확인이 가능하니 법률의 실제 적용 시 확인이 필요한 점 유의하기를 바랍니다.

편집부

* 수록 법률은 법제처 국가법령정보센터에서 확인 가능합니다.
* 발행일 기준 시행 법률이므로 최신 법령은 위 센터에서 볼 수 있습니다.
* 본 책자에 수록된 법률의 문구에 대하여 법적인 효력은 없으며,
  실제 적용 법률은 위 센터에서 최신의 법률로 확인하시기 바랍니다.
* 해당 법령과 함께 시행령, 시행규칙도 수록되어 있습니다.
* 발행일 기준으로 개정 예정 법률은 밑줄로 별도 표시되어 있으며,
  보다 정확한 것은 법제처에서 확인하기 바랍니다.

목차

항공안전법

[시행 2025. 8. 28.] [법률 제20981호, 2025. 5. 27., 일부개정]

**개정 예정 법률 밑줄 별도 표시.

항공안전법

[시행 2025. 8. 28.] [법률 제20981호, 2025. 5. 27., 일부개정]

제1장 총칙

제1조(목적) 이 법은 「국제민간항공협약」 및 같은 협약의 부속서에서 채택된 표준과 권고되는 방식에 따라 항공기, 경량항공기 또는 초경량비행장치의

안전하고 효율적인 항행을 위한 방법과 국가, 항공사업자 및 항공종사자 등의 의무 등에 관한 사항을 규정함을 목적으로 한다. 〈개정 2019. 8. 27.〉

제2조(정의) 이 법에서 사용하는 용어의 뜻은 다음과 같다. 〈개정 2019. 8. 27., 2021. 5. 18., 2023. 4. 18., 2024. 3. 19.〉

1. "항공기"란 공기의 반작용(지표면 또는 수면에 대한 공기의 반작용은 제외한다. 이하 같다)으로 뜰 수 있는 기기로서 최대이륙중량, 좌석 수 등 국토교통부령으로 정하는 기준에 해당하는 다음 각 목의 기기와 그 밖에 대통령령으로 정하는 기기를 말한다.

가. 비행기

나. 헬리콥터

다. 비행선

라. 활공기(滑空機)

2. "경량항공기"란 항공기 외에 공기의 반작용으로 뜰 수 있는 기기로서 최대이륙중량, 좌석 수 등 국토교통부령으로 정하는 기준에 해당하는 비행기, 헬리콥터, 자이로플레인(gyroplane) 및 동력패러슈트(powered parachute) 등을 말한다.

3. "초경량비행장치"란 항공기와 경량항공기 외에 공기의 반작용으로 뜰 수 있는 장치로서 자체중량, 좌석 수 등 국토교통부령으로 정하는

정하는 기준에 해당하는 동력비행장치, 행글라이더, 패러글라이더, 기구류 및 무인비행장치 등을 말한다.

4. “국가기관등항공기”란 국가, 지방자치단체, 그 밖에 「공공기관의 운영에 관한 법률」에 따른 공공기관으로서 대통령령으로 정하는 공공기관(이하 “국가기관등”이라 한다)이 소유하거나 임차(賃借)한 항공기로서 다음 각 목의 어느 하나에 해당하는 업무를 수행하기 위하여 사용되는 항공기를 말한다. 다만, 군용·경찰용·세관용 항공기는 제외한다.

가. 재난·재해 등으로 인한 수색(搜索)·구조

나. 산불의 진화 및 예방

다. 응급환자의 후송 등 구조·구급활동

라. 그 밖에 공공의 안녕과 질서유지를 위하여 필요한 업무

5. “항공업무”란 다음 각 목의 어느 하나에 해당하는 업무를 말한다.

가. 항공기의 운항(무선설비의 조작을 포함한다) 업무(제46조에 따른 항공기 조종연습은 제외한다)

나. 항공교통관제(무선설비의 조작을 포함한다) 업무(제47조에 따른 항공교통관제연습은 제외한다)

다. 항공기의 운항관리 업무

라. 정비·수리·개조(이하 “정비등”이라 한다)된 항공기·발동기·프로펠러(이하 “항공기등”이라 한다), 장비품 또는 부품에 대하여 안전하게 운용할 수 있는 성능(이하 “감항성”이라 한다)이 있는지를 확인하는 업무 및 경량항공기 또는 그 장비품·부품의 정비사항을 확인하는 업무

6. “항공기사고”란 사람이 비행을 목적으로 항공기에 탑승하였을 때부터 탑승한 모든 사람이 항공기에서 내릴 때까지[사람이 탑승하지 아니하고 원격조종 등의 방법으로 비행하는 항공기(이하 “무인항공기”라 한다)의 경우에는 비행을 목적으로 움직이는 순간부터 비행이 종료되어 발동기가 정지되는 순간까지를 말한다] 항공기의 운항과 관련하여 발생한 다음 각 목의 어느 하나에 해당하는 것으로서 국토교통부령으로 정하는 것을 말한다.

가. 사람의 사망, 중상 또는 행방불명

나. 항공기의 파손 또는 구조적 손상

다. 항공기의 위치를 확인할 수 없거나 항공기에 접근이 불가능

한 경우

7. “경량항공기사고”란 비행을 목적으로 경량항공기의 발동기가 시동되는 순간부터 비행이 종료되어 발동기가 정지되는 순간까지 발생한 다음 각 목의 어느 하나에 해당하는 것으로서 국토교통부령으로 정하는 것을 말한다.

가. 경량항공기에 의한 사람의 사망, 중상 또는 행방불명

나. 경량항공기의 추락, 충돌 또는 화재 발생

다. 경량항공기의 위치를 확인할 수 없거나 경량항공기에 접근이 불가능한 경우

8. “초경량비행장치사고”란 초경량비행장치를 사용하여 비행을 목적으로 이륙[이수(離水)를 포함한다. 이하 같다]하는 순간부터 착륙[착수(着水)를 포함한다. 이하 같다]하는 순간까지 발생한 다음 각 목의 어느 하나에 해당하는 것으로서 국토교통부령으로 정하는 것을 말한다.

가. 초경량비행장치에 의한 사람의 사망, 중상 또는 행방불명

나. 초경량비행장치의 추락, 충돌 또는 화재 발생

다. 초경량비행장치의 위치를 확인할 수 없거나 초경량비행장치에 접근이 불가능한 경우

9. “항공기준사고”(航空機準事故)란 항공안전에 중대한 위해를 끼쳐 항공기사고로 이어질 수 있었던 것으로서 국토교통부령으로 정하는 것을 말한다.

10. “항공안전장애”란 항공기사고 및 항공기준사고 외에 항공기의 운항 등과 관련하여 항공안전에 영향을 미치거나 미칠 우려가 있는 것을 말한다.

10의2. “항공안전위해요인”이란 항공기사고, 항공기준사고 또는 항공안전장애를 발생시킬 수 있거나 발생 가능성의 확대에 기여할 수 있는 상황, 상태 또는 물적·인적요인 등을 말한다.

10의3. “위험도”(Safety risk)란 항공안전위해요인이 항공안전을 저해하는 사례로 발전할 가능성과 그 심각도를 말한다.

10의4. “항공안전데이터”란 항공안전의 유지 또는 증진 등을 위하여 사용되는 다음 각 목의 자료를 말한다.

가. 제33조에 따른 항공기 등에 발생한 고장, 결함 또는 기능장애에 관한 보고

나. 제58조제4항에 따른 비행자료 및 분석결과

다. 제58조제5항에 따른 레이더 자료 및 분석결과

라. 제59조 및 제61조에 따라 보고된 자료

마. 제60조 및 「항공·철도 사고조사에 관한 법률」 제19조에 따른 조사결과

바. 제132조에 따른 항공안전 활동 과정에서 수집된 자료 및 결과보고

사. 「기상법」 제12조에 따른 기상업무에 관한 정보

아. 「항공사업법」 제2조제34호에 따른 공항운영자(이하 "공항운영자"라 한다)가 항공안전관리를 위해 수집·관리하는 자료 등

자. 「항공사업법」 제6조제1항 각 호에 따라 구축된 시스템에서 관리되는 정보

차. 「항공사업법」 제68조제4항에 따른 업무수행 중 수집한 정보·통계 등

카. 항공안전을 위해 국제기구 또는 외국정부 등이 우리나라와 공유한 자료

타. 그 밖에 국토교통부령으로 정하는 자료

10의5. "항공안전정보"란 항공안전데이터를 안전관리 목적으로 사용하기 위하여 가공(加工)·정리·분석한 것을 말한다.

11. "비행정보구역"이란 항공기, 경량항공기 또는 초경량비행장치의 안전하고 효율적인 비행과 수색 또는 구조에 필요한 정보를 제공하기 위한 공역(空域)으로서 「국제민간항공협약」 및 같은 협약 부속서에 따라 국토교통부장관이 그 명칭, 수직 및 수평 범위를 지정·공고한 공역을 말한다.

12. "영공"(領空)이란 대한민국의 영토와 「영해 및 접속수역법」에 따른 내수 및 영해의 상공을 말한다.

13. "항공로"(航空路)란 국토교통부장관이 항공기, 경량항공기 또는 초경량비행장치의 항행에 적합하다고 지정한 지구의 표면상에 표시한 공간의 길을 말한다.

14. "항공종사자"란 제34조제1항에 따른 항공종사자 자격증명을 받은 사람을 말한다.

15. "모의비행훈련장치"란 항공기의 조종실을 동일 또는 유사하게 모방한 장치로서 국토교통부령으로 정하는 장치를 말한다.

16. "운항승무원"이란 제35조제1호부터 제6호까지의 어느 하나에 해당하는 자격증명을 받은 사람으로서 항공기에 탑승하여 항공업무에 종사하는 사람을 말한다.

17. "객실승무원"이란 항공기에 탑승하여 비상시 승객을 탈출시키는 등 승객의 안전을 위한 업무를 수행하는 사람을 말한다.

18. "계기비행"(計器飛行)이란 항공기의 자세 · 고도 · 위치 및 비행방향의 측정을 항공기에 장착된 계기에만 의존하여 비행하는 것을 말한다.

19. "계기비행방식"이란 계기비행을 하는 사람이 제84조제1항에 따라 국토교통부장관 또는 제85조제1항에 따른 항공교통업무증명(이하 "항공교통업무증명"이라 한다)을 받은 자가 지시하는 이동 · 이륙 · 착륙의 순서 및 시기와 비행의 방법에 따라 비행하는 방식을 말한다.

20. "피로위험관리시스템"이란 운항승무원과 객실승무원이 충분한 주의력이 있는 상태에서 해당 업무를 할 수 있도록 피로와 관련한 위험요소를 경험과 과학적 원리 및 지식에 기초하여 지속적으로 감독하고 관리하는 시스템을 말한다.

21. "비행장"이란 「공항시설법」 제2조제2호에 따른 비행장을 말한다.

22. "공항"이란 「공항시설법」 제2조제3호에 따른 공항을 말한다.

23. "공항시설"이란 「공항시설법」 제2조제7호에 따른 공항시설을 말한다.

24. "항행안전시설"이란 「공항시설법」 제2조제15호에 따른 항행안전시설을 말한다.

24의2. "항공교통관리"란 항공교통 및 공역을 안전하고 효율적인 방법으로 통합 관리하는 업무로서 다음 각 목의 업무를 말한다.

가. 제78조에 따른 공역 등의 지정 등에 관한 업무

나. 제83조에 따른 항공교통업무

다. 제83조의2에 따른 항공교통흐름 관리업무

24의3. "항공교통데이터"란 항공교통관리에 필요한 다음 각 목의 자료를 말한다.

가. 외국정부 또는 국제기구와 항공교통관리를 위하여 항공기 비행정보 등 상호 공유 · 교환하는 자료

나. 공역관리를 위하여 항공교통관제업무 기관 등이 생성 · 관리

하는 자료

다. 제58조제5항에 따른 레이더 자료 및 분석결과

라. 제67조제2항제4호에 따라 항공기를 운항하려는 사람이 작성·제출하여야 하는 비행계획 및 이와 관련된 자료

마. 제83조의2에 따른 항공교통흐름 관리를 위하여 필요한 자료

바. 제89조에 따른 항공정보 및 항공지도를 제공하기 위하여 필요한 자료

사. 공항시설 중 항공기의 이륙·착륙과 관련된 시설로서 활주로 등 국토교통부령으로 정하는 시설에서 생성·사용되는 자료

아. 「공항시설법」 제2조제17호에 따른 항행안전무선시설에서 생성·사용되는 항공기 위치 등에 관한 자료

자. 항공기의 공항 내 이동시간 자료 및 항공교통통계 등 공항운영자가 항공기 운항관리를 위하여 생산하는 자료

차. 「항공사업법」 제18조에 따른 운항시각에 관한 자료

카. 「기상법」 제14조의2에 따른 항공기상예보 및 항공기상특보 등의 항공기상자료

25. "관제권"(管制圈)이란 비행장 또는 공항과 그 주변의 공역으로서 항공교통의 안전을 위하여 국토교통부장관이 지정·공고한 공역을 말한다.

26. "관제구"(管制區)란 지표면 또는 수면으로부터 200미터 이상 높이의 공역으로서 항공교통의 안전을 위하여 국토교통부장관이 지정·공고한 공역을 말한다.

27. "항공운송사업"이란 「항공사업법」 제2조제7호에 따른 항공운송사업을 말한다.

28. "항공운송사업자"란 「항공사업법」 제2조제8호에 따른 항공운송사업자를 말한다.

29. "항공기사용사업"이란 「항공사업법」 제2조제15호에 따른 항공기사용사업을 말한다.

30. "항공기사용사업자"란 「항공사업법」 제2조제16호에 따른 항공기사용사업자를 말한다.

31. "항공기정비업자"란 「항공사업법」 제2조제18호에 따른 항공기정비업자를 말한다.

32. "초경량비행장치사용사업"이란 「항공사업법」 제2조제23호에

따른 초경량비행장치사용사업을 말한다.

33. “초경량비행장치사용사업자”란 「항공사업법」 제2조제24호에 따른 초경량비행장치사용사업자를 말한다.

34. “이착륙장”이란 「공항시설법」 제2조제19호에 따른 이착륙장을 말한다.

제2조(정의) 이 법에서 사용하는 용어의 뜻은 다음과 같다. 〈개정 2019. 8. 27., 2021. 5. 18., 2023. 4. 18., 2024. 3. 19., 2025. 5. 27.〉

1. “항공기”란 공기의 반작용(지표면 또는 수면에 대한 공기의 반작용은 제외한다. 이하 같다)으로 뜰 수 있는 기기로서 최대이륙중량, 좌석 수 등 국토교통부령으로 정하는 기준에 해당하는 다음 각 목의 기기와 그 밖에 대통령령으로 정하는 기기를 말한다.

가. 비행기

나. 헬리콥터

다. 비행선

라. 활공기(滑空機)

2. “경량항공기”란 항공기 외에 공기의 반작용으로 뜰 수 있는 기기로서 최대이륙중량, 좌석 수 등 국토교통부령으로 정하는 기준에 해당하는 비행기, 헬리콥터, 자이로플레인(gyroplane) 및 동력패러슈트(powered parachute) 등을 말한다.

3. “초경량비행장치”란 항공기와 경량항공기 외에 공기의 반작용으로 뜰 수 있는 장치로서 자체중량, 좌석 수 등 국토교통부령으로 정하는 기준에 해당하는 동력비행장치, 행글라이더, 패러글라이더, 기구류 및 무인비행장치 등을 말한다.

4. “국가기관등항공기”란 국가, 지방자치단체, 그 밖에 「공공기관의 운영에 관한 법률」에 따른 공공기관으로서 대통령령으로 정하는 공공기관(이하 “국가기관등”이라 한다)이 소유하거나 임차(賃借)한 항공기로서 다음 각 목의 어느 하나에 해당하는 업무를 수행하기 위하여 사용되는 항공기를 말한다. 다만, 군용·경찰용·세관용 항공기는 제외한다.

가. 재난·재해 등으로 인한 수색(搜索)·구조

나. 산불의 진화 및 예방

다. 응급환자의 후송 등 구조·구급활동

라. 그 밖에 공공의 안녕과 질서유지를 위하여 필요한 업무

5. “항공업무”란 다음 각 목의 어느 하나에 해당하는 업무를 말한다.

가. 항공기의 운항(무선설비의 조작을 포함한다) 업무(제46조에 따른 항공기 조종연습은 제외한다)

나. 항공교통관제 업무

다. 항공기의 운항관리 업무

라. 정비·수리·개조(이하 “정비등”이라 한다)된 항공기·발동기·프로펠러(이하 “항공기등”이라 한다), 장비품 또는 부품에 대하여 안전하게 운용할 수 있는 성능(이하 “감항성”이라 한다)이 있는지를 확인하는 업무 및 경량항공기 또는 그 장비품·부품의 정비사항을 확인하는 업무

5의2. “항공교통관제 업무”란 항공기(경량항공기를 포함한다. 이하 이 호에서 같다) 간 또는 항공기와 장애물 간 충돌을 방지하고 항공교통 질서를 유지 및 촉진하기 위하여 유선·무선 통신 등을 이용하는 업무로서 다음 각 목의 어느 하나에 해당하는 업무를 말한다. 다만, 제47조에 따른 항공교통관제연습은 제외한다.

가. 비행장관제업무: 비행장 또는 공항의 기동지역(유도로 및 활주로를 말한다) 및 주위 공역(空域)에서 운항하는 항공기의 이동을 관찰하고, 항공기에 항공교통과 안전에 관한 지시 또는 안내를 하거나 정보를 전달하는 업무

나. 접근관제업무: 비행장 또는 공항을 출발하거나 비행장 또는 공항에 도착하는 항공기의 이동을 관찰하고, 항공기에 항공교통과 안전에 관한 지시 또는 안내를 하거나 정보를 전달하는 업무

다. 지역관제업무: 관제구(접근관제업무가 제공되는 관제구는 제외한다)를 비행하는 항공기의 이동을 관찰하고, 항공기에 항공교통과 안전에 관한 지시 또는 안내를 하거나 정보를 전달하는 업무

라. 그 밖에 가목부터 다목까지의 업무를 보조하는 업무 등 국토교통부령으로 정하는 업무

6. “항공기사고”란 사람이 비행을 목적으로 항공기에 탑승하였을 때부터 탑승한 모든 사람이 항공기에서 내릴 때까지[사람이 탑승하지 아니하고 원격조종 등의 방법으로 비행하는 항공기(이하 “무인항공기”라 한다)의 경우에는 비행을 목적으로 움직이는 순간부터 비행이 종료되어 발동기가 정지되는 순간까지를 말한다] 항공기의 운항

과 관련하여 발생한 다음 각 목의 어느 하나에 해당하는 것으로서 국토교통부령으로 정하는 것을 말한다.

가. 사람의 사망, 중상 또는 행방불명

나. 항공기의 파손 또는 구조적 손상

다. 항공기의 위치를 확인할 수 없거나 항공기에 접근이 불가능한 경우

7. "경량항공기사고"란 비행을 목적으로 경량항공기의 발동기가 시동되는 순간부터 비행이 종료되어 발동기가 정지되는 순간까지 발생한 다음 각 목의 어느 하나에 해당하는 것으로서 국토교통부령으로 정하는 것을 말한다.

가. 경량항공기에 의한 사람의 사망, 중상 또는 행방불명

나. 경량항공기의 추락, 충돌 또는 화재 발생

다. 경량항공기의 위치를 확인할 수 없거나 경량항공기에 접근이 불가능한 경우

8. "초경량비행장치사고"란 초경량비행장치를 사용하여 비행을 목적으로 이륙[이수(離水)를 포함한다. 이하 같다]하는 순간부터 착륙[착수(着水)를 포함한다. 이하 같다]하는 순간까지 발생한 다음 각 목의 어느 하나에 해당하는 것으로서 국토교통부령으로 정하는 것을 말한다.

가. 초경량비행장치에 의한 사람의 사망, 중상 또는 행방불명

나. 초경량비행장치의 추락, 충돌 또는 화재 발생

다. 초경량비행장치의 위치를 확인할 수 없거나 초경량비행장치에 접근이 불가능한 경우

9. "항공기준사고"(航空機準事故)란 항공안전에 중대한 위해를 끼쳐 항공기사고로 이어질 수 있었던 것으로서 국토교통부령으로 정하는 것을 말한다.

10. "항공안전장애"란 항공기사고 및 항공기준사고 외에 항공기의 운항 등과 관련하여 항공안전에 영향을 미치거나 미칠 우려가 있는 것을 말한다.

10의2. "항공안전위해요인"이란 항공기사고, 항공기준사고 또는 항공안전장애를 발생시킬 수 있거나 발생 가능성의 확대에 기여할 수 있는 상황, 상태 또는 물적·인적요인 등을 말한다.

10의3. "위험도"(Safety risk)란 항공안전위해요인이 항공안전을

저해하는 사례로 발전할 가능성과 그 심각도를 말한다.

10의4. "항공안전데이터"란 항공안전의 유지 또는 증진 등을 위하여 사용되는 다음 각 목의 자료를 말한다.

가. 제33조에 따른 항공기 등에 발생한 고장, 결함 또는 기능장애에 관한 보고

나. 제58조제4항에 따른 비행자료 및 분석결과

다. 제58조제5항에 따른 레이더 자료 및 분석결과

라. 제59조 및 제61조에 따라 보고된 자료

마. 제60조 및 「항공·철도 사고조사에 관한 법률」 제19조에 따른 조사결과

바. 제132조에 따른 항공안전 활동 과정에서 수집된 자료 및 결과보고

사. 「기상법」 제12조에 따른 기상업무에 관한 정보

아. 「항공사업법」 제2조제34호에 따른 공항운영자(이하 "공항운영자"라 한다)가 항공안전관리를 위해 수집·관리하는 자료 등

자. 「항공사업법」 제6조제1항 각 호에 따라 구축된 시스템에서 관리되는 정보

차. 「항공사업법」 제68조제4항에 따른 업무수행 중 수집한 정보·통계 등

카. 항공안전을 위해 국제기구 또는 외국정부 등이 우리나라와 공유한 자료

타. 그 밖에 국토교통부령으로 정하는 자료

10의5. "항공안전정보"란 항공안전데이터를 안전관리 목적으로 사용하기 위하여 가공(加工)·정리·분석한 것을 말한다.

11. "비행정보구역"이란 항공기, 경량항공기 또는 초경량비행장치의 안전하고 효율적인 비행과 수색 또는 구조에 필요한 정보를 제공하기 위한 공역으로서 「국제민간항공협약」 및 같은 협약 부속서에 따라 국토교통부장관이 그 명칭, 수직 및 수평 범위를 지정·공고한 공역을 말한다.

12. "영공"(領空)이란 대한민국의 영토와 「영해 및 접속수역법」에 따른 내수 및 영해의 상공을 말한다.

13. "항공로"(航空路)란 국토교통부장관이 항공기, 경량항공기 또는 초경량비행장치의 항행에 적합하다고 지정한 지구의 표면상에 표

시한 공간의 길을 말한다.

14. "항공종사자"란 제34조제1항에 따른 항공종사자 자격증명을 받은 사람을 말한다.

15. "모의비행훈련장치"란 항공기의 조종실을 동일 또는 유사하게 모방한 장치로서 국토교통부령으로 정하는 장치를 말한다.

16. "운항승무원"이란 제35조제1호부터 제6호까지의 어느 하나에 해당하는 자격증명을 받은 사람으로서 항공기에 탑승하여 항공업무에 종사하는 사람을 말한다.

17. "객실승무원"이란 항공기에 탑승하여 비상시 승객을 탈출시키는 등 승객의 안전을 위한 업무를 수행하는 사람을 말한다.

18. "계기비행"(計器飛行)이란 항공기의 자세·고도·위치 및 비행방향의 측정을 항공기에 장착된 계기에만 의존하여 비행하는 것을 말한다.

19. "계기비행방식"이란 계기비행을 하는 사람이 제84조제1항에 따라 국토교통부장관 또는 제85조제1항에 따른 항공교통업무증명(이하 "항공교통업무증명"이라 한다)을 받은 자가 지시하는 이동·이륙·착륙의 순서 및 시기와 비행의 방법에 따라 비행하는 방식을 말한다.

20. "피로위험관리시스템"이란 운항승무원과 객실승무원이 충분한 주의력이 있는 상태에서 해당 업무를 할 수 있도록 피로와 관련한 위험요소를 경험과 과학적 원리 및 지식에 기초하여 지속적으로 감독하고 관리하는 시스템을 말한다.

21. "비행장"이란 「공항시설법」 제2조제2호에 따른 비행장을 말한다.

22. "공항"이란 「공항시설법」 제2조제3호에 따른 공항을 말한다.

23. "공항시설"이란 「공항시설법」 제2조제7호에 따른 공항시설을 말한다.

24. "항행안전시설"이란 「공항시설법」 제2조제15호에 따른 항행안전시설을 말한다.

24의2. "항공교통관리"란 항공교통 및 공역을 안전하고 효율적인 방법으로 통합 관리하는 업무로서 다음 각 목의 업무를 말한다.

가. 제78조에 따른 공역 등의 지정 등에 관한 업무

나. 제83조에 따른 항공교통업무

다. 제83조의2에 따른 항공교통흐름 관리업무

24의3. “항공교통데이터”란 항공교통관리에 필요한 다음 각 목의 자료를 말한다.

가. 외국정부 또는 국제기구와 항공교통관리를 위하여 항공기 비행정보 등 상호 공유·교환하는 자료

나. 공역관리를 위하여 항공교통관제업무 기관 등이 생성·관리하는 자료

다. 제58조제5항에 따른 레이더 자료 및 분석결과

라. 제67조제2항제4호에 따라 항공기를 운항하려는 사람이 작성·제출하여야 하는 비행계획 및 이와 관련된 자료

마. 제83조의2에 따른 항공교통흐름 관리를 위하여 필요한 자료

바. 제89조에 따른 항공정보 및 항공지도를 제공하기 위하여 필요한 자료

사. 공항시설 중 항공기의 이륙·착륙과 관련된 시설로서 활주로 등 국토교통부령으로 정하는 시설에서 생성·사용되는 자료

아. 「공항시설법」 제2조제17호에 따른 항행안전무선시설에서 생성·사용되는 항공기 위치 등에 관한 자료

자. 항공기의 공항 내 이동시간 자료 및 항공교통통계 등 공항운영자가 항공기 운항관리를 위하여 생산하는 자료

차. 「항공사업법」 제18조에 따른 운항시각에 관한 자료

카. 「기상법」 제14조의2에 따른 항공기상예보 및 항공기상특보 등의 항공기상자료

25. “관제권”(管制圈)이란 비행장 또는 공항과 그 주변의 공역으로서 항공교통의 안전을 위하여 국토교통부장관이 지정·공고한 공역을 말한다.

26. “관제구”(管制區)란 지표면 또는 수면으로부터 200미터 이상 높이의 공역으로서 항공교통의 안전을 위하여 국토교통부장관이 지정·공고한 공역을 말한다.

26의2. “항공교통관제시설”이란 항공교통관제 업무를 수행하기 위하여 설치한 비행장관제탑, 접근관제시설, 지역관제시설 등의 시설로서 국토교통부령으로 정하는 시설을 말한다.

27. “항공운송사업”이란 「항공사업법」 제2조제7호에 따른 항공운송사업을 말한다.

28. “항공운송사업자”란 「항공사업법」 제2조제8호에 따른 항공운

송사업자를 말한다.

29. “항공기사용사업”이란 「항공사업법」 제2조제15호에 따른 항공기사용사업을 말한다.

30. “항공기사용사업자”란 「항공사업법」 제2조제16호에 따른 항공기사용사업자를 말한다.

31. “항공기정비업자”란 「항공사업법」 제2조제18호에 따른 항공기정비업자를 말한다.

32. “초경량비행장치사용사업”이란 「항공사업법」 제2조제23호에 따른 초경량비행장치사용사업을 말한다.

33. “초경량비행장치사용사업자”란 「항공사업법」 제2조제24호에 따른 초경량비행장치사용사업자를 말한다.

34. “이착륙장”이란 「공항시설법」 제2조제19호에 따른 이착륙장을 말한다.

[시행일: 2025. 11. 28.] 제2조

제3조(군용항공기 등의 적용 특례) ① 군용항공기와 이에 관련된 항공업무에 종사하는 사람에 대해서는 이 법을 적용하지 아니한다.

② 세관업무 또는 경찰업무에 사용하는 항공기와 이에 관련된 항공업무에 종사하는 사람에 대하여는 이 법을 적용하지 아니한다. 다만, 공중 충돌 등 항공기사고의 예방을 위하여 제51조, 제67조, 제68조제5호, 제79조 및 제84조제1항을 적용한다.

③ 「대한민국과 아메리카합중국 간의 상호방위조약」 제4조에 따라 아메리카합중국이 사용하는 항공기와 이에 관련된 항공업무에 종사하는 사람에 대하여는 제2항을 준용한다.

제4조(국가기관등항공기의 적용 특례) ① 국가기관등항공기와 이에 관련된 항공업무에 종사하는 사람에 대해서는 이 법(제66조, 제69조부터 제73조까지 및 제132조는 제외한다)을 적용한다.

② 제1항에도 불구하고 국가기관등항공기를 재해·재난 등으로 인한 수색·구조, 화재의 진화, 응급환자 후송, 그 밖에 국토교통부령으로 정하는 공공목적으로 긴급히 운항(훈련을 포함한다)하는 경우에는 제53조, 제67조, 제68조제1호부터 제3호까지, 제77조제1항제7호, 제79조 및 제84조제1항을 적용하지 아니한다.

③ 제59조, 제61조, 제62조제5항 및 제6항을 국가기관등항공기에 적용할 때에는 “국토교통부장관”은 “소관 행정기관의 장”으로 본다.

이 경우 소관 행정기관의 장은 제59조, 제61조, 제62조제5항 및 제6항에 따라 보고받은 사실을 국토교통부장관에게 알려야 한다.
제5조(임대차 항공기의 운영에 대한 권한 및 의무 이양의 적용 특례) 외국에 등록된 항공기를 임차하여 운영하거나 대한민국에 등록된 항공기를 외국에 임대하여 운영하게 하는 경우 그 임대차(賃貸借) 항공기의 운영에 관련된 권한 및 의무의 이양(移讓)에 관한 사항은 「국제민간항공협약」에 따라 국토교통부장관이 정하여 고시한다.
제6조(항공안전정책기본계획의 수립 등) ① 국토교통부장관은 국가항공안전정책에 관한 기본계획(이하 "항공안전정책기본계획"이라 한다)을 5년마다 수립하여야 한다.
② 항공안전정책기본계획에는 다음 각 호의 사항이 포함되어야 한다.
1. 항공안전정책의 목표 및 전략
2. 항공기사고ㆍ경량항공기사고ㆍ초경량비행장치사고 예방 및 운항 안전에 관한 사항
3. 항공기ㆍ경량항공기ㆍ초경량비행장치의 제작ㆍ정비 및 안전성 인증체계에 관한 사항
4. 비행정보구역ㆍ항공로 관리 및 항공교통체계 개선에 관한 사항
5. 항공종사자의 양성 및 자격관리에 관한 사항
6. 그 밖에 항공안전의 향상을 위하여 필요한 사항
③ 국토교통부장관은 항공안전정책기본계획을 수립 또는 변경하려는 경우 관계 행정기관의 장에게 필요한 협조를 요청할 수 있다.
④ 국토교통부장관은 항공안전정책기본계획을 수립하거나 변경하였을 때에는 그 내용을 관보에 고시하고, 제3항에 따라 협조를 요청한 관계 행정기관의 장에게 알려야 한다.
⑤ 국토교통부장관은 항공안전정책기본계획을 시행하기 위하여 연도별 시행계획을 수립할 수 있다.
제6조의2(항공안전의 날) ① 국가는 항공안전에 대한 경각심과 사회적 관심을 높이고 항공안전문화를 정착시키기 위하여 매년 12월 29일을 항공안전의 날로 정한다.
② 국가와 지방자치단체는 항공안전의 날의 취지에 적합한 행사 등 사업을 실시할 수 있다.
③ 제2항에 따른 항공안전의 날 행사 등 사업 실시와 관련하여 필요한 사항은 국토교통부령으로 정한다.

[본조신설 2025. 5. 27.]

제2장 항공기 등록

제7조(항공기 등록) ① 항공기를 소유하거나 임차하여 항공기를 사용할 수 있는 권리가 있는 자(이하 "소유자등"이라 한다)는 항공기를 대통령령으로 정하는 바에 따라 국토교통부장관에게 등록을 하여야 한다. 다만, 대통령령으로 정하는 항공기는 그러하지 아니하다. 〈개정 2020. 6. 9.〉

② 제90조제1항에 따른 운항증명을 받은 국내항공운송사업자 또는 국제항공운송사업자가 제1항에 따라 항공기를 등록하려는 경우에는 해당 항공기의 안전한 운항을 위하여 국토교통부령으로 정하는 바에 따라 필요한 정비 인력을 갖추어야 한다. 〈신설 2020. 6. 9.〉

제8조(항공기 국적의 취득) 제7조에 따라 등록된 항공기는 대한민국의 국적을 취득하고, 이에 따른 권리와 의무를 갖는다.

제9조(항공기 소유권 등) ① 항공기에 대한 소유권의 취득·상실·변경은 등록하여야 그 효력이 생긴다.

② 항공기에 대한 임차권(賃借權)은 등록하여야 제3자에 대하여 그 효력이 생긴다.

제10조(항공기 등록의 제한) ① 다음 각 호의 어느 하나에 해당하는 자가 소유하거나 임차한 항공기는 등록할 수 없다. 다만, 대한민국의 국민 또는 법인이 임차하여 사용할 수 있는 권리가 있는 항공기는 그러하지 아니하다. 〈개정 2021. 12. 7.〉

1. 대한민국 국민이 아닌 사람
2. 외국정부 또는 외국의 공공단체
3. 외국의 법인 또는 단체
4. 제1호부터 제3호까지의 어느 하나에 해당하는 자가 주식이나 지분의 2분의 1 이상을 소유하거나 그 사업을 사실상 지배하는 법인(「항공사업법」 제2조제1호에 따른 항공사업의 목적으로 항공기를 등록하려는 경우로 한정한다)
5. 외국인이 법인 등기사항증명서상의 대표자이거나 외국인이 법인 등기사항증명서상의 임원 수의 2분의 1 이상을 차지하는 법인

② 제1항 단서에도 불구하고 외국 국적을 가진 항공기는 등록할 수 없다.

제11조(항공기 등록사항) ① 국토교통부장관은 제7조에 따라 항공기

를 등록한 경우에는 항공기 등록원부(登錄原簿)에 다음 각 호의 사항을 기록하여야 한다.

1. 항공기의 형식
2. 항공기의 제작자
3. 항공기의 제작번호
4. 항공기의 정치장(定置場)
5. 소유자 또는 임차인·임대인의 성명 또는 명칭과 주소 및 국적
6. 등록 연월일
7. 등록기호

② 제1항에서 규정한 사항 외에 항공기의 등록에 필요한 사항은 대통령령으로 정한다.

제12조(항공기 등록증명서의 발급) 국토교통부장관은 제7조에 따라 항공기를 등록하였을 때에는 등록한 자에게 대통령령으로 정하는 바에 따라 항공기 등록증명서를 발급하여야 한다.

제13조(항공기 변경등록) 소유자등은 제11조제1항제4호 또는 제5호의 등록사항이 변경되었을 때에는 그 변경된 날부터 15일 이내에 대통령령으로 정하는 바에 따라 국토교통부장관에게 변경등록을 신청하여야 한다.

제14조(항공기 이전등록) 등록된 항공기의 소유권 또는 임차권을 양도·양수하려는 자는 그 사유가 있는 날부터 15일 이내에 대통령령으로 정하는 바에 따라 국토교통부장관에게 이전등록을 신청하여야 한다.

제15조(항공기 말소등록) ① 소유자등은 등록된 항공기가 다음 각 호의 어느 하나에 해당하는 경우에는 그 사유가 있는 날부터 15일 이내에 대통령령으로 정하는 바에 따라 국토교통부장관에게 말소등록을 신청하여야 한다.

1. 항공기가 멸실(滅失)되었거나 항공기를 해체(정비등, 수송 또는 보관하기 위한 해체는 제외한다)한 경우
2. 항공기의 존재 여부를 1개월(항공기사고인 경우에는 2개월) 이상 확인할 수 없는 경우
3. 제10조제1항 각 호의 어느 하나에 해당하는 자에게 항공기를 양도하거나 임대(외국 국적을 취득하는 경우만 해당한다)한 경우
4. 임차기간의 만료 등으로 항공기를 사용할 수 있는 권리가 상실된 경우

② 제1항에 따라 소유자등이 말소등록을 신청하지 아니하면 국토교통부장관은 7일 이상의 기간을 정하여 말소등록을 신청할 것을 최고(催告)하여야 한다.

③ 제2항에 따른 최고를 한 후에도 소유자등이 말소등록을 신청하지 아니하면 국토교통부장관은 직권으로 등록을 말소하고, 그 사실을 소유자등 및 그 밖의 이해관계인에게 알려야 한다.

④ 국토교통부장관은 제1항 또는 제3항에 따라 항공기 말소등록을 한 경우에는 국토교통부령으로 정하는 바에 따라 항공기 말소등록증명서를 발급하여야 한다. 〈신설 2024. 1. 9.〉

제16조(항공기 등록원부의 발급·열람) ① 누구든지 국토교통부장관에게 항공기 등록원부의 등본 또는 초본의 발급이나 열람을 청구할 수 있다.

② 제1항에 따라 청구를 받은 국토교통부장관은 특별한 사유가 없으면 해당 자료를 발급하거나 열람하도록 하여야 한다.

제17조(항공기 등록기호표의 부착) ① 소유자등은 항공기를 등록한 경우에는 그 항공기 등록기호표를 국토교통부령으로 정하는 형식·위치 및 방법 등에 따라 항공기에 붙여야 한다.

② 누구든지 제1항에 따라 항공기에 붙인 등록기호표를 훼손해서는 아니 된다.

제18조(항공기 국적 등의 표시) ① 누구든지 국적, 등록기호 및 소유자등의 성명 또는 명칭을 표시하지 아니한 항공기를 운항해서는 아니 된다. 다만, 신규로 제작한 항공기 등 국토교통부령으로 정하는 항공기의 경우에는 그러하지 아니하다.

② 제1항에 따른 국적 등의 표시에 관한 사항과 등록기호의 구성 등에 필요한 사항은 국토교통부령으로 정한다.

제3장 항공기기술기준 및 형식증명 등

제19조(항공기기술기준) 국토교통부장관은 항공기등, 장비품 또는 부품의 안전을 확보하기 위하여 다음 각 호의 사항을 포함한 기술상의 기준(이하 "항공기기술기준"이라 한다)을 정하여 고시하여야 한다.

1. 항공기등의 감항기준
2. 항공기등의 환경기준(배출가스 배출기준 및 소음기준을 포함한

다)

3. 항공기등이 감항성을 유지하기 위한 기준

4. 항공기등, 장비품 또는 부품의 식별 표시 방법

5. 항공기등, 장비품 또는 부품의 인증절차

제20조(형식증명 등) ① 항공기등의 설계에 관하여 국토교통부장관의 증명을 받으려는 자는 국토교통부령으로 정하는 바에 따라 국토교통부장관에게 제2항 각 호의 어느 하나에 따른 증명을 신청하여야 한다. 증명받은 사항을 변경할 때에도 또한 같다. 〈개정 2017. 12. 26.〉

② 국토교통부장관은 제1항에 따른 신청을 받은 경우 해당 항공기등이 항공기기술기준 등에 적합한지를 검사한 후 다음 각 호의 구분에 따른 증명을 하여야 한다. 〈신설 2017. 12. 26.〉

1. 해당 항공기등의 설계가 항공기기술기준에 적합한 경우: 형식증명

2. 신청인이 다음 각 목의 어느 하나에 해당하는 항공기의 설계가 해당 항공기의 업무와 관련된 항공기기술기준에 적합하고 신청인이 제시한 운용범위에서 안전하게 운항할 수 있음을 입증한 경우: 제한형식증명

가. 산불진화, 수색구조 등 국토교통부령으로 정하는 특정한 업무에 사용되는 항공기(나목의 항공기를 제외한다)

나. 「군용항공기 비행안전성 인증에 관한 법률」 제4조제5항제1호에 따른 형식인증을 받아 제작된 항공기로서 산불진화, 수색구조 등 국토교통부령으로 정하는 특정한 업무를 수행하도록 개조된 항공기

③ 국토교통부장관은 제2항제1호의 형식증명(이하 "형식증명"이라 한다) 또는 같은 항 제2호의 제한형식증명(이하 "제한형식증명"이라 한다)을 하는 경우 국토교통부령으로 정하는 바에 따라 형식증명서 또는 제한형식증명서를 발급하여야 한다. 〈개정 2017. 12. 26.〉

④ 형식증명서 또는 제한형식증명서를 양도·양수하려는 자는 국토교통부령으로 정하는 바에 따라 국토교통부장관에게 양도사실을 보고하고 해당 증명서의 재발급을 신청하여야 한다. 〈개정 2017. 12. 26.〉

⑤ 형식증명, 제한형식증명 또는 제21조에 따른 형식증명승인을

받은 항공기등의 설계를 변경하기 위하여 부가적인 증명(이하 "부가형식증명"이라 한다)을 받으려는 자는 국토교통부령으로 정하는 바에 따라 국토교통부장관에게 부가형식증명을 신청하여야 한다. 〈개정 2017. 12. 26.〉

⑥ 국토교통부장관은 부가형식증명을 하는 경우 국토교통부령으로 정하는 바에 따라 부가형식증명서를 발급하여야 한다. 〈신설 2017. 12. 26.〉

⑦ 국토교통부장관은 다음 각 호의 어느 하나에 해당하는 경우 해당 항공기등에 대한 형식증명, 제한형식증명 또는 부가형식증명을 취소하거나 6개월 이내의 기간을 정하여 그 효력의 정지를 명할 수 있다. 다만, 제1호에 해당하는 경우에는 형식증명, 제한형식증명 또는 부가형식증명을 취소하여야 한다. 〈개정 2017. 12. 26.〉

1. 거짓이나 그 밖의 부정한 방법으로 형식증명, 제한형식증명 또는 부가형식증명을 받은 경우

2. 항공기등이 형식증명, 제한형식증명 또는 부가형식증명 당시의 항공기기술기준 등에 적합하지 아니하게 된 경우

[제목개정 2017. 12. 26.]

제21조(형식증명승인) ① 항공기등의 설계에 관하여 외국정부로부터 형식증명을 받은 자가 해당 항공기등에 대하여 항공기기술기준에 적합함을 승인(이하 "형식증명승인"이라 한다)받으려는 경우 국토교통부령으로 정하는 바에 따라 항공기등의 형식별로 국토교통부장관에게 형식증명승인을 신청하여야 한다. 다만, 다음 각 호의 어느 하나에 해당하는 항공기의 경우에는 장착된 발동기와 프로펠러를 포함하여 신청할 수 있다. 〈개정 2017. 12. 26.〉

1. 최대이륙중량 5천700킬로그램 이하의 비행기

2. 최대이륙중량 3천175킬로그램 이하의 헬리콥터

② 제1항에도 불구하고 대한민국과 항공기등의 감항성에 관한 항공안전협정을 체결한 국가로부터 형식증명을 받은 제1항 각 호의 항공기 및 그 항공기에 장착된 발동기와 프로펠러의 경우에는 제1항에 따른 형식증명승인을 받은 것으로 본다. 〈신설 2017. 12. 26.〉

③ 국토교통부장관은 형식증명승인을 할 때에는 해당 항공기등(제2항에 따라 형식증명승인을 받은 것으로 보는 항공기 및 그 항공기에 장착된 발동기와 프로펠러는 제외한다)이 항공기기술기준에 적합

한지를 검사하여야 한다. 다만, 대한민국과 항공기등의 감항성에 관한 항공안전협정을 체결한 국가로부터 형식증명을 받은 항공기등에 대해서는 해당 협정에서 정하는 바에 따라 검사의 일부를 생략할 수 있다. 〈개정 2017. 12. 26.〉

④ 국토교통부장관은 제3항에 따른 검사 결과 해당 항공기등이 항공기기술기준에 적합하다고 인정하는 경우에는 국토교통부령으로 정하는 바에 따라 형식증명승인서를 발급하여야 한다. 〈개정 2017. 12. 26.〉

⑤ 국토교통부장관은 형식증명 또는 형식증명승인을 받은 항공기등으로서 외국정부로부터 그 설계에 관한 부가형식증명을 받은 사항이 있는 경우에는 국토교통부령으로 정하는 바에 따라 부가적인 형식증명승인(이하 "부가형식증명승인"이라 한다)을 할 수 있다. 〈개정 2017. 12. 26.〉

⑥ 국토교통부장관은 부가형식증명승인을 할 때에는 해당 항공기등이 항공기기술기준에 적합한지를 검사한 후 적합하다고 인정하는 경우에는 국토교통부령으로 정하는 바에 따라 부가형식증명승인서를 발급하여야 한다. 다만, 대한민국과 항공기등의 감항성에 관한 항공안전협정을 체결한 국가로부터 부가형식증명을 받은 사항에 대해서는 해당 협정에서 정하는 바에 따라 검사의 일부를 생략할 수 있다. 〈개정 2017. 12. 26.〉

⑦ 국토교통부장관은 다음 각 호의 어느 하나에 해당하는 경우에는 해당 항공기등에 대한 형식증명승인 또는 부가형식증명승인을 취소하거나 6개월 이내의 기간을 정하여 그 효력의 정지를 명할 수 있다. 다만, 제1호에 해당하는 경우에는 형식증명승인 또는 부가형식증명승인을 취소하여야 한다. 〈개정 2017. 12. 26.〉

1. 거짓이나 그 밖의 부정한 방법으로 형식증명승인 또는 부가형식증명승인을 받은 경우

2. 항공기등이 형식증명승인 또는 부가형식증명승인 당시의 항공기기술기준에 적합하지 아니하게 된 경우

제22조(제작증명) ① 형식증명 또는 제한형식증명에 따라 인가된 설계에 일치하게 항공기등을 제작할 수 있는 기술, 설비, 인력 및 품질관리체계 등을 갖추고 있음을 증명(이하 "제작증명"이라 한다)받으려는 자는 국토교통부령으로 정하는 바에 따라 국토교통부장관에게

제작증명을 신청하여야 한다. 〈개정 2017. 12. 26.〉

② 국토교통부장관은 제1항에 따른 신청을 받은 경우 항공기등을 제작하려는 자가 형식증명 또는 제한형식증명에 따라 인가된 설계에 일치하게 항공기등을 제작할 수 있는 기술, 설비, 인력 및 품질관리체계 등을 갖추고 있는지를 검사하여야 한다. 〈개정 2017. 12. 26.〉

③ 국토교통부장관은 제1항에 따라 제작증명을 하는 경우 국토교통부령으로 정하는 바에 따라 제작증명서를 발급하여야 한다. 이 경우 제작증명서는 타인에게 양도·양수할 수 없다. 〈신설 2017. 12. 26.〉

④ 제작증명을 받은 자는 항공기등, 장비품 또는 부품의 감항성에 영향을 미칠 수 있는 설비의 이전이나 증설 또는 품질관리체계의 변경 등 국토교통부령으로 정하는 사유가 발생하는 경우 이를 국토교통부장관에게 보고하여야 한다. 〈신설 2017. 12. 26.〉

⑤ 국토교통부장관은 다음 각 호의 어느 하나에 해당하는 경우에는 제작증명을 취소하거나 6개월 이내의 기간을 정하여 그 효력의 정지를 명할 수 있다. 다만, 제1호에 해당하는 경우에는 제작증명을 취소하여야 한다. 〈개정 2017. 12. 26.〉

1. 거짓이나 그 밖의 부정한 방법으로 제작증명을 받은 경우

2. 항공기등이 제작증명 당시의 항공기기술기준에 적합하지 아니하게 된 경우

제23조(감항증명 및 감항성 유지) ① 항공기가 감항성이 있다는 증명(이하 "감항증명"이라 한다)을 받으려는 자는 국토교통부령으로 정하는 바에 따라 국토교통부장관에게 감항증명을 신청하여야 한다.

② 감항증명은 대한민국 국적을 가진 항공기가 아니면 받을 수 없다. 다만, 국토교통부령으로 정하는 항공기의 경우에는 그러하지 아니하다.

③ 누구든지 다음 각 호의 어느 하나에 해당하는 감항증명을 받지 아니한 항공기를 운항하여서는 아니 된다. 〈개정 2017. 12. 26.〉

1. 표준감항증명: 해당 항공기가 형식증명 또는 형식증명승인에 따라 인가된 설계에 일치하게 제작되고 안전하게 운항할 수 있다고 판단되는 경우에 발급하는 증명

2. 특별감항증명: 해당 항공기가 제한형식증명을 받았거나 항공기의 연구, 개발 등 국토교통부령으로 정하는 경우로서 항공기 제작자 또는 소유자등이 제시한 운용범위를 검토하여 안전하게 운항할 수 있다고 판단되는 경우에 발급하는 증명

④ 국토교통부장관은 제3항 각 호의 어느 하나에 해당하는 감항증명을 하는 경우 국토교통부령으로 정하는 바에 따라 해당 항공기의 설계, 제작과정, 완성 후의 상태와 비행성능에 대하여 검사하고 해당 항공기의 운용한계(運用限界)를 지정하여야 한다. 다만, 다음 각 호의 어느 하나에 해당하는 항공기의 경우에는 국토교통부령으로 정하는 바에 따라 검사의 일부를 생략할 수 있다. 〈신설 2017. 12. 26.〉

1. 형식증명, 제한형식증명 또는 형식증명승인을 받은 항공기

2. 제작증명을 받은 자가 제작한 항공기

3. 항공기를 수출하는 외국정부로부터 감항성이 있다는 승인을 받아 수입하는 항공기

⑤ 감항증명의 유효기간은 1년으로 한다. 다만, 항공기의 형식, 기령 및 소유자등(제32조제2항에 따른 위탁을 받은 자를 포함한다)의 감항성 유지능력 등을 고려하여 국토교통부령으로 정하는 바에 따라 유효기간을 연장하거나 단축할 수 있다. 〈개정 2017. 12. 26., 2024. 3. 19.〉

⑥ 국토교통부장관은 제4항에 따른 검사 결과 항공기가 감항성이 있다고 판단되는 경우 국토교통부령으로 정하는 바에 따라 감항증명서를 발급하여야 한다. 〈신설 2017. 12. 26.〉

⑦ 국토교통부장관은 다음 각 호의 어느 하나에 해당하는 경우에는 해당 항공기에 대한 감항증명을 취소하거나 6개월 이내의 기간을 정하여 그 효력의 정지를 명할 수 있다. 다만, 제1호에 해당하는 경우에는 감항증명을 취소하여야 한다. 〈개정 2017. 12. 26.〉

1. 거짓이나 그 밖의 부정한 방법으로 감항증명을 받은 경우

2. 항공기가 감항증명 당시의 항공기기술기준에 적합하지 아니하게 된 경우

⑧ 항공기를 운항하려는 소유자등은 국토교통부령으로 정하는 바에 따라 그 항공기의 감항성을 유지하여야 한다. 〈개정 2017. 12. 26.〉

⑨ 국토교통부장관은 제8항에 따라 소유자등이 해당 항공기의 감

항성을 유지하는지를 수시로 검사하여야 하며, 항공기의 감항성 유지를 위하여 소유자등에게 항공기등, 장비품 또는 부품에 대한 정비등에 관한 감항성개선 또는 그 밖의 검사·정비등을 명할 수 있다. 〈개정 2017. 12. 26.〉

제24조(감항승인) ① 우리나라에서 제작, 운항 또는 정비등을 한 항공기등, 장비품 또는 부품을 타인에게 제공하려는 자는 국토교통부령으로 정하는 바에 따라 국토교통부장관의 감항승인을 받을 수 있다.

② 국토교통부장관은 제1항에 따른 감항승인을 할 때에는 해당 항공기등, 장비품 또는 부품이 항공기기술기준 또는 제27조제1항에 따른 기술표준품의 형식승인기준에 적합하고, 안전하게 운용할 수 있다고 판단하는 경우에는 감항승인을 하여야 한다.

③ 국토교통부장관은 다음 각 호의 어느 하나에 해당하는 경우에는 제2항에 따른 감항승인을 취소하거나 6개월 이내의 기간을 정하여 그 효력의 정지를 명할 수 있다. 다만, 제1호에 해당하는 경우에는 그 감항승인을 취소하여야 한다.

1. 거짓이나 그 밖의 부정한 방법으로 감항승인을 받은 경우
2. 항공기등, 장비품 또는 부품이 감항승인 당시의 항공기기술기준 또는 제27조제1항에 따른 기술표준품의 형식승인기준에 적합하지 아니하게 된 경우

제25조(소음기준적합증명) ① 국토교통부령으로 정하는 항공기의 소유자등은 감항증명을 받는 경우와 수리·개조 등으로 항공기의 소음치(騷音値)가 변동된 경우에는 국토교통부령으로 정하는 바에 따라 그 항공기가 제19조제2호의 소음기준에 적합한지에 대하여 국토교통부장관의 증명(이하 "소음기준적합증명"이라 한다)을 받아야 한다.

② 소음기준적합증명을 받지 아니하거나 항공기기술기준에 적합하지 아니한 항공기를 운항해서는 아니 된다. 다만, 국토교통부령으로 정하는 바에 따라 국토교통부장관의 운항허가를 받은 경우에는 그러하지 아니하다.

③ 국토교통부장관은 다음 각 호의 어느 하나에 해당하는 경우에는 소음기준적합증명을 취소하거나 6개월 이내의 기간을 정하여 그 효력의 정지를 명할 수 있다. 다만, 제1호에 해당하는 경우에는 소음기준적합증명을 취소하여야 한다.

1. 거짓이나 그 밖의 부정한 방법으로 소음기준적합증명을 받은 경우

2. 항공기가 소음기준적합증명 당시의 항공기기술기준에 적합하지 아니하게 된 경우

제26조(항공기기술기준 변경에 따른 요구) 국토교통부장관은 항공기기술기준이 변경되어 형식증명을 받은 항공기가 변경된 항공기기술기준에 적합하지 아니하게 된 경우에는 형식증명을 받거나 양수한 자 또는 소유자등에게 변경된 항공기기술기준을 따르도록 요구할 수 있다. 이 경우 형식증명을 받거나 양수한 자 또는 소유자등은 이에 따라야 한다.

제27조(기술표준품 형식승인) ① 항공기등의 감항성을 확보하기 위하여 국토교통부장관이 정하여 고시하는 장비품(시험 또는 연구·개발 목적으로 설계·제작하는 경우는 제외한다. 이하 "기술표준품"이라 한다)을 설계·제작하려는 자는 국토교통부장관이 정하여 고시하는 기술표준품의 형식승인기준(이하 "기술표준품형식승인기준"이라 한다)에 따라 해당 기술표준품의 설계·제작에 대하여 국토교통부장관의 승인(이하 "기술표준품형식승인"이라 한다)을 받아야 한다. 다만, 대한민국과 기술표준품의 형식승인에 관한 항공안전협정을 체결한 국가로부터 형식승인을 받은 기술표준품으로서 국토교통부령으로 정하는 기술표준품은 기술표준품형식승인을 받은 것으로 본다.

② 국토교통부장관은 기술표준품형식승인을 할 때에는 기술표준품의 설계·제작에 대하여 기술표준품형식승인기준에 적합한지를 검사한 후 적합하다고 인정하는 경우에는 국토교통부령으로 정하는 바에 따라 기술표준품형식승인서를 발급하여야 한다.

③ 누구든지 기술표준품형식승인을 받지 아니한 기술표준품을 제작·판매하거나 항공기등에 사용해서는 아니 된다.

④ 국토교통부장관은 다음 각 호의 어느 하나에 해당하는 경우에는 해당 기술표준품형식승인을 취소하거나 6개월 이내의 기간을 정하여 그 효력의 정지를 명할 수 있다. 다만, 제1호에 해당하는 경우에는 기술표준품형식승인을 취소하여야 한다.

1. 거짓이나 그 밖의 부정한 방법으로 기술표준품형식승인을 받은 경우

2. 기술표준품이 기술표준품형식승인 당시의 기술표준품형식승인

기준에 적합하지 아니하게 된 경우

제28조(부품등제작자증명) ① 항공기등에 사용할 장비품 또는 부품을 제작하려는 자는 국토교통부령으로 정하는 바에 따라 항공기기술기준에 적합하게 장비품 또는 부품을 제작할 수 있는 인력, 설비, 기술 및 검사체계 등을 갖추고 있는지에 대하여 국토교통부장관의 증명(이하 "부품등제작자증명"이라 한다)을 받아야 한다. 다만, 다음 각 호의 어느 하나에 해당하는 장비품 또는 부품을 제작하려는 경우에는 그러하지 아니하다.

1. 형식증명 또는 부가형식증명 당시 또는 형식증명승인 또는 부가형식증명승인 당시 장착되었던 장비품 또는 부품의 제작자가 제작하는 같은 종류의 장비품 또는 부품

2. 기술표준품형식승인을 받아 제작하는 기술표준품

3. 그 밖에 국토교통부령으로 정하는 장비품 또는 부품

② 국토교통부장관은 부품등제작자증명을 할 때에는 항공기기술기준에 적합하게 장비품 또는 부품을 제작할 수 있는지를 검사한 후 적합하다고 인정하는 경우에는 국토교통부령으로 정하는 바에 따라 부품등제작자증명서를 발급하여야 한다.

③ 누구든지 부품등제작자증명을 받지 아니한 장비품 또는 부품을 제작·판매하거나 항공기등 또는 장비품에 사용해서는 아니 된다.

④ 대한민국과 항공안전협정을 체결한 국가로부터 부품등제작자증명을 받은 경우에는 부품등제작자증명을 받은 것으로 본다.

⑤ 국토교통부장관은 다음 각 호의 어느 하나에 해당하는 경우에는 부품등제작자증명을 취소하거나 6개월 이내의 기간을 정하여 그 효력의 정지를 명할 수 있다. 다만, 제1호에 해당하는 경우에는 부품등제작자증명을 취소하여야 한다.

1. 거짓이나 그 밖의 부정한 방법으로 부품등제작자증명을 받은 경우

2. 장비품 또는 부품이 부품등제작자증명 당시의 항공기기술기준에 적합하지 아니하게 된 경우

제29조(과징금의 부과) ① 국토교통부장관은 제20조제7항, 제22조제5항, 제27조제4항 또는 제28조제5항에 따라 형식증명, 제한형식증명, 부가형식증명, 제작증명, 기술표준품형식승인 또는 부품등제작자증명의 효력정지를 명하는 경우로서 그 증명이나 승인의 효력정지

가 항공기 이용자 등에게 심한 불편을 주거나 공익을 해칠 우려가 있는 경우에는 그 증명이나 승인의 효력정지처분을 갈음하여 1억원 이하의 과징금을 부과할 수 있다. <개정 2017. 12. 26.>

② 제1항에 따른 과징금 부과의 구체적인 기준, 절차 및 그 밖에 필요한 사항은 대통령령령으로 정한다.

③ 국토교통부장관은 제1항에 따라 과징금을 내야 할 자가 납부기한까지 과징금을 내지 아니하면 국세 체납처분의 예에 따라 징수한다.

제30조(수리·개조승인) ① 감항증명을 받은 항공기의 소유자등은 해당 항공기등, 장비품 또는 부품을 국토교통부령으로 정하는 범위에서 수리하거나 개조하려면 국토교통부령으로 정하는 바에 따라 그 수리·개조가 항공기기술기준에 적합한지에 대하여 국토교통부장관의 승인(이하 "수리·개조승인"이라 한다)을 받아야 한다.

② 소유자등은 수리·개조승인을 받지 아니한 항공기등, 장비품 또는 부품을 운항 또는 항공기등에 사용해서는 아니 된다.

③ 제1항에도 불구하고 다음 각 호의 어느 하나에 해당하는 경우로서 항공기기술기준에 적합한 경우에는 수리·개조승인을 받은 것으로 본다.

1. 기술표준품형식승인을 받은 자가 제작한 기술표준품을 그가 수리·개조하는 경우

2. 부품등제작자증명을 받은 자가 제작한 장비품 또는 부품을 그가 수리·개조하는 경우

3. 제97조제1항에 따른 정비조직인증을 받은 자가 항공기등, 장비품 또는 부품을 수리·개조하는 경우

제31조(항공기등의 검사 등) ① 국토교통부장관은 제20조부터 제25조까지, 제27조, 제28조, 제30조 및 제97조에 따른 증명·승인 또는 정비조직인증을 할 때에는 국토교통부장관이 정하는 바에 따라 미리 해당 항공기등 및 장비품을 검사하거나 이를 제작 또는 정비하려는 조직, 시설 및 인력 등을 검사하여야 한다.

② 국토교통부장관은 제1항에 따른 검사를 하기 위하여 다음 각 호의 어느 하나에 해당하는 사람 중에서 항공기등 및 장비품을 검사할 사람(이하 "검사관"이라 한다)을 임명 또는 위촉한다.

1. 제35조제8호의 항공정비사 자격증명을 받은 사람

2. 「국가기술자격법」에 따른 항공분야의 기사 이상의 자격을 취득한 사람

3. 항공기술 관련 분야에서 학사 이상의 학위를 취득한 후 3년 이상 항공기의 설계, 제작, 정비 또는 품질보증 업무에 종사한 경력이 있는 사람

4. 국가기관등항공기의 설계, 제작, 정비 또는 품질보증 업무에 5년 이상 종사한 경력이 있는 사람

③ 국토교통부장관은 국토교통부 소속 공무원이 아닌 검사관이 제1항에 따른 검사를 한 경우에는 예산의 범위에서 수당을 지급할 수 있다.

제32조(항공기등의 정비등의 확인) ① 소유자등은 항공기등, 장비품 또는 부품에 대하여 정비등(국토교통부령으로 정하는 경미한 정비 및 제30조제1항에 따른 수리·개조는 제외한다. 이하 이 조에서 같다)을 한 경우에는 제35조제8호의 항공정비사 자격증명을 받은 사람으로서 국토교통부령으로 정하는 자격요건을 갖춘 사람으로부터 그 항공기등, 장비품 또는 부품에 대하여 국토교통부령으로 정하는 방법에 따라 감항성을 확인받지 아니하면 이를 운항 또는 항공기등에 사용해서는 아니 된다. 다만, 감항성을 확인받기 곤란한 대한민국 외의 지역에서 항공기등, 장비품 또는 부품에 대하여 정비등을 하는 경우로서 국토교통부령으로 정하는 자격요건을 갖춘 자로부터 그 항공기등, 장비품 또는 부품에 대하여 감항성을 확인받은 경우에는 이를 운항 또는 항공기등에 사용할 수 있다.

② 소유자등은 항공기등, 장비품 또는 부품에 대한 정비등을 위탁하려는 경우에는 제97조제1항에 따른 정비조직인증을 받은 자 또는 그 항공기등, 장비품 또는 부품을 제작한 자에게 위탁하여야 한다.

제33조(항공기 등에 발생한 고장, 결함 또는 기능장애 보고 의무) ① 형식증명, 부가형식증명, 제작증명, 기술표준품형식승인 또는 부품등제작자증명을 받은 자는 그가 제작하거나 인증을 받은 항공기등, 장비품 또는 부품이 설계 또는 제작의 결함으로 인하여 국토교통부령으로 정하는 고장, 결함 또는 기능장애가 발생한 것을 알게 된 경우에는 국토교통부령으로 정하는 바에 따라 국토교통부장관에게 그 사실을 보고하여야 한다.

② 항공운송사업자, 항공기사용사업자 등 대통령령으로 정하는 소

유자등 또는 제97조제1항에 따른 정비조직인증을 받은 자는 항공기를 운영하거나 정비하는 중에 국토교통부령으로 정하는 고장, 결함 또는 기능장애가 발생한 것을 알게 된 경우에는 국토교통부령으로 정하는 바에 따라 국토교통부장관에게 그 사실을 보고하여야 한다.

제4장 항공종사자 등

제34조(항공종사자 자격증명 등) ① 항공업무에 종사하려는 사람은 국토교통부령으로 정하는 바에 따라 국토교통부장관으로부터 항공종사자 자격증명(이하 "자격증명"이라 한다)을 받아야 한다. 다만, 항공업무 중 무인항공기의 운항 업무인 경우에는 그러하지 아니하다.

② 다음 각 호의 어느 하나에 해당하는 사람은 자격증명을 받을 수 없다.

1. 다음 각 목의 구분에 따른 나이 미만인 사람

가. 자가용 조종사 자격: 17세(제37조에 따라 자가용 조종사의 자격증명을 활공기에 한정하는 경우에는 16세)

나. 사업용 조종사, 부조종사, 항공사, 항공기관사, 항공교통관제사 및 항공정비사 자격: 18세

다. 운송용 조종사 및 운항관리사 자격: 21세

2. 제43조제1항에 따른 자격증명 취소처분을 받고 그 취소일부터 2년이 지나지 아니한 사람(취소된 자격증명을 다시 받는 경우에 한정한다)

③ 제1항 및 제2항에도 불구하고 「군사기지 및 군사시설 보호법」을 적용받는 항공작전기지에서 항공기를 관제하는 군인은 국방부장관으로부터 자격인정을 받아 항공교통관제 업무를 수행할 수 있다.

제34조(항공종사자 자격증명 등) ① 항공업무에 종사하려는 사람은 국토교통부령으로 정하는 바에 따라 국토교통부장관으로부터 항공종사자 자격증명(이하 "자격증명"이라 한다)을 받아야 한다. 다만, 항공업무 중 무인항공기의 운항 업무인 경우에는 그러하지 아니하다.

② 다음 각 호의 어느 하나에 해당하는 사람은 자격증명을 받을 수 없다. 〈개정 2025. 5. 27.〉

1. 다음 각 목의 구분에 따른 나이 미만인 사람

가. 자가용 조종사 자격: 17세(제37조에 따라 자가용 조종사의 자격증명을 활공기에 한정하는 경우에는 16세)

나. 사업용 조종사, 부조종사, 항공사, 항공기관사, 항공교통관제사 및 항공정비사 자격: 18세

다. 운송용 조종사, 전문항공교통관제사 및 운항관리사 자격: 21세

2. 제43조제1항에 따른 자격증명 취소처분을 받고 그 취소일부터 2년이 지나지 아니한 사람(취소된 자격증명을 다시 받는 경우에 한정한다)

③ 제1항 및 제2항에도 불구하고 「군사기지 및 군사시설 보호법」을 적용받는 항공작전기지에서 항공기를 관제하는 군인은 국방부장관으로부터 자격인정을 받아 항공교통관제 업무를 수행할 수 있다.

[시행일: 2025. 11. 28.] 제34조

제35조(자격증명의 종류) 자격증명의 종류는 다음과 같이 구분한다.

1. 운송용 조종사
2. 사업용 조종사
3. 자가용 조종사
4. 부조종사
5. 항공사
6. 항공기관사
7. 항공교통관제사
8. 항공정비사
9. 운항관리사

제35조(자격증명의 종류) 자격증명의 종류는 다음과 같이 구분한다. 〈개정 2025. 5. 27.〉

1. 운송용 조종사
2. 사업용 조종사
3. 자가용 조종사
4. 부조종사
5. 항공사
6. 항공기관사
7. 항공교통관제사

7의2. 전문항공교통관제사

8. 항공정비사
9. 운항관리사

[시행일: 2025. 11. 28.] 제35조

제36조(업무범위) ① 자격증명의 종류에 따른 업무범위는 별표와 같다.

② 자격증명을 받은 사람은 그가 받은 자격증명의 종류에 따른 업무범위 외의 업무에 종사해서는 아니 된다.

③ 다음 각 호의 어느 하나에 해당하는 경우에는 제1항 및 제2항을 적용하지 아니한다.

1. 국토교통부령으로 정하는 항공기에 탑승하여 조종(항공기에 탑승하여 그 기체 및 발동기를 다루는 것을 포함한다. 이하 같다)하는 경우

2. 새로운 종류, 등급 또는 형식의 항공기에 탑승하여 시험비행 등을 하는 경우로서 국토교통부령으로 정하는 바에 따라 국토교통부장관의 허가를 받은 경우

제36조(업무범위) ① 자격증명의 종류에 따른 업무범위는 별표와 같다.

② 자격증명을 받은 사람은 그가 받은 자격증명의 종류에 따른 업무범위 외의 업무에 종사해서는 아니 된다.

③ 다음 각 호의 어느 하나에 해당하는 경우에는 제1항 및 제2항을 적용하지 아니한다. 〈개정 2025. 5. 27.〉

1. 국토교통부령으로 정하는 항공기에 탑승하여 조종(항공기에 탑승하여 그 기체 및 발동기를 다루는 것을 포함한다. 이하 같다)하는 경우

2. 새로운 종류, 등급 또는 형식의 항공기에 탑승하여 시험비행 등을 하는 경우로서 국토교통부령으로 정하는 바에 따라 국토교통부장관의 허가를 받은 경우

3. 항공교통관제사 자격증명을 받은 사람이 전문항공교통관제사 자격증명 또는 자격증명의 한정을 받기 위하여 전문항공교통관제사의 감독 하에 항공교통관제 업무를 수행하는 경우

[시행일: 2025. 11. 28.] 제36조

제37조(자격증명의 한정) ① 국토교통부장관은 다음 각 호의 구분에 따라 자격증명에 대한 한정을 할 수 있다. 〈개정 2019. 8. 27.〉

1. 운송용 조종사, 사업용 조종사, 자가용 조종사, 부조종사 또는 항공기관사 자격의 경우: 항공기의 종류, 등급 또는 형식

2. 항공정비사 자격의 경우: 항공기·경량항공기의 종류 및 정비분야

② 제1항에 따라 자격증명의 한정을 받은 항공종사자는 그 한정된 종류, 등급 또는 형식 외의 항공기·경량항공기나 한정된 정비분야 외의 항공업무에 종사해서는 아니 된다. 〈개정 2019. 8. 27.〉

③ 제1항에 따른 자격증명의 한정에 필요한 세부사항은 국토교통부령으로 정한다.

제37조(자격증명의 한정) ① 국토교통부장관은 다음 각 호의 구분에 따라 자격증명에 대한 한정을 할 수 있다. 다만, 전문항공교통관제사 자격증명은 제3호에 따라 한정한다. 〈개정 2019. 8. 27., 2025. 5. 27.〉

1. 운송용 조종사, 사업용 조종사, 자가용 조종사, 부조종사 또는 항공기관사 자격의 경우: 항공기의 종류, 등급 또는 형식
2. 항공정비사 자격의 경우: 항공기·경량항공기의 종류 및 정비분야
3. 전문항공교통관제사 자격의 경우: 항공교통관제 업무의 종류, 수행방식 및 항공교통관제시설

② 제1항에 따라 자격증명의 한정을 받은 항공종사자는 그 한정된 종류, 등급 또는 형식 외의 항공기·경량항공기, 한정된 정비분야나 한정된 항공교통관제 업무의 종류, 수행방식 및 항공교통관제시설 외의 항공업무에 종사해서는 아니 된다. 〈개정 2019. 8. 27., 2025. 5. 27.〉

③ 제1항에 따른 자격증명의 한정에 필요한 세부사항은 국토교통부령으로 정한다.

[시행일: 2025. 11. 28.] 제37조

제38조(시험의 실시 및 면제) ① 자격증명을 받으려는 사람은 국토교통부령으로 정하는 바에 따라 항공업무에 종사하는 데 필요한 지식 및 능력에 관하여 국토교통부장관이 실시하는 학과시험 및 실기시험에 합격하여야 한다.

② 국토교통부장관은 제37조에 따라 자격증명을 항공기·경량항공기의 종류, 등급 또는 형식별로 한정(제44조에 따른 계기비행증명 및 조종교육증명을 포함한다)하는 경우에는 항공기·경량항공기 탑승경력 및 정비경력 등을 심사하여야 한다. 이 경우 항공기·경량항공기의 종류 및 등급에 대한 최초의 자격증명의 한정은 실기시험으로 심사할 수 있다. 〈개정 2019. 8. 27.〉

③ 국토교통부장관은 다음 각 호의 어느 하나에 해당하는 사람에게는 국토교통부령으로 정하는 바에 따라 제1항 및 제2항에 따른 시험 및 심사의 전부 또는 일부를 면제할 수 있다. 〈개정 2019. 8. 27., 2022. 6. 10.〉

1. 외국정부로부터 자격증명을 받은 사람
2. 제48조에 따른 전문교육기관의 교육과정을 이수한 사람
3. 항공기·경량항공기 탑승경력 및 정비경력 등 실무경험이 있는 사람
4. 「국가기술자격법」에 따른 항공기술분야의 자격을 가진 사람
5. 항공기의 제작자가 실시하는 해당 항공기에 관한 교육과정을 이수한 사람

④ 국토교통부장관은 제1항에 따라 학과시험 및 실기시험에 합격한 사람에 대해서는 자격증명서를 발급하여야 한다.

제38조(시험의 실시 및 면제) ① 전문항공교통관제사 외의 자격증명을 받으려는 사람은 국토교통부령으로 정하는 바에 따라 항공업무에 종사하는 데 필요한 지식 및 능력에 관하여 국토교통부장관이 실시하는 학과시험 및 실기시험에 합격하여야 한다. 〈개정 2025. 5. 27.〉

② 국토교통부장관은 제37조에 따라 자격증명을 항공기·경량항공기의 종류, 등급 또는 형식별로 한정(제44조에 따른 계기비행증명 및 조종교육증명을 포함한다)하는 경우에는 항공기·경량항공기 탑승경력 및 정비경력 등을 심사하여야 한다. 이 경우 항공기·경량항공기의 종류 및 등급에 대한 최초의 자격증명의 한정은 실기시험으로 심사할 수 있다. 〈개정 2019. 8. 27.〉

③ 전문항공교통관제사 자격증명 또는 자격증명의 한정을 받으려는 사람은 국토교통부령으로 정하는 바에 따라 업무에 종사하는 데 필요한 관제 기술 및 업무지식에 관하여 국토교통부장관이 실시하는 심사에 합격하여야 한다. 이 경우 심사를 받으려는 사람은 다음 각 호의 요건을 모두 충족하여야 한다. 〈신설 2025. 5. 27.〉

1. 제34조 및 제35조에 따라 항공교통관제사 자격증명을 갖출 것
2. 제48조제1항에 따른 전문교육기관이 실시하거나 국토교통부장관이 제83조제4항에 따라 실시하는 전문항공교통관제사 양성을 위한 교육훈련 과정을 이수할 것
3. 받으려는 자격증명의 한정에 따른 항공교통관제시설에서 전문

항공교통관제사의 감독 하에 국토교통부령으로 정하는 기준 이상의 근무경력을 갖출 것

④ 국토교통부장관은 다음 각 호의 어느 하나에 해당하는 사람에게는 국토교통부령으로 정하는 바에 따라 제1항부터 제3항까지에 따른 시험 및 심사의 전부 또는 일부를 면제할 수 있다. 〈개정 2019. 8. 27., 2022. 6. 10., 2025. 5. 27.〉

1. 외국정부로부터 자격증명을 받은 사람
2. 제48조에 따른 전문교육기관의 교육과정을 이수한 사람
3. 항공기·경량항공기 탑승경력 및 정비경력 등 실무경험이 있는 사람
4. 「국가기술자격법」에 따른 항공기술분야의 자격을 가진 사람
5. 항공기의 제작자가 실시하는 해당 항공기에 관한 교육과정을 이수한 사람
6. 신설된 항공교통관제시설에서 전문항공교통관제사의 업무를 수행하려는 사람으로서 국토교통부장관이 시험 및 심사의 전부 또는 일부의 면제가 필요하다고 인정하는 사람

⑤ 국토교통부장관은 제1항부터 제3항까지에 따라 시험·심사에 합격한 사람에 대해서는 자격증명서를 발급하여야 한다. 〈개정 2025. 5. 27.〉

[시행일: 2025. 11. 28.] 제38조

제38조의2(전문항공교통관제사에 대한 기량 심사 등) ① 국토교통부장관은 제37조제1항제3호에 따라 자격증명의 한정을 받은 전문항공교통관제사에 대하여 정기훈련 실적 및 업무수행 실적을 포함한 기량의 유무를 정기적으로 심사하여야 하며, 특히 필요하다고 인정하는 경우에는 수시로 기량의 유무를 심사할 수 있다.

② 국토교통부장관은 자격증명의 한정을 받은 전문항공교통관제사가 제1항에 따른 심사를 받지 아니하거나 그 심사에 합격하지 못한 경우에는 그 한정의 효력을 정지하여야 한다.

③ 국토교통부장관은 제2항에 따라 한정의 효력이 정지된 사람이 제1항에 따른 심사에 합격하는 경우 그 효력의 정지를 취소하여야 한다.

④ 국토교통부장관은 필요하다고 인정할 때에는 국토교통부령으로 정하는 바에 따라 항공교통업무증명을 받은 자에게 그가 운영하는 항공교통관제시설에서 종사하는 전문항공교통관제사에 대하여 제1항

에 따른 심사를 하게 할 수 있다.

⑤ 제4항에 따른 심사에 합격한 전문항공교통관제사는 제1항에 따른 심사에 합격한 것으로 본다. 이 경우 한정의 효력 정지 및 그 취소에 대해서는 제2항 및 제3항을 준용한다.

⑥ 제1항부터 제5항까지에서 규정한 사항 외에 전문항공교통관제사에 대한 기량 심사 방식, 기준, 주기 등에 필요한 사항은 국토교통부령으로 정한다.

[본조신설 2025. 5. 27.]

[시행일: 2025. 11. 28.] 제38조의2

제39조(모의비행훈련장치를 이용한 자격증명 실기시험의 실시 등) ① 국토교통부장관은 항공기 대신 제39조의2제3항에 따라 국토교통부장관이 지정하는 모의비행훈련장치를 이용하여 제38조제1항에 따른 실기시험을 실시할 수 있다. 〈개정 2021. 5. 18.〉

② 제39조의2제3항에 따라 국토교통부장관이 지정하는 모의비행훈련장치를 이용한 탑승경력은 제38조제2항 전단에 따른 항공기 탑승경력으로 본다. 〈개정 2021. 5. 18.〉

③ 제2항에 따른 모의비행훈련장치의 탑승경력의 인정 등에 필요한 사항은 국토교통부령으로 정한다. 〈개정 2021. 5. 18.〉

[제목개정 2021. 5. 18.]

제39조의2(모의비행훈련장치의 지정 등) ① 항공운송사업자 등 국토교통부령으로 정하는 자가 모의비행훈련장치 지정을 받으려는 경우에는 국토교통부장관에게 지정을 신청하여야 한다. 지정받은 사항을 변경하거나 제4항에 따른 지정의 유효기간을 연장할 때에도 또한 같다.

② 국토교통부장관은 제1항에 따른 신청을 받은 경우 해당 모의비행훈련장치의 성능기준 등이 국토교통부장관이 정하여 고시하는 모의비행훈련장치 지정기준(이하 이 조에서 "모의비행훈련장치 지정기준"이라 한다)에 적합한지를 검사하여야 한다. 다만, 지정의 유효기간을 연장하려는 모의비행훈련장치에 대해서는 그 검사의 일부를 생략할 수 있다.

③ 국토교통부장관은 제2항에 따른 검사 결과 해당 모의비행훈련장치가 모의비행훈련장치 지정기준에 적합하다고 인정하는 경우에는 해당 모의비행훈련장치의 등급 및 운용범위 등을 정하여 지정서를

발급하여야 한다.

④ 모의비행훈련장치 지정의 유효기간은 1년으로 한다. 다만, 해당 모의비행훈련장치에 대해 국토교통부령으로 정하는 바에 따라 품질관리시스템을 구축·운영하는 경우에는 그 유효기간을 2년 연장할 수 있다.

⑤ 국토교통부장관은 다음 각 호의 어느 하나에 해당하는 경우에는 해당 모의비행훈련장치에 대한 지정을 취소하거나 6개월 이내의 기간을 정하여 그 효력의 정지를 명할 수 있다. 다만, 제1호에 해당하는 경우에는 지정을 취소하여야 한다.

1. 거짓이나 그 밖의 부정한 방법으로 지정을 받은 경우

2. 모의비행훈련장치가 지정 당시의 모의비행훈련장치 지정기준에 적합하지 아니하게 된 경우

⑥ 제1항에 따른 지정 신청, 제2항 단서에 따른 검사의 일부 생략, 제3항에 따른 지정서의 발급, 제5항에 따른 처분의 기준 및 절차와 그 밖에 필요한 사항은 국토교통부령으로 정한다.

[본조신설 2021. 5. 18.]

제39조의3(항공종사자 자격증명서의 대여 등 금지) ① 자격증명을 받은 사람은 다른 사람에게 자기의 성명을 사용하여 항공업무를 수행하게 하거나 제38조제4항에 따라 발급받은 자격증명서(이하 "항공종사자 자격증명서"라 한다)를 빌려 주어서는 아니 된다.

② 누구든지 다른 사람의 성명을 사용하여 항공업무를 수행하거나 다른 사람의 항공종사자 자격증명서를 빌려서는 아니 된다.

③ 누구든지 제1항이나 제2항에서 금지된 행위를 알선하여서는 아니 된다.

[본조신설 2021. 5. 18.]

<u>제39조의3(항공종사자 자격증명서의 대여 등 금지) ① 자격증명을 받은 사람은 다른 사람에게 자기의 성명을 사용하여 항공업무를 수행하게 하거나 제38조제5항에 따라 발급받은 자격증명서(이하 "항공종사자 자격증명서"라 한다)를 빌려 주어서는 아니 된다. 〈개정 2025. 5. 27.〉</u>

<u>② 누구든지 다른 사람의 성명을 사용하여 항공업무를 수행하거나 다른 사람의 항공종사자 자격증명서를 빌려서는 아니 된다.</u>

<u>③ 누구든지 제1항이나 제2항에서 금지된 행위를 알선하여서는</u>

아니 된다.

[본조신설 2021. 5. 18.]

[시행일: 2025. 11. 28.] 제39조의3

제40조(항공신체검사증명) ① 다음 각 호의 어느 하나에 해당하는 사람은 자격증명의 종류별로 국토교통부장관의 항공신체검사증명을 받아야 한다.

1. 운항승무원
2. 제35조제7호의 자격증명을 받고 항공교통관제 업무를 하는 사람

② 제1항에 따른 자격증명의 종류별 항공신체검사증명의 기준, 방법, 유효기간 등에 필요한 사항은 국토교통부령으로 정한다.

③ 국토교통부장관은 제1항에 따른 자격증명의 종류별 항공신체검사증명을 받으려는 사람이 제2항에 따른 자격증명의 종류별 항공신체검사증명의 기준에 적합한 경우에는 항공신체검사증명서를 발급하여야 한다.

④ 국토교통부장관은 제1항에 따른 자격증명의 종류별 항공신체검사증명을 받으려는 사람이 제2항에 따른 자격증명의 종류별 항공신체검사증명의 기준에 일부 미달한 경우에도 국토교통부령으로 정하는 바에 따라 항공신체검사를 받은 사람의 경험 및 능력을 고려하여 필요하다고 인정하는 경우에는 해당 항공업무의 범위 또는 유효기간을 한정하여 항공신체검사증명서를 발급할 수 있다. 〈개정 2022. 1. 18.〉

⑤ 제4항에 따라 해당 항공업무의 범위 또는 유효기간을 한정하여 항공신체검사증명서를 발급받은 사람은 그 범위 또는 유효기간을 준수하여야 한다. 〈신설 2022. 1. 18.〉

⑥ 제1항에 따른 자격증명의 종류별 항공신체검사증명 결과에 불복하는 사람은 국토교통부령으로 정하는 바에 따라 국토교통부장관에게 이의신청을 할 수 있다. 〈개정 2022. 1. 18.〉

⑦ 국토교통부장관은 제6항에 따른 이의신청에 대한 결정을 한 경우에는 지체 없이 신청인에게 그 결정 내용을 알려야 한다. 〈개정 2022. 1. 18.〉

제40조(항공신체검사증명) ① 다음 각 호의 어느 하나에 해당하는 사람은 자격증명의 종류별로 국토교통부장관의 항공신체검사증명을 받아야 한다. 〈개정 2025. 5. 27.〉

1. 운항승무원

2. 제35조제7호 또는 제7호의2의 자격증명을 받고 항공교통관제 업무를 하는 사람

② 제1항에 따른 자격증명의 종류별 항공신체검사증명의 기준, 방법, 유효기간 등에 필요한 사항은 국토교통부령으로 정한다.

③ 국토교통부장관은 제1항에 따른 자격증명의 종류별 항공신체검사증명을 받으려는 사람이 제2항에 따른 자격증명의 종류별 항공신체검사증명의 기준에 적합한 경우에는 항공신체검사증명서를 발급하여야 한다.

④ 국토교통부장관은 제1항에 따른 자격증명의 종류별 항공신체검사증명을 받으려는 사람이 제2항에 따른 자격증명의 종류별 항공신체검사증명의 기준에 일부 미달한 경우에도 국토교통부령으로 정하는 바에 따라 항공신체검사를 받은 사람의 경험 및 능력을 고려하여 필요하다고 인정하는 경우에는 해당 항공업무의 범위 또는 유효기간을 한정하여 항공신체검사증명서를 발급할 수 있다. 〈개정 2022. 1. 18.〉

⑤ 제4항에 따라 해당 항공업무의 범위 또는 유효기간을 한정하여 항공신체검사증명서를 발급받은 사람은 그 범위 또는 유효기간을 준수하여야 한다. 〈신설 2022. 1. 18.〉

⑥ 제1항에 따른 자격증명의 종류별 항공신체검사증명 결과에 불복하는 사람은 국토교통부령으로 정하는 바에 따라 국토교통부장관에게 이의신청을 할 수 있다. 〈개정 2022. 1. 18.〉

⑦ 국토교통부장관은 제6항에 따른 이의신청에 대한 결정을 한 경우에는 지체 없이 신청인에게 그 결정 내용을 알려야 한다. 〈개정 2022. 1. 18.〉

[시행일: 2025. 11. 28.] 제40조

제41조(항공신체검사명령) 국토교통부장관은 특히 필요하다고 인정하는 경우에는 항공신체검사증명의 유효기간이 지나지 아니한 운항승무원 및 항공교통관제사에게 제40조에 따른 항공신체검사를 받을 것을 명할 수 있다.

제41조(항공신체검사명령) 국토교통부장관은 특히 필요하다고 인정하는 경우에는 항공신체검사증명의 유효기간이 지나지 아니한 운항승무원, 항공교통관제사 및 전문항공교통관제사에게 제40조에 따른

항공신체검사를 받을 것을 명할 수 있다. 〈개정 2025. 5. 27.〉
[시행일: 2025. 11. 28.] 제41조

제41조의2(건강증진활동계획의 수립·시행) ① 국토교통부장관 및 항공교통업무증명을 받은 자는 항공안전의 위험요소를 줄이기 위하여 매년 소속 항공교통관제사를 대상으로 항공교통관제사의 건강 증진 및 유지를 목적으로 하는 건강증진활동계획을 수립·시행하여야 한다.

② 항공운송사업자, 항공기사용사업자 또는 국외운항항공기 소유자등은 항공안전의 위험요소를 줄이기 위하여 매년 소속 운항승무원을 대상으로 운항승무원의 건강 증진 및 유지를 목적으로 하는 건강증진활동계획을 수립·시행하여야 한다.

③ 제1항 및 제2항에 따른 건강증진활동계획의 내용과 수립·시행에 필요한 사항은 국토교통부령으로 정한다.

[본조신설 2022. 1. 18.]

제42조(항공업무 등에 종사 제한) ① 제40조제2항에 따른 자격증명의 종류별 항공신체검사증명의 기준에 적합하지 아니한 운항승무원 및 항공교통관제사는 종전 항공신체검사증명의 유효기간이 남아 있는 경우에도 항공업무(제46조에 따른 항공기 조종연습 및 제47조에 따른 항공교통관제연습을 포함한다. 이하 이 조에서 같다)에 종사해서는 아니 된다. 〈개정 2022. 1. 18.〉

② 제40조제1항에 따른 항공신체검사증명을 받은 운항승무원 및 항공교통관제사는 국토교통부령으로 정하는 신체적·정신적 상태의 저하가 있는 경우에는 그 사실을 제49조제1항에 따라 지정된 항공전문의사의 소견서를 첨부하여 국토교통부장관에게 신고하여야 한다. 〈신설 2022. 1. 18.〉

③ 국토교통부장관은 제2항에 따른 신고를 받은 경우 신고한 사람의 신체적·정신적 상태가 자격증명의 종류별 항공신체검사증명의 기준에 적합한지 여부를 지체 없이 확인하여 그 결과를 당사자에게 통지하여야 한다. 〈신설 2022. 1. 18.〉

④ 제2항에 따라 신체적·정신적 상태의 저하 사실을 신고한 사람은 제3항에 따른 결과를 통지받기 전까지 항공업무에 종사하여서는 아니 된다. 〈신설 2022. 1. 18.〉

⑤ 제2항에 따른 신체적·정신적 상태의 저하에 관한 구체적인 기준, 신고의 기한 및 방법 등에 필요한 사항은 국토교통부령으로

정한다. 〈신설 2022. 1. 18.〉

제42조의2(관제적성검사) ① 제38조제1항에 따라 항공교통관제사 자격증명을 받으려는 사람은 항공교통관제 업무에 적합한 적성을 갖추고 있는지를 판정받기 위하여 국토교통부장관이 실시하는 적성검사(이하 "관제적성검사"라 한다)에 합격하여야 한다.

② 직전 관제적성검사에 불합격한 사람으로서 그 검사일부터 3개월이 지나지 아니한 사람은 관제적성검사를 받을 수 없다.

③ 국토교통부장관은 관제적성검사에 관한 업무를 「한국교통안전공단법」에 따른 한국교통안전공단(이하 "한국교통안전공단"이라 한다) 또는 항공 관련 기관·단체에 위탁할 수 있다.

④ 국토교통부장관은 제3항에 따라 관제적성검사에 관한 업무를 위탁하는 경우에는 그에 필요한 경비를 지원할 수 있다.

⑤ 관제적성검사의 합격기준, 검사의 방법 및 절차 등에 관하여 필요한 사항은 국토교통부령으로 정한다.

[본조신설 2025. 5. 27.]

[시행일: 2028. 5. 28.] 제42조의2

제43조(자격증명·항공신체검사증명의 취소 등) ① 국토교통부장관은 항공종사자가 다음 각 호의 어느 하나에 해당하는 경우에는 그 자격증명이나 자격증명의 한정(이하 이 조에서 "자격증명등"이라 한다)을 취소하거나 1년 이내의 기간을 정하여 자격증명등의 효력정지를 명할 수 있다. 다만, 제1호, 제6호의2, 제6호의3, 제15호 또는 제31호에 해당하는 경우에는 해당 자격증명등을 취소하여야 한다. 〈개정 2019. 8. 27., 2020. 6. 9., 2020. 12. 8., 2021. 5. 18., 2021. 12. 7., 2022. 1. 18.〉

1. 거짓이나 그 밖의 부정한 방법으로 자격증명등을 받은 경우
2. 이 법을 위반하여 벌금 이상의 형을 선고 받은 경우
3. 항공종사자로서 항공업무를 수행할 때 고의 또는 중대한 과실로 항공기사고를 일으켜 인명피해나 재산피해를 발생시킨 경우
4. 제32조제1항 본문에 따라 정비등을 확인하는 항공종사자가 국토교통부령으로 정하는 방법에 따라 감항성을 확인하지 아니한 경우
5. 제36조제2항을 위반하여 자격증명의 종류에 따른 업무범위 외의 업무에 종사한 경우
6. 제37조제2항을 위반하여 자격증명의 한정을 받은 항공종사자

가 한정된 종류, 등급 또는 형식 외의 항공기·경량항공기나 한정된 정비분야 외의 항공업무에 종사한 경우

6의2. 제39조의3제1항을 위반하여 다른 사람에게 자기의 성명을 사용하여 항공업무를 수행하게 하거나 항공종사자 자격증명서를 빌려 준 경우

6의3. 제39조의3제3항을 위반하여 다음 각 목의 어느 하나에 해당하는 행위를 알선한 경우

가. 다른 사람에게 자기의 성명을 사용하여 항공업무를 수행하게 하거나 항공종사자 자격증명서를 빌려 주는 행위

나. 다른 사람의 성명을 사용하여 항공업무를 수행하거나 다른 사람의 항공종사자 자격증명서를 빌리는 행위

7. 제40조제1항을 위반하여 항공신체검사증명을 받지 아니하고 항공업무(제46조에 따른 항공기 조종연습을 포함한다. 이하 이 항 제13호, 제14호 및 제16호에서 같다)에 종사한 경우

8. 제42조제1항을 위반하여 제40조제2항에 따른 자격증명의 종류별 항공신체검사증명의 기준에 적합하지 아니한 운항승무원 및 항공교통관제사가 항공업무에 종사한 경우

8의2. 제42조제2항을 위반하여 신체적·정신적 상태의 저하 사실을 신고하지 아니한 경우

8의3. 제42조제4항을 위반하여 같은 조 제3항에 따른 결과를 통지받기 전에 항공업무를 수행한 경우

9. 제44조제1항을 위반하여 계기비행증명을 받지 아니하고 계기비행 또는 계기비행방식에 따른 비행을 한 경우

10. 제44조제2항을 위반하여 조종교육증명을 받지 아니하고 조종교육을 한 경우

11. 제45조제1항을 위반하여 항공영어구술능력증명을 받지 아니하고 같은 항 각 호의 어느 하나에 해당하는 업무에 종사한 경우

12. 제55조를 위반하여 국토교통부령으로 정하는 비행경험이 없이 같은 조 각 호의 어느 하나에 해당하는 항공기를 운항하거나 계기비행·야간비행 또는 제44조제2항에 따른 조종교육의 업무에 종사한 경우

13. 제57조제1항을 위반하여 주류등의 영향으로 항공업무를 정상적으로 수행할 수 없는 상태에서 항공업무에 종사한 경우

14. 제57조제2항을 위반하여 항공업무에 종사하는 동안에 같은 조 제1항에 따른 주류등을 섭취하거나 사용한 경우

15. 제57조제3항을 위반하여 같은 조 제1항에 따른 주류등의 섭취 및 사용 여부의 측정 요구에 따르지 아니한 경우

15의2. 제57조의2를 위반하여 항공기 내에서 흡연을 한 경우

16. 항공업무를 수행할 때 고의 또는 중대한 과실로 항공기준사고, 항공안전장애 또는 제61조제1항에 따른 항공안전위해요인을 발생시킨 경우

17. 제62조제2항 또는 제4항부터 제6항까지에 따른 기장의 의무를 이행하지 아니한 경우

18. 제63조를 위반하여 조종사가 운항자격의 인정 또는 심사를 받지 아니하고 운항한 경우

19. 제65조제2항을 위반하여 기장이 운항관리사의 승인을 받지 아니하고 항공기를 출발시키거나 비행계획을 변경한 경우

20. 제66조를 위반하여 이륙·착륙 장소가 아닌 곳에서 이륙하거나 착륙한 경우

21. 제67조제1항을 위반하여 비행규칙을 따르지 아니하고 비행한 경우

22. 제68조를 위반하여 같은 조 각 호의 어느 하나에 해당하는 비행 또는 행위를 한 경우

23. 제70조제1항을 위반하여 허가를 받지 아니하고 항공기로 위험물을 운송한 경우

24. 제76조제2항을 위반하여 항공업무를 수행한 경우

25. 제77조제2항을 위반하여 같은 조 제1항에 따른 운항기술기준을 준수하지 아니하고 비행을 하거나 업무를 수행한 경우

26. 제79조제1항을 위반하여 국토교통부장관이 정하여 공고하는 비행의 방식 및 절차에 따르지 아니하고 비관제공역(非管制空域) 또는 주의공역(注意空域)에서 비행한 경우

27. 제79조제2항을 위반하여 허가를 받지 아니하거나 국토교통부장관이 정하는 비행의 방식 및 절차에 따르지 아니하고 통제공역에서 비행한 경우

28. 제84조제1항을 위반하여 국토교통부장관 또는 항공교통업무증명을 받은 자가 지시하는 이동·이륙·착륙의 순서 및 시기와 비

행의 방법에 따르지 아니한 경우

29. 제90조제4항(제96조제1항에서 준용하는 경우를 포함한다)을 위반하여 운영기준을 준수하지 아니하고 비행을 하거나 업무를 수행한 경우

30. 제93조제7항 후단(제96조제2항에서 준용하는 경우를 포함한다)을 위반하여 운항규정 또는 정비규정을 준수하지 아니하고 업무를 수행한 경우

30의2. 제108조제4항 본문에 따라 경량항공기 또는 그 장비품·부품의 정비사항을 확인하는 항공종사자가 국토교통부령으로 정하는 방법에 따라 확인하지 아니한 경우

31. 이 조에 따른 자격증명등의 정지명령을 위반하여 정지기간에 항공업무에 종사한 경우

② 제1항에 따라 효력정지를 명하는 경우 그 효력정지의 대상으로 운송용 조종사에 대해서는 부조종사 및 사업용·자가용 조종사 자격증명을 포함하고, 사업용 조종사에 대해서는 자가용 조종사의 자격증명을 포함한다. 〈신설 2022. 1. 18.〉

③ 국토교통부장관은 항공종사자가 다음 각 호의 어느 하나에 해당하는 경우에는 그 항공신체검사증명을 취소하거나 1년 이내의 기간을 정하여 항공신체검사증명의 효력정지를 명할 수 있다. 다만, 제1호에 해당하는 경우에는 항공신체검사증명을 취소하여야 한다. 〈개정 2022. 1. 18.〉

1. 거짓이나 그 밖의 부정한 방법으로 항공신체검사증명을 받은 경우

2. 제1항제13호부터 제15호까지의 어느 하나에 해당하는 경우

3. 제40조제2항에 따른 자격증명의 종류별 항공신체검사증명의 기준에 맞지 아니하게 되어 항공업무를 수행하기에 부적합하다고 인정되는 경우

4. 제40조제5항을 위반하여 한정된 항공업무의 범위를 준수하지 아니하고 항공업무(제46조에 따른 항공기 조종연습을 포함한다)에 종사한 경우

5. 제41조에 따른 항공신체검사명령에 따르지 아니한 경우

6. 제42조제1항을 위반하여 항공업무에 종사한 경우

7. 제76조제2항을 위반하여 항공신체검사증명서를 소지하지 아니

하고 항공업무에 종사한 경우

④ 자격증명등의 시험에 응시하거나 심사를 받는 사람 또는 항공신체검사를 받는 사람이 그 시험이나 심사 또는 검사에서 부정한 행위를 한 경우에는 해당 시험이나 심사 또는 검사를 정지시키거나 무효로 하고, 해당 처분을 받은 사람은 그 처분을 받은 날부터 각각 2년간 이 법에 따른 자격증명등의 시험에 응시하거나 심사를 받을 수 없으며, 이 법에 따른 항공신체검사를 받을 수 없다. 〈개정 2022. 1. 18.〉

⑤ 제1항 및 제3항에 따른 처분의 기준 및 절차와 그 밖에 필요한 사항은 국토교통부령으로 정한다. 〈개정 2022. 1. 18.〉

제43조(자격증명·항공신체검사증명·관제적성검사합격의 취소 등) ① 국토교통부장관은 항공종사자가 다음 각 호의 어느 하나에 해당하는 경우에는 그 자격증명이나 자격증명의 한정(이하 이 조에서 "자격증명등"이라 한다)을 취소하거나 1년 이내의 기간을 정하여 자격증명등의 효력정지를 명할 수 있다. 다만, 제1호, 제6호의2, 제6호의3, 제15호 또는 제31호에 해당하는 경우에는 해당 자격증명등을 취소하여야 한다. 〈개정 2019. 8. 27., 2020. 6. 9., 2020. 12. 8., 2021. 5. 18., 2021. 12. 7., 2022. 1. 18., 2025. 5. 27.〉

1. 거짓이나 그 밖의 부정한 방법으로 자격증명등을 받은 경우

2. 이 법을 위반하여 벌금 이상의 형을 선고 받은 경우

3. 항공종사자로서 항공업무를 수행할 때 고의 또는 중대한 과실로 항공기사고를 일으켜 인명피해나 재산피해를 발생시킨 경우

4. 제32조제1항 본문에 따라 정비등을 확인하는 항공종사자가 국토교통부령으로 정하는 방법에 따라 감항성을 확인하지 아니한 경우

5. 제36조제2항을 위반하여 자격증명의 종류에 따른 업무범위 외의 업무에 종사한 경우

6. 제37조제2항을 위반하여 자격증명의 한정을 받은 항공종사자가 한정된 종류, 등급 또는 형식 외의 항공기·경량항공기, 한정된 정비분야나 한정된 항공교통관제 업무의 종류, 수행방식 및 항공교통관제시설 외의 항공업무에 종사한 경우

6의2. 제39조의3제1항을 위반하여 다른 사람에게 자기의 성명을 사용하여 항공업무를 수행하게 하거나 항공종사자 자격증명서를 빌려 준 경우

6의3. 제39조의3제3항을 위반하여 다음 각 목의 어느 하나에 해당하는 행위를 알선한 경우

가. 다른 사람에게 자기의 성명을 사용하여 항공업무를 수행하게 하거나 항공종사자 자격증명서를 빌려 주는 행위

나. 다른 사람의 성명을 사용하여 항공업무를 수행하거나 다른 사람의 항공종사자 자격증명서를 빌리는 행위

7. 제40조제1항을 위반하여 항공신체검사증명을 받지 아니하고 항공업무(제46조에 따른 항공기 조종연습을 포함한다. 이하 이 항 제13호, 제14호 및 제16호에서 같다)에 종사한 경우

8. 제42조제1항을 위반하여 제40조제2항에 따른 자격증명의 종류별 항공신체검사증명의 기준에 적합하지 아니한 운항승무원 및 항공교통관제사가 항공업무에 종사한 경우

8의2. 제42조제2항을 위반하여 신체적·정신적 상태의 저하 사실을 신고하지 아니한 경우

8의3. 제42조제4항을 위반하여 같은 조 제3항에 따른 결과를 통지받기 전에 항공업무를 수행한 경우

9. 제44조제1항을 위반하여 계기비행증명을 받지 아니하고 계기비행 또는 계기비행방식에 따른 비행을 한 경우

10. 제44조제2항을 위반하여 조종교육증명을 받지 아니하고 조종교육을 한 경우

11. 제45조제1항을 위반하여 항공영어구술능력증명을 받지 아니하고 같은 항 각 호의 어느 하나에 해당하는 업무에 종사한 경우

12. 제55조를 위반하여 국토교통부령으로 정하는 비행경험이 없이 같은 조 각 호의 어느 하나에 해당하는 항공기를 운항하거나 계기비행·야간비행 또는 제44조제2항에 따른 조종교육의 업무에 종사한 경우

13. 제57조제1항을 위반하여 주류등의 영향으로 항공업무를 정상적으로 수행할 수 없는 상태에서 항공업무에 종사한 경우

14. 제57조제2항을 위반하여 항공업무에 종사하는 동안에 같은 조 제1항에 따른 주류등을 섭취하거나 사용한 경우

15. 제57조제3항을 위반하여 같은 조 제1항에 따른 주류등의 섭취 및 사용 여부의 측정 요구에 따르지 아니한 경우

15의2. 제57조의2를 위반하여 항공기 내에서 흡연을 한 경우

16. 항공업무를 수행할 때 고의 또는 중대한 과실로 항공기준사고, 항공안전장애 또는 제61조제1항에 따른 항공안전위해요인을 발생시킨 경우

17. 제62조제2항 또는 제4항부터 제6항까지에 따른 기장의 의무를 이행하지 아니한 경우

18. 제63조를 위반하여 조종사가 운항자격의 인정 또는 심사를 받지 아니하고 운항한 경우

19. 제65조제2항을 위반하여 기장이 운항관리사의 승인을 받지 아니하고 항공기를 출발시키거나 비행계획을 변경한 경우

20. 제66조를 위반하여 이륙·착륙 장소가 아닌 곳에서 이륙하거나 착륙한 경우

21. 제67조제1항을 위반하여 비행규칙을 따르지 아니하고 비행한 경우

22. 제68조를 위반하여 같은 조 각 호의 어느 하나에 해당하는 비행 또는 행위를 한 경우

23. 제70조제1항을 위반하여 허가를 받지 아니하고 항공기로 위험물을 운송한 경우

24. 제76조제2항을 위반하여 항공업무를 수행한 경우

25. 제77조제2항을 위반하여 같은 조 제1항에 따른 운항기술기준을 준수하지 아니하고 비행을 하거나 업무를 수행한 경우

26. 제79조제1항을 위반하여 국토교통부장관이 정하여 공고하는 비행의 방식 및 절차에 따르지 아니하고 비관제공역(非管制空域) 또는 주의공역(注意空域)에서 비행한 경우

27. 제79조제2항을 위반하여 허가를 받지 아니하거나 국토교통부장관이 정하는 비행의 방식 및 절차에 따르지 아니하고 통제공역에서 비행한 경우

28. 제84조제1항을 위반하여 국토교통부장관 또는 항공교통업무증명을 받은 자가 지시하는 이동·이륙·착륙의 순서 및 시기와 비행의 방법에 따르지 아니한 경우

29. 제90조제4항(제96조제1항에서 준용하는 경우를 포함한다)을 위반하여 운영기준을 준수하지 아니하고 비행을 하거나 업무를 수행한 경우

30. 제93조제7항 후단(제96조제2항에서 준용하는 경우를 포함한

다)을 위반하여 운항규정 또는 정비규정을 준수하지 아니하고 업무를 수행한 경우

30의2. 제108조제4항 본문에 따라 경량항공기 또는 그 장비품·부품의 정비사항을 확인하는 항공종사자가 국토교통부령으로 정하는 방법에 따라 확인하지 아니한 경우

31. 제38조의2 및 이 조에 따른 자격증명등의 정지명령을 위반하여 정지기간에 항공업무에 종사한 경우

② 제1항에 따라 효력정지를 명하는 경우 그 효력정지의 대상으로 운송용 조종사에 대해서는 부조종사 및 사업용·자가용 조종사 자격증명을 포함하고, 사업용 조종사에 대해서는 자가용 조종사의 자격증명을 포함한다. 〈신설 2022. 1. 18.〉

③ 국토교통부장관은 항공종사자가 다음 각 호의 어느 하나에 해당하는 경우에는 그 항공신체검사증명을 취소하거나 1년 이내의 기간을 정하여 항공신체검사증명의 효력정지를 명할 수 있다. 다만, 제1호에 해당하는 경우에는 항공신체검사증명을 취소하여야 한다. 〈개정 2022. 1. 18.〉

1. 거짓이나 그 밖의 부정한 방법으로 항공신체검사증명을 받은 경우

2. 제1항제13호부터 제15호까지의 어느 하나에 해당하는 경우

3. 제40조제2항에 따른 자격증명의 종류별 항공신체검사증명의 기준에 맞지 아니하게 되어 항공업무를 수행하기에 부적합하다고 인정되는 경우

4. 제40조제5항을 위반하여 한정된 항공업무의 범위를 준수하지 아니하고 항공업무(제46조에 따른 항공기 조종연습을 포함한다)에 종사한 경우

5. 제41조에 따른 항공신체검사명령에 따르지 아니한 경우

6. 제42조제1항을 위반하여 항공업무에 종사한 경우

7. 제76조제2항을 위반하여 항공신체검사증명서를 소지하지 아니하고 항공업무에 종사한 경우

④ 국토교통부장관은 항공교통관제사 또는 항공교통관제사 자격증명을 받으려는 사람이 거짓이나 그 밖의 부정한 방법으로 관제적성검사에 합격한 경우 그 관제적성검사합격을 취소하여야 한다. 〈신설 2025. 5. 27.〉

⑤ 자격증명등의 시험에 응시하거나 심사를 받는 사람, 항공신체검사 또는 관제적성검사를 받는 사람이 그 시험이나 심사 또는 검사에서 부정한 행위를 한 경우에는 해당 시험이나 심사 또는 검사를 정지시키거나 무효로 하고, 해당 처분을 받은 사람은 그 처분을 받은 날부터 각각 2년간 이 법에 따른 자격증명등의 시험에 응시하거나 심사를 받을 수 없으며, 이 법에 따른 항공신체검사 또는 관제적성검사를 받을 수 없다. 〈개정 2022. 1. 18., 2025. 5. 27.〉

⑥ 제1항, 제3항 및 제4항에 따른 처분의 기준 및 절차와 그 밖에 필요한 사항은 국토교통부령으로 정한다. 〈개정 2022. 1. 18., 2025. 5. 27.〉

[제목개정 2025. 5. 27.]

[시행일: 2028. 5. 28.] 제43조(관제적성검사에 관한 사항만 해당한다)

[시행일: 2025. 11. 28.] 제43조

제44조(계기비행증명 및 조종교육증명) ① 운송용 조종사(헬리콥터를 조종하는 경우만 해당한다), 사업용 조종사, 자가용 조종사 또는 부조종사의 자격증명을 받은 사람은 그가 사용할 수 있는 항공기의 종류로 다음 각 호의 비행을 하려면 국토교통부령으로 정하는 바에 따라 국토교통부장관의 계기비행증명을 받아야 한다.

1. 계기비행

2. 계기비행방식에 따른 비행

② 다음 각 호의 조종연습을 하는 사람에 대하여 조종교육을 하려는 사람은 비행시간을 고려하여 그 항공기의 종류별·등급별로 국토교통부령으로 정하는 바에 따라 국토교통부장관의 조종교육증명을 받아야 한다. 〈개정 2017. 10. 24.〉

1. 제35조제1호부터 제4호까지의 자격증명을 받지 아니한 사람이 항공기(제36조제3항에 따라 국토교통부령으로 정하는 항공기는 제외한다)에 탑승하여 하는 조종연습

2. 제35조제1호부터 제4호까지의 자격증명을 받은 사람이 그 자격증명에 대하여 제37조에 따라 한정을 받은 종류 외의 항공기에 탑승하여 하는 조종연습

③ 제2항에 따른 조종교육증명에 필요한 사항은 국토교통부령으로 정한다.

④ 제1항에 따른 계기비행증명 및 제2항에 따른 조종교육증명의 시험 및 취소 등에 관하여는 제38조 및 제43조제1항·제4항을 준용한다. 〈개정 2022. 1. 18.〉

제44조(계기비행증명 및 조종교육증명) ① 운송용 조종사(헬리콥터를 조종하는 경우만 해당한다), 사업용 조종사, 자가용 조종사 또는 부조종사의 자격증명을 받은 사람은 그가 사용할 수 있는 항공기의 종류로 다음 각 호의 비행을 하려면 국토교통부령으로 정하는 바에 따라 국토교통부장관의 계기비행증명을 받아야 한다.

1. 계기비행

2. 계기비행방식에 따른 비행

② 다음 각 호의 조종연습을 하는 사람에 대하여 조종교육을 하려는 사람은 비행시간을 고려하여 그 항공기의 종류별·등급별로 국토교통부령으로 정하는 바에 따라 국토교통부장관의 조종교육증명을 받아야 한다. 〈개정 2017. 10. 24.〉

1. 제35조제1호부터 제4호까지의 자격증명을 받지 아니한 사람이 항공기(제36조제3항에 따라 국토교통부령으로 정하는 항공기는 제외한다)에 탑승하여 하는 조종연습

2. 제35조제1호부터 제4호까지의 자격증명을 받은 사람이 그 자격증명에 대하여 제37조에 따라 한정을 받은 종류 외의 항공기에 탑승하여 하는 조종연습

③ 제2항에 따른 조종교육증명에 필요한 사항은 국토교통부령으로 정한다.

④ 제1항에 따른 계기비행증명 및 제2항에 따른 조종교육증명의 시험 및 취소 등에 관하여는 제38조 및 제43조제1항·제5항을 준용한다. 〈개정 2022. 1. 18., 2025. 5. 27.〉

[시행일: 2028. 5. 28.] 제44조제4항

제45조(항공영어구술능력증명) ① 다음 각 호의 어느 하나에 해당하는 업무에 종사하려는 사람은 국토교통부장관의 항공영어구술능력증명을 받아야 한다.

1. 두 나라 이상을 운항하는 항공기의 조종

2. 두 나라 이상을 운항하는 항공기에 대한 관제

3. 「공항시설법」 제53조에 따른 항공통신업무 중 두 나라 이상을 운항하는 항공기에 대한 무선통신

② 제1항에 따른 항공영어구술능력증명(이하 "항공영어구술능력증명"이라 한다)을 위한 시험의 실시, 항공영어구술능력증명의 등급, 등급별 합격기준, 등급별 유효기간 등에 필요한 사항은 국토교통부령으로 정한다.

③ 국토교통부장관은 항공영어구술능력증명을 받으려는 사람이 제2항에 따른 등급별 합격기준에 적합한 경우에는 국토교통부령으로 정하는 바에 따라 항공영어구술능력증명서를 발급하여야 한다.

④ 제3항에도 불구하고 제34조제3항에 따라 국방부장관으로부터 자격인정을 받아 항공교통관제 업무를 수행하는 사람으로서 항공영어구술능력증명을 받으려는 사람이 제2항에 따른 등급별 합격기준에 적합한 경우에는 국방부장관이 항공영어구술능력증명서를 발급할 수 있다.

⑤ 외국정부로부터 항공영어구술능력증명을 받은 사람은 해당 등급별 유효기간의 범위에서 제2항에 따른 항공영어구술능력증명을 위한 시험이 면제된다.

⑥ 항공영어구술능력증명의 취소 등에 관하여는 제43조제1항제1호 및 같은 조 제4항을 준용한다. 이 경우 "자격증명등"은 "항공영어구술능력증명"으로 본다. 〈개정 2022. 1. 18.〉

제45조(항공영어구술능력증명) ① 다음 각 호의 어느 하나에 해당하는 업무에 종사하려는 사람은 국토교통부장관의 항공영어구술능력증명을 받아야 한다. 〈개정 2025. 5. 27.〉

1. 두 나라 이상을 운항하는 항공기의 조종
2. 두 나라 이상을 운항하는 항공기에 대한 항공교통관제 업무
3. 「공항시설법」 제53조에 따른 항공통신업무 중 두 나라 이상을 운항하는 항공기에 대한 무선통신

② 제1항에 따른 항공영어구술능력증명(이하 "항공영어구술능력증명"이라 한다)을 위한 시험의 실시, 항공영어구술능력증명의 등급, 등급별 합격기준, 등급별 유효기간 등에 필요한 사항은 국토교통부령으로 정한다.

③ 국토교통부장관은 항공영어구술능력증명을 받으려는 사람이 제2항에 따른 등급별 합격기준에 적합한 경우에는 국토교통부령으로 정하는 바에 따라 항공영어구술능력증명서를 발급하여야 한다.

④ 제3항에도 불구하고 제34조제3항에 따라 국방부장관으로부터

자격인정을 받아 항공교통관제 업무를 수행하는 사람으로서 항공영어구술능력증명을 받으려는 사람이 제2항에 따른 등급별 합격기준에 적합한 경우에는 국방부장관이 항공영어구술능력증명서를 발급할 수 있다.

⑤ 외국정부로부터 항공영어구술능력증명을 받은 사람은 해당 등급별 유효기간의 범위에서 제2항에 따른 항공영어구술능력증명을 위한 시험이 면제된다.

⑥ 항공영어구술능력증명의 취소 등에 관하여는 제43조제1항제1호 및 같은 조 제4항을 준용한다. 이 경우 "자격증명등"은 "항공영어구술능력증명"으로 본다. 〈개정 2022. 1. 18.〉

[시행일: 2025. 11. 28.] 제45조

제46조(항공기의 조종연습) ① 다음 각 호의 조종연습을 위한 조종에 관하여는 제36조제1항·제2항 및 제37조제2항을 적용하지 아니한다.

1. 제35조제1호부터 제4호까지에 따른 자격증명 및 제40조에 따른 항공신체검사증명을 받은 사람이 한정받은 등급 또는 형식 외의 항공기(한정받은 종류의 항공기만 해당한다)에 탑승하여 하는 조종연습으로서 그 항공기를 조종할 수 있는 자격증명 및 항공신체검사증명을 받은 사람(그 항공기를 조종할 수 있는 지식 및 능력이 있다고 인정하여 국토교통부장관이 지정한 사람을 포함한다)의 감독으로 이루어지는 조종연습

2. 제44조제2항제1호에 따른 조종연습으로서 그 조종연습에 관하여 국토교통부장관의 허가를 받고 조종교육증명을 받은 사람의 감독으로 이루어지는 조종연습

3. 제44조제2항제2호에 따른 조종연습으로서 조종교육증명을 받은 사람의 감독으로 이루어지는 조종연습

② 국토교통부장관은 제1항제2호에 따른 조종연습의 허가 신청을 받은 경우 신청인이 항공기의 조종연습을 하기에 필요한 능력이 있다고 인정되는 경우에는 국토교통부령으로 정하는 바에 따라 그 조종연습을 허가하여야 한다.

③ 제1항제2호에 따른 허가는 신청인에게 항공기 조종연습허가서를 발급함으로써 한다.

④ 제1항제2호에 따른 허가를 받은 사람의 항공신체검사증명, 항공신체검사명령 등에 관하여는 제40조, 제41조 및 제42조를 준용한

다. 〈개정 2022. 1. 18.〉

⑤ 제3항에 따른 항공기 조종연습허가서를 받은 사람이 조종연습을 할 때에는 항공기 조종연습허가서와 항공신체검사증명서를 지녀야 한다.

제47조(항공교통관제연습) ① 제35조제7호의 항공교통관제사 자격증명을 받지 아니한 사람이 항공교통관제 업무를 연습(이하 “항공교통관제연습”이라 한다)하려는 경우에는 국토교통부장관의 항공교통관제연습허가를 받고 국토교통부령으로 정하는 자격요건을 갖춘 사람의 감독 하에 항공교통관제연습을 하여야 한다.

② 국토교통부장관은 제1항에 따른 항공교통관제연습허가 신청을 받은 경우에는 신청인이 항공교통관제연습을 하기에 필요한 능력이 있다고 인정되면 국토교통부령으로 정하는 바에 따라 그 항공교통관제연습을 허가하여야 한다.

③ 제1항에 따른 항공교통관제연습의 허가는 신청인에게 항공교통관제연습허가서를 발급함으로써 한다.

④ 제1항에 따른 항공교통관제연습 허가를 받은 사람의 항공신체검사증명, 항공신체검사명령 등에 관하여는 제40조, 제41조 및 제42조를 준용한다. 〈개정 2022. 1. 18.〉

⑤ 제3항에 따른 항공교통관제연습허가서를 받은 사람이 항공교통관제연습을 할 때에는 항공교통관제연습허가서와 항공신체검사증명서를 지녀야 한다.

제47조의2(자격증명을 받지 아니한 사람의 조종연습등에 대한 연습허가·항공신체검사증명의 취소 등) ① 국토교통부장관은 제46조제1항제2호에 따른 조종연습 또는 제47조제1항에 따른 항공교통관제연습(이하 이 조에서 “조종연습등”이라 한다)을 하는 사람이 다음 각 호의 어느 하나에 해당하는 경우에는 제46조제2항에 따른 항공기 조종연습허가 또는 제47조제2항에 따른 항공교통관제연습허가(이하 이 조에서 “연습허가”라 한다)를 취소하거나 1년 이내의 기간을 정하여 연습허가의 효력정지를 명할 수 있다. 다만, 제1호, 제11호 및 제14호에 해당하는 경우에는 해당 연습허가를 취소하여야 한다.

1. 거짓이나 그 밖의 부정한 방법으로 연습허가를 받은 경우
2. 이 법을 위반하여 벌금 이상의 형을 선고 받은 경우
3. 조종연습등을 하는 사람으로서 조종연습등을 수행할 때 고의

또는 중대한 과실로 항공기사고를 일으켜 인명피해나 재산피해를 발생시킨 경우

4. 제46조제4항 및 제47조제4항에서 준용하는 제40조제1항을 위반하여 항공신체검사증명을 받지 아니하고 조종연습등을 한 경우

5. 제46조제4항 및 제47조제4항에서 준용하는 제42조제1항을 위반하여 제40조제2항에 따른 자격증명의 종류별 항공신체검사증명의 기준에 적합하지 아니한 사람이 조종연습등을 한 경우

6. 제46조제4항 및 제47조제4항에서 준용하는 제42조제2항을 위반하여 신체적·정신적 상태의 저하 사실을 신고하지 아니한 경우

7. 제46조제4항 및 제47조제4항에서 준용하는 제42조제4항을 위반하여 같은 조 제3항에 따른 결과를 통지받기 전에 조종연습등을 한 경우

8. 제46조제5항 또는 제47조제5항을 위반하여 항공기 조종연습허가서 또는 항공교통관제연습허가서를 소지하지 아니하고 조종연습등을 한 경우

9. 제57조제1항을 위반하여 주류등의 영향으로 조종연습등을 정상적으로 수행할 수 없는 상태에서 조종연습등을 한 경우

10. 제57조제2항을 위반하여 조종연습등을 하는 동안에 같은 조 제1항에 따른 주류등을 섭취하거나 사용한 경우

11. 제57조제3항을 위반하여 같은 조 제1항에 따른 주류등의 섭취 및 사용 여부의 측정 요구에 따르지 아니한 경우

12. 제57조의2를 위반하여 항공기 내에서 흡연을 한 경우

13. 조종연습등을 수행할 때 고의 또는 중대한 과실로 항공기준사고, 항공안전장애 또는 제61조제1항에 따른 항공안전위해요인을 발생시킨 경우

14. 이 조에 따른 연습허가의 정지명령을 위반하여 정지기간에 조종연습등을 한 경우

② 국토교통부장관은 조종연습등을 하는 사람이 다음 각 호의 어느 하나에 해당하는 경우에는 그 항공신체검사증명을 취소하거나 1년 이내의 기간을 정하여 항공신체검사증명의 효력정지를 명할 수 있다. 다만, 제1호에 해당하는 경우에는 항공신체검사증명을 취소하여야 한다.

1. 거짓이나 그 밖의 부정한 방법으로 항공신체검사증명을 받은

경우

2. 제1항제9호부터 제11호까지의 어느 하나에 해당하는 경우

3. 제46조제4항 및 제47조제4항에서 준용하는 제40조제2항에 따른 자격증명의 종류별 항공신체검사증명의 기준에 맞지 아니하게 되어 조종연습등을 하기에 부적합하다고 인정되는 경우

4. 제46조제4항 및 제47조제4항에서 준용하는 제40조제5항을 위반하여 한정된 항공업무의 범위를 준수하지 아니하고 조종연습등을 한 경우

5. 제46조제4항 및 제47조제4항에서 준용하는 제41조에 따른 항공신체검사명령에 따르지 아니한 경우

6. 제46조제4항 및 제47조제4항에서 준용하는 제42조제1항을 위반하여 제40조제2항에 따른 자격증명의 종류별 항공신체검사증명의 기준에 적합하지 아니한 사람이 조종연습등을 한 경우

7. 제46조제5항 또는 제47조제5항을 위반하여 항공신체검사증명서를 소지하지 아니하고 조종연습등을 한 경우

③ 연습허가의 심사를 받는 사람 또는 항공신체검사를 받는 사람이 그 심사 또는 검사에서 부정한 행위를 한 경우에는 해당 심사 또는 검사를 정지시키거나 무효로 하고, 해당 처분을 받은 사람은 그 처분을 받은 날부터 각각 2년간 이 법에 따른 연습허가의 심사를 받을 수 없으며, 이 법에 따른 항공신체검사를 받을 수 없다.

④ 제1항 및 제2항에 따른 처분의 기준 및 절차와 그 밖에 필요한 사항은 국토교통부령으로 정한다.

[본조신설 2022. 1. 18.]

제48조(전문교육기관의 지정 등) ① 항공종사자를 양성하려는 자는 국토교통부령으로 정하는 바에 따라 국토교통부장관으로부터 항공종사자 전문교육기관(이하 "전문교육기관"이라 한다)으로 지정을 받을 수 있다. 다만, 제35조제1호부터 제4호까지의 항공종사자를 양성하려는 자는 전문교육기관으로 지정을 받아야 한다.

② 제1항에 따라 전문교육기관으로 지정을 받으려는 자는 국토교통부령으로 정하는 기준(이하 "전문교육기관 지정기준"이라 한다)에 따라 교육과목, 교육방법, 인력, 시설 및 장비 등 교육훈련체계를 갖추어야 한다.

③ 국토교통부장관은 전문교육기관을 지정하는 경우에는 교육과

정, 교관의 인원·자격 및 교육평가방법 등 국토교통부령으로 정하는 사항이 명시된 훈련운영기준을 전문교육기관지정서와 함께 해당 전문교육기관으로 지정받은 자에게 발급하여야 한다.

④ 국토교통부장관은 교육훈련 과정에서의 안전을 확보하기 위하여 필요하다고 판단되면 직권으로 또는 전문교육기관의 신청을 받아 제3항에 따른 훈련운영기준을 변경할 수 있다.

⑤ 전문교육기관으로 지정을 받은 자는 제3항에 따른 훈련운영기준 또는 제4항에 따라 변경된 훈련운영기준을 준수하여야 한다.

⑥ 전문교육기관으로 지정을 받은 자는 훈련운영기준에 따라 교육훈련체계를 계속적으로 유지하여야 하며, 새로운 교육과정의 개설 등으로 교육훈련체계가 변경된 경우에는 국토교통부장관이 실시하는 검사를 받아야 한다.

⑦ 국토교통부장관은 전문교육기관으로 지정받은 자가 교육훈련체계를 유지하고 있는지 여부를 정기 또는 수시로 검사하여야 한다.

⑧ 국토교통부장관은 전문교육기관이 항공운송사업에 필요한 항공종사자를 양성하는 경우에는 예산의 범위에서 필요한 경비의 전부 또는 일부를 지원할 수 있다.

⑨ 국토교통부장관은 항공교육훈련 정보를 국민에게 제공하고 전문교육기관 등 항공교육훈련기관을 체계적으로 관리하기 위하여 시스템(이하 "항공교육훈련통합관리시스템"이라 한다)을 구축·운영하여야 한다.

⑩ 국토교통부장관은 항공교육훈련통합관리시스템을 구축·운영하기 위하여 「항공사업법」 제2조제35호에 따른 항공교통사업자 또는 항공교육훈련기관 등에게 필요한 자료 또는 정보의 제공을 요청할 수 있다. 이 경우 자료나 정보의 제공을 요청받은 자는 정당한 사유가 없으면 이에 따라야 한다.

[전문개정 2017. 10. 24.]

제48조(전문교육기관의 지정 등) ① 항공종사자를 양성하려는 자는 국토교통부령으로 정하는 바에 따라 국토교통부장관으로부터 항공종사자 전문교육기관(이하 "전문교육기관"이라 한다)으로 지정을 받을 수 있다. 다만, 제35조제1호부터 제4호까지, 제7호 및 제7호의2에 해당하는 항공종사자를 양성하려는 자는 전문교육기관으로 지정을 받아야 한다. 〈개정 2025. 5. 27.〉

② 제1항에 따라 전문교육기관으로 지정을 받으려는 자는 국토교통부령으로 정하는 기준(이하 "전문교육기관 지정기준"이라 한다)에 따라 교육과목, 교육방법, 인력, 시설 및 장비 등 교육훈련체계를 갖추어야 한다.

③ 국토교통부장관은 전문교육기관을 지정하는 경우에는 교육과정, 교관의 인원·자격 및 교육평가방법 등 국토교통부령으로 정하는 사항이 명시된 훈련운영기준을 전문교육기관지정서와 함께 해당 전문교육기관으로 지정받은 자에게 발급하여야 한다.

④ 국토교통부장관은 교육훈련 과정에서의 안전을 확보하기 위하여 필요하다고 판단되면 직권으로 또는 전문교육기관의 신청을 받아 제3항에 따른 훈련운영기준을 변경할 수 있다.

⑤ 전문교육기관으로 지정을 받은 자는 제3항에 따른 훈련운영기준 또는 제4항에 따라 변경된 훈련운영기준을 준수하여야 한다.

⑥ 전문교육기관으로 지정을 받은 자는 훈련운영기준에 따라 교육훈련체계를 계속적으로 유지하여야 하며, 새로운 교육과정의 개설 등으로 교육훈련체계가 변경된 경우에는 국토교통부장관이 실시하는 검사를 받아야 한다.

⑦ 국토교통부장관은 전문교육기관으로 지정받은 자가 교육훈련체계를 유지하고 있는지 여부를 정기 또는 수시로 검사하여야 한다.

⑧ 국토교통부장관은 전문교육기관이 항공운송사업에 필요한 항공종사자를 양성하는 경우에는 예산의 범위에서 필요한 경비의 전부 또는 일부를 지원할 수 있다.

⑨ 국토교통부장관은 항공교육훈련 정보를 국민에게 제공하고 전문교육기관 등 항공교육훈련기관을 체계적으로 관리하기 위하여 시스템(이하 "항공교육훈련통합관리시스템"이라 한다)을 구축·운영하여야 한다.

⑩ 국토교통부장관은 항공교육훈련통합관리시스템을 구축·운영하기 위하여 「항공사업법」 제2조제35호에 따른 항공교통사업자 또는 항공교육훈련기관 등에게 필요한 자료 또는 정보의 제공을 요청할 수 있다. 이 경우 자료나 정보의 제공을 요청받은 자는 정당한 사유가 없으면 이에 따라야 한다.

[전문개정 2017. 10. 24.]

[시행일: 2025. 11. 28.] 제48조

제48조의2(전문교육기관 지정의 취소 등) ① 국토교통부장관은 전문교육기관으로 지정받은 자가 다음 각 호의 어느 하나에 해당하는 경우에는 그 지정을 취소하거나 6개월 이내의 기간을 정하여 그 업무의 정지를 명할 수 있다. 다만, 제1호 또는 제8호에 해당하는 경우에는 그 지정을 취소하여야 한다.

1. 거짓이나 그 밖의 부정한 방법으로 전문교육기관으로 지정받은 경우

2. 정당한 사유 없이 전문교육기관 지정기준을 위반한 경우

3. 제48조제5항을 위반하여 정당한 사유 없이 훈련운영기준을 준수하지 아니한 경우

4. 정당한 사유 없이 제48조제10항에 따른 국토교통부장관의 자료 또는 정보제공의 요청을 따르지 아니한 경우

5. 전문교육기관으로 지정받은 이후 2년을 초과하는 기간 동안 교육과정을 개설하지 아니한 경우

6. 고의 또는 중대한 과실로 항공기사고를 발생시키거나 소속 항공종사자에 대하여 관리·감독하는 상당한 주의의무를 게을리하여 항공기사고가 발생한 경우

7. 제58조제2항을 위반하여 다음 각 목의 어느 하나에 해당하는 경우

가. 업무를 시작하기 전까지 항공안전관리시스템을 마련하지 아니한 경우

나. 승인을 받지 아니하고 항공안전관리시스템을 운용한 경우

다. 항공안전관리시스템을 승인받은 내용과 다르게 운용한 경우

라. 승인을 받지 아니하고 국토교통부령으로 정하는 중요사항을 변경한 경우

8. 이 항 본문에 따른 업무정지 기간에 업무를 한 경우

② 제1항에 따른 처분의 세부기준 및 절차와 그 밖에 필요한 사항은 국토교통부령으로 정한다.

[본조신설 2017. 10. 24.]

제48조의3(전문교육기관 지정을 받은 자에 대한 과징금의 부과) ① 국토교통부장관은 전문교육기관 지정을 받은 자가 제48조의2제2호부터 제7호까지의 어느 하나에 해당하여 그 업무의 정지를 명하여야 하는 경우로서 그 업무를 정지하는 경우 전문교육기관 이용자

등에게 심한 불편을 주거나 공익을 해칠 우려가 있는 경우에는 업무정지 처분을 갈음하여 10억원 이하의 과징금을 부과할 수 있다.

② 제1항에 따른 과징금 부과의 구체적인 기준, 절차 및 그 밖에 필요한 사항은 대통령령으로 정한다.

③ 국토교통부장관은 제1항에 따라 과징금을 내야 할 자가 납부기한까지 과징금을 내지 아니하면 국세 체납처분의 예에 따라 징수한다.

[본조신설 2017. 10. 24.]

제49조(항공전문의사의 지정 등) ① 국토교통부장관은 제40조에 따른 자격증명의 종류별 항공신체검사증명을 효율적이고 전문적으로 하기 위하여 국토교통부령으로 정하는 바에 따라 항공의학에 관한 전문교육을 받은 전문의사(이하 "항공전문의사"라 한다)를 지정하여 제40조에 따른 항공신체검사증명에 관한 업무를 대행하게 할 수 있다.

② 교육이수실적, 경력 등 항공전문의사의 지정기준은 국토교통부령으로 정한다.

③ 항공전문의사는 국토교통부령으로 정하는 바에 따라 국토교통부장관이 정기적으로 실시하는 전문교육을 받아야 한다.

제50조(항공전문의사 지정의 취소 등) ① 국토교통부장관은 항공전문의사가 다음 각 호의 어느 하나에 해당하는 경우에는 그 지정을 취소하거나 1년 이내의 기간을 정하여 그 지정의 효력정지를 명할 수 있다. 다만 제1호, 제3호, 제4호 또는 제6호부터 제8호까지의 어느 하나에 해당하는 경우에는 그 지정을 취소하여야 한다.

1. 거짓이나 그 밖의 부정한 방법으로 항공전문의사로 지정받은 경우
2. 항공전문의사가 제40조에 따른 항공신체검사증명서의 발급 등 국토교통부령으로 정하는 업무를 게을리 수행한 경우
3. 이 조에 따른 항공전문의사 지정의 효력정지 기간에 제40조에 따른 항공신체검사증명에 관한 업무를 수행한 경우
4. 항공전문의사가 제49조제2항에 따른 지정기준에 적합하지 아니하게 된 경우
5. 항공전문의사가 제49조제3항에 따른 전문교육을 받지 아니한 경우
6. 항공전문의사가 고의 또는 중대한 과실로 항공신체검사증명서를 잘못 발급한 경우

7. 항공전문의사가 「의료법」 제65조 또는 제66조에 따라 자격이 취소 또는 정지된 경우

8. 본인이 지정 취소를 요청한 경우

② 제1항에 따라 항공전문의사 지정 취소처분을 받은 사람은 그 처분을 받은 날부터 2년간 이 법에 따른 항공전문의사 지정을 신청할 수 없다. 〈신설 2022. 1. 18.〉

③ 제1항에 따른 처분기준 및 처분절차 등은 국토교통부령으로 정한다. 〈개정 2022. 1. 18.〉

제5장 항공기의 운항

제51조(무선설비의 설치·운용 의무) 항공기를 운항하려는 자 또는 소유자등은 해당 항공기에 비상위치 무선표지설비, 2차감시레이더용 트랜스폰더 등 국토교통부령으로 정하는 무선설비를 설치·운용하여야 한다.

제52조(항공계기 등의 설치·탑재 및 운용 등) ① 항공기를 운항하려는 자 또는 소유자등은 해당 항공기에 항공기 안전운항을 위하여 필요한 항공계기(航空計器), 장비, 서류, 구급용구 등(이하 "항공계기등"이라 한다)을 설치하거나 탑재하여 운용하여야 한다. 이 경우 최대이륙중량이 600킬로그램 초과 5천700킬로그램 이하인 비행기에는 사고예방 및 안전운항에 필요한 장비를 추가로 설치할 수 있다. 〈개정 2017. 1. 17.〉

② 제1항에 따라 항공계기등을 설치하거나 탑재하여야 할 항공기, 항공계기등의 종류, 설치·탑재기준 및 그 운용방법 등에 필요한 사항은 국토교통부령으로 정한다.

제53조(항공기의 연료) 항공기를 운항하려는 자 또는 소유자등은 항공기에 국토교통부령으로 정하는 양의 연료를 싣지 아니하고 항공기를 운항해서는 아니 된다.

제54조(항공기의 등불) 항공기를 운항하거나 야간(해가 진 뒤부터 해가 뜨기 전까지를 말한다. 이하 같다)에 비행장에 주기(駐機) 또는 정박(碇泊)시키는 사람은 국토교통부령으로 정하는 바에 따라 등불로 항공기의 위치를 나타내야 한다.

제55조(운항승무원의 비행경험) 다음 각 호의 어느 하나에 해당하는 항공기를 운항하려고 하거나 계기비행·야간비행 또는 제44조제2항

에 따른 조종교육 업무에 종사하려는 운항승무원은 국토교통부령으로 정하는 비행경험(모의비행훈련장치를 이용하여 얻은 비행경험을 포함한다)이 있어야 한다. 〈개정 2021. 5. 18.〉

1. 항공운송사업 또는 항공기사용사업에 사용되는 항공기

2. 항공기 중량, 승객 좌석 수 등 국토교통부령으로 정하는 기준에 해당하는 항공기로서 국외 운항에 사용되는 항공기(이하 "국외운항항공기"라 한다)

第56조(승무원 등의 피로관리) ① 항공운송사업자, 항공기사용사업자 또는 국외운항항공기 소유자등은 다음 각 호의 어느 하나 이상의 방법으로 소속 운항승무원 및 객실승무원(이하 "승무원"이라 한다)과 운항관리사의 피로를 관리하여야 한다. 〈개정 2020. 12. 8.〉

1. 국토교통부령으로 정하는 승무원의 승무시간, 비행근무시간, 근무시간 등(이하 이 조에서 "승무시간등"이라 한다) 또는 운항관리사의 근무시간의 제한기준을 따르는 방법

2. 피로위험관리시스템을 마련하여 운용하는 방법

② 항공운송사업자, 항공기사용사업자 또는 국외운항항공기 소유자등이 피로위험관리시스템을 마련하여 운용하려는 경우에는 국토교통부령으로 정하는 바에 따라 국토교통부장관의 승인을 받아 운용하여야 한다. 승인 받은 사항 중 국토교통부령으로 정하는 중요사항을 변경하는 경우에도 또한 같다.

③ 항공운송사업자, 항공기사용사업자 또는 국외운항항공기 소유자등은 제1항제1호에 따라 승무원 또는 운항관리사의 피로를 관리하는 경우에는 승무원의 승무시간등 또는 운항관리사의 근무시간에 대한 기록을 15개월 이상 보관하여야 한다. 〈개정 2020. 12. 8.〉

[제목개정 2020. 12. 8.]

第57조(주류등의 섭취·사용 제한) ① 항공종사자(제46조에 따른 항공기 조종연습 및 제47조에 따른 항공교통관제연습을 하는 사람을 포함한다. 이하 이 조에서 같다) 및 객실승무원은 「주세법」 제3조제1호에 따른 주류, 「마약류 관리에 관한 법률」 제2조제1호에 따른 마약류 또는 「화학물질관리법」 제22조제1항에 따른 환각물질 등(이하 "주류등"이라 한다)의 영향으로 항공업무(제46조에 따른 항공기 조종연습 및 제47조에 따른 항공교통관제연습을 포함한다. 이하 이 조에서 같다) 또는 객실승무원의 업무를 정상적으로 수행할 수 없는 상태에

서는 항공업무 또는 객실승무원의 업무에 종사해서는 아니 된다.

② 항공종사자 및 객실승무원은 항공업무 또는 객실승무원의 업무에 종사하는 동안에는 주류등을 섭취하거나 사용해서는 아니 된다.

③ 국토교통부장관은 항공안전과 위험 방지를 위하여 필요하다고 인정하거나 항공종사자 및 객실승무원이 제1항 또는 제2항을 위반하여 항공업무 또는 객실승무원의 업무를 하였다고 인정할 만한 상당한 이유가 있을 때에는 주류등의 섭취 및 사용 여부를 호흡측정기 검사 등의 방법으로 측정할 수 있으며, 항공종사자 및 객실승무원은 이러한 측정에 따라야 한다. 〈개정 2020. 6. 9.〉

④ 국토교통부장관은 항공종사자 또는 객실승무원이 제3항에 따른 측정 결과에 불복하면 그 항공종사자 또는 객실승무원의 동의를 받아 혈액 채취 또는 소변 검사 등의 방법으로 주류등의 섭취 및 사용 여부를 다시 측정할 수 있다.

⑤ 주류등의 영향으로 항공업무 또는 객실승무원의 업무를 정상적으로 수행할 수 없는 상태의 기준은 다음 각 호와 같다.

1. 주정성분이 있는 음료의 섭취로 혈중알코올농도가 0.02퍼센트 이상인 경우

2. 「마약류 관리에 관한 법률」 제2조제1호에 따른 마약류를 사용한 경우

3. 「화학물질관리법」 제22조제1항에 따른 환각물질을 사용한 경우

⑥ 제1항부터 제5항까지의 규정에 따라 주류등의 종류 및 그 측정에 필요한 세부 절차 및 측정기록의 관리 등에 필요한 사항은 국토교통부령으로 정한다.

제57조의2(항공기 내 흡연 금지) 항공종사자(제46조에 따른 항공기 조종연습을 하는 사람을 포함한다) 및 객실승무원은 항공업무 또는 객실승무원의 업무에 종사하는 동안에는 항공기 내에서 흡연을 하여서는 아니 된다.

[본조신설 2020. 12. 8.]

제58조(국가 항공안전프로그램 등) ① 국토교통부장관은 다음 각 호의 사항이 포함된 항공안전프로그램을 마련하여 고시하여야 한다. 〈개정 2019. 8. 27.〉

1. 항공안전에 관한 정책, 달성목표 및 조직체계

2. 항공안전 위험도의 관리

3. 항공안전보증
4. 항공안전증진
5. 삭제 〈2019. 8. 27.〉
6. 삭제 〈2019. 8. 27.〉

② 다음 각 호의 어느 하나에 해당하는 자는 제작, 교육, 운항 또는 사업 등을 시작하기 전까지 제1항에 따른 항공안전프로그램에 따라 항공기사고 등의 예방 및 비행안전의 확보를 위한 항공안전관리시스템을 마련하고, 국토교통부장관의 승인을 받아 운용하여야 한다. 승인받은 사항 중 국토교통부령으로 정하는 중요사항을 변경할 때에도 또한 같다. 〈개정 2017. 10. 24., 2019. 8. 27.〉

1. 형식증명, 부가형식증명, 제작증명, 기술표준품형식승인 또는 부품등제작자증명을 받은 자
2. 제35조제1호부터 제4호까지의 항공종사자 양성을 위하여 제48조제1항 단서에 따라 지정된 전문교육기관
3. 항공교통업무증명을 받은 자
4. 제90조(제96조제1항에서 준용하는 경우를 포함한다)에 따른 운항증명을 받은 항공운송사업자 및 항공기사용사업자
5. 항공기정비업자로서 제97조제1항에 따른 정비조직인증을 받은 자
6. 「공항시설법」 제38조제1항에 따라 공항운영증명을 받은 자
7. 「공항시설법」 제43조제2항에 따라 항행안전시설을 설치한 자
8. 제55조제2호에 따른 국외운항항공기를 소유 또는 임차하여 사용할 수 있는 권리가 있는 자

③ 국토교통부장관은 제83조제1항부터 제3항까지에 따라 국토교통부장관이 하는 업무를 체계적으로 수행하기 위하여 제1항에 따른 항공안전프로그램에 따라 그 업무에 관한 항공안전관리시스템을 구축·운용하여야 한다.

④ 제2항제4호에 따른 항공운송사업자 중 국토교통부령으로 정하는 항공운송사업자는 항공안전관리시스템을 구축할 때 다음 각 호의 사항을 포함한 비행자료분석프로그램(Flight data analysis program)을 마련하여야 한다. 〈신설 2019. 8. 27.〉

1. 비행자료를 수집할 수 있는 장치의 장착 및 운영절차
2. 비행자료와 분석결과의 보호 및 활용에 관한 사항
3. 그 밖에 비행자료의 보존 및 품질관리 요건 등 국토교통부장

관이 고시하는 사항

⑤ 국토교통부장관 또는 제2항제3호에 따라 항공안전관리시스템을 마련해야 하는 자가 제83조제1항에 따른 항공교통관제 업무 중 레이더를 이용하여 항공교통관제 업무를 수행하려는 경우에는 항공안전관리시스템에 다음 각 호의 사항을 포함하여야 한다. 〈신설 2019. 8. 27.〉

1. 레이더 자료를 수집할 수 있는 장치의 설치 및 운영절차
2. 레이더 자료와 분석결과의 보호 및 활용에 관한 사항

⑥ 제4항에 따른 항공운송사업자 또는 제5항에 따라 레이더를 이용하여 항공교통관제 업무를 수행하는 자는 제4항 또는 제5항에 따라 수집한 자료와 그 분석결과를 항공기사고 등을 예방하고 항공안전을 확보할 목적으로만 사용하여야 하며, 분석결과를 이유로 관련된 사람에게 해고·전보·징계·부당한 대우 또는 그 밖에 신분이나 처우와 관련하여 불이익한 조치를 취해서는 아니 된다. 다만, 범죄 또는 고의적인 법령 위반행위가 확인되는 경우에는 그러하지 아니하다. 〈신설 2019. 8. 27., 2022. 6. 10.〉

⑦ 제1항부터 제3항까지에서 규정한 사항 외에 다음 각 호의 사항은 국토교통부령으로 정한다. 〈개정 2019. 8. 27.〉

1. 제1항에 따른 항공안전프로그램의 마련에 필요한 사항
2. 제2항에 따른 항공안전관리시스템에 포함되어야 할 사항, 항공안전관리시스템의 승인기준 및 구축·운용에 필요한 사항
3. 제3항에 따른 업무에 관한 항공안전관리시스템의 구축·운용에 필요한 사항

[제목개정 2019. 8. 27.]

제58조(국가 항공안전프로그램 등) ① 국토교통부장관은 다음 각 호의 사항이 포함된 항공안전프로그램을 마련하여 고시하여야 한다. 〈개정 2019. 8. 27.〉

1. 항공안전에 관한 정책, 달성목표 및 조직체계
2. 항공안전 위험도의 관리
3. 항공안전보증
4. 항공안전증진
5. 삭제 〈2019. 8. 27.〉
6. 삭제 〈2019. 8. 27.〉

② 다음 각 호의 어느 하나에 해당하는 자는 제작, 교육, 운항 또는 사업 등을 시작하기 전까지 제1항에 따른 항공안전프로그램에 따라 항공기사고 등의 예방 및 비행안전의 확보를 위한 항공안전관리시스템을 마련하고, 국토교통부장관의 승인을 받아 운용하여야 한다. 승인받은 사항 중 국토교통부령으로 정하는 중요사항을 변경할 때에도 또한 같다. 〈개정 2017. 10. 24., 2019. 8. 27., 2025. 5. 27.〉

1. 형식증명, 부가형식증명, 제작증명, 기술표준품형식승인 또는 부품등제작자증명을 받은 자

2. 제35조제1호부터 제4호까지 및 제7호의2에 해당하는 항공종사자 양성을 위하여 제48조제1항 단서에 따라 지정된 전문교육기관

3. 항공교통업무증명을 받은 자

4. 제90조(제96조제1항에서 준용하는 경우를 포함한다)에 따른 운항증명을 받은 항공운송사업자 및 항공기사용사업자

5. 항공기정비업자로서 제97조제1항에 따른 정비조직인증을 받은 자

6. 「공항시설법」 제38조제1항에 따라 공항운영증명을 받은 자

7. 「공항시설법」 제43조제2항에 따라 항행안전시설을 설치한 자

8. 제55조제2호에 따른 국외운항항공기를 소유 또는 임차하여 사용할 수 있는 권리가 있는 자

③ 국토교통부장관은 제83조제1항부터 제4항까지에 따라 국토교통부장관이 하는 업무를 체계적으로 수행하기 위하여 제1항의 항공안전프로그램에 따라 그 업무에 관한 항공안전관리시스템을 구축·운용하여야 한다. 〈개정 2025. 5. 27.〉

④ 제2항제4호에 따른 항공운송사업자 중 국토교통부령으로 정하는 항공운송사업자는 항공안전관리시스템을 구축할 때 다음 각 호의 사항을 포함한 비행자료분석프로그램(Flight data analysis program)을 마련하여야 한다. 〈신설 2019. 8. 27.〉

1. 비행자료를 수집할 수 있는 장치의 장착 및 운영절차

2. 비행자료와 분석결과의 보호 및 활용에 관한 사항

3. 그 밖에 비행자료의 보존 및 품질관리 요건 등 국토교통부장관이 고시하는 사항

⑤ 국토교통부장관 또는 제2항제3호에 따라 항공안전관리시스템을 마련해야 하는 자가 제83조제1항에 따른 항공교통관제 업무 중

레이더를 이용하여 항공교통관제 업무를 수행하려는 경우에는 항공안전관리시스템에 다음 각 호의 사항을 포함하여야 한다. 〈신설 2019. 8. 27.〉

1. 레이더 자료를 수집할 수 있는 장치의 설치 및 운영절차

2. 레이더 자료와 분석결과의 보호 및 활용에 관한 사항

⑥ 제4항에 따른 항공운송사업자 또는 제5항에 따라 레이더를 이용하여 항공교통관제 업무를 수행하는 자는 제4항 또는 제5항에 따라 수집한 자료와 그 분석결과를 항공기사고 등을 예방하고 항공안전을 확보할 목적으로만 사용하여야 하며, 분석결과를 이유로 관련된 사람에게 해고·전보·징계·부당한 대우 또는 그 밖에 신분이나 처우와 관련하여 불이익한 조치를 취해서는 아니 된다. 다만, 범죄 또는 고의적인 법령 위반행위가 확인되는 경우에는 그러하지 아니하다. 〈신설 2019. 8. 27., 2022. 6. 10.〉

⑦ 제1항부터 제3항까지에서 규정한 사항 외에 다음 각 호의 사항은 국토교통부령으로 정한다. 〈개정 2019. 8. 27.〉

1. 제1항에 따른 항공안전프로그램의 마련에 필요한 사항

2. 제2항에 따른 항공안전관리시스템에 포함되어야 할 사항, 항공안전관리시스템의 승인기준 및 구축·운용에 필요한 사항

3. 제3항에 따른 업무에 관한 항공안전관리시스템의 구축·운용에 필요한 사항

[제목개정 2019. 8. 27.]

[시행일: 2025. 11. 28.] 제58조

제59조(항공안전 의무보고) ① 항공기사고, 항공기준사고 또는 항공안전장애 중 국토교통부령으로 정하는 사항(이하 "의무보고 대상 항공안전장애"라 한다)을 발생시켰거나 항공기사고, 항공기준사고 또는 의무보고 대상 항공안전장애가 발생한 것을 알게 된 항공종사자 등 관계인은 국토교통부장관에게 그 사실을 보고하여야 한다. 다만, 제33조에 따라 고장, 결함 또는 기능장애가 발생한 사실을 국토교통부장관에게 보고한 경우에는 이 조에 따른 보고를 한 것으로 본다. 〈개정 2019. 8. 27.〉

② 국토교통부장관은 제1항에 따른 보고(이하 "항공안전 의무보고"라 한다)를 통하여 접수한 내용을 이 법에 따른 경우를 제외하고는 제3자에게 제공하거나 일반에게 공개해서는 아니 된다. 〈신설

2019. 8. 27.〉

③ 누구든지 항공안전 의무보고를 한 사람에 대하여 이를 이유로 해고·전보·징계·부당한 대우 또는 그 밖에 신분이나 처우와 관련하여 불이익한 조치를 취해서는 아니 된다. 〈신설 2019. 8. 27.〉

④ 제1항에 따른 항공종사자 등 관계인의 범위, 보고에 포함되어야 할 사항, 시기, 보고 방법 및 절차 등은 국토교통부령으로 정한다. 〈개정 2019. 8. 27.〉

제60조(사실조사) ① 국토교통부장관은 제59조제1항, 제120조제2항, 제129조제3항에 따른 보고를 받은 경우 또는 제59조제1항, 제120조제2항, 제129조제3항에 따른 보고를 받지 않았으나 항공기사고, 항공기준사고 또는 의무보고 대상 항공안전장애가 발생한 것을 인지하게 된 경우 이에 대한 사실 여부와 이 법의 위반사항 등을 파악하기 위한 조사를 할 수 있다. 〈개정 2019. 8. 27., 2020. 6. 9.〉

② 국토교통부장관은 제33조 및 제59조제1항에 따라 의무보고 대상 항공안전장애에 대한 보고가 이루어진 경우 이 법 및 「공항시설법」에 따른 행정처분을 아니할 수 있다. 다만, 제1항에 따른 조사 결과 고의 또는 중대한 과실로 의무보고 대상 항공안전장애를 발생시킨 경우에는 그러하지 아니하다. 〈신설 2019. 8. 27.〉

③ 제1항에 따른 사실조사의 절차 및 방법 등에 관하여는 제132조제2항 및 제4항부터 제9항까지의 규정을 준용한다. 〈개정 2019. 8. 27.〉

④ 제1항부터 제3항까지에서 규정한 사항 외에 사실조사 수행에 필요한 사항은 국토교통부장관이 정한다. 〈신설 2019. 8. 27.〉

제61조(항공안전 자율보고) ① 누구든지 제59조제1항에 따른 의무보고 대상 항공안전장애 외의 항공안전장애(이하 "자율보고대상 항공안전장애"라 한다)를 발생시켰거나 발생한 것을 알게 된 경우 또는 항공안전위해요인이 발생한 것을 알게 되거나 발생이 의심되는 경우에는 국토교통부령으로 정하는 바에 따라 그 사실을 국토교통부장관에게 보고할 수 있다. 〈개정 2019. 8. 27.〉

② 국토교통부장관은 제1항에 따른 보고(이하 "항공안전 자율보고"라 한다)를 통하여 접수한 내용을 이 법에 따른 경우를 제외하고는 제3자에게 제공하거나 일반에게 공개해서는 아니 된다. 〈개정

2019. 8. 27.〉

③ 누구든지 항공안전 자율보고를 한 사람에 대하여 이를 이유로 해고 · 전보 · 징계 · 부당한 대우 또는 그 밖에 신분이나 처우와 관련하여 불이익한 조치를 해서는 아니 된다.

④ 국토교통부장관은 자율보고대상 항공안전장애 또는 항공안전위해요인을 발생시킨 사람이 그 발생일부터 10일 이내에 항공안전 자율보고를 한 경우에는 고의 또는 중대한 과실로 발생시킨 경우에 해당하지 아니하면 이 법 및 「공항시설법」에 따른 처분을 하여서는 아니 된다. 〈개정 2019. 8. 27., 2020. 6. 9.〉

⑤ 제1항부터 제4항까지에서 규정한 사항 외에 항공안전 자율보고에 포함되어야 할 사항, 보고 방법 및 절차 등은 국토교통부령으로 정한다.

제61조의2(항공안전데이터 등의 수집 및 처리시스템) ① 국토교통부장관은 항공안전의 증진을 위하여 항공안전데이터와 항공안전정보(이하 "항공안전데이터등"이라 한다)의 수집 · 저장 · 통합 · 분석 등의 업무를 전자적으로 처리하기 위한 시스템(이하 "통합항공안전데이터수집분석시스템"이라 한다)을 구축 · 운영할 수 있다.

② 국토교통부장관은 필요하다고 인정하는 경우 통합항공안전데이터수집분석시스템의 운영을 대통령령으로 정하는 바에 따라 관계 전문기관에 위탁할 수 있다.

③ 국토교통부장관은 통합항공안전데이터수집분석시스템의 운영을 위하여 다음 각 호의 사항이 포함된 통합항공안전데이터수집분석시스템의 운영기준을 정하여 고시할 수 있다.

1. 항공안전데이터등의 수집 · 저장 · 분석 절차
2. 항공안전데이터등의 제공기관과 분석결과 공유방법 및 절차
3. 그 밖에 통합항공안전데이터수집분석시스템 운영에 필요한 사항으로서 국토교통부령으로 정하는 사항

[본조신설 2019. 8. 27.]

제61조의3(항공안전데이터등의 개인정보 보호) 국토교통부장관 또는 제61조의2제2항에 따라 통합항공안전데이터수집분석시스템의 운영을 위탁받은 전문기관은 같은 조 제1항에 따라 수집 · 저장 · 분석된 항공안전데이터등을 항공안전 유지 및 증진의 목적으로만 활용하여야 하며, 이 경우에도 「개인정보 보호법」 제2조제1호에 따른 개인정

보가 보호될 수 있도록 시책을 마련하여 시행하여야 한다.

[본조신설 2019. 8. 27.]

제62조(기장의 권한 등) ① 항공기의 운항 안전에 대하여 책임을 지는 사람(이하 “기장”이라 한다)은 그 항공기의 승무원을 지휘·감독한다.

② 기장은 국토교통부령으로 정하는 바에 따라 항공기의 운항에 필요한 준비가 끝난 것을 확인한 후가 아니면 항공기를 출발시켜서는 아니 된다.

③ 기장은 항공기나 여객에 위난(危難)이 발생하였거나 발생할 우려가 있다고 인정될 때에는 항공기에 있는 여객에게 피난방법과 그 밖에 안전에 관하여 필요한 사항을 명할 수 있다.

④ 기장은 운항 중 그 항공기에 위난이 발생하였을 때에는 여객을 구조하고, 지상 또는 수상(水上)에 있는 사람이나 물건에 대한 위난 방지에 필요한 수단을 마련하여야 하며, 여객과 그 밖에 항공기에 있는 사람을 그 항공기에서 나가게 한 후가 아니면 항공기를 떠나서는 아니 된다.

⑤ 기장은 항공기사고, 항공기준사고 또는 의무보고 대상 항공안전장애가 발생하였을 때에는 국토교통부령으로 정하는 바에 따라 국토교통부장관에게 그 사실을 보고하여야 한다. 다만, 기장이 보고할 수 없는 경우에는 그 항공기의 소유자등이 보고를 하여야 한다. 〈개정 2019. 8. 27.〉

⑥ 기장은 다른 항공기에서 항공기사고, 항공기준사고 또는 의무보고 대상 항공안전장애가 발생한 것을 알았을 때에는 국토교통부령으로 정하는 바에 따라 국토교통부장관에게 그 사실을 보고하여야 한다. 다만, 무선설비를 통하여 그 사실을 안 경우에는 그러하지 아니하다. 〈개정 2019. 8. 27.〉

⑦ 항공종사자 등 이해관계인이 제59조제1항에 따라 보고한 경우에는 제5항 본문 및 제6항 본문은 적용하지 아니한다.

제63조(기장 등의 운항자격) ① 다음 각 호의 어느 하나에 해당하는 항공기의 기장은 지식 및 기량에 관하여, 기장 외의 조종사는 기량에 관하여 국토교통부장관의 자격인정을 받아야 한다.

1. 항공운송사업에 사용되는 항공기

2. 항공기사용사업에 사용되는 항공기 중 국토교통부령으로 정하

는 업무에 사용되는 항공기

3. 국외운항항공기

② 국토교통부장관은 제1항에 따른 자격인정을 받은 사람에 대하여 그 지식 또는 기량의 유무를 정기적으로 심사하여야 하며, 특히 필요하다고 인정하는 경우에는 수시로 지식 또는 기량의 유무를 심사할 수 있다.

③ 국토교통부장관은 제1항에 따른 자격인정을 받은 사람이 제2항에 따른 심사를 받지 아니하거나 그 심사에 합격하지 못한 경우에는 그 자격인정을 취소하여야 한다.

④ 국토교통부장관은 필요하다고 인정할 때에는 국토교통부령으로 정하는 바에 따라 지정한 항공운송사업자 또는 항공기사용사업자에게 소속 기장 또는 기장 외의 조종사에 대하여 제1항에 따른 자격인정 또는 제2항에 따른 심사를 하게 할 수 있다.

⑤ 제4항에 따라 자격인정을 받거나 그 심사에 합격한 기장 또는 기장 외의 조종사는 제1항에 따른 자격인정 및 제2항에 따른 심사를 받은 것으로 본다. 이 경우 제3항을 준용한다.

⑥ 국토교통부장관은 제4항에도 불구하고 필요하다고 인정할 때에는 국토교통부령으로 정하는 기장 또는 기장 외의 조종사에 대하여 제2항에 따른 심사를 할 수 있다.

⑦ 항공운송사업에 종사하는 항공기의 기장은 운항하려는 지역, 노선 및 공항(국토교통부령으로 정하는 지역, 노선 및 공항에 관한 것만 해당한다)에 대한 경험요건을 갖추어야 한다.

⑧ 제1항부터 제7항까지의 규정에 따른 자격인정·심사 또는 경험요건 등에 필요한 사항은 국토교통부령으로 정한다.

제64조(모의비행훈련장치를 이용한 운항자격 심사 등) 국토교통부장관은 비상시의 조치 등 항공기로 제63조에 따른 자격인정 또는 심사를 하기 곤란한 사항에 대해서는 제39조의2제3항에 따라 국토교통부장관이 지정한 모의비행훈련장치를 이용하여 제63조에 따른 자격인정 또는 심사를 할 수 있다. 〈개정 2021. 5. 18.〉

[제목개정 2021. 5. 18.]

제65조(운항관리사) ① 항공운송사업자와 국외운항항공기 소유자등은 국토교통부령으로 정하는 바에 따라 운항관리사를 두어야 한다.

② 제1항에 따라 운항관리사를 두어야 하는 자가 운항하는 항공

기의 기장은 그 항공기를 출발시키거나 비행계획을 변경하려는 경우에는 운항관리사의 승인을 받아야 한다.

③ 제1항에 따라 운항관리사를 두어야 하는 자는 국토교통부령으로 정하는 바에 따라 운항관리사가 해당 업무를 원활하게 수행하는데 필요한 지식 및 경험을 갖출 수 있도록 필요한 교육훈련을 하여야 한다.

第66조(항공기 이륙·착륙의 장소) ① 누구든지 항공기(활공기와 비행선은 제외한다)를 비행장이 아닌 곳(해당 항공기에 요구되는 비행장 기준에 맞지 아니하는 비행장을 포함한다)에서 이륙하거나 착륙하여서는 아니 된다. 다만, 각 호의 경우에는 그러하지 아니하다.

1. 안전과 관련한 비상상황 등 불가피한 사유가 있는 경우로서 국토교통부장관의 허가를 받은 경우

2. 제90조제2항에 따라 국토교통부장관이 발급한 운영기준에 따르는 경우

② 제1항제1호에 따른 허가에 필요한 세부 기준 및 절차와 그 밖에 필요한 사항은 대통령령으로 정한다.

第67조(항공기의 비행규칙) ① 항공기를 운항하려는 사람은 「국제민간항공협약」 및 같은 협약 부속서에 따라 국토교통부령으로 정하는 비행에 관한 기준·절차·방식 등(이하 "비행규칙"이라 한다)에 따라 비행하여야 한다.

② 비행규칙은 다음 각 호와 같이 구분한다.

1. 재산 및 인명을 보호하기 위한 비행절차 등 일반적인 사항에 관한 규칙

2. 시계비행에 관한 규칙

3. 계기비행에 관한 규칙

4. 비행계획의 작성·제출·접수 및 통보 등에 관한 규칙

5. 그 밖에 비행안전을 위하여 필요한 사항에 관한 규칙

第68조(항공기의 비행 중 금지행위 등) 항공기를 운항하려는 사람은 생명과 재산을 보호하기 위하여 다음 각 호의 어느 하나에 해당하는 비행 또는 행위를 해서는 아니 된다. 다만, 국토교통부령으로 정하는 바에 따라 국토교통부장관의 허가를 받은 경우에는 그러하지 아니하다.

1. 국토교통부령으로 정하는 최저비행고도(最低飛行高度) 아래에서

의 비행
2. 물건의 투하(投下) 또는 살포
3. 낙하산 강하(降下)
4. 국토교통부령으로 정하는 구역에서 뒤집어서 비행하거나 옆으로 세워서 비행하는 등의 곡예비행
5. 무인항공기의 비행
6. 그 밖에 생명과 재산에 위해를 끼치거나 위해를 끼칠 우려가 있는 비행 또는 행위로서 국토교통부령으로 정하는 비행 또는 행위

제69조(긴급항공기의 지정 등) ① 응급환자의 수송 등 국토교통부령으로 정하는 긴급한 업무에 항공기를 사용하려는 소유자등은 그 항공기에 대하여 국토교통부장관의 지정을 받아야 한다.

② 제1항에 따라 국토교통부장관의 지정을 받은 항공기(이하 "긴급항공기"라 한다)를 제1항에 따른 긴급한 업무의 수행을 위하여 운항하는 경우에는 제66조 및 제68조제1호·제2호를 적용하지 아니한다.

③ 긴급항공기의 지정 및 운항절차 등에 필요한 사항은 국토교통부령으로 정한다.

④ 국토교통부장관은 긴급항공기의 소유자등이 다음 각 호의 어느 하나에 해당하는 경우에는 그 긴급항공기의 지정을 취소할 수 있다. 다만, 제1호에 해당하는 경우에는 그 긴급항공기의 지정을 취소하여야 한다.
1. 거짓이나 그 밖의 부정한 방법으로 긴급항공기로 지정받은 경우
2. 제3항에 따른 운항절차를 준수하지 아니하는 경우

⑤ 제4항에 따라 긴급항공기의 지정 취소처분을 받은 자는 취소처분을 받은 날부터 2년 이내에는 긴급항공기의 지정을 받을 수 없다.

제70조(위험물 운송 등) ① 항공기를 이용하여 폭발성이나 연소성이 높은 물건 등 국토교통부령으로 정하는 위험물(이하 "위험물"이라 한다)을 운송하려는 자는 국토교통부령으로 정하는 바에 따라 국토교통부장관의 허가를 받아야 한다.

② 제90조제1항에 따른 운항증명을 받은 자가 위험물 탑재 정보의 전달방법 등 국토교통부령으로 정하는 기준을 충족하는 경우에는 제1항에 따른 허가를 받은 것으로 본다.

③ 항공기를 이용하여 운송되는 위험물을 포장·적재(積載)·저장

·운송 또는 처리(이하 "위험물취급"이라 한다)하는 자(이하 "위험물취급자"라 한다)는 항공상의 위험 방지 및 인명의 안전을 위하여 국토교통부장관이 정하여 고시하는 위험물취급의 절차 및 방법에 따라야 한다.

제71조(위험물 포장 및 용기의 검사 등) ① 위험물의 운송에 사용되는 포장 및 용기를 제조·수입하여 판매하려는 자는 그 포장 및 용기의 안전성에 대하여 국토교통부장관이 실시하는 검사를 받아야 한다.

② 제1항에 따른 포장 및 용기의 검사방법·합격기준 등에 필요한 사항은 국토교통부장관이 정하여 고시한다.

③ 국토교통부장관은 위험물의 용기 및 포장에 관한 검사업무를 전문적으로 수행하는 기관(이하 "포장·용기검사기관"이라 한다)을 지정하여 제1항에 따른 검사를 하게 할 수 있다.

④ 검사인력, 검사장비 등 포장·용기검사기관의 지정기준 및 운영 등에 필요한 사항은 국토교통부령으로 정한다.

⑤ 국토교통부장관은 포장·용기검사기관이 다음 각 호의 어느 하나에 해당하는 경우에는 그 지정을 취소하거나 6개월 이내의 기간을 정하여 그 업무의 전부 또는 일부의 정지를 명할 수 있다. 다만, 제1호에 해당하는 경우에는 그 지정을 취소하여야 한다. 〈개정 2017. 1. 17.〉

1. 거짓이나 그 밖의 부정한 방법으로 포장·용기검사기관으로 지정받은 경우

2. 포장·용기검사기관이 제2항에 따른 포장 및 용기의 검사방법·합격기준 등을 위반하여 제1항에 따른 검사를 한 경우

3. 제4항에 따른 지정기준에 맞지 아니하게 된 경우

⑥ 제5항에 따른 처분의 세부기준 등 그 밖에 필요한 사항은 국토교통부령으로 정한다.

제72조(위험물취급에 관한 교육 등) ① 위험물취급자는 위험물취급에 관하여 국토교통부장관이 실시하는 교육을 받아야 한다. 다만, 국제민간항공기구(International Civil Aviation Organization) 등 국제기구 및 국제항공운송협회(International Air Transport Association)가 인정한 교육기관에서 위험물취급에 관한 교육을 이수한 경우에는 그러하지 아니하다.

② 제1항에 따라 교육을 받아야 하는 위험물취급자의 구체적인 범위와 교육 내용 등에 필요한 사항은 국토교통부장관이 정하여 고시한다.

③ 국토교통부장관은 제1항에 따른 교육을 효율적으로 하기 위하여 위험물취급에 관한 교육을 전문적으로 하는 전문교육기관(이하 "위험물전문교육기관"이라 한다)을 지정하여 위험물취급자에 대한 교육을 하게 할 수 있다.

④ 교육인력, 시설, 장비 등 위험물전문교육기관의 지정기준 및 운영 등에 필요한 사항은 국토교통부령으로 정한다.

⑤ 국토교통부장관은 위험물전문교육기관이 다음 각 호의 어느 하나에 해당하는 경우에는 그 지정을 취소하거나 6개월 이내의 기간을 정하여 그 업무의 전부 또는 일부의 정지를 명할 수 있다. 다만, 제1호에 해당하는 경우에는 그 지정을 취소하여야 한다.

1. 거짓이나 그 밖의 부정한 방법으로 위험물전문교육기관으로 지정받은 경우
2. 제4항에 따른 지정기준에 맞지 아니하게 된 경우

⑥ 제5항에 따른 처분의 세부기준 등 그 밖에 필요한 사항은 국토교통부령으로 정한다.

제73조(전자기기의 사용제한) 국토교통부장관은 운항 중인 항공기의 항행 및 통신장비에 대한 전자파 간섭 등의 영향을 방지하기 위하여 국토교통부령으로 정하는 바에 따라 여객이 지닌 전자기기의 사용을 제한할 수 있다.

제74조(회항시간 연장운항의 승인) ① 항공운송사업자가 2개 이상의 발동기를 가진 비행기로서 국토교통부령으로 정하는 비행기를 다음 각 호의 구분에 따른 순항속도(巡航速度)로 가장 가까운 공항까지 비행하여 착륙할 수 있는 시간이 국토교통부령으로 정하는 시간을 초과하는 지점이 있는 노선을 운항하려면 국토교통부령으로 정하는 바에 따라 국토교통부장관의 승인을 받아야 한다.

1. 2개의 발동기를 가진 비행기: 1개의 발동기가 작동하지 아니할 때의 순항속도
2. 3개 이상의 발동기를 가진 비행기: 모든 발동기가 작동할 때의 순항속도

② 국토교통부장관은 제1항에 따른 승인을 하려는 경우에는 제77조

제1항에 따라 고시하는 운항기술기준에 적합한지를 확인하여야 한다.

제75조(수직분리축소공역 등에서의 항공기 운항 승인) ① 다음 각 호의 어느 하나에 해당하는 공역에서 항공기를 운항하려는 소유자등은 국토교통부령으로 정하는 바에 따라 국토교통부장관의 승인을 받아야 한다. 다만, 수색·구조를 위하여 제1호의 공역에서 운항하려는 경우 등 국토교통부령으로 정하는 경우에는 그러하지 아니하다.

1. 수직분리고도를 축소하여 운영하는 공역(이하 "수직분리축소공역"이라 한다)
2. 특정한 항행성능을 갖춘 항공기만 운항이 허용되는 공역(이하 "성능기반항행요구공역"이라 한다)
3. 그 밖에 공역을 효율적으로 운영하기 위하여 국토교통부령으로 정하는 공역

② 국토교통부장관은 제1항에 따른 승인을 하려는 경우에는 제77조 제1항에 따라 고시하는 운항기술기준에 적합한지를 확인하여야 한다.

제76조(승무원 등의 탑승 등) ① 항공기를 운항하려는 자는 그 항공기에 국토교통부령으로 정하는 바에 따라 운항의 안전에 필요한 승무원을 태워야 한다.

② 운항승무원 또는 항공교통관제사가 항공업무를 수행하는 경우에는 국토교통부령으로 정하는 바에 따라 항공종사자 자격증명서 및 항공신체검사증명서를 소지하여야 하며, 운항승무원 또는 항공교통관제사가 아닌 항공종사자가 항공업무를 수행하는 경우에는 국토교통부령으로 정하는 바에 따라 항공종사자 자격증명서를 소지하여야 한다. 〈개정 2021. 5. 18.〉

③ 항공운송사업자 및 항공기사용사업자는 국토교통부령으로 정하는 바에 따라 항공기에 태우는 승무원에게 해당 업무 수행에 필요한 교육훈련을 하여야 한다.

제77조(항공기의 안전운항을 위한 운항기술기준) ① 국토교통부장관은 항공기 안전운항을 확보하기 위하여 이 법과 「국제민간항공협약」 및 같은 협약 부속서에서 정한 범위에서 다음 각 호의 사항이 포함된 운항기술기준을 정하여 고시할 수 있다.

1. 자격증명
2. 항공훈련기관
3. 항공기 등록 및 등록부호 표시

4. 항공기 감항성
5. 정비조직인증기준
6. 항공기 계기 및 장비
7. 항공기 운항
8. 항공운송사업의 운항증명 및 관리
9. 그 밖에 안전운항을 위하여 필요한 사항으로서 국토교통부령으로 정하는 사항

② 소유자등 및 항공종사자는 제1항에 따른 운항기술기준을 준수하여야 한다.

제6장 항공교통관리 등 〈개정 2023. 4. 18.〉

제77조의2(국가항행계획의 수립 · 시행) ① 국토교통부장관은 항공교통관리 등을 위하여 국제민간항공기구(ICAO)의 세계항행계획 등에 따라 국가 항행에 관한 계획(이하 "국가항행계획"이라 한다)을 수립 · 시행하여야 한다.

② 국가항행계획에는 다음 각 호의 사항이 포함되어야 한다.

1. 항공교통정책의 목표 및 전략
2. 항공교통의 정보, 운영 및 기술에 관한 사항
3. 항공교통관리의 운영 효율성 · 안전성 등의 평가에 관한 사항
4. 그 밖에 항공교통의 안전성 · 경제성 · 효율성 향상을 위하여 필요한 사항

③ 국토교통부장관은 국가항행계획의 수립 · 시행을 위하여 관계 행정기관, 「공공기관의 운영에 관한 법률」에 따른 공공기관, 공항운영자, 항공운송사업자, 「항공사업법」 제2조제20호에 따른 항공기취급업자 및 관련 전문기관으로 구성되는 국가항행계획 추진협의체를 구성 · 운영할 수 있다.

④ 제3항에 따른 국가항행계획 추진협의체의 구성 · 운영에 필요한 사항은 대통령령으로 정한다.

[본조신설 2023. 4. 18.]

제78조(공역 등의 지정 등) ① 국토교통부장관은 공역을 체계적이고 효율적으로 관리하기 위하여 필요하다고 인정할 때에는 비행정보구역을 다음 각 호의 공역으로 구분하여 지정 · 공고할 수 있다.

1. 관제공역: 항공교통의 안전을 위하여 항공기의 비행 순서 · 시

기 및 방법 등에 관하여 제84조제1항에 따라 국토교통부장관 또는 항공교통업무증명을 받은 자의 지시를 받아야 할 필요가 있는 공역으로서 관제권 및 관제구를 포함하는 공역

2. 비관제공역: 관제공역 외의 공역으로서 항공기의 조종사에게 비행에 관한 조언·비행정보 등을 제공할 필요가 있는 공역

3. 통제공역: 항공교통의 안전을 위하여 항공기의 비행을 금지하거나 제한할 필요가 있는 공역

4. 주의공역: 항공기의 조종사가 비행 시 특별한 주의·경계·식별 등이 필요한 공역

② 국토교통부장관은 필요하다고 인정할 때에는 국토교통부령으로 정하는 바에 따라 제1항에 따른 공역을 세분하여 지정·공고할 수 있다.

③ 국토교통부장관은 제1항 및 제2항에 따라 지정·공고된 공역을 사용하는 항공기의 표준 출발·도착 절차, 접근 절차 및 항공로 등(이하 "계기비행절차"라 한다)을 설정·공고할 수 있다. 〈신설 2024. 3. 19.〉

④ 항공교통업무증명을 받은 자는 국토교통부장관의 승인을 받은 후 계기비행절차를 설정·공고할 수 있다. 이 경우 항공로는 제외한다. 〈신설 2024. 3. 19.〉

⑤ 제1항부터 제4항까지에 따른 공역의 설정기준·지정절차 및 계기비행절차의 설정기준·공고절차·승인절차 등에 필요한 사항은 국토교통부령으로 정한다. 〈개정 2024. 3. 19.〉

[제목개정 2024. 3. 19.]

제79조(항공기의 비행제한 등) ① 제78조제1항에 따른 비관제공역 또는 주의공역에서 항공기를 운항하려는 사람은 그 공역에 대하여 국토교통부장관이 정하여 공고하는 비행의 방식 및 절차에 따라야 한다.

② 항공기를 운항하려는 사람은 제78조제1항에 따른 통제공역에서 비행해서는 아니 된다. 다만, 국토교통부령으로 정하는 바에 따라 국토교통부장관의 허가를 받아 그 공역에 대하여 국토교통부장관이 정하는 비행의 방식 및 절차에 따라 비행하는 경우에는 그러하지 아니하다.

제80조(공역위원회의 설치) ① 제78조에 따른 공역의 설정 및 관리

에 필요한 사항을 심의하기 위하여 국토교통부장관 소속으로 공역위원회를 둔다.

② 제1항에서 규정한 사항 외에 공역위원회의 구성·운영 및 기능 등에 필요한 사항은 대통령령으로 정한다.

제81조(항공교통안전에 관한 관계 행정기관의 장의 협조) ① 국토교통부장관은 항공교통의 안전을 확보하기 위하여 다음 각 호의 사항에 관하여 관계 행정기관의 장과 상호 협조하여야 한다. 이 경우 국가안보를 고려하여야 한다. 〈개정 2023. 4. 18.〉

1. 항공교통관제에 관한 사항
2. 효율적인 공역관리에 관한 사항
3. 제83조의2에 따른 항공교통흐름 관리에 관한 사항
4. 그 밖에 항공교통의 안전을 위하여 필요한 사항

② 제1항에 따른 협조 요청에 필요한 세부 사항은 대통령령으로 정한다.

제82조(전시 상황 등에서의 공역관리) 전시(戰時) 및 「통합방위법」에 따른 통합방위사태 선포 시의 공역관리에 관하여는 각각 전시 관계 법 및 「통합방위법」에서 정하는 바에 따른다.

제83조(항공교통업무의 제공 등) ① 국토교통부장관 또는 항공교통업무증명을 받은 자는 비행장, 공항, 관제권 또는 관제구에서 항공기 또는 경량항공기 등에 항공교통관제 업무를 제공할 수 있다.

② 국토교통부장관 또는 항공교통업무증명을 받은 자는 비행정보구역에서 항공기 또는 경량항공기의 안전하고 효율적인 운항을 위하여 비행장, 공항 및 항행안전시설의 운용 상태 등 항공기 또는 경량항공기의 운항과 관련된 조언 및 정보를 조종사 또는 관련 기관 등에 제공할 수 있다.

③ 국토교통부장관 또는 항공교통업무증명을 받은 자는 비행정보구역에서 수색·구조가 필요한 항공기 또는 경량항공기에 관한 정보를 조종사 또는 관련 기관 등에 제공할 수 있다. 〈개정 2020. 6. 9.〉

④ 제1항부터 제3항까지의 규정에 따라 국토교통부장관 또는 항공교통업무증명을 받은 자가 하는 업무(이하 "항공교통업무"라 한다)의 제공 영역, 대상, 내용, 절차 등에 필요한 사항은 국토교통부령으로 정한다.

<u>제83조(항공교통업무의 제공 등) ① 국토교통부장관 또는 항공교통</u>

업무증명을 받은 자는 비행장, 공항, 관제권 또는 관제구에서 항공기 또는 경량항공기 등에 항공교통관제 업무를 제공할 수 있다.

② 국토교통부장관 또는 항공교통업무증명을 받은 자는 비행정보구역에서 항공기 또는 경량항공기의 안전하고 효율적인 운항을 위하여 비행장, 공항 및 항행안전시설의 운용 상태 등 항공기 또는 경량항공기의 운항과 관련된 조언 및 정보를 조종사 또는 관련 기관 등에 제공할 수 있다.

③ 국토교통부장관 또는 항공교통업무증명을 받은 자는 비행정보구역에서 수색·구조가 필요한 항공기 또는 경량항공기에 관한 정보를 조종사 또는 관련 기관 등에 제공할 수 있다. 〈개정 2020. 6. 9.〉

④ 국토교통부장관은 제1항에 따라 항공교통관제 업무를 체계적으로 제공하기 위하여 소속 전문항공교통관제사의 양성 및 기량 유지에 필요한 교육훈련을 실시하여야 한다. 이 경우 전문교육기관 지정기준에 준하는 교육과목, 교육방법, 인력, 시설 및 장비 등 교육훈련체계를 국토교통부령으로 정하는 바에 따라 갖추어야 한다. 〈신설 2025. 5. 27.〉

⑤ 제1항부터 제3항까지의 규정에 따라 국토교통부장관 또는 항공교통업무증명을 받은 자가 하는 업무(이하 "항공교통업무"라 한다)의 제공 영역, 대상, 내용, 절차 등에 필요한 사항은 국토교통부령으로 정한다. 〈개정 2025. 5. 27.〉

[시행일: 2025. 11. 28.] 제83조

제83조의2(항공교통흐름 관리) ① 국토교통부장관은 항공교통의 수용량과 교통량 간에 균형을 이루도록 항공 교통량을 조정하고 항공교통의 혼잡을 사전에 해소하여 항공기의 안전하고 효율적인 운항이 유지되도록 항공교통흐름을 관리하여야 한다.

② 항공교통업무를 수행하는 기관, 항공운송사업자, 공항운영자 및 「항공사업법」 제2조제20호에 따른 항공기취급업자 등 항공기 운항과 관련이 있는 자는 제1항에 따른 항공교통흐름 관리에 적극 협조하여야 한다.

③ 제1항에 따른 항공교통흐름 관리에 필요한 사항은 국토교통부령으로 정한다.

[본조신설 2023. 4. 18.]

제83조의3(항공교통데이터 수집 · 분석 · 평가시스템의 구축 · 운영 등) ① 국토교통부장관은 항공기의 안전하고 경제적 · 효율적인 운항을 지원하기 위하여 항공교통데이터를 수집 · 분석 · 평가하기 위한 시스템(이하 “항공교통데이터시스템”이라 한다)을 구축 · 운영할 수 있다.

② 국토교통부장관은 항공교통데이터시스템을 구축 · 운영하기 위하여 관계 행정기관, 「공공기관의 운영에 관한 법률」에 따른 공공기관에 항공교통데이터의 제출을 요청할 수 있다. 이 경우 항공교통데이터의 제출을 요청받은 관계 행정기관 등은 정당한 사유가 없으면 이에 따라야 한다.

③ 국토교통부장관은 항공교통데이터시스템의 운영을 대통령령으로 정하는 바에 따라 항공교통데이터 관련 전문기관에 위탁할 수 있다.

④ 국토교통부장관은 항공교통데이터시스템의 운영을 위하여 다음 각 호의 사항이 포함된 운영기준을 정하여 고시할 수 있다.

1. 항공교통데이터의 수집 · 저장 · 분석 절차
2. 항공교통데이터의 제공기관과 분석결과 공유의 방법 및 절차
3. 그 밖에 항공교통데이터시스템 운영에 필요한 사항으로서 국토교통부령으로 정하는 사항

[본조신설 2023. 4. 18.]

제84조(항공교통관제 업무 지시의 준수) ① 비행장, 공항, 관제권 또는 관제구에서 항공기를 이동 · 이륙 · 착륙시키거나 비행하려는 자는 국토교통부장관 또는 항공교통업무증명을 받은 자가 지시하는 이동 · 이륙 · 착륙의 순서 및 시기와 비행의 방법에 따라야 한다.

② 비행장 또는 공항의 이동지역에서 차량의 운행, 비행장 또는 공항의 유지 · 보수, 그 밖의 업무를 수행하는 자는 항공교통의 안전을 위하여 국토교통부장관 또는 항공교통업무증명을 받은 자의 지시에 따라야 한다.

제85조(항공교통업무증명 등) ① 국토교통부장관 외의 자가 항공교통업무를 제공하려는 경우에는 국토교통부령으로 정하는 바에 따라 항공교통업무를 제공할 수 있는 체계(이하 “항공교통업무제공체계”라 한다)를 갖추어 국토교통부장관의 항공교통업무증명을 받아야 한다.

② 국토교통부장관은 항공교통업무증명에 필요한 인력 · 시설 · 장비, 항공교통업무규정에 관한 요건 및 항공교통업무증명절차 등(이하 “항공교통업무증명기준”이라 한다)을 정하여 고시하여야 한다.

③ 국토교통부장관은 항공교통업무증명을 할 때에는 항공교통업무증명기준에 적합한지를 검사하여 적합하다고 인정되는 경우에는 국토교통부령으로 정하는 바에 따라 항공교통업무증명서를 발급하여야 한다.

④ 항공교통업무증명을 받은 자는 항공교통업무증명을 받았을 때의 항공교통업무제공체계를 유지하여야 하며, 항공교통업무증명기준을 준수하여야 한다.

⑤ 항공교통업무증명을 받은 자는 항공교통업무제공체계를 변경하려는 경우 국토교통부령으로 정하는 바에 따라 국토교통부장관에게 신고하여야 한다. 다만, 제2항에 따른 항공교통업무규정 등 국토교통부령으로 정하는 중요사항을 변경하려는 경우에는 국토교통부장관의 승인을 받아야 한다.

⑥ 제5항 본문에 따른 변경신고가 신고서의 기재사항 및 첨부서류에 흠이 없고, 법령 등에 규정된 형식상의 요건을 충족하는 경우에는 신고서가 접수기관에 도달된 때에 신고 의무가 이행된 것으로 본다. 〈신설 2017. 8. 9.〉

⑦ 국토교통부장관은 항공교통업무증명기준이 변경되어 항공교통업무증명을 받은 자의 항공교통업무제공체계가 변경된 항공교통업무증명기준에 적합하지 아니하게 된 경우 변경된 항공교통업무증명기준을 따르도록 명할 수 있다. 〈개정 2017. 8. 9.〉

⑧ 국토교통부장관은 항공교통업무증명을 받은 자가 항공교통업무제공체계를 계속적으로 유지하고 있는지를 정기 또는 수시로 검사할 수 있다. 〈개정 2017. 8. 9.〉

⑨ 국토교통부장관은 제8항에 따른 검사 결과 항공교통안전에 위험을 초래할 수 있는 사항이 발견되었을 때에는 국토교통부령으로 정하는 바에 따라 시정조치를 명할 수 있다. 〈개정 2017. 8. 9.〉

제86조(항공교통업무증명의 취소 등) ① 국토교통부장관은 항공교통업무증명을 받은 자가 다음 각 호의 어느 하나에 해당하는 경우에는 항공교통업무증명을 취소하거나 6개월 이내의 기간을 정하여 항공교통업무 제공의 정지를 명할 수 있다. 다만, 제1호 또는 제8호에 해당하는 경우에는 항공교통업무증명을 취소하여야 한다. 〈개정 2017. 8. 9.〉

1. 거짓이나 그 밖의 부정한 방법으로 항공교통업무증명을 받은

경우

2. 제58조제2항을 위반하여 다음 각 목의 어느 하나에 해당하는 경우

가. 항공교통업무 제공을 시작하기 전까지 항공안전관리시스템을 마련하지 아니한 경우

나. 승인을 받지 아니하고 항공안전관리시스템을 운용한 경우

다. 항공안전관리시스템을 승인받은 내용과 다르게 운용한 경우

라. 승인을 받지 아니하고 국토교통부령으로 정하는 중요사항을 변경한 경우

3. 제85조제4항을 위반하여 항공교통업무제공체계를 계속적으로 유지하지 아니하거나 항공교통업무증명기준을 준수하지 아니하고 항공교통업무를 제공한 경우

4. 제85조제5항을 위반하여 신고를 하지 아니하거나 승인을 받지 아니하고 항공교통업무제공체계를 변경한 경우

5. 제85조제7항을 위반하여 변경된 항공교통업무증명기준에 따르도록 한 명령에 따르지 아니한 경우

6. 제85조제9항에 따른 시정조치 명령을 이행하지 아니한 경우

7. 고의 또는 중대한 과실로 항공기사고를 발생시키거나 소속 항공종사자에 대하여 관리·감독하는 상당한 주의의무를 게을리하여 항공기사고가 발생한 경우

8. 이 조에 따른 항공교통업무 제공의 정지기간에 항공교통업무를 제공한 경우

② 제1항에 따른 처분의 세부기준 등 그 밖에 필요한 사항은 국토교통부령으로 정한다.

제86조(항공교통업무증명의 취소 등) ① 국토교통부장관은 항공교통업무증명을 받은 자가 다음 각 호의 어느 하나에 해당하는 경우에는 항공교통업무증명을 취소하거나 6개월 이내의 기간을 정하여 항공교통업무 제공의 정지를 명할 수 있다. 다만, 제1호 또는 제8호에 해당하는 경우에는 항공교통업무증명을 취소하여야 한다. 〈개정 2017. 8. 9., 2025. 5. 27.〉

1. 거짓이나 그 밖의 부정한 방법으로 항공교통업무증명을 받은 경우

1의2. 제38조의2제4항에 따라 심사를 할 때 부당한 방법으로 심

사를 한 경우

2. 제58조제2항을 위반하여 다음 각 목의 어느 하나에 해당하는 경우

가. 항공교통업무 제공을 시작하기 전까지 항공안전관리시스템을 마련하지 아니한 경우

나. 승인을 받지 아니하고 항공안전관리시스템을 운용한 경우

다. 항공안전관리시스템을 승인받은 내용과 다르게 운용한 경우

라. 승인을 받지 아니하고 국토교통부령으로 정하는 중요사항을 변경한 경우

3. 제85조제4항을 위반하여 항공교통업무제공체계를 계속적으로 유지하지 아니하거나 항공교통업무증명기준을 준수하지 아니하고 항공교통업무를 제공한 경우

4. 제85조제5항을 위반하여 신고를 하지 아니하거나 승인을 받지 아니하고 항공교통업무제공체계를 변경한 경우

5. 제85조제7항을 위반하여 변경된 항공교통업무증명기준에 따르도록 한 명령에 따르지 아니한 경우

6. 제85조제9항에 따른 시정조치 명령을 이행하지 아니한 경우

7. 고의 또는 중대한 과실로 항공기사고를 발생시키거나 소속 항공종사자에 대하여 관리·감독하는 상당한 주의의무를 게을리하여 항공기사고가 발생한 경우

8. 이 조에 따른 항공교통업무 제공의 정지기간에 항공교통업무를 제공한 경우

② 제1항에 따른 처분의 세부기준 등 그 밖에 필요한 사항은 국토교통부령으로 정한다.

[시행일: 2025. 11. 28.] 제86조

제87조(항공교통업무증명을 받은 자에 대한 과징금의 부과) ① 국토교통부장관은 항공교통업무증명을 받은 자가 제86조제1항제2호부터 제7호까지의 어느 하나에 해당하여 항공교통업무 제공의 정지를 명하여야 하는 경우로서 그 항공교통업무 제공을 정지하면 비행장 이용자 등에게 심한 불편을 주거나 공익을 해칠 우려가 있는 경우에는 항공교통업무 제공의 정지처분을 갈음하여 1억원 이하의 과징금을 부과할 수 있다.

② 제1항에 따른 과징금 부과의 구체적인 기준, 절차 및 그 밖에

필요한 사항은 대통령령으로 정한다.

③ 국토교통부장관은 제1항에 따른 과징금을 내야 할 자가 납부기한까지 과징금을 내지 아니하면 국세 체납처분의 예에 따라 징수한다.

제88조(수색·구조 지원계획의 수립·시행) 국토교통부장관은 항공기가 조난되는 경우 항공기 수색이나 인명구조를 위하여 대통령령으로 정하는 바에 따라 관계 행정기관의 역할 등을 정한 항공기 수색·구조 지원에 관한 계획을 수립·시행하여야 한다.

제89조(항공정보의 제공 등) ① 국토교통부장관은 항공기 운항의 안전성·정규성 및 효율성을 확보하기 위하여 필요한 정보(이하 "항공정보"라 한다)를 비행정보구역에서 비행하는 사람 등에게 제공하여야 한다.

② 국토교통부장관은 항공로, 항행안전시설, 비행장, 공항, 관제권 등 항공기 운항에 필요한 정보가 표시된 지도(이하 "항공지도"라 한다)를 발간(發刊)하여야 한다.

③ 국토교통부장관은 제1항 및 제2항에 따른 항공정보 및 항공지도 중 국토교통부령으로 정하는 항공정보 및 항공지도는 유상으로 제공할 수 있다. 다만, 관계 행정기관 등 대통령령으로 정하는 기관에는 무상으로 제공하여야 한다. 〈신설 2023. 4. 18.〉

④ 제1항부터 제3항까지에 따른 항공정보 또는 항공지도의 내용, 제공방법, 측정단위 등에 필요한 사항은 국토교통부령으로 정한다. 〈개정 2023. 4. 18.〉

제7장 항공운송사업자 등에 대한 안전관리

제1절 항공운송사업자에 대한 안전관리

제90조(항공운송사업자의 운항증명) ① 항공운송사업자는 운항을 시작하기 전까지 국토교통부령으로 정하는 기준에 따라 인력, 장비, 시설, 운항관리지원 및 정비관리지원 등 안전운항체계에 대하여 국토교통부장관의 검사를 받은 후 운항증명을 받아야 한다.

② 국토교통부장관은 제1항에 따른 운항증명(이하 "운항증명"이라 한다)을 하는 경우에는 운항하려는 항공로, 공항 및 항공기 정비방법 등에 관하여 국토교통부령으로 정하는 운항조건과 제한 사항이 명시된 운영기준을 운항증명서와 함께 해당 항공운송사업자에게 발급하여야 한다.

③ 국토교통부장관은 항공기의 안전운항을 확보하기 위하여 필요하다고 판단되면 직권으로 또는 항공운송사업자의 신청을 받아 제2항에 따른 운영기준을 변경할 수 있다.

④ 항공운송사업자 또는 항공운송사업자에 속한 항공종사자는 제2항에 따른 운영기준을 준수하여야 한다.

⑤ 운항증명을 받은 항공운송사업자는 최초로 운항증명을 받았을 때의 안전운항체계를 유지하여야 하며, 다음 각 호의 어느 하나에 해당하는 사유로 안전운항체계가 변경된 경우에는 국토교통부령으로 정하는 바에 따라 국토교통부장관이 실시하는 검사를 받아야 한다. 〈개정 2022. 6. 10.〉

1. 제2항에 따라 발급된 운영기준에 등재되지 아니한 새로운 형식의 항공기를 도입한 경우

2. 제9항에 따라 운항증명의 효력이 정지된 항공운송사업자가 그 운항을 재개하려는 경우

3. 노선을 추가로 개설한 경우

4. 「항공사업법」 제21조에 따라 항공운송사업을 양도·양수한 경우

5. 「항공사업법」 제22조에 따라 사업을 합병한 경우

⑥ 국토교통부장관은 항공기 안전운항을 확보하기 위하여 운항증명을 받은 항공운송사업자가 안전운항체계를 유지하고 있는지를 정기 또는 수시로 검사하여야 한다.

⑦ 국토교통부장관은 제6항에 따른 정기검사 또는 수시검사를 하는 중에 다음 각 호의 어느 하나에 해당하여 긴급한 조치가 필요하게 되었을 때에는 국토교통부령으로 정하는 바에 따라 항공기 또는 노선의 운항을 정지하게 하거나 항공종사자의 업무를 정지하게 할 수 있다.

1. 항공기의 감항성에 영향을 미칠 수 있는 사항이 발견된 경우

2. 항공기의 운항과 관련된 항공종사자가 교육훈련 또는 운항자격 등 이 법에 따라 해당 업무에 종사하는 데 필요한 요건을 충족하지 못하고 있음이 발견된 경우

3. 승무시간 기준, 비행규칙 등 항공기의 안전운항을 위하여 이 법에서 정한 기준을 따르지 아니하고 있는 경우

4. 운항하려는 공항 또는 활주로의 상태 등이 항공기의 안전운항에 위험을 줄 수 있는 상태인 경우

5. 그 밖에 안전운항체계에 영향을 미칠 수 있는 상황으로 판단되는 경우

⑧ 국토교통부장관은 제7항에 따른 정지처분의 사유가 없어진 경우에는 지체 없이 그 처분을 취소하여야 한다.

⑨ 국토교통부장관은 항공기의 안전운항과 승객의 안전을 위하여 운항증명을 받은 항공운송사업자가 60일을 초과하여 연속적으로 운항을 중지한 때에는 운항증명 효력의 정지를 명하여야 한다. 〈신설 2022. 6. 10.〉

⑩ 국토교통부장관은 제5항에 따른 검사 결과 항공기의 안전운항이 가능하다고 인정되는 경우에는 해당 항공운송사업자에 대하여 제9항에 따른 운항증명 효력정지의 해제를 명하여야 한다. 〈신설 2022. 6. 10.〉

제91조(항공운송사업자의 운항증명 취소 등) ① 국토교통부장관은 운항증명을 받은 항공운송사업자가 다음 각 호의 어느 하나에 해당하는 경우에는 운항증명을 취소하거나 6개월 이내의 기간을 정하여 항공기 운항의 정지를 명할 수 있다. 다만, 제1호, 제39호, 제39호의2 또는 제49호의 어느 하나에 해당하는 경우에는 운항증명을 취소하여야 한다. 〈개정 2017. 12. 26., 2019. 8. 27., 2020. 6. 9., 2020. 12. 8., 2022. 1. 18., 2022. 6. 10.〉

1. 거짓이나 그 밖의 부정한 방법으로 운항증명을 받은 경우

2. 제18조제1항을 위반하여 국적·등록기호 및 소유자등의 성명 또는 명칭을 표시하지 아니한 항공기를 운항한 경우

3. 제23조제3항을 위반하여 감항증명을 받지 아니한 항공기를 운항한 경우

4. 제23조제9항에 따른 항공기의 감항성 유지를 위한 항공기등, 장비품 또는 부품에 대한 정비등에 관한 감항성개선 또는 그 밖에 검사·정비등의 명령을 이행하지 아니하고 이를 운항 또는 항공기등에 사용한 경우

5. 제25조제2항을 위반하여 소음기준적합증명을 받지 아니하거나 항공기기술기준에 적합하지 아니한 항공기를 운항한 경우

6. 제26조를 위반하여 변경된 항공기기술기준을 따르도록 한 요구에 따르지 아니한 경우

7. 제27조제3항을 위반하여 기술표준품형식승인을 받지 아니한

기술표준품을 항공기등에 사용한 경우

8. 제28조제3항을 위반하여 부품등제작자증명을 받지 아니한 장비품 또는 부품을 항공기등 또는 장비품에 사용한 경우

9. 제30조제2항을 위반하여 수리·개조승인을 받지 아니한 항공기등을 운항하거나 장비품·부품을 항공기등에 사용한 경우

10. 제32조제1항을 위반하여 정비등을 한 항공기등, 장비품 또는 부품에 대하여 감항성을 확인받지 아니하고 운항 또는 항공기등에 사용한 경우

11. 제42조제1항을 위반하여 제40조제2항에 따른 자격증명의 종류별 항공신체검사증명의 기준에 적합하지 아니한 운항승무원을 항공업무에 종사하게 한 경우

12. 제51조를 위반하여 국토교통부령으로 정한 무선설비를 설치하지 아니한 항공기 또는 설치한 무선설비가 운용되지 아니하는 항공기를 운항한 경우

13. 제52조를 위반하여 항공기에 항공계기등을 설치하거나 탑재하지 아니하고 운항하거나, 그 운용방법 등을 따르지 아니한 경우

14. 제53조를 위반하여 항공기에 국토교통부령으로 정하는 양의 연료를 싣지 아니하고 운항한 경우

15. 제54조를 위반하여 항공기를 운항하거나 야간에 비행장에 주기 또는 정박시키는 경우에 국토교통부령으로 정하는 바에 따라 등불로 항공기의 위치를 나타내지 아니한 경우

16. 제55조를 위반하여 국토교통부령으로 정하는 비행경험이 없는 운항승무원에게 항공기를 운항하게 하거나 계기비행·야간비행 또는 조종교육의 업무에 종사하게 한 경우

17. 제56조제1항을 위반하여 소속 승무원 또는 운항관리사의 피로를 관리하지 아니한 경우

18. 제56조제2항을 위반하여 국토교통부장관의 승인을 받지 아니하고 피로위험관리시스템을 운용하거나 중요사항을 변경한 경우

19. 제57조제1항을 위반하여 항공종사자 또는 객실승무원이 주류등의 영향으로 항공업무 또는 객실승무원의 업무를 정상적으로 수행할 수 없는 상태에서 항공업무 또는 객실승무원의 업무에 종사하게 한 경우

20. 제58조제2항을 위반하여 다음 각 목의 어느 하나에 해당하는

경우

가. 사업을 시작하기 전까지 항공안전관리시스템을 마련하지 아니한 경우

나. 승인을 받지 아니하고 항공안전관리시스템을 운용한 경우

다. 항공안전관리시스템을 승인받은 내용과 다르게 운용한 경우

라. 승인을 받지 아니하고 국토교통부령으로 정하는 중요 사항을 변경한 경우

21. 제62조제5항 단서를 위반하여 항공기사고, 항공기준사고 또는 의무보고 대상 항공안전장애가 발생한 경우에 국토교통부령으로 정하는 바에 따라 발생 사실을 보고하지 아니한 경우

22. 제63조제4항에 따라 자격인정 또는 심사를 할 때 소속 기장 또는 기장 외의 조종사에 대하여 부당한 방법으로 자격인정 또는 심사를 한 경우

23. 제63조제7항을 위반하여 운항하려는 지역, 노선 및 공항에 대한 경험요건을 갖추지 아니한 기장에게 운항을 하게 한 경우

24. 제65조제1항을 위반하여 운항관리사를 두지 아니한 경우

25. 제65조제3항을 위반하여 국토교통부령으로 정하는 바에 따라 운항관리사가 해당 업무를 수행하는 데 필요한 교육훈련을 하지 아니하고 해당 업무에 종사하게 한 경우

26. 제66조를 위반하여 이륙·착륙 장소가 아닌 곳에서 항공기를 이륙하거나 착륙하게 한 경우

27. 제68조를 위반하여 같은 조 각 호의 어느 하나에 해당하는 비행 또는 행위를 하게 한 경우

28. 제70조제1항을 위반하여 허가를 받지 아니하고 항공기를 이용하여 위험물을 운송한 경우

29. 제70조제3항을 위반하여 국토교통부장관이 고시하는 위험물 취급의 절차 및 방법에 따르지 아니하고 위험물을 취급한 경우

30. 제72조제1항을 위반하여 위험물취급에 관한 교육을 받지 아니한 사람에게 위험물취급을 하게 한 경우

31. 제74조제1항을 위반하여 승인을 받지 아니하고 비행기를 운항한 경우

32. 제75조제1항을 위반하여 승인을 받지 아니하고 같은 항 각 호의 어느 하나에 해당하는 공역에서 항공기를 운항한 경우

33. 제76조제1항을 위반하여 국토교통부령으로 정하는 바에 따라 운항의 안전에 필요한 승무원을 태우지 아니하고 항공기를 운항한 경우

34. 제76조제3항을 위반하여 항공기에 태우는 승무원에 대하여 해당 업무를 수행하는 데 필요한 교육훈련을 하지 아니한 경우

35. 제77조제2항을 위반하여 같은 조 제1항에 따른 운항기술기준을 준수하지 아니하고 운항하거나 업무를 한 경우

36. 제90조제1항을 위반하여 운항증명을 받지 아니하고 운항을 시작한 경우

37. 제90조제4항을 위반하여 운영기준을 준수하지 아니한 경우

38. 제90조제5항을 위반하여 안전운항체계를 유지하지 아니하거나 변경된 안전운항체계를 검사받지 아니하고 항공기를 운항한 경우

39. 제90조제7항을 위반하여 항공기 또는 노선 운항의 정지처분에 따르지 아니하고 항공기를 운항한 경우

39의2. 제90조제9항에 따른 운항증명 효력정지 중에 항공기를 운항한 경우

40. 제93조제1항 본문 또는 같은 조 제2항 단서를 위반하여 국토교통부장관의 인가를 받지 아니하고 운항규정 또는 정비규정을 마련하였거나 국토교통부령으로 정하는 중요사항을 변경한 경우

41. 제93조제2항 본문을 위반하여 국토교통부장관에게 신고하지 아니하고 운항규정 또는 정비규정을 변경한 경우

42. 제93조제7항 전단을 위반하여 같은 조 제1항 본문 또는 제2항 단서에 따라 인가를 받거나 같은 조 제2항 본문에 따라 신고한 운항규정 또는 정비규정을 해당 종사자에게 제공하지 아니한 경우

43. 제93조제7항 후단을 위반하여 같은 조 제1항 본문 또는 제2항 단서에 따라 인가를 받거나 같은 조 제2항 본문에 따라 신고한 운항규정 또는 정비규정을 준수하지 아니하고 항공기를 운항하거나 정비한 경우

44. 제94조 각 호에 따른 항공운송의 안전을 위한 명령을 따르지 아니한 경우

45. 제132조제1항에 따라 업무(항공안전 활동을 수행하기 위한 것만 해당한다)에 관한 보고를 하지 아니하거나 서류를 제출하지 아니하는 경우 또는 거짓으로 보고하거나 서류를 제출한 경우

46. 제132조제2항에 따른 항공기 등에의 출입이나 장부·서류 등의 검사(항공안전 활동을 수행하기 위한 것만 해당한다)를 거부·방해 또는 기피한 경우

47. 제132조제2항에 따른 관계인에 대한 질문(항공안전 활동을 수행하기 위한 것만 해당한다)에 답변하지 아니하거나 거짓으로 답변한 경우

48. 고의 또는 중대한 과실에 의하여 또는 항공종사자의 선임·감독에 관하여 상당한 주의의무를 게을리하여 항공기사고 또는 항공기준사고를 발생시킨 경우

49. 이 조에 따른 항공기 운항의 정지기간에 운항한 경우

② 제1항에 따른 처분의 세부기준 및 절차 등 그 밖에 필요한 사항은 국토교통부령으로 정한다.

제92조(항공운송사업자에 대한 과징금의 부과) ① 국토교통부장관은 운항증명을 받은 항공운송사업자가 제91조제1항제2호부터 제38호까지 또는 제40호부터 제48호까지의 어느 하나에 해당하여 항공기 운항의 정지를 명하여야 하는 경우로서 그 운항을 정지하면 항공기 이용자 등에게 심한 불편을 주거나 공익을 해칠 우려가 있는 경우에는 항공기의 운항정지처분을 갈음하여 100억원 이하의 과징금을 부과할 수 있다.

② 제1항에 따른 과징금 부과의 구체적인 기준, 절차 및 그 밖에 필요한 사항은 대통령령으로 정한다.

③ 국토교통부장관은 제1항에 따른 과징금을 내야 할 자가 납부기한까지 과징금을 내지 아니하면 국세 체납처분의 예에 따라 징수한다.

제93조(항공운송사업자의 운항규정 및 정비규정) ① 항공운송사업자는 운항을 시작하기 전까지 국토교통부령으로 정하는 바에 따라 항공기의 운항에 관한 운항규정 및 정비에 관한 정비규정을 마련하여 국토교통부장관의 인가를 받아야 한다. 다만, 운항규정 및 정비규정을 운항증명에 포함하여 운항증명을 받은 경우에는 그러하지 아니하다.

② 항공운송사업자는 제1항 본문에 따라 인가를 받은 운항규정 또는 정비규정을 변경하려는 경우에는 국토교통부령으로 정하는 바에 따라 국토교통부장관에게 신고하여야 한다. 다만, 최소장비목록, 승무원 훈련프로그램 등 국토교통부령으로 정하는 중요사항을 변경하려는 경우에는 국토교통부장관의 인가를 받아야 한다.

③ 국토교통부장관은 제1항 본문 또는 제2항 단서에 따라 인가하려는 경우에는 제77조제1항에 따른 운항기술기준에 적합한지를 확인하여야 한다.

④ 국토교통부장관은 제1항 본문 또는 제2항 단서에 따라 인가하는 경우 조건 또는 기한을 붙이거나 조건 또는 기한을 변경할 수 있다. 다만, 그 조건 또는 기한은 공공의 이익 증진이나 인가의 시행에 필요한 최소한도의 것이어야 하며, 해당 항공운송사업자에게 부당한 의무를 부과하는 것이어서는 아니 된다.

⑤ 국토교통부장관은 제2항 본문에 따른 신고를 받은 날부터 10일 이내에 신고수리 여부를 신고인에게 통지하여야 한다. 〈신설 2020. 6. 9.〉

⑥ 국토교통부장관이 제5항에서 정한 기간 내에 신고수리 여부 또는 민원 처리 관련 법령에 따른 처리기간의 연장을 신고인에게 통지하지 아니하면 그 기간(민원 처리 관련 법령에 따라 처리기간이 연장 또는 재연장된 경우에는 해당 처리기간을 말한다)이 끝난 날의 다음 날에 신고를 수리한 것으로 본다. 〈신설 2020. 6. 9.〉

⑦ 항공운송사업자는 제1항 본문 또는 제2항 단서에 따라 국토교통부장관의 인가를 받거나 제2항 본문에 따라 국토교통부장관에게 신고한 운항규정 또는 정비규정을 항공기의 운항 또는 정비에 관한 업무를 수행하는 종사자에게 제공하여야 한다. 이 경우 항공운송사업자와 항공기의 운항 또는 정비에 관한 업무를 수행하는 종사자는 운항규정 또는 정비규정을 준수하여야 한다. 〈개정 2020. 6. 9.〉

제94조(항공운송사업자에 대한 안전개선명령) 국토교통부장관은 항공운송의 안전을 위하여 필요하다고 인정되는 경우에는 항공운송사업자에게 다음 각 호의 사항을 명할 수 있다.

1. 항공기 및 그 밖의 시설의 개선
2. 항공에 관한 국제조약을 이행하기 위하여 필요한 사항
3. 그 밖에 항공기의 안전운항에 대한 방해 요소를 제거하기 위하여 필요한 사항

제2절 항공기사용사업자에 대한 안전관리

제95조(항공기사용사업자의 운항증명 취소 등) ① 국토교통부장관은 제96조제1항에서 준용하는 제90조에 따라 운항증명을 받은 항공기

사용사업자가 제91조제1항 각 호의 어느 하나에 해당하는 경우에는 운항증명을 취소하거나 6개월 이내의 기간을 정하여 항공기 운항의 정지를 명할 수 있다. 다만, 제91조제1항제1호, 제39호, 제39호의2 또는 제49호의 어느 하나에 해당하는 경우에는 운항증명을 취소하여야 한다. 〈개정 2022. 6. 10.〉

② 국토교통부장관은 항공기사용사업자(제96조제1항에서 준용하는 제90조에 따라 운항증명을 받은 항공기사용사업자는 제외한다)가 제91조제1항제2호부터 제22호까지, 제26호부터 제30호까지 및 제32호부터 제48호까지의 어느 하나에 해당하는 경우에는 6개월 이내의 기간을 정하여 항공기 운항의 정지를 명할 수 있다.

③ 제1항 및 제2항에 따른 처분의 세분기준 및 절차와 그 밖에 필요한 사항은 국토교통부령으로 정한다. 〈신설 2017. 1. 17.〉

④ 국토교통부장관은 제1항 또는 제2항에 따라 항공기 운항의 정지를 명하여야 하는 경우로서 그 운항을 정지하면 항공기 이용자 등에게 심한 불편을 주거나 공익을 해칠 우려가 있는 경우에는 항공기의 운항정지처분을 갈음하여 3억원 이하의 과징금을 부과할 수 있다. 〈개정 2017. 1. 17.〉

⑤ 제4항에 따른 과징금 부과의 구체적인 기준, 절차 및 그 밖에 필요한 사항은 대통령령으로 정한다. 〈개정 2017. 1. 17.〉

⑥ 국토교통부장관은 제4항에 따른 과징금을 내야 할 자가 납부기한까지 과징금을 내지 아니하면 국세 체납처분의 예에 따라 징수한다. 〈개정 2017. 1. 17.〉

제96조(항공기사용사업자에 대한 준용규정) ① 항공기사용사업자 중 국토교통부령으로 정하는 업무를 하는 항공기사용사업자에 대해서는 제90조를 준용한다.

② 항공기사용사업자의 운항규정 또는 정비규정의 인가 등에 관하여는 제93조 및 제94조를 준용한다.

제3절 항공기정비업자에 대한 안전관리

제97조(정비조직인증 등) ① 제8조에 따라 대한민국 국적을 취득한 항공기와 이에 사용되는 발동기, 프로펠러, 장비품 또는 부품의 정비등의 업무 등 국토교통부령으로 정하는 업무를 하려는 항공기정비업자 또는 외국의 항공기정비업자는 그 업무를 시작하기 전까지 국

토교통부장관이 정하여 고시하는 인력, 설비 및 검사체계 등에 관한 기준(이하 “정비조직인증기준”이라 한다)에 적합한 인력, 설비 등을 갖추어 국토교통부장관의 인증(이하 “정비조직인증”이라 한다)을 받아야 한다. 다만, 대한민국과 정비조직인증에 관한 항공안전협정을 체결한 국가로부터 정비조직인증을 받은 자는 국토교통부장관의 정비조직인증을 받은 것으로 본다.

② 국토교통부장관은 정비조직인증을 하는 경우에는 정비등의 범위·방법 및 품질관리절차 등을 정한 세부 운영기준을 정비조직인증서와 함께 해당 항공기정비업자에게 발급하여야 한다.

③ 항공기등, 장비품 또는 부품에 대한 정비등을 하는 경우에는 그 항공기등, 장비품 또는 부품을 제작한 자가 정하거나 국토교통부장관이 인정한 정비등에 관한 방법 및 절차 등을 준수하여야 한다.

제98조(정비조직인증의 취소 등) ① 국토교통부장관은 정비조직인증을 받은 자가 다음 각 호의 어느 하나에 해당하는 경우에는 정비조직인증을 취소하거나 6개월 이내의 기간을 정하여 그 효력의 정지를 명할 수 있다. 다만, 제1호 또는 제5호에 해당하는 경우에는 그 정비조직인증을 취소하여야 한다.

1. 거짓이나 그 밖의 부정한 방법으로 정비조직인증을 받은 경우

2. 제58조제2항을 위반하여 다음 각 목의 어느 하나에 해당하는 경우

가. 업무를 시작하기 전까지 항공안전관리시스템을 마련하지 아니한 경우

나. 승인을 받지 아니하고 항공안전관리시스템을 운용한 경우

다. 항공안전관리시스템을 승인받은 내용과 다르게 운용한 경우

라. 승인을 받지 아니하고 국토교통부령으로 정하는 중요 사항을 변경한 경우

3. 정당한 사유 없이 정비조직인증기준을 위반한 경우

4. 고의 또는 중대한 과실에 의하거나 항공종사자에 대한 관리·감독에 관하여 상당한 주의의무를 게을리함으로써 항공기사고가 발생한 경우

5. 이 조에 따른 효력정지기간에 업무를 한 경우

② 제1항에 따른 처분의 기준은 국토교통부령으로 정한다.

제99조(정비조직인증을 받은 자에 대한 과징금의 부과) ① 국토교통

부장관은 정비조직인증을 받은 자가 제98조제1항제2호부터 제4호까지의 어느 하나에 해당하여 그 효력의 정지를 명하여야 하는 경우로서 그 효력을 정지하는 경우 그 업무의 이용자 등에게 심한 불편을 주거나 공익을 해칠 우려가 있는 경우에는 효력정지처분을 갈음하여 5억원 이하의 과징금을 부과할 수 있다.

② 제1항에 따른 과징금 부과의 구체적인 기준, 절차 및 그 밖에 필요한 사항은 대통령령으로 정한다.

③ 국토교통부장관은 제1항에 따라 과징금을 내야 할 자가 납부기한까지 과징금을 내지 아니하면 국세 체납처분의 예에 따라 징수한다.

제8장 외국항공기

제100조(외국항공기의 항행) ① 외국 국적을 가진 항공기의 사용자(외국, 외국의 공공단체 또는 이에 준하는 자를 포함한다)는 다음 각 호의 어느 하나에 해당하는 항행을 하려면 국토교통부장관의 허가를 받아야 한다. 다만, 「항공사업법」 제54조 및 제55조에 따른 허가를 받은 자는 그러하지 아니하다.

1. 영공 밖에서 이륙하여 대한민국에 착륙하는 항행
2. 대한민국에서 이륙하여 영공 밖에 착륙하는 항행
3. 영공 밖에서 이륙하여 대한민국에 착륙하지 아니하고 영공을 통과하여 영공 밖에 착륙하는 항행

② 외국의 군, 세관 또는 경찰의 업무에 사용되는 항공기는 제1항을 적용할 때에는 해당 국가가 사용하는 항공기로 본다.

③ 제1항 각 호의 어느 하나에 해당하는 항행을 하는 자는 국토교통부장관이 요구하는 경우 지체 없이 국토교통부장관이 지정한 비행장에 착륙하여야 한다.

제101조(외국항공기의 국내 사용) 외국 국적을 가진 항공기(「항공사업법」 제54조 및 제55조에 따른 허가를 받은 자가 해당 운송에 사용하는 항공기는 제외한다)는 대한민국 각 지역 간을 운항해서는 아니 된다. 다만, 국토교통부령으로 정하는 바에 따라 국토교통부장관의 허가를 받은 경우에는 그러하지 아니하다.

제102조(증명서 등의 인정) 다음 각 호의 어느 하나에 해당하는 항공기의 감항성 및 그 승무원의 자격에 관하여 해당 항공기의 국적인 외

국정부가 한 증명 및 그 밖의 행위는 이 법에 따라 한 것으로 본다.

1. 제100조제1항 각 호의 어느 하나에 해당하는 항행을 하는 외국 국적의 항공기

2. 「항공사업법」 제54조 및 제55조에 따른 허가를 받은 자가 사용하는 외국 국적의 항공기

제103조(외국인국제항공운송사업자에 대한 운항증명승인 등) ① 「항공사업법」 제54조에 따라 외국인 국제항공운송사업 허가를 받으려는 자는 국토교통부령으로 정하는 기준에 따라 그가 속한 국가에서 발급받은 운항증명과 운항조건·제한사항을 정한 운영기준에 대하여 국토교통부장관의 운항증명승인을 받아야 한다.

② 국토교통부장관은 제1항에 따른 운항증명승인을 하는 경우에는 운항하려는 항공로, 공항 등에 관하여 운항조건·제한사항을 정한 서류를 운항증명승인서와 함께 발급할 수 있다.

③ 「항공사업법」 제54조에 따라 외국인 국제항공운송사업 허가를 받은 자(이하 "외국인국제항공운송사업자"라 한다)와 그에 속한 항공종사자는 제2항에 따라 발급된 운항조건·제한사항을 준수하여야 한다.

④ 국토교통부장관은 외국인국제항공운송사업자가 사용하는 항공기의 안전운항을 위하여 국토교통부령으로 정하는 바에 따라 제2항에 따른 운항조건·제한사항을 변경할 수 있다.

⑤ 외국인국제항공운송사업자는 대한민국에 노선의 개설 등에 따른 운항증명승인 또는 운항조건·제한사항이 변경된 경우에는 국토교통부장관의 변경승인을 받아야 한다.

⑥ 국토교통부장관은 항공기의 안전운항을 위하여 외국인국제항공운송사업자가 사용하는 항공기에 대하여 검사를 할 수 있다.

⑦ 국토교통부장관은 제6항에 따른 검사 중 긴급히 조치하지 아니할 경우 항공기의 안전운항에 중대한 위험을 초래할 수 있는 사항이 발견되었을 때에는 국토교통부령으로 정하는 바에 따라 해당 항공기의 운항을 정지하거나 항공종사자의 업무를 정지할 수 있다.

⑧ 국토교통부장관은 제7항에 따라 한 정지처분의 사유가 없어진 경우에는 지체 없이 그 처분을 취소하거나 변경하여야 한다.

제104조(안전운항을 위한 외국인국제항공운송사업자의 준수사항 등) ① 외국인국제항공운송사업자는 다음 각 호의 서류를 국토교통부령으로 정하는 바에 따라 항공기에 싣고 운항하여야 한다.

1. 제103조제2항에 따라 국토교통부장관이 발급한 운항증명승인서와 운항조건·제한사항을 정한 서류

2. 외국인국제항공운송사업자가 속한 국가가 발급한 운항증명 사본 및 운영기준 사본

3. 그 밖에 「국제민간항공협약」 및 같은 협약의 부속서에 따라 항공기에 싣고 운항하여야 할 서류 등

② 외국인국제항공운송사업자와 그에 속한 항공종사자는 제1항제2호의 운영기준을 준수하여야 한다.

③ 국토교통부장관은 항공기의 안전운항을 위하여 외국인국제항공운송사업자와 그에 속한 항공종사자가 제1항제2호의 운영기준을 준수하는지 등에 대하여 정기 또는 수시로 검사할 수 있다.

④ 국토교통부장관은 제3항에 따른 정기검사 또는 수시검사에서 긴급히 조치하지 아니할 경우 항공기의 안전운항에 중대한 위험을 초래할 수 있는 사항이 발견되었을 때에는 국토교통부령으로 정하는 바에 따라 해당 항공기의 운항을 정지하거나 항공종사자의 업무를 정지할 수 있다.

⑤ 국토교통부장관은 제4항에 따른 정지처분의 사유가 없어지면 지체 없이 그 처분을 취소하여야 한다.

제105조(외국인국제항공운송사업자의 항공기 운항의 정지 등) ① 국토교통부장관은 외국인국제항공운송사업자가 다음 각 호의 어느 하나에 해당하는 경우에는 6개월 이내의 기간을 정하여 항공기 운항의 정지를 명할 수 있다. 다만, 제1호 또는 제7호에 해당하는 경우에는 운항증명승인을 취소하여야 한다. 〈개정 2021. 5. 18.〉

1. 거짓이나 그 밖의 부정한 방법으로 운항증명승인을 받은 경우

2. 제103조제1항을 위반하여 운항증명승인을 받지 아니하고 운항한 경우

3. 제103조제3항을 위반하여 같은 조 제2항에 따른 운항조건·제한사항을 준수하지 아니한 경우

4. 제103조제5항을 위반하여 변경승인을 받지 아니하고 운항한 경우

5. 제106조제1항에 따라 준용되는 제57조제1항을 위반하여 조종사가 주류등의 영향으로 항공업무를 정상적으로 수행할 수 없는 상태에서 항공업무에 종사하게 한 경우

6. 제106조제2항에 따라 준용되는 제94조 각 호에 따른 항공운송의 안전을 위한 명령을 따르지 아니한 경우

7. 이 조에 따른 항공기 운항의 정지기간에 항공기를 운항한 경우

② 제1항에 따른 처분의 세부기준 등 그 밖에 필요한 사항은 국토교통부령으로 정한다.

제106조(외국인국제항공운송사업자에 대한 준용규정) ① 외국인국제항공운송사업자가 사용하는 항공기 조종사의 주류등 섭취·사용 제한에 관한 사항은 제57조를 준용한다.

② 외국인국제항공운송사업자의 항공안전 의무보고 및 자율보고 등에 관하여는 제59조, 제61조, 제92조 및 제94조를 준용한다.

[전문개정 2021. 5. 18.]

제107조(외국항공기의 유상운송에 대한 운항안전성 검사) 「항공사업법」 제55조에 따라 외국항공기의 유상운송 허가를 받으려는 자는 국토교통부령으로 정하는 기준에 따라 그가 속한 국가에서 발급받은 운항증명과 운항조건·제한사항을 정한 운영기준에 대하여 국토교통부장관이 실시하는 운항안전성 검사를 받아야 한다.

제9장 경량항공기

제108조(경량항공기 안전성인증 등) ① 시험비행 등 국토교통부령으로 정하는 경우로서 국토교통부장관의 허가를 받은 경우를 제외하고는 경량항공기를 소유하거나 사용할 수 있는 권리가 있는 자(이하 "경량항공기소유자등"이라 한다)는 국토교통부령으로 정하는 기관 또는 단체의 장으로부터 그가 정한 안전성인증의 유효기간 및 절차·방법 등에 따라 그 경량항공기가 국토교통부장관이 정하여 고시하는 비행안전을 위한 기술상의 기준에 적합하다는 안전성인증을 받지 아니하고 비행하여서는 아니 된다. 이 경우 안전성인증의 유효기간 및 절차·방법 등에 대해서는 국토교통부장관의 승인을 받아야 하며, 변경할 때에도 또한 같다.

② 제1항에 따라 국토교통부령으로 정하는 기관 또는 단체의 장이 안전성인증을 할 때에는 국토교통부령으로 정하는 바에 따라 안전성인증 등급을 부여하고, 그 등급에 따른 운용범위를 지정하여야 한다.

③ 경량항공기소유자등 또는 경량항공기를 사용하여 비행하려는 사람은 제2항에 따라 부여된 안전성인증 등급에 따른 운용범위를

준수하여 비행하여야 한다.

④ 경량항공기소유자등 또는 경량항공기를 사용하여 비행하려는 사람은 경량항공기 또는 그 장비품·부품을 정비한 경우에는 제35조제8호의 항공정비사 자격증명을 가진 사람으로부터 국토교통부령으로 정하는 방법에 따라 안전하게 운용할 수 있다는 확인을 받지 아니하고 비행하여서는 아니 된다. 다만, 국토교통부령으로 정하는 경미한 정비는 그러하지 아니하다.

제109조(경량항공기 조종사 자격증명) ① 경량항공기를 사용하여 비행하려는 사람은 국토교통부령으로 정하는 바에 따라 국토교통부장관의 자격증명(이하 "경량항공기 조종사 자격증명"이라 한다)을 받아야 한다.

② 다음 각 호의 어느 하나에 해당하는 사람은 경량항공기 조종사 자격증명을 받을 수 없다.

1. 17세 미만인 사람

2. 제114조제1항에 따른 경량항공기 조종사 자격증명 취소처분을 받고 그 취소일부터 2년이 지나지 아니한 사람

제110조(경량항공기 조종사 업무범위) 경량항공기 조종사 자격증명을 받은 사람은 경량항공기에 탑승하여 경량항공기를 조종하는 업무(이하 "경량항공기 조종업무"라 한다) 외의 업무를 해서는 아니 된다. 다만, 새로운 종류의 경량항공기에 탑승하여 시험비행 등을 하는 경우로서 국토교통부령으로 정하는 바에 따라 국토교통부장관의 허가를 받은 경우에는 그러하지 아니하다.

제111조(경량항공기 조종사 자격증명의 한정) ① 국토교통부장관은 경량항공기 조종사 자격증명을 하는 경우에는 경량항공기의 종류를 한정할 수 있다.

② 제1항에 따라 경량항공기 조종사 자격증명의 한정을 받은 사람은 그 한정된 경량항공기 종류 외의 경량항공기를 조종해서는 아니 된다.

③ 제1항에 따른 경량항공기 조종사 자격증명의 한정에 필요한 세부 사항은 국토교통부령으로 정한다.

제112조(경량항공기 조종사 자격증명 시험의 실시 및 면제) ① 경량항공기 조종사 자격증명을 받으려는 사람은 국토교통부령으로 정하는 바에 따라 경량항공기 조종업무에 종사하는 데 필요한 지식 및

능력에 관하여 국토교통부장관이 실시하는 학과시험 및 실기시험에 합격하여야 한다.

② 국토교통부장관은 제111조에 따라 경량항공기 조종사 자격증명(제115조에 따른 경량항공기 조종교육증명을 포함한다)을 경량항공기의 종류별로 한정하는 경우에는 경량항공기 탑승경력 등을 심사하여야 한다. 이 경우 종류에 대한 최초의 경량항공기 조종사 자격증명의 한정은 실기시험을 실시하여 심사할 수 있다.

③ 국토교통부장관은 다음 각 호의 어느 하나에 해당하는 사람에게는 국토교통부령으로 정하는 바에 따라 제1항 및 제2항에 따른 시험 및 심사의 전부 또는 일부를 면제할 수 있다.

1. 제35조제1호부터 제4호까지의 자격증명 또는 외국정부로부터 경량항공기 조종사 자격증명을 받은 사람

2. 제117조에 따른 경량항공기 전문교육기관의 교육과정을 이수한 사람

3. 해당 분야에 관한 실무경험이 있는 사람

④ 국토교통부장관은 제1항에 따라 학과시험 및 실기시험에 합격한 사람에 대해서는 경량항공기 조종사 자격증명서를 발급하여야 한다.

제112조의2(경량항공기 조종사 자격증명서의 대여 등 금지) ① 경량항공기 조종사 자격증명을 받은 사람은 다른 사람에게 자기의 성명을 사용하여 경량항공기 조종업무를 수행하게 하거나 제112조제4항에 따라 발급받은 경량항공기 조종사 자격증명서(이하 "경량항공기 조종사 자격증명서"라 한다)를 빌려 주어서는 아니 된다.

② 누구든지 다른 사람의 성명을 사용하여 경량항공기 조종업무를 수행하거나 다른 사람의 경량항공기 조종사 자격증명서를 빌려서는 아니 된다.

③ 누구든지 제1항이나 제2항에서 금지된 행위를 알선하여서는 아니 된다.

[본조신설 2021. 5. 18.]

제113조(경량항공기 조종사의 항공신체검사증명) ① 경량항공기 조종사 자격증명을 받고 경량항공기 조종업무를 하려는 사람(제116조에 따라 경량항공기 조종연습을 하는 사람을 포함한다)은 국토교통부장관의 항공신체검사증명을 받아야 한다.

② 제1항에 따른 항공신체검사증명에 관하여는 제40조제2항부터 제7항까지의 규정을 준용한다. 〈개정 2022. 1. 18.〉

제114조(경량항공기 조종사 자격증명등·항공신체검사증명의 취소 등) ① 국토교통부장관은 경량항공기 조종사 자격증명을 받은 사람이 다음 각 호의 어느 하나에 해당하는 경우에는 그 경량항공기 조종사 자격증명이나 자격증명의 한정(이하 이 조에서 “자격증명등”이라 한다)을 취소하거나 1년 이내의 기간을 정하여 자격증명등의 효력정지를 명할 수 있다. 다만, 제1호, 제5호의2, 제5호의3, 제12호 또는 제17호의 어느 하나에 해당하는 경우에는 자격증명등을 취소하여야 한다. 〈개정 2021. 5. 18., 2021. 12. 7.〉

1. 거짓이나 그 밖의 부정한 방법으로 자격증명등을 받은 경우

2. 이 법을 위반하여 벌금 이상의 형을 선고받은 경우

3. 경량항공기 조종업무를 수행할 때 고의 또는 중대한 과실로 경량항공기사고를 일으켜 인명피해나 재산피해를 발생시킨 경우

4. 제110조 본문을 위반하여 경량항공기 조종업무 외의 업무에 종사한 경우

5. 제111조제2항을 위반하여 경량항공기 조종사 자격증명의 한정을 받은 사람이 한정된 경량항공기 종류 외의 경량항공기를 조종한 경우

5의2. 제112조의2제1항을 위반하여 다른 사람에게 자기의 성명을 사용하여 경량항공기 조종업무를 수행하게 하거나 경량항공기 조종사 자격증명서를 빌려 준 경우

5의3. 제112조의2제3항을 위반하여 다음 각 목의 어느 하나에 해당하는 행위를 알선한 경우

가. 다른 사람에게 자기의 성명을 사용하여 경량항공기 조종업무를 수행하게 하거나 경량항공기 조종사 자격증명서를 빌려 주는 행위

나. 다른 사람의 성명을 사용하여 경량항공기 조종업무를 수행하거나 다른 사람의 경량항공기 조종사 자격증명서를 빌리는 행위

6. 제113조(제116조제5항에서 준용하는 경우를 포함한다)를 위반하여 항공신체검사증명을 받지 아니하고 경량항공기 조종업무를 하거나 경량항공기 조종연습을 한 경우

7. 제115조제1항을 위반하여 조종교육증명을 받지 아니하고 조종

교육을 한 경우

8. 제115조제2항을 위반하여 국토교통부장관이 정하는 교육을 받지 아니한 경우

9. 제118조를 위반하여 이륙·착륙 장소가 아닌 곳 또는 「공항시설법」 제25조제6항에 따라 사용이 중지된 이착륙장에서 경량항공기를 이륙하거나 착륙하게 한 경우

10. 제121조제2항에서 준용하는 제57조제1항을 위반하여 주류등의 영향으로 경량항공기 조종업무(제116조에 따른 경량항공기 조종연습을 포함한다)를 정상적으로 수행할 수 없는 상태에서 경량항공기를 사용하여 비행한 경우

11. 제121조제2항에서 준용하는 제57조제2항을 위반하여 경량항공기 조종업무(제116조에 따른 경량항공기 조종연습을 포함한다)에 종사하는 동안에 같은 조 제1항에 따른 주류등을 섭취하거나 사용한 경우

12. 제121조제2항에서 준용하는 제57조제3항을 위반하여 같은 조 제1항에 따른 주류등의 섭취 및 사용 여부의 측정 요구에 따르지 아니한 경우

13. 제121조제3항에서 준용하는 제67조제1항을 위반하여 비행규칙을 따르지 아니하고 비행한 경우

14. 제121조제4항에서 준용하는 제79조제1항을 위반하여 국토교통부장관이 정하여 공고하는 비행의 방식 및 절차에 따르지 아니하고 비관제공역 또는 주의공역에서 비행한 경우

15. 제121조제4항에서 준용하는 제79조제2항을 위반하여 허가를 받지 아니하거나 국토교통부장관이 정하는 비행의 방식 및 절차에 따르지 아니하고 통제공역에서 비행한 경우

16. 제121조제5항에서 준용하는 제84조제1항을 위반하여 국토교통부장관 또는 항공교통업무증명을 받은 자가 지시하는 이동·이륙·착륙의 순서 및 시기와 비행의 방법에 따르지 아니한 경우

17. 이 조에 따른 자격증명등의 효력정지기간에 경량항공기 조종업무에 종사한 경우

② 국토교통부장관은 경량항공기 조종업무를 하는 사람이 다음 각 호의 어느 하나에 해당하는 경우에는 그 항공신체검사증명을 취소하거나 1년 이내의 기간을 정하여 항공신체검사증명의 효력정지를 명

할 수 있다. 다만, 제1호에 해당하는 경우에는 항공신체검사증명을 취소하여야 한다.

1. 거짓이나 그 밖의 부정한 방법으로 항공신체검사증명을 받은 경우

2. 제113조제2항에서 준용하는 제40조제2항에 따른 자격증명의 종류별 항공신체검사증명의 기준에 맞지 아니하게 되어 경량항공기 조종업무를 수행하기에 부적합하다고 인정되는 경우

3. 제1항제10호부터 제12호까지의 어느 하나에 해당하는 경우

③ 자격증명등의 시험에 응시하거나 심사를 받는 사람이 그 시험 또는 심사에서 부정행위를 하거나 항공신체검사를 받는 사람이 그 검사에서 부정한 행위를 한 경우에는 그 부정행위를 한 날부터 각각 2년 동안 이 법에 따른 자격증명등의 시험에 응시하거나 심사를 받을 수 없으며, 이 법에 따른 항공신체검사를 받을 수 없다.

④ 제1항 및 제2항에 따른 처분의 기준 및 절차와 그 밖에 필요한 사항은 국토교통부령으로 정한다.

제115조(경량항공기 조종교육증명) ① 다음 각 호의 조종연습을 하는 사람에 대하여 경량항공기 조종교육을 하려는 사람은 그 경량항공기의 종류별로 국토교통부령으로 정하는 바에 따라 국토교통부장관의 조종교육증명을 받아야 한다.

1. 경량항공기 조종사 자격증명을 받지 아니한 사람이 경량항공기에 탑승하여 하는 조종연습

2. 경량항공기 조종사 자격증명을 받은 사람이 그 경량항공기 조종사 자격증명에 대하여 제111조에 따른 한정을 받은 종류 외의 경량항공기에 탑승하여 하는 조종연습

② 제1항에 따른 조종교육증명(이하 "경량항공기 조종교육증명"이라 한다)은 경량항공기 조종교육증명서를 발급함으로써 하며, 경량항공기 조종교육증명을 받은 자는 국토교통부장관이 정하는 바에 따라 교육을 받아야 한다.

③ 경량항공기 조종교육증명의 시험 및 취소 등에 관하여는 제112조 및 제114조제1항ㆍ제3항을 준용한다.

제116조(경량항공기 조종연습) ① 제115조제1항제1호의 조종연습을 하려는 사람은 그 조종연습에 관하여 국토교통부령으로 정하는 바에 따라 국토교통부장관의 허가를 받고 경량항공기 조종교육증명을 받

은 사람의 감독 하에 조종연습을 하여야 한다.

② 제115조제1항제2호의 조종연습을 하려는 사람은 경량항공기 조종교육증명을 받은 사람의 감독 하에 조종연습을 하여야 한다.

③ 제1항에 따른 조종연습에 대해서는 제109조제1항을 적용하지 아니하고, 제2항에 따른 조종연습에 대해서는 제111조제2항을 적용하지 아니한다.

④ 국토교통부장관은 제1항에 따라 조종연습의 허가 신청을 받은 경우 신청인이 경량항공기 조종연습을 하기에 필요한 능력이 있다고 인정될 때에는 국토교통부령으로 정하는 바에 따라 그 조종연습을 허가하고, 신청인에게 경량항공기 조종연습허가서를 발급한다.

⑤ 제4항에 따른 허가를 받은 사람의 항공신체검사증명 등에 관하여는 제113조 및 제114조를 준용한다.

⑥ 제4항에 따른 허가를 받은 사람이 경량항공기 조종연습을 할 때에는 경량항공기 조종연습허가서와 항공신체검사증명서를 지녀야 한다.

제117조(경량항공기 전문교육기관의 지정 등) ① 국토교통부장관은 경량항공기 조종사를 양성하기 위하여 국토교통부령으로 정하는 바에 따라 경량항공기 전문교육기관을 지정할 수 있다.

② 국토교통부장관은 제1항에 따라 지정된 경량항공기 전문교육기관이 경량항공기 조종사를 양성하는 경우에는 예산의 범위에서 필요한 경비의 전부 또는 일부를 지원할 수 있다.

③ 경량항공기 전문교육기관의 교육과목, 교육방법, 인력, 시설 및 장비 등의 지정기준은 국토교통부령으로 정한다.

④ 국토교통부장관은 경량항공기 전문교육기관으로 지정받은 자가 다음 각 호의 어느 하나에 해당하는 경우에는 그 지정을 취소할 수 있다. 다만, 제1호에 해당하는 경우에는 그 지정을 취소하여야 한다.

1. 거짓이나 그 밖의 부정한 방법으로 경량항공기 전문교육기관으로 지정받은 경우

2. 제3항에 따른 경량항공기 전문교육기관의 지정기준 중 국토교통부령으로 정하는 사항을 위반한 경우

제118조(경량항공기 이륙·착륙의 장소) ① 누구든지 경량항공기를 비행장(군 비행장은 제외한다) 또는 이착륙장이 아닌 곳에서 이륙하

거나 착륙하여서는 아니 된다. 다만, 안전과 관련한 비상상황 등 불가피한 사유가 있는 경우로서 국토교통부장관의 허가를 받은 경우에는 그러하지 아니한다.

② 제1항 단서에 따른 허가에 필요한 세부기준 및 절차와 그 밖에 필요한 사항은 대통령령으로 정한다.

제119조(경량항공기 무선설비 등의 설치·운용 의무) 국토교통부령으로 정하는 경량항공기를 항공에 사용하려는 사람 또는 소유자등은 해당 경량항공기에 무선교신용 장비, 항공기 식별용 트랜스폰더 등 국토교통부령으로 정하는 무선설비를 설치·운용하여야 한다.

제120조(경량항공기 조종사의 준수사항) ① 경량항공기 조종사는 경량항공기로 인하여 인명이나 재산에 피해가 발생하지 아니하도록 국토교통부령으로 정하는 준수사항을 지켜야 한다.

② 경량항공기 조종사는 경량항공기사고가 발생하였을 때에는 지체 없이 국토교통부령으로 정하는 바에 따라 국토교통부장관에게 그 사실을 보고하여야 한다. 다만, 경량항공기 조종사가 보고할 수 없을 때에는 그 경량항공기소유자등이 경량항공기사고를 보고하여야 한다.

제121조(경량항공기에 대한 준용규정) ① 경량항공기의 등록 등에 관하여는 제7조부터 제18조까지의 규정을 준용한다.

② 경량항공기에 대한 주류등의 섭취·사용 제한에 관하여는 제57조를 준용한다.

③ 경량항공기의 비행규칙에 관하여는 제67조를 준용한다.

④ 경량항공기의 비행제한에 관하여는 제79조를 준용한다.

⑤ 경량항공기에 대한 항공교통관제 업무 지시의 준수에 관하여는 제84조를 준용한다.

제10장 초경량비행장치

제122조(초경량비행장치 신고) ① 초경량비행장치를 소유하거나 사용할 수 있는 권리가 있는 자(이하 "초경량비행장치소유자등"이라 한다)는 초경량비행장치의 종류, 용도, 소유자의 성명, 제129조제4항에 따른 개인정보 및 개인위치정보의 수집 가능 여부 등을 국토교통부령으로 정하는 바에 따라 국토교통부장관에게 신고하여야 한다. 다만, 대통령령으로 정하는 초경량비행장치는 그러하지 아니하다.

② 국토교통부장관은 제1항 본문에 따른 신고를 받은 날부터 7일 이내에 신고수리 여부를 신고인에게 통지하여야 한다. 〈신설 2020. 6. 9.〉

③ 국토교통부장관이 제2항에서 정한 기간 내에 신고수리 여부 또는 민원 처리 관련 법령에 따른 처리기간의 연장을 신고인에게 통지하지 아니하면 그 기간(민원 처리 관련 법령에 따라 처리기간이 연장 또는 재연장된 경우에는 해당 처리기간을 말한다)이 끝난 날의 다음 날에 신고를 수리한 것으로 본다. 〈신설 2020. 6. 9.〉

④ 국토교통부장관은 제1항에 따라 초경량비행장치의 신고를 받은 경우 그 초경량비행장치소유자등에게 신고번호를 발급하여야 한다. 〈개정 2020. 6. 9.〉

⑤ 제4항에 따라 신고번호를 발급받은 초경량비행장치소유자등은 그 신고번호를 해당 초경량비행장치에 표시하여야 한다. 〈개정 2020. 6. 9.〉

제123조(초경량비행장치 변경신고 등) ① 초경량비행장치소유자등은 제122조제1항에 따라 신고한 초경량비행장의 용도, 소유자의 성명 등 국토교통부령으로 정하는 사항을 변경하려는 경우에는 국토교통부령으로 정하는 바에 따라 국토교통부장관에게 변경신고를 하여야 한다.

② 국토교통부장관은 제1항에 따른 변경신고를 받은 날부터 7일 이내에 신고수리 여부를 신고인에게 통지하여야 한다. 〈신설 2020. 6. 9.〉

③ 국토교통부장관이 제2항에서 정한 기간 내에 신고수리 여부 또는 민원 처리 관련 법령에 따른 처리기간의 연장을 신고인에게 통지하지 아니하면 그 기간(민원 처리 관련 법령에 따라 처리기간이 연장 또는 재연장된 경우에는 해당 처리기간을 말한다)이 끝난 날의 다음 날에 신고를 수리한 것으로 본다. 〈신설 2020. 6. 9.〉

④ 초경량비행장치소유자등은 제122조제1항에 따라 신고한 초경량비행장치가 멸실되었거나 그 초경량비행장치를 해체(정비등, 수송 또는 보관하기 위한 해체는 제외한다)한 경우에는 그 사유가 발생한 날부터 15일 이내에 국토교통부장관에게 말소신고를 하여야 한다. 〈개정 2020. 6. 9.〉

⑤ 제4항에 따른 신고가 신고서의 기재사항 및 첨부서류에 흠이 없

고, 법령 등에 규정된 형식상의 요건을 충족하는 경우에는 신고서가 접수기관에 도달된 때에 신고된 것으로 본다. 〈신설 2020. 6. 9.〉

⑥ 초경량비행장치소유자등이 제4항에 따른 말소신고를 하지 아니하면 국토교통부장관은 30일 이상의 기간을 정하여 말소신고를 할 것을 해당 초경량비행장치소유자등에게 최고하여야 한다. 〈개정 2020. 6. 9.〉

⑦ 제6항에 따른 최고를 한 후에도 해당 초경량비행장치소유자등이 말소신고를 하지 아니하면 국토교통부장관은 직권으로 그 신고번호를 말소할 수 있으며, 신고번호가 말소된 때에는 그 사실을 해당 초경량비행장치소유자등 및 그 밖의 이해관계인에게 알려야 한다. 〈개정 2020. 6. 9.〉

제124조(초경량비행장치 안전성인증) 시험비행 등 국토교통부령으로 정하는 경우로서 국토교통부장관의 허가를 받은 경우를 제외하고는 동력비행장치 등 국토교통부령으로 정하는 초경량비행장치를 사용하여 비행하려는 사람은 국토교통부령으로 정하는 기관 또는 단체의 장으로부터 그가 정한 안정성인증의 유효기간 및 절차·방법 등에 따라 그 초경량비행장치가 국토교통부장관이 정하여 고시하는 비행안전을 위한 기술상의 기준에 적합하다는 안전성인증을 받지 아니하고 비행하여서는 아니 된다. 이 경우 안전성인증의 유효기간 및 절차·방법 등에 대해서는 국토교통부장관의 승인을 받아야 하며, 변경할 때에도 또한 같다.

제125조(초경량비행장치 조종자 증명 등) ① 동력비행장치 등 국토교통부령으로 정하는 초경량비행장치를 사용하여 비행하려는 사람은 국토교통부령으로 정하는 기관 또는 단체의 장으로부터 그가 정한 해당 초경량비행장치별 자격기준 및 시험의 절차·방법에 따라 해당 초경량비행장치의 조종을 위하여 발급하는 증명(이하 "초경량비행장치 조종자 증명"이라 한다)을 받아야 한다. 이 경우 해당 초경량비행장치별 자격기준 및 시험의 절차·방법 등에 관하여는 국토교통부령으로 정하는 바에 따라 국토교통부장관의 승인을 받아야 하며, 변경할 때에도 또한 같다.

② 초경량비행장치 조종자 증명을 받은 사람은 다른 사람에게 자기의 성명을 사용하여 초경량비행장치 조종을 수행하게 하거나 초경량비행장치 조종자 증명을 빌려 주어서는 아니 된다. 〈신설 2021.

5. 18.〉

③ 누구든지 다른 사람의 성명을 사용하여 초경량비행장치 조종을 수행하거나 다른 사람의 초경량비행장치 조종자 증명을 빌려서는 아니 된다. 〈신설 2021. 5. 18.〉

④ 누구든지 제2항이나 제3항에서 금지된 행위를 알선하여서는 아니 된다. 〈신설 2021. 5. 18.〉

⑤ 국토교통부장관은 초경량비행장치 조종자 증명을 받은 사람이 다음 각 호의 어느 하나에 해당하는 경우에는 초경량비행장치 조종자 증명을 취소하거나 1년 이내의 기간을 정하여 그 효력의 정지를 명할 수 있다. 다만, 제1호, 제3호의2, 제3호의3, 제7호 또는 제8호의 어느 하나에 해당하는 경우에는 초경량비행장치 조종자 증명을 취소하여야 한다. 〈개정 2021. 5. 18., 2021. 12. 7., 2024. 1. 16.〉

1. 거짓이나 그 밖의 부정한 방법으로 초경량비행장치 조종자 증명을 받은 경우

2. 이 법을 위반하여 벌금 이상의 형을 선고받은 경우

3. 초경량비행장치의 조종자로서 업무를 수행할 때 고의 또는 중대한 과실로 초경량비행장치사고를 일으켜 인명피해나 재산피해를 발생시킨 경우

3의2. 제2항을 위반하여 다른 사람에게 자기의 성명을 사용하여 초경량비행장치 조종을 수행하게 하거나 초경량비행장치 조종자 증명을 빌려 준 경우

3의3. 제4항을 위반하여 다음 각 목의 어느 하나에 해당하는 행위를 알선한 경우

가. 다른 사람에게 자기의 성명을 사용하여 초경량비행장치 조종을 수행하게 하거나 초경량비행장치 조종자 증명을 빌려 주는 행위

나. 다른 사람의 성명을 사용하여 초경량비행장치 조종을 수행하거나 다른 사람의 초경량비행장치 조종자 증명을 빌리는 행위

3의4. 제125조의2제1항을 위반하여 안전교육을 받지 아니하고 비행을 한 경우

4. 제129조제1항에 따른 초경량비행장치 조종자의 준수사항을 위반한 경우

5. 제131조에서 준용하는 제57조제1항을 위반하여 주류등의 영향으로 초경량비행장치를 사용하여 비행을 정상적으로 수행할 수 없

는 상태에서 초경량비행장치를 사용하여 비행한 경우

6. 제131조에서 준용하는 제57조제2항을 위반하여 초경량비행장치를 사용하여 비행하는 동안에 같은 조 제1항에 따른 주류등을 섭취하거나 사용한 경우

7. 제131조에서 준용하는 제57조제3항을 위반하여 같은 조 제1항에 따른 주류등의 섭취 및 사용 여부의 측정 요구에 따르지 아니한 경우

8. 이 조에 따른 초경량비행장치 조종자 증명의 효력정지기간에 초경량비행장치를 사용하여 비행한 경우

⑥ 국토교통부장관은 초경량비행장치 조종자 증명을 위한 초경량비행장치 실기시험장, 교육장 등의 시설을 지정·구축·운영할 수 있다. 〈신설 2017. 8. 9., 2021. 5. 18.〉

⑦ 제5항에 따른 처분의 기준 및 절차와 그 밖에 필요한 사항은 국토교통부령으로 정한다. 〈신설 2021. 5. 18.〉

제125조의2(초경량비행장치 관련 안전교육) ① 패러글라이더 등 국토교통부령으로 정하는 초경량비행장치에 대한 초경량비행장치 조종자 증명을 받은 사람은 안전교육을 받아야 한다.

② 패러글라이더 등 국토교통부령으로 정하는 초경량비행장치를 사용하여 조종교육을 하려는 사람(제1항에 따라 안전교육을 받아야 하는 사람은 제외한다)은 안전교육을 받아야 한다.

③ 제1항 및 제2항에 따른 안전교육의 내용·시기 및 방법 등에 필요한 사항은 국토교통부령으로 정한다.

[본조신설 2024. 1. 16.]

제126조(초경량비행장치 전문교육기관의 지정 등) ① 국토교통부장관은 초경량비행장치 조종자를 양성하기 위하여 국토교통부령으로 정하는 바에 따라 초경량비행장치 전문교육기관(이하 "초경량비행장치 전문교육기관"이라 한다)을 지정할 수 있다.

② 국토교통부장관은 초경량비행장치 전문교육기관이 초경량비행장치 조종자를 양성하는 경우에는 예산의 범위에서 필요한 경비의 전부 또는 일부를 지원할 수 있다.

③ 초경량비행장치 전문교육기관의 교육과목, 교육방법, 인력, 시설 및 장비 등의 지정기준은 국토교통부령으로 정한다.

④ 국토교통부장관은 초경량비행장치 전문교육기관으로 지정받은

자가 다음 각 호의 어느 하나에 해당하는 경우에는 그 지정을 취소할 수 있다. 다만, 제1호에 해당하는 경우에는 그 지정을 취소하여야 한다.

1. 거짓이나 그 밖의 부정한 방법으로 초경량비행장치 전문교육기관으로 지정받은 경우

2. 제3항에 따른 초경량비행장치 전문교육기관의 지정기준 중 국토교통부령으로 정하는 기준에 미달하는 경우

⑤ 국토교통부장관은 초경량비행장치 전문교육기관으로 지정받은 자가 제3항의 지정기준을 충족·유지하고 있는지에 대하여 관련 사항을 보고하게 하거나 자료를 제출하게 할 수 있다. 〈신설 2017. 8. 9.〉

⑥ 국토교통부장관은 초경량비행장치 전문교육기관으로 지정받은 자가 제3항의 지정기준을 충족·유지하고 있는지에 대하여 관계 공무원으로 하여금 사무소 등을 출입하여 관계 서류나 시설·장비 등을 검사하게 할 수 있다. 이 경우 검사를 하는 공무원은 그 권한을 나타내는 증표를 지니고 이를 관계인에게 내보여야 한다. 〈신설 2017. 8. 9.〉

⑦ 국토교통부장관은 초경량비행장치 조종자의 효율적 활용과 운용능력 향상을 위하여 필요한 경우 교육·훈련 등 조종자의 육성에 관한 사업을 실시할 수 있다. 〈신설 2019. 11. 26.〉

제127조(초경량비행장치 비행승인) ① 국토교통부장관은 초경량비행장치의 비행안전을 위하여 필요하다고 인정하는 경우에는 초경량비행장치의 비행을 제한하는 공역(이하 "초경량비행장치 비행제한공역"이라 한다)을 지정하여 고시할 수 있다.

② 동력비행장치 등 국토교통부령으로 정하는 초경량비행장치를 사용하여 국토교통부장관이 고시하는 초경량비행장치 비행제한공역에서 비행하려는 사람은 국토교통부령으로 정하는 바에 따라 미리 국토교통부장관으로부터 비행승인을 받아야 한다. 다만, 비행장 및 이착륙장의 주변 등 대통령령으로 정하는 제한된 범위에서 비행하려는 경우는 제외한다.

③ 제2항 본문에 따른 비행승인 대상이 아닌 경우라 하더라도 다음 각 호의 어느 하나에 해당하는 경우에는 제2항의 절차에 따라 국토교통부장관의 비행승인을 받아야 한다. 〈신설 2017. 8. 9.,

2021. 12. 7.〉

1. 제68조제1호에 따른 국토교통부령으로 정하는 고도 이상에서 비행하는 경우

2. 제78조제1항에 따른 관제공역·통제공역·주의공역 중 관제권 등 국토교통부령으로 정하는 구역에서 비행하는 경우

④ 제2항 및 제3항제2호에 따른 국토교통부장관의 비행승인이 필요한 때에 제131조의2제2항에 따라 무인비행장치를 비행하려는 경우 해당 국가기관등의 장이 국토교통부령으로 정하는 바에 따라 사전에 그 사실을 국토교통부장관에게 알리면 비행승인을 받은 것으로 본다. 〈신설 2019. 8. 27.〉

제128조(초경량비행장치 구조 지원 장비 장착 의무) 초경량비행장치를 사용하여 초경량비행장치 비행제한공역에서 비행하려는 사람은 안전한 비행과 초경량비행장치사고 시 신속한 구조 활동을 위하여 국토교통부령으로 정하는 장비를 장착하거나 휴대하여야 한다. 다만, 무인비행장치 등 국토교통부령으로 정하는 초경량비행장치는 그러하지 아니하다.

제129조(초경량비행장치 조종자 등의 준수사항) ① 초경량비행장치를 사용하여 비행하려는 사람(이하 이 조에서 "초경량비행장치 조종자"라 한다)은 초경량비행장치로 인하여 인명이나 재산에 피해가 발생하지 아니하도록 국토교통부령으로 정하는 준수사항을 지켜야 한다. 〈개정 2024. 1. 16.〉

② 초경량비행장치 조종자는 무인자유기구를 비행시켜서는 아니 된다. 다만, 국토교통부령으로 정하는 바에 따라 국토교통부장관의 허가를 받은 경우에는 그러하지 아니하다.

③ 초경량비행장치 조종자는 초경량비행장치사고가 발생하였을 때에는 국토교통부령으로 정하는 바에 따라 지체 없이 국토교통부장관에게 그 사실을 보고하여야 한다. 다만, 초경량비행장치 조종자가 보고할 수 없을 때에는 그 초경량비행장치소유자등이 초경량비행장치사고를 보고하여야 한다.

④ 무인비행장치 조종자는 무인비행장치를 사용하여 「개인정보 보호법」 제2조제1호에 따른 개인정보(이하 "개인정보"라 한다) 또는 「위치정보의 보호 및 이용 등에 관한 법률」 제2조제2호에 따른 개인위치정보(이하 "개인위치정보"라 한다) 등 개인의 공적·사적 생활

과 관련된 정보를 수집하거나 이를 전송하는 경우 타인의 자유와 권리를 침해하지 아니하도록 하여야 하며 형식, 절차 등 세부적인 사항에 관하여는 각각 해당 법률에서 정하는 바에 따른다. 〈개정 2017. 8. 9.〉

⑤ 제1항에도 불구하고 초경량비행장치 중 무인비행장치 조종자로서 야간에 비행 등을 위하여 국토교통부령으로 정하는 바에 따라 국토교통부장관의 승인을 받은 자는 그 승인 범위 내에서 비행할 수 있다. 이 경우 국토교통부장관은 국토교통부장관이 고시하는 무인비행장치 특별비행을 위한 안전기준에 적합한지 여부를 검사하여야 한다. 〈신설 2017. 8. 9.〉

⑥ 제5항에 따른 승인을 신청하고자 하는 자는 제127조제2항 및 제3항에 따른 비행승인 신청을 함께 할 수 있다. 〈신설 2019. 11. 26.〉

제130조(초경량비행장치사용사업자에 대한 안전개선명령) 국토교통부장관은 초경량비행장치사용사업의 안전을 위하여 필요하다고 인정되는 경우에는 초경량비행장치사용사업자에게 다음 각 호의 사항을 명할 수 있다.

1. 초경량비행장치 및 그 밖의 시설의 개선

2. 그 밖에 초경량비행장치의 비행안전에 대한 방해 요소를 제거하기 위하여 필요한 사항으로서 국토교통부령으로 정하는 사항

제131조(초경량비행장치에 대한 준용규정) 초경량비행장치소유자등 또는 초경량비행장치를 사용하여 비행하려는 사람에 대한 주류등의 섭취·사용 제한에 관하여는 제57조를 준용한다.

제131조의2(무인비행장치의 적용 특례) ① 군용·경찰용 또는 세관용 무인비행장치와 이에 관련된 업무에 종사하는 사람에 대하여는 이 법을 적용하지 아니한다.

② 국가, 지방자치단체, 「공공기관의 운영에 관한 법률」에 따른 공공기관으로서 대통령령으로 정하는 공공기관이 소유하거나 임차한 무인비행장치를 재해·재난 등으로 인한 수색·구조, 화재의 진화, 응급환자 후송, 그 밖에 국토교통부령으로 정하는 공공목적으로 긴급히 비행(훈련을 포함한다)하는 경우(국토교통부령으로 정하는 바에 따라 안전관리 방안을 마련한 경우에 한정한다)에는 제129조제1항, 제2항, 제4항 및 제5항을 적용하지 아니한다. 〈개정 2019. 11.

26.〉

③ 제129조제3항을 이 조 제2항에 적용할 때에는 “국토교통부장관”은 “소관 행정기관의 장”으로 본다. 이 경우 소관 행정기관의 장은 제129조제3항에 따라 보고받은 사실을 국토교통부장관에게 알려야 한다.

[본조신설 2017. 8. 9.]

제11장 보칙

제132조(항공안전 활동) ① 국토교통부장관은 항공안전의 확보를 위하여 다음 각 호의 어느 하나에 해당하는 자에게 그 업무에 관한 보고를 하게 하거나 서류를 제출하게 할 수 있다. 〈개정 2020. 6. 9., 2022. 1. 18.〉

1. 항공기등, 장비품 또는 부품의 제작 또는 정비등을 하는 자
2. 비행장, 이착륙장, 공항, 공항시설 또는 항행안전시설의 설치자 및 관리자
3. 항공종사자, 경량항공기 조종사 및 초경량비행장치 조종자
4. 항공교통업무증명을 받은 자
5. 항공운송사업자(외국인국제항공운송사업자 및 외국항공기로 유상운송을 하는 자를 포함한다. 이하 이 조에서 같다), 항공기사용사업자, 항공기정비업자, 초경량비행장치사용사업자, 「항공사업법」 제2조제22호에 따른 항공기대여업자, 「항공사업법」 제2조제27호에 따른 항공레저스포츠사업자, 경량항공기 소유자등 및 초경량비행장치 소유자등
6. 제48조에 따른 전문교육기관, 제72조에 따른 위험물전문교육기관, 제117조에 따른 경량항공기 전문교육기관, 제126조에 따른 초경량비행장치 전문교육기관의 설치자 및 관리자

6의2. 항공전문의사

7. 그 밖에 항공기, 경량항공기 또는 초경량비행장치를 계속하여 사용하는 자

② 국토교통부장관은 이 법을 시행하기 위하여 특히 필요한 경우에는 소속 공무원으로 하여금 제1항 각 호의 어느 하나에 해당하는 자의 다음 각 호의 어느 하나의 장소에 출입하여 항공기, 경량항공기 또는 초경량비행장치, 항행안전시설, 장부, 서류, 그 밖의 물건을

검사하거나 관계인에게 질문하게 할 수 있다. 이 경우 국토교통부장관은 검사 등의 업무를 효율적으로 수행하기 위하여 특히 필요하다고 인정하면 국토교통부령으로 정하는 자격을 갖춘 항공안전에 관한 전문가를 위촉하여 검사 등의 업무에 관한 자문에 응하게 할 수 있다.

1. 사무소, 공장이나 그 밖의 사업장
2. 비행장, 이착륙장, 공항, 공항시설, 항행안전시설 또는 그 시설의 공사장
3. 항공기 또는 경량항공기의 정치장
4. 항공기, 경량항공기 또는 초경량비행장치

③ 국토교통부장관은 항공운송사업자가 취항하는 공항에 대하여 국토교통부령으로 정하는 바에 따라 정기적인 안전성검사를 하여야 한다.

④ 제2항 및 제3항에 따른 검사 또는 질문을 하려면 검사 또는 질문을 하기 7일 전까지 검사 또는 질문의 일시, 사유 및 내용 등의 계획을 피검사자 또는 피질문자에게 알려야 한다. 다만, 긴급한 경우이거나 사전에 알리면 증거인멸 등으로 검사 또는 질문의 목적을 달성할 수 없다고 인정하는 경우에는 그러하지 아니하다.

⑤ 제2항 및 제3항에 따른 검사 또는 질문을 하는 공무원은 그 권한을 표시하는 증표를 지니고, 이를 관계인에게 보여주어야 한다.

⑥ 제5항에 따른 증표에 관하여 필요한 사항은 국토교통부령으로 정한다.

⑦ 제2항 및 제3항에 따른 검사 또는 질문을 한 경우에는 그 결과를 피검사자 또는 피질문자에게 서면으로 알려야 한다.

⑧ 국토교통부장관은 제2항 또는 제3항에 따른 검사를 하는 중에 긴급히 조치하지 아니할 경우 항공기, 경량항공기 또는 초경량비행장치의 안전운항에 중대한 위험을 초래할 수 있는 사항이 발견되었을 때에는 국토교통부령으로 정하는 바에 따라 항공기, 경량항공기 또는 초경량비행장치의 운항 또는 항행안전시설의 운용을 일시 정지하게 하거나 항공종사자, 초경량비행장치 조종자 또는 항행안전시설을 관리하는 자의 업무를 일시 정지하게 할 수 있다.

⑨ 국토교통부장관은 제2항 또는 제3항에 따른 검사 결과 항공기, 경량항공기 또는 초경량비행장치의 안전운항에 위험을 초래할

수 있는 사항을 발견한 경우에는 그 검사를 받은 자에게 시정조치 등을 명할 수 있다.

제133조(항공운송사업자에 관한 안전도 정보의 공개) 국토교통부장관은 국민이 항공기를 안전하게 이용할 수 있도록 국토교통부령으로 정하는 바에 따라 다음 각 호의 사항이 포함된 항공운송사업자(외국인국제항공운송사업자를 포함한다. 이하 이 조에서 같다)에 관한 안전도 정보를 공개하여야 한다.

1. 국토교통부령으로 정하는 항공기사고에 관한 정보

2. 항공운송사업자가 속한 국가에 대한 국제민간항공기구(ICAO)의 안전평가 결과[국제민간항공기구(ICAO)에서 안전기준에 미달하여 항공기사고의 위험도가 높은 것으로 공개한 국가만 해당한다]

3. 그 밖에 항공운송사업자의 안전과 관련하여 국토교통부령으로 정하는 사항

제133조의2(안전투자의 공시) ①「항공사업법」제2조제35호에 따른 항공교통사업자는 항공안전의 증진을 위하여 국토교통부장관이 항공안전과 직·간접적으로 관련이 있다고 인정한 지출 또는 투자(이하 "안전투자"라 한다) 세부내역을 매년 공시하여야 한다.

② 안전투자의 범위, 항목 및 공시를 위한 기준, 절차 등 안전투자의 공시를 위하여 필요한 사항은 국토교통부령으로 정한다.

[본조신설 2019. 11. 26.]

제134조(청문) 국토교통부장관은 다음 각 호의 어느 하나에 해당하는 처분을 하려면 청문을 하여야 한다. 〈개정 2017. 10. 24., 2017. 12. 26., 2021. 5. 18., 2022. 1. 18., 2024. 1. 16.〉

1. 제20조제7항에 따른 형식증명 또는 부가형식증명의 취소

2. 제21조제7항에 따른 형식증명승인 또는 부가형식증명승인의 취소

3. 제22조제5항에 따른 제작증명의 취소

4. 제23조제7항에 따른 감항증명의 취소

5. 제24조제3항에 따른 감항승인의 취소

6. 제25조제3항에 따른 소음기준적합증명의 취소

7. 제27조제4항에 따른 기술표준품형식승인의 취소

8. 제28조제5항에 따른 부품등제작자증명의 취소

8의2. 제39조의2제5항에 따른 모의비행훈련장치에 대한 지정의

취소 또는 효력정지

9. 제43조제1항 또는 제3항에 따른 자격증명등 또는 항공신체검사증명의 취소 또는 효력정지

10. 제44조제4항에서 준용하는 제43조제1항에 따른 계기비행증명 또는 조종교육증명의 취소

11. 제45조제6항에서 준용하는 제43조제1항에 따른 항공영어구술능력증명의 취소

11의2. 제47조의2에 따른 연습허가 또는 항공신체검사증명의 취소 또는 효력정지

12. 제48조의2에 따른 전문교육기관 지정의 취소

13. 제50조제1항에 따른 항공전문의사 지정의 취소 또는 효력정지(같은 항 제8호의 경우는 제외한다)

14. 제63조제3항에 따른 자격인정의 취소

15. 제71조제5항에 따른 포장·용기검사기관 지정의 취소

16. 제72조제5항에 따른 위험물전문교육기관 지정의 취소

17. 제86조제1항에 따른 항공교통업무증명의 취소

18. 제91조제1항 또는 제95조제1항에 따른 운항증명의 취소

19. 제98조제1항에 따른 정비조직인증의 취소

20. 제105조제1항 단서에 따른 운항증명승인의 취소

21. 제114조제1항 또는 제2항에 따른 자격증명등 또는 항공신체검사증명의 취소

22. 제115조제3항에서 준용하는 제114조제1항에 따른 조종교육증명의 취소

23. 제117조제4항에 따른 경량항공기 전문교육기관 지정의 취소

24. 제125조제5항에 따른 초경량비행장치 조종자 증명의 취소 또는 효력정지

25. 제126조제4항에 따른 초경량비행장치 전문교육기관 지정의 취소

제134조(청문) 국토교통부장관은 다음 각 호의 어느 하나에 해당하는 처분을 하려면 청문을 하여야 한다. 〈개정 2017. 10. 24., 2017. 12. 26., 2021. 5. 18., 2022. 1. 18., 2024. 1. 16., 2025. 5. 27.〉

1. 제20조제7항에 따른 형식증명 또는 부가형식증명의 취소

2. 제21조제7항에 따른 형식증명승인 또는 부가형식증명승인의 취소
3. 제22조제5항에 따른 제작증명의 취소
4. 제23조제7항에 따른 감항증명의 취소
5. 제24조제3항에 따른 감항승인의 취소
6. 제25조제3항에 따른 소음기준적합증명의 취소
7. 제27조제4항에 따른 기술표준품형식승인의 취소
8. 제28조제5항에 따른 부품등제작자증명의 취소
8의2. 제39조의2제5항에 따른 모의비행훈련장치에 대한 지정의 취소 또는 효력정지
9. 제43조제1항, 제3항 또는 제4항에 따른 자격증명등, 항공신체검사증명 또는 관제적성검사합격의 취소 또는 효력정지
10. 제44조제4항에서 준용하는 제43조제1항에 따른 계기비행증명 또는 조종교육증명의 취소
11. 제45조제6항에서 준용하는 제43조제1항에 따른 항공영어구술능력증명의 취소
11의2. 제47조의2에 따른 연습허가 또는 항공신체검사증명의 취소 또는 효력정지
12. 제48조의2에 따른 전문교육기관 지정의 취소
13. 제50조제1항에 따른 항공전문의사 지정의 취소 또는 효력정지(같은 항 제8호의 경우는 제외한다)
14. 제63조제3항에 따른 자격인정의 취소
15. 제71조제5항에 따른 포장·용기검사기관 지정의 취소
16. 제72조제5항에 따른 위험물전문교육기관 지정의 취소
17. 제86조제1항에 따른 항공교통업무증명의 취소
18. 제91조제1항 또는 제95조제1항에 따른 운항증명의 취소
19. 제98조제1항에 따른 정비조직인증의 취소
20. 제105조제1항 단서에 따른 운항증명승인의 취소
21. 제114조제1항 또는 제2항에 따른 자격증명등 또는 항공신체검사증명의 취소
22. 제115조제3항에서 준용하는 제114조제1항에 따른 조종교육증명의 취소
23. 제117조제4항에 따른 경량항공기 전문교육기관 지정의 취소

24. 제125조제5항에 따른 초경량비행장치 조종자 증명의 취소 또는 효력정지

25. 제126조제4항에 따른 초경량비행장치 전문교육기관 지정의 취소

[시행일: 2028. 5. 28.] 제134조제9호

제135조(권한의 위임·위탁) ① 이 법에 따른 국토교통부장관의 권한은 그 일부를 대통령령으로 정하는 바에 따라 국방부장관에게 위탁하거나 특별시장·광역시장·특별자치시장·도지사·특별자치도지사 또는 국토교통부장관 소속 기관의 장에게 위임할 수 있다. 〈개정 2024. 3. 19.〉

② 국토교통부장관은 제20조부터 제25조까지, 제27조, 제28조 및 제30조에 따른 증명, 승인 또는 검사에 관한 업무를 대통령령으로 정하는 바에 따라 전문검사기관을 지정하여 위탁할 수 있다.

③ 국토교통부장관은 제30조에 따른 수리·개조승인에 관한 권한 중 국가기관등항공기의 수리·개조승인에 관한 권한을 대통령령으로 정하는 바에 따라 관계 중앙행정기관의 장에게 위탁할 수 있다.

④ 삭제 〈2020. 6. 9.〉

⑤ 국토교통부장관은 다음 각 호의 업무를 대통령령으로 정하는 바에 따라 「한국교통안전공단법」에 따른 한국교통안전공단(이하 "한국교통안전공단"이라 한다) 또는 항공 관련 기관·단체에 위탁할 수 있다. 〈개정 2017. 8. 9., 2017. 10. 24., 2019. 11. 26., 2020. 6. 9., 2021. 5. 18., 2021. 12. 7., 2024. 1. 16.〉

1. 제38조에 따른 자격증명 시험업무 및 자격증명 한정심사업무와 항공종사자 자격증명서의 발급에 관한 업무

2. 제44조에 따른 계기비행증명업무 및 조종교육증명업무와 증명서의 발급에 관한 업무

3. 제45조제3항에 따른 항공영어구술능력증명서의 발급에 관한 업무

4. 제48조제9항 및 제10항에 따른 항공교육훈련통합관리시스템에 관한 업무

5. 제61조에 따른 항공안전 자율보고의 접수·분석 및 전파에 관한 업무

6. 제112조제1항에 따른 경량항공기 조종사 자격증명 시험업무

6의2. 제112조제2항에 따른 경량항공기 조종사 자격증명 한정심사업무
6의3. 제112조제4항에 따른 경량항공기 조종사 자격증명서의 발급에 관한 업무
7. 제115조제1항 및 제2항에 따른 경량항공기 조종교육증명업무와 증명서의 발급 및 경량항공기 조종교육증명을 받은 자에 대한 교육에 관한 업무
8. 제122조에 따른 초경량비행장치 신고의 수리 및 신고번호의 발급에 관한 업무
9. 제123조에 따른 초경량비행장치의 변경신고, 말소신고, 말소신고의 최고와 직권말소 및 직권말소의 통보에 관한 업무
10. 제125조제1항에 따른 초경량비행장치 조종자 증명에 관한 업무
11. 제125조제6항에 따른 실기시험장, 교육장 등 시설의 지정·구축·운영에 관한 업무
12. 제126조제1항 및 제5항에 따른 초경량비행장치 전문교육기관의 지정 및 지정조건의 충족·유지 여부 확인에 관한 업무
13. 제126조제7항에 따른 교육·훈련 등 조종자의 육성에 관한 업무
13의2. 제130조에 따른 초경량비행장치사용사업자에 대한 안전개선명령 업무
13의3. 제132조제1항에 따른 항공안전 활동에 관한 업무(초경량비행장치사용사업자에 한정한다)
14. 제133조의2제1항에 따른 안전투자의 공시에 관한 업무
⑥ 국토교통부장관은 다음 각 호의 업무를 대통령령으로 정하는 바에 따라 항공의학 관련 전문기관 또는 단체에 위탁할 수 있다. 〈개정 2022. 1. 18.〉
1. 제40조에 따른 항공신체검사증명에 관한 업무
1의2. 제42조제2항에 따라 항공신체검사증명을 받은 사람의 신체적·정신적 상태의 저하에 관한 신고 접수, 같은 조 제3항에 따른 항공신체검사증명의 기준 적합 여부 확인 및 결과 통지에 관한 업무
2. 제49조제3항에 따른 항공전문의사의 교육에 관한 업무
⑦ 국토교통부장관은 제45조제2항에 따른 항공영어구술능력증명

시험의 실시에 관한 업무를 대통령령으로 정하는 바에 따라 한국교통안전공단 또는 영어평가 관련 전문기관·단체에 위탁할 수 있다. 〈개정 2017. 8. 9., 2017. 10. 24.〉

⑧ 국토교통부장관은 다음 각 호의 업무를 대통령령으로 정하는 바에 따라 「항공안전기술원법」에 따른 항공안전기술원 또는 항공 관련 기관·단체에 위탁할 수 있다. 〈신설 2017. 1. 17., 2017. 8. 9., 2019. 8. 27., 2023. 4. 18., 2024. 1. 16.〉

1. 「국제민간항공협약」 및 같은 협약 부속서에서 채택된 표준과 권고되는 방식에 따라 제19조, 제67조, 제70조 및 제77조에 따른 항공기기술기준, 비행규칙, 위험물취급의 절차·방법 및 운항기술기준을 정하기 위한 연구 업무

2. 제59조에 따른 항공안전 의무보고의 분석 및 전파에 관한 업무

2의2. 국가항행계획의 수립·시행에 관한 지원 업무

3. 제129조제5항 후단에 따른 검사에 관한 업무

4. 제108조에 따른 경량항공기 시험비행 등 허가 및 안전성인증에 관한 업무

5. 제124조에 따른 초경량비행장치 시험비행 등 허가 및 안전성인증에 관한 업무

6. 그 밖에 항공기의 안전한 항행을 위한 연구·분석 업무로서 대통령령으로 정하는 업무

⑨ 국토교통부장관은 대통령령으로 정하는 바에 따라 다음 각 호의 업무를 항공교통업무증명을 받은 자에게 위탁할 수 있다. 〈개정 2024. 3. 19.〉

1. 제68조 각 호 외의 부분 단서에 따른 같은 조 제1호부터 제3호까지 및 제5호의 행위에 대한 허가에 관한 업무

2. 제89조제1항에 따른 항공정보의 제공에 관한 업무

3. 제127조제2항에 따른 초경량비행장치 비행제한공역에서의 초경량비행장치 비행승인에 관한 업무

⑩ 국토교통부장관은 제125조의2에 따른 초경량비행장치 관련 안전교육에 관한 업무를 대통령령으로 정하는 바에 따라 국토교통부장관이 지정하는 기관·단체에 위탁할 수 있다. 〈신설 2024. 3. 19.〉

<u>제135조(권한의 위임·위탁) ① 이 법에 따른 국토교통부장관의 권</u>

한은 그 일부를 대통령령으로 정하는 바에 따라 국방부장관에게 위탁하거나 특별시장·광역시장·특별자치시장·도지사·특별자치도지사 또는 국토교통부장관 소속 기관의 장에게 위임할 수 있다. 〈개정 2024. 3. 19.〉

② 국토교통부장관은 제20조부터 제25조까지, 제27조, 제28조 및 제30조에 따른 증명, 승인 또는 검사에 관한 업무를 대통령령으로 정하는 바에 따라 전문검사기관을 지정하여 위탁할 수 있다.

③ 국토교통부장관은 제30조에 따른 수리·개조승인에 관한 권한 중 국가기관등항공기의 수리·개조승인에 관한 권한을 대통령령으로 정하는 바에 따라 관계 중앙행정기관의 장에게 위탁할 수 있다.

④ 삭제 〈2020. 6. 9.〉

⑤ 국토교통부장관은 다음 각 호의 업무를 대통령령으로 정하는 바에 따라 한국교통안전공단 또는 항공 관련 기관·단체에 위탁할 수 있다. 〈개정 2017. 8. 9., 2017. 10. 24., 2019. 11. 26., 2020. 6. 9., 2021. 5. 18., 2021. 12. 7., 2024. 1. 16., 2025. 5. 27.〉

1. 제38조에 따른 자격증명 시험업무 및 자격증명 한정심사업무와 항공종사자 자격증명서의 발급에 관한 업무

2. 제44조에 따른 계기비행증명업무 및 조종교육증명업무와 증명서의 발급에 관한 업무

3. 제45조제3항에 따른 항공영어구술능력증명서의 발급에 관한 업무

4. 제48조제9항 및 제10항에 따른 항공교육훈련통합관리시스템에 관한 업무

5. 제61조에 따른 항공안전 자율보고의 접수·분석 및 전파에 관한 업무

6. 제112조제1항에 따른 경량항공기 조종사 자격증명 시험업무

6의2. 제112조제2항에 따른 경량항공기 조종사 자격증명 한정심사업무

6의3. 제112조제4항에 따른 경량항공기 조종사 자격증명서의 발급에 관한 업무

7. 제115조제1항 및 제2항에 따른 경량항공기 조종교육증명업무와 증명서의 발급 및 경량항공기 조종교육증명을 받은 자에 대한

교육에 관한 업무

8. 제122조에 따른 초경량비행장치 신고의 수리 및 신고번호의 발급에 관한 업무

9. 제123조에 따른 초경량비행장치의 변경신고, 말소신고, 말소신고의 최고와 직권말소 및 직권말소의 통보에 관한 업무

10. 제125조제1항에 따른 초경량비행장치 조종자 증명에 관한 업무

11. 제125조제6항에 따른 실기시험장, 교육장 등 시설의 지정·구축·운영에 관한 업무

12. 제126조제1항 및 제5항에 따른 초경량비행장치 전문교육기관의 지정 및 지정조건의 충족·유지 여부 확인에 관한 업무

13. 제126조제7항에 따른 교육·훈련 등 조종자의 육성에 관한 업무

13의2. 제130조에 따른 초경량비행장치사용사업자에 대한 안전개선명령 업무

13의3. 제132조제1항에 따른 항공안전 활동에 관한 업무(초경량비행장치사용사업자에 한정한다)

14. 제133조의2제1항에 따른 안전투자의 공시에 관한 업무

⑥ 국토교통부장관은 다음 각 호의 업무를 대통령령으로 정하는 바에 따라 항공의학 관련 전문기관 또는 단체에 위탁할 수 있다. 〈개정 2022. 1. 18.〉

1. 제40조에 따른 항공신체검사증명에 관한 업무

1의2. 제42조제2항에 따라 항공신체검사증명을 받은 사람의 신체적·정신적 상태의 저하에 관한 신고 접수, 같은 조 제3항에 따른 항공신체검사증명의 기준 적합 여부 확인 및 결과 통지에 관한 업무

2. 제49조제3항에 따른 항공전문의사의 교육에 관한 업무

⑦ 국토교통부장관은 제45조제2항에 따른 항공영어구술능력증명시험의 실시에 관한 업무를 대통령령으로 정하는 바에 따라 한국교통안전공단 또는 영어평가 관련 전문기관·단체에 위탁할 수 있다. 〈개정 2017. 8. 9., 2017. 10. 24.〉

⑧ 국토교통부장관은 다음 각 호의 업무를 대통령령으로 정하는 바에 따라 「항공안전기술원법」에 따른 항공안전기술원 또는 항공 관련 기관·단체에 위탁할 수 있다. 〈신설 2017. 1. 17., 2017. 8.

9., 2019. 8. 27., 2023. 4. 18., 2024. 1. 16.〉

1. 「국제민간항공협약」 및 같은 협약 부속서에서 채택된 표준과 권고되는 방식에 따라 제19조, 제67조, 제70조 및 제77조에 따른 항공기기술기준, 비행규칙, 위험물취급의 절차 · 방법 및 운항기술기준을 정하기 위한 연구 업무

2. 제59조에 따른 항공안전 의무보고의 분석 및 전파에 관한 업무

2의2. 국가항행계획의 수립 · 시행에 관한 지원 업무

3. 제129조제5항 후단에 따른 검사에 관한 업무

4. 제108조에 따른 경량항공기 시험비행 등 허가 및 안전성인증에 관한 업무

5. 제124조에 따른 초경량비행장치 시험비행 등 허가 및 안전성인증에 관한 업무

6. 그 밖에 항공기의 안전한 항행을 위한 연구 · 분석 업무로서 대통령령으로 정하는 업무

⑨ 국토교통부장관은 대통령령으로 정하는 바에 따라 다음 각 호의 업무를 항공교통업무증명을 받은 자에게 위탁할 수 있다. 〈개정 2024. 3. 19.〉

1. 제68조 각 호 외의 부분 단서에 따른 같은 조 제1호부터 제3호까지 및 제5호의 행위에 대한 허가에 관한 업무

2. 제89조제1항에 따른 항공정보의 제공에 관한 업무

3. 제127조제2항에 따른 초경량비행장치 비행제한공역에서의 초경량비행장치 비행승인에 관한 업무

⑩ 국토교통부장관은 제125조의2에 따른 초경량비행장치 관련 안전교육에 관한 업무를 대통령령으로 정하는 바에 따라 국토교통부장관이 지정하는 기관 · 단체에 위탁할 수 있다. 〈신설 2024. 3. 19.〉

[시행일: 2025. 11. 28.] 제135조

제136조(수수료 등) ① 다음 각 호의 어느 하나에 해당하는 자는 국토교통부령으로 정하는 수수료를 국토교통부장관에게 내야 한다. 다만, 제135조제2항, 제5항부터 제8항까지 및 제10항의 규정에 따라 권한이 위탁된 경우에는 그 수탁기관에 내야 한다. 〈개정 2019. 11. 26., 2020. 6. 9., 2024. 1. 16., 2024. 3. 19.〉

1. 제20조제1항에 따라 형식증명 또는 제한형식증명을 신청하거나 변경신청을 하는 자

2. 제20조제5항에 따라 부가형식증명을 신청하는 자
3. 제21조제1항에 따라 형식증명승인을 신청하는 자
4. 제21조제5항에 따라 부가형식증명승인을 받으려는 자
5. 제22조제1항에 따라 제작증명을 신청하는 자
6. 제23조제1항에 따라 감항증명을 신청하는 자
7. 제24조제1항에 따라 감항승인을 받으려는 자
8. 제25조제1항에 따라 소음기준적합증명을 받으려는 자
9. 제27조제1항에 따라 기술표준품형식승인을 받으려는 자
10. 제28조제1항에 따라 부품등제작자증명을 받으려는 자
11. 제30조제1항에 따라 수리·개조승인을 받으려는 자
12. 제38조제1항에 따라 학과시험 및 실기시험에 응시하는 자
13. 제38조제2항에 따라 항공기·경량항공기 탑승경력 및 정비경력 등을 심사받으려는 자
14. 제38조제3항에 따라 항공종사자 자격증명 시험 및 한정심사의 전부 또는 일부를 면제받으려는 자
15. 제38조제4항에 따라 자격증명서를 발급받으려는 자
16. 제39조의2제1항에 따라 모의비행훈련장치의 지정, 변경 지정 또는 지정의 유효기간 연장을 신청하는 자
17. 제44조에 따라 계기비행증명 또는 조종교육증명을 받으려는 자
18. 제45조에 따라 항공영어구술능력증명을 위한 시험을 신청하거나 항공영어구술능력증명서를 발급받으려는 자
19. 제46조제3항에 따라 항공기 조종연습허가서를 발급받으려는 자
20. 제63조제1항에 따라 운항자격인정을 받으려는 자
21. 제74조제1항에 따라 회항시간 연장운항의 승인을 받으려는 자
22. 제75조제1항에 따라 수직분리축소공역 등에서의 항공기 운항 승인을 받으려는 자
23. 제90조제1항에 따라 운항증명을 받으려는 자
24. 제90조제5항에 따라 안전운항체계 변경에 관한 검사를 받으려는 자
25. 제97조제1항에 따라 정비조직인증을 받으려는 자
26. 제103조제1항에 따라 외국인국제항공운송사업자에 대한 운항증명승인을 받으려는 자

27. 제107조에 따라 외국항공기의 유상운송에 대한 운항안전성 검사를 받으려는 자
28. 제108조제1항에 따라 경량항공기 안전성인증을 받으려는 자
29. 제112조제1항에 따라 경량항공기 조종사 자격증명 시험에 응시하는 자
30. 제112조제2항에 따라 경량항공기 조종사 자격증명 한정심사를 받으려는 자
31. 제112조제3항에 따라 경량항공기 조종사 자격증명 시험 및 한정심사의 전부 또는 일부를 면제받으려는 자
32. 제112조제4항에 따라 경량항공기 조종사 자격증명서를 발급받으려는 자
33. 제115조제1항에 따라 경량항공기 조종교육증명을 받으려는 자
34. 제115조제2항에 따라 경량항공기 안전교육을 받으려는 자
35. 제116조제4항에 따라 경량항공기 조종연습허가서를 발급받으려는 자
36. 제124조에 따라 초경량비행장치 안전성인증을 받으려는 자
37. 제125조제1항에 따라 초경량비행장치 조종자 증명을 받으려는 자
38. 제125조의2에 따라 초경량비행장치 안전교육을 받으려는 자
39. 제129조제5항에 따라 무인비행장치 특별비행승인을 받으려는 자

② 검사등을 위하여 현지출장이 필요한 경우에는 그 출장에 드는 여비를 신청인이 내야 한다. 이 경우 여비의 기준은 국토교통부령으로 정한다.

제136조(수수료 등) ① 다음 각 호의 어느 하나에 해당하는 자는 국토교통부령으로 정하는 수수료를 국토교통부장관에게 내야 한다. 다만, 제42조의2제3항, 제135조제2항, 제5항부터 제8항까지 및 제10항에 따라 권한이 위탁된 경우에는 그 위탁받은 기관에 내야 한다. 〈개정 2019. 11. 26., 2020. 6. 9., 2024. 1. 16., 2024. 3. 19., 2025. 5. 27.〉
1. 제20조제1항에 따라 형식증명 또는 제한형식증명을 신청하거나 변경신청을 하는 자
2. 제20조제5항에 따라 부가형식증명을 신청하는 자
3. 제21조제1항에 따라 형식증명승인을 신청하는 자

4. 제21조제5항에 따라 부가형식증명승인을 받으려는 자
5. 제22조제1항에 따라 제작증명을 신청하는 자
6. 제23조제1항에 따라 감항증명을 신청하는 자
7. 제24조제1항에 따라 감항승인을 받으려는 자
8. 제25조제1항에 따라 소음기준적합증명을 받으려는 자
9. 제27조제1항에 따라 기술표준품형식승인을 받으려는 자
10. 제28조제1항에 따라 부품등제작자증명을 받으려는 자
11. 제30조제1항에 따라 수리ㆍ개조승인을 받으려는 자
12. 제38조제1항에 따라 학과시험 및 실기시험에 응시하는 자
13. 제38조제2항에 따라 항공기ㆍ경량항공기 탑승경력 및 정비경력 등을 심사받으려는 자
13의2. 제38조제3항에 따라 심사에 응시하는 자
14. 제38조제4항에 따라 항공종사자 자격증명 시험 및 한정심사의 전부 또는 일부를 면제받으려는 자
15. 제38조제5항에 따라 자격증명서를 발급받으려는 자
16. 제39조의2제1항에 따라 모의비행훈련장치의 지정, 변경 지정 또는 지정의 유효기간 연장을 신청하는 자
16의2. 제42조의2에 따라 관제적성검사를 받으려는 자
17. 제44조에 따라 계기비행증명 또는 조종교육증명을 받으려는 자
18. 제45조에 따라 항공영어구술능력증명을 위한 시험을 신청하거나 항공영어구술능력증명서를 발급받으려는 자
19. 제46조제3항에 따라 항공기 조종연습허가서를 발급받으려는 자
20. 제63조제1항에 따라 운항자격인정을 받으려는 자
21. 제74조제1항에 따라 회항시간 연장운항의 승인을 받으려는 자
22. 제75조제1항에 따라 수직분리축소공역 등에서의 항공기 운항승인을 받으려는 자
23. 제90조제1항에 따라 운항증명을 받으려는 자
24. 제90조제5항에 따라 안전운항체계 변경에 관한 검사를 받으려는 자
25. 제97조제1항에 따라 정비조직인증을 받으려는 자
26. 제103조제1항에 따라 외국인국제항공운송사업자에 대한 운항증명승인을 받으려는 자
27. 제107조에 따라 외국항공기의 유상운송에 대한 운항안전성

검사를 받으려는 자

28. 제108조제1항에 따라 경량항공기 안전성인증을 받으려는 자

29. 제112조제1항에 따라 경량항공기 조종사 자격증명 시험에 응시하는 자

30. 제112조제2항에 따라 경량항공기 조종사 자격증명 한정심사를 받으려는 자

31. 제112조제3항에 따라 경량항공기 조종사 자격증명 시험 및 한정심사의 전부 또는 일부를 면제받으려는 자

32. 제112조제4항에 따라 경량항공기 조종사 자격증명서를 발급받으려는 자

33. 제115조제1항에 따라 경량항공기 조종교육증명을 받으려는 자

34. 제115조제2항에 따라 경량항공기 안전교육을 받으려는 자

35. 제116조제4항에 따라 경량항공기 조종연습허가서를 발급받으려는 자

36. 제124조에 따라 초경량비행장치 안전성인증을 받으려는 자

37. 제125조제1항에 따라 초경량비행장치 조종자 증명을 받으려는 자

38. 제125조의2에 따라 초경량비행장치 안전교육을 받으려는 자

39. 제129조제5항에 따라 무인비행장치 특별비행승인을 받으려는 자

② 검사등을 위하여 현지출장이 필요한 경우에는 그 출장에 드는 여비를 신청인이 내야 한다. 이 경우 여비의 기준은 국토교통부령으로 정한다.

[시행일: 2028. 5. 28.] 제136조제1항(관제적성검사에 관한 사항만 해당한다)

[시행일: 2025. 11. 28.] 제136조

제136조의2(비밀유지 의무) 다음 각 호의 어느 하나에 해당하는 업무에 종사하거나 종사하였던 사람은 그 직무상 알게 된 다른 사람의 의료 기록 등 개인정보의 비밀을 타인에게 누설하거나 직무상 목적 외에 사용하여서는 아니 된다.

1. 제34조에 따른 항공종사자 자격증명 업무

2. 제40조에 따른 항공신체검사증명 업무

[본조신설 2022. 1. 18.]

제137조(벌칙 적용에서 공무원 의제) 다음 각 호의 어느 하나에 해

당하는 사람은 「형법」 제129조부터 제132조까지의 규정을 적용할 때 공무원으로 본다. 〈개정 2017. 1. 17., 2020. 6. 9., 2024. 1. 16., 2024. 3. 19.〉

1. 제31조제2항에 따른 검사관 중 공무원이 아닌 사람

2. 제135조제2항 및 제5항부터 제10항까지의 규정에 따라 국토교통부장관이 위탁한 업무에 종사하는 전문검사기관, 전문기관 또는 단체 등의 임직원

제12장 벌칙

제138조(항행 중 항공기 위험 발생의 죄) ① 사람이 현존하는 항공기, 경량항공기 또는 초경량비행장치를 항행 중에 추락 또는 전복(顚覆)시키거나 파괴한 사람은 사형, 무기징역 또는 5년 이상의 징역에 처한다.

② 제140조의 죄를 지어 사람이 현존하는 항공기, 경량항공기 또는 초경량비행장치를 항행 중에 추락 또는 전복시키거나 파괴한 사람은 사형, 무기징역 또는 5년 이상의 징역에 처한다.

제139조(항행 중 항공기 위험 발생으로 인한 치사·치상의 죄) 제138조의 죄를 지어 사람을 사상(死傷)에 이르게 한 사람은 사형, 무기징역 또는 7년 이상의 징역에 처한다.

제140조(항공상 위험 발생 등의 죄) 비행장, 이착륙장, 공항시설 또는 항행안전시설을 파손하거나 그 밖의 방법으로 항공상의 위험을 발생시킨 사람은 10년 이하의 징역에 처한다. 〈개정 2017. 10. 24.〉

제141조(미수범) 제138조제1항 및 제140조의 미수범은 처벌한다.

제142조(기장 등의 탑승자 권리행사 방해의 죄) ① 직권을 남용하여 항공기에 있는 사람에게 그의 의무가 아닌 일을 시키거나 그의 권리행사를 방해한 기장 또는 조종사는 1년 이상 10년 이하의 징역에 처한다.

② 폭력을 행사하여 제1항의 죄를 지은 기장 또는 조종사는 3년 이상 15년 이하의 징역에 처한다. 〈개정 2017. 10. 24.〉

제143조(기장의 항공기 이탈의 죄) 제62조제4항을 위반하여 항공기를 떠난 기장(기장의 임무를 수행할 사람을 포함한다)은 5년 이하의 징역에 처한다.

제144조(감항증명을 받지 아니한 항공기 사용 등의 죄) 다음 각 호의 어느 하나에 해당하는 자는 3년 이하의 징역 또는 5천만원 이하의 벌금에 처한다.

1. 제23조 또는 제25조를 위반하여 감항증명 또는 소음기준적합증명을 받지 아니하거나 감항증명 또는 소음기준적합증명이 취소 또는 정지된 항공기를 운항한 자

2. 제27조제3항을 위반하여 기술표준품형식승인을 받지 아니한 기술표준품을 제작·판매하거나 항공기등에 사용한 자

3. 제28조제3항을 위반하여 부품등제작자증명을 받지 아니한 장비품 또는 부품을 제작·판매하거나 항공기등 또는 장비품에 사용한 자

4. 제30조를 위반하여 수리·개조승인을 받지 아니한 항공기등, 장비품 또는 부품을 운항 또는 항공기등에 사용한 자

5. 제32조제1항을 위반하여 정비등을 한 항공기등, 장비품 또는 부품에 대하여 감항성을 확인받지 아니하고 운항 또는 항공기등에 사용한 자

제144조의2(전문교육기관의 지정 위반에 관한 죄) 제48조제1항 단서를 위반하여 전문교육기관의 지정을 받지 아니하고 제35조제1호부터 제4호까지의 항공종사자를 양성하기 위하여 항공기등을 사용한 자는 3년 이하의 징역 또는 3천만원 이하의 벌금에 처한다.

[본조신설 2017. 10. 24.]

제145조(운항증명 등의 위반에 관한 죄) 다음 각 호의 어느 하나에 해당하는 자는 3년 이하의 징역 또는 3천만원 이하의 벌금에 처한다.

1. 제90조제1항(제96조제1항에서 준용하는 경우를 포함한다)에 따른 운항증명을 받지 아니하고 운항을 시작한 항공운송사업자 또는 항공기사용사업자

2. 제97조를 위반하여 정비조직인증을 받지 아니하고 항공기등, 장비품 또는 부품에 대한 정비등을 한 항공기정비업자 또는 외국의 항공기정비업자

제146조(주류등의 섭취·사용 등의 죄) 다음 각 호의 어느 하나에 해당하는 사람은 3년 이하의 징역 또는 3천만원 이하의 벌금에 처한다. 〈개정 2020. 6. 9., 2021. 5. 18.〉

1. 제57조제1항(제106조제1항에 따라 준용되는 경우를 포함한다)을 위반하여 주류등의 영향으로 항공업무(제46조에 따른 항공기 조종연습 및 제47조에 따른 항공교통관제연습을 포함한다) 또는 객실승무원의 업무를 정상적으로 수행할 수 없는 상태에서 그 업무에 종사한 항공종사자(제46조에 따른 항공기 조종연습 및 제47조에 따른 항공교통관제연습을 하는 사람을 포함한다. 이하 이 조에서 같다) 또는 객실승무원

2. 제57조제2항(제106조제1항에 따라 준용되는 경우를 포함한다)을 위반하여 주류등을 섭취하거나 사용한 항공종사자 또는 객실승무원

3. 제57조제3항(제106조제1항에 따라 준용되는 경우를 포함한다)을 위반하여 국토교통부장관의 측정에 따르지 아니한 항공종사자 또는 객실승무원

제147조(항공교통업무증명 위반에 관한 죄) ① 제85조제1항을 위반하여 항공교통업무증명을 받지 아니하고 항공교통업무를 제공한 자는 3년 이하의 징역 또는 3천만원 이하의 벌금에 처한다.

② 다음 각 호의 어느 하나에 해당하는 자는 1천만원 이하의 벌금에 처한다.

1. 제85조제4항을 위반하여 항공교통업무제공체계를 유지하지 아니하거나 항공교통업무증명기준을 준수하지 아니한 자

2. 제85조제5항을 위반하여 신고를 하지 아니하거나 승인을 받지 아니하고 항공교통업무제공체계를 변경한 자

제148조(무자격자의 항공업무 종사 등의 죄) 다음 각 호의 어느 하나에 해당하는 사람은 2년 이하의 징역 또는 2천만원 이하의 벌금에 처한다. 〈개정 2017. 1. 17., 2021. 5. 18., 2022. 1. 18.〉

1. 제34조를 위반하여 자격증명을 받지 아니하고 항공업무에 종사한 사람

2. 제36조제2항을 위반하여 그가 받은 자격증명의 종류에 따른 업무범위 외의 업무에 종사한 사람

2의2. 제39조의3을 위반한 사람으로서 다음 각 목의 어느 하나에 해당하는 사람

가. 다른 사람에게 자기의 성명을 사용하여 항공업무를 수행하게 하거나 항공종사자 자격증명서를 빌려 준 사람

나. 다른 사람의 성명을 사용하여 항공업무를 수행하거나 다른

사람의 항공종사자 자격증명서를 빌린 사람
다. 가목 및 나목의 행위를 알선한 사람
3. 제43조 또는 제47조의2에 따른 효력정지명령을 위반한 사람
4. 제45조를 위반하여 항공영어구술능력증명을 받지 아니하고 같은 조 제1항 각 호의 어느 하나에 해당하는 업무에 종사한 사람

제148조의2(국가 항공안전프로그램에 관한 죄) 제58조제6항을 위반하여 분석결과를 이유로 관련된 사람에 대하여 불이익 조치를 한 자는 2년 이하의 징역 또는 2천만원 이하의 벌금에 처한다.
[본조신설 2022. 6. 10.]
[종전 제148조의2는 제148조의3으로 이동 〈2022. 6. 10.〉]

제148조의3(항공안전 의무보고에 관한 죄) 제59조제3항을 위반하여 항공안전 의무보고를 한 사람에 대하여 불이익조치를 한 자는 2년 이하의 징역 또는 2천만원 이하의 벌금에 처한다.
[본조신설 2019. 8. 27.]
[제148조의2에서 이동 〈2022. 6. 10.〉]

제148조의4(항공안전 자율보고에 관한 죄) 제61조제3항을 위반하여 항공안전 자율보고를 한 사람에 대하여 불이익 조치를 한 자는 2년 이하의 징역 또는 2천만원 이하의 벌금에 처한다.
[본조신설 2022. 6. 10.]

제149조(과실에 따른 항공상 위험 발생 등의 죄) ① 과실로 항공기·경량항공기·초경량비행장치·비행장·이착륙장·공항시설 또는 항행안전시설을 파손하거나, 그 밖의 방법으로 항공상의 위험을 발생시키거나 항행 중인 항공기를 추락 또는 전복시키거나 파괴한 사람은 1년 이하의 징역 또는 1천만원 이하의 벌금에 처한다. 〈개정 2017. 1. 17.〉
② 업무상 과실 또는 중대한 과실로 제1항의 죄를 지은 경우에는 3년 이하의 징역 또는 5천만원 이하의 벌금에 처한다.

제150조(무표시 등의 죄) 제18조에 따른 표시를 하지 아니하거나 거짓 표시를 한 항공기를 운항한 소유자등은 1년 이하의 징역 또는 1천만원 이하의 벌금에 처한다. 〈개정 2017. 1. 17.〉

제151조(승무원을 승무시키지 아니한 죄) 항공종사자의 자격증명이 없는 사람을 항공기에 승무(乘務)시키거나 이 법에 따라 항공기에 승무시켜야 할 승무원을 승무시키지 아니한 소유자등은 1년 이하의

징역 또는 1천만원 이하의 벌금에 처한다. 〈개정 2017. 1. 17.〉

제152조(무자격 계기비행 등의 죄) 제44조제1항·제2항 또는 제55조를 위반한 자는 2천만원 이하의 벌금에 처한다.

제153조(무선설비 등의 미설치·운용의 죄) 제51조부터 제54조까지의 규정을 위반한 자는 2천만원 이하의 벌금에 처한다.

제153조의2(항공기 내 흡연의 죄) ① 운항 중인 항공기 내에서 제57조의2를 위반한 자는 1천만원 이하의 벌금에 처한다.

② 주기 중인 항공기 내에서 제57조의2를 위반한 자는 500만원 이하의 벌금에 처한다.

[본조신설 2020. 12. 8.]

제154조(무허가 위험물 운송의 죄) 제70조제1항을 위반한 자는 2천만원이하의 벌금에 처한다.

제155조(수직분리축소공역 등에서 승인 없이 운항한 죄) 제75조를 위반하여 국토교통부장관의 승인을 받지 아니하고 같은 조 제1항 각 호의 어느 하나에 해당하는 공역에서 항공기를 운항한 소유자등은 1천만원 이하의 벌금에 처한다.

제156조(항공운송사업자 등의 업무 등에 관한 죄) 항공운송사업자 또는 항공기사용사업자가 다음 각 호의 어느 하나에 해당하는 경우에는 1천만원 이하의 벌금에 처한다. 〈개정 2020. 6. 9.〉

1. 제74조를 위반하여 승인을 받지 아니하고 비행기를 운항한 경우
2. 제93조제7항 후단(제96조제2항에서 준용하는 경우를 포함한다)을 위반하여 운항규정 또는 정비규정을 준수하지 아니하고 항공기를 운항하거나 정비한 경우
3. 제94조(제96조제2항에서 준용하는 경우를 포함한다)에 따른 항공운송의 안전을 위한 명령을 이행하지 아니한 경우

제157조(외국인국제항공운송사업자의 업무 등에 관한 죄) 외국인국제항공운송사업자가 다음 각 호의 어느 하나에 해당하는 경우에는 1천만원 이하의 벌금에 처한다. 〈개정 2021. 5. 18.〉

1. 제104조제1항을 위반하여 같은 항 각 호의 서류를 항공기에 싣지 아니하고 운항한 경우
2. 제105조에 따른 항공기 운항의 정지명령을 위반한 경우
3. 제106조제2항에 따라 준용되는 제94조에 따른 항공운송의 안전을 위한 명령을 이행하지 아니한 경우

제158조(기장 등의 보고의무 등의 위반에 관한 죄) 다음 각 호의 어느 하나에 해당하는 자는 500만원 이하의 벌금에 처한다. 〈개정 2019. 8. 27.〉

1. 제62조제5항 또는 제6항을 위반하여 항공기사고·항공기준사고 또는 의무보고 대상 항공안전장애에 관한 보고를 하지 아니하거나 거짓으로 한 자

2. 제65조제2항에 따른 승인을 받지 아니하고 항공기를 출발시키거나 비행계획을 변경한 자

제159조(운항승무원 등의 직무에 관한 죄) ① 운항승무원 등으로서 제67조제2항제4호를 위반하여 비행계획을 제출하지 아니하거나 거짓으로 작성하여 제출한 자 또는 비행계획을 따르지 아니하고 비행한 자는 1천만원 이하의 벌금에 처한다. 〈신설 2024. 3. 19.〉

② 운항승무원 등으로서 다음 각 호의 어느 하나에 해당하는 자는 500만원 이하의 벌금에 처한다. 〈개정 2024. 3. 19.〉

1. 제66조, 제67조(제2항제4호는 제외한다), 제68조, 제79조 또는 제100조제1항을 위반한 자

2. 제84조제1항에 따른 지시에 따르지 아니한 자

3. 제100조제3항에 따른 착륙 요구에 따르지 아니한 자

③ 기장 외의 운항승무원이 제1항 또는 제2항에 따른 죄를 지은 경우에는 그 행위자를 벌하는 외에 기장도 해당 조문의 벌금에 처한다. 다만, 기장이 그 위반행위를 방지하기 위하여 해당 업무에 관하여 상당한 주의와 감독을 게을리하지 아니한 경우에는 그러하지 아니하다. 〈개정 2024. 3. 19.〉

제160조(경량항공기 불법 사용 등의 죄) ① 다음 각 호의 어느 하나에 해당하는 자는 3년 이하의 징역 또는 3천만원 이하의 벌금에 처한다.

1. 제121조제2항에서 준용하는 제57조제1항을 위반하여 주류등의 영향으로 경량항공기를 사용하여 비행을 정상적으로 수행할 수 없는 상태에서 경량항공기를 사용하여 비행을 한 사람

2. 제121조제2항에서 준용하는 제57조제2항을 위반하여 경량항공기를 사용하여 비행하는 동안에 주류등을 섭취하거나 사용한 사람

3. 제121조제2항에서 준용하는 제57조제3항을 위반하여 국토교통부장관의 측정 요구에 따르지 아니한 사람

② 제110조 본문을 위반하여 경량항공기 조종업무 외의 업무를 한 사람은 2년 이하의 징역 또는 2천만원 이하의 벌금에 처한다.

③ 제108조제1항에 따른 안전성인증을 받지 아니한 경량항공기를 사용하여 비행을 한 자 또는 비행을 하게 한 자는 1년 이하의 징역 또는 1천만원 이하의 벌금에 처한다.

④ 다음 각 호의 어느 하나에 해당하는 자는 6개월 이하의 징역 또는 500만원 이하의 벌금에 처한다. 〈개정 2020. 6. 9., 2021. 5. 18.〉

1. 제109조제1항을 위반하여 경량항공기 조종사 자격증명을 받지 아니하고 경량항공기를 사용하여 비행을 한 사람

2. 제112조의2를 위반한 사람으로서 다음 각 목의 어느 하나에 해당하는 사람

가. 다른 사람에게 자기의 성명을 사용하여 경량항공기 조종업무를 수행하게 하거나 경량항공기 조종사 자격증명서를 빌려 준 사람

나. 다른 사람의 성명을 사용하여 경량항공기 조종업무를 수행하거나 다른 사람의 경량항공기 조종사 자격증명서를 빌린 사람

다. 가목 및 나목의 행위를 알선한 사람

3. 제121조제1항에서 준용하는 제7조제1항을 위반하여 등록을 하지 아니한 경량항공기를 사용하여 비행을 한 자

4. 제121조제1항에서 준용하는 제18조제1항을 위반하여 국적 및 등록기호를 표시하지 아니하거나 거짓으로 표시한 경량항공기를 사용하여 비행을 한 사람

⑤ 제115조제1항을 위반하여 경량항공기 조종교육증명을 받지 아니하고 조종교육을 한 사람은 2천만원 이하의 벌금에 처한다.

⑥ 제119조를 위반하여 무선설비를 설치·운용하지 아니한 자는 500만원 이하의 벌금에 처한다.

⑦ 다음 각 호의 어느 하나에 해당하는 사람은 300만원 이하의 벌금에 처한다.

1. 제118조를 위반하여 경량항공기를 사용하여 이륙·착륙 장소가 아닌 곳 또는 「공항시설법」 제25조제6항에 따라 사용이 중지된 이착륙장에서 이륙하거나 착륙한 사람

2. 제121조제4항에서 준용하는 제79조제2항을 위반하여 통제공

역에서 비행한 사람

제161조(초경량비행장치 불법 사용 등의 죄) ① 다음 각 호의 어느 하나에 해당하는 자는 3년 이하의 징역 또는 3천만원 이하의 벌금에 처한다.

1. 제131조에서 준용하는 제57조제1항을 위반하여 주류등의 영향으로 초경량비행장치를 사용하여 비행을 정상적으로 수행할 수 없는 상태에서 초경량비행장치를 사용하여 비행을 한 사람

2. 제131조에서 준용하는 제57조제2항을 위반하여 초경량비행장치를 사용하여 비행하는 동안에 주류등을 섭취하거나 사용한 사람

3. 제131조에서 준용하는 제57조제3항을 위반하여 국토교통부장관의 측정 요구에 따르지 아니한 사람

② 제124조에 따른 비행안전을 위한 기술상의 기준에 적합하다는 안전성인증을 받지 아니한 초경량비행장치를 사용하여 제125조제1항에 따른 초경량비행장치 조종자 증명을 받지 아니하고 비행을 한 사람은 1년 이하의 징역 또는 1천만원 이하의 벌금에 처한다.

③ 제122조 또는 제123조를 위반하여 초경량비행장치의 신고 또는 변경신고를 하지 아니하고 비행을 한 자는 6개월 이하의 징역 또는 500만원 이하의 벌금에 처한다.

④ 다음 각 호의 어느 하나에 해당하는 사람은 500만원 이하의 벌금에 처한다. 〈개정 2021. 12. 7.〉

1. 제127조제2항을 위반하여 국토교통부장관의 승인을 받지 아니하고 초경량비행장치 비행제한공역을 비행한 사람

2. 제127조제3항제2호를 위반하여 국토교통부장관의 승인을 받지 아니하고 초경량비행장치를 이용하여 관제권에서 비행함으로써 항공기 이착륙을 지연시키거나 회항하게 하는 등 비행장 운영에 지장을 초래한 사람

3. 제129조제2항을 위반하여 국토교통부장관의 허가를 받지 아니하고 무인자유기구를 비행시킨 사람

⑤ 삭제 〈2021. 12. 7.〉

제162조(명령 위반의 죄) 제130조에 따른 초경량비행장치사용사업의 안전을 위한 명령을 이행하지 아니한 초경량비행장치사용사업자는 1천만원 이하의 벌금에 처한다.

제163조(검사 거부 등의 죄) 제132조제2항 및 제3항에 따른 검사

또는 출입을 거부·방해하거나 기피한 자는 500만원 이하의 벌금에 처한다.

제163조의2(비밀유지 위반의 죄) 제136조의2를 위반하여 업무를 수행하는 과정에서 알게 된 비밀을 누설하거나 이를 직무상 목적 외에 사용한 자는 3년 이하의 징역 또는 3천만원 이하의 벌금에 처한다.

[본조신설 2022. 1. 18.]

제164조(양벌규정) 법인의 대표자나 법인 또는 개인의 대리인, 사용인, 그 밖의 종업원이 그 법인 또는 개인의 업무에 관하여 제144조, 제145조, 제148조, 제150조부터 제154조까지, 제156조, 제157조 및 제159조부터 제163조까지의 어느 하나에 해당하는 위반행위를 하면 그 행위자를 벌하는 외에 그 법인 또는 개인에게도 해당 조문의 벌금형을 과(科)한다. 다만, 법인 또는 개인이 그 위반행위를 방지하기 위하여 해당 업무에 관하여 상당한 주의와 감독을 게을리하지 아니한 경우에는 그러하지 아니하다.

제165조(벌칙 적용의 특례) 제144조, 제156조 및 제163조의 벌칙에 관한 규정을 적용할 때 제92조(제106조제2항에 따라 준용되는 경우를 포함한다) 또는 제95조제4항에 따라 과징금을 부과할 수 있는 행위에 대해서는 국토교통부장관의 고발이 있어야 공소를 제기할 수 있으며, 과징금을 부과한 행위에 대해서는 과태료를 부과할 수 없다. 〈개정 2017. 1. 17., 2021. 5. 18.〉

제166조(과태료) ① 다음 각 호의 어느 하나에 해당하는 자에게는 500만원 이하의 과태료를 부과한다. 〈개정 2019. 11. 26., 2020. 12. 8., 2022. 1. 18.〉

1. 제41조의2를 위반하여 소속 항공교통관제사 또는 운항승무원을 대상으로 건강증진활동계획을 수립·시행하지 아니한 자

1의2. 제56조제1항을 위반하여 같은 항 각 호의 어느 하나 이상의 방법으로 소속 승무원 또는 운항관리사의 피로를 관리하지 아니한 자(항공운송사업자 및 항공기사용사업자는 제외한다)

2. 제56조제2항을 위반하여 국토교통부장관의 승인을 받지 아니하고 피로위험관리시스템을 운용하거나 중요사항을 변경한 자(항공운송사업자 및 항공기사용사업자는 제외한다)

3. 제58조제2항을 위반하여 다음 각 목의 어느 하나에 해당하는

자(제58조제2항제1호 및 제4호에 해당하는 자 중 항공운송사업자 및 항공기사용사업자 외의 자만 해당한다)

가. 제작 또는 운항 등을 시작하기 전까지 항공안전관리시스템을 마련하지 아니한 자

나. 국토교통부장관의 승인을 받지 아니하고 항공안전관리시스템을 운용한 자

다. 항공안전관리시스템을 승인받은 내용과 다르게 운용한 자

라. 국토교통부장관의 승인을 받지 아니하고 국토교통부령으로 정하는 중요사항을 변경한 자

4. 제65조제1항을 위반하여 운항관리사를 두지 아니하고 항공기를 운항한 항공운송사업자 외의 자

5. 제65조제3항을 위반하여 운항관리사가 해당 업무를 수행하는데 필요한 교육훈련을 하지 아니하고 업무에 종사하게 한 항공운송사업자 외의 자

6. 제70조제3항에 따른 위험물취급의 절차와 방법에 따르지 아니하고 위험물취급을 한 자

7. 제71조제1항에 따른 검사를 받지 아니한 포장 및 용기를 판매한 자

8. 제72조제1항을 위반하여 위험물취급에 필요한 교육을 받지 아니하고 위험물취급을 한 자

9. 제115조제2항을 위반하여 국토교통부장관이 정하는 바에 따라 교육을 받지 아니하고 경량항공기 조종교육을 한 자

10. 제124조를 위반하여 초경량비행장치의 비행안전을 위한 기술상의 기준에 적합하다는 안전성인증을 받지 아니하고 비행한 사람(제161조제2항이 적용되는 경우는 제외한다)

11. 제132조제1항에 따른 보고 등을 하지 아니하거나 거짓 보고 등을 한 사람

12. 제132조제2항에 따른 질문에 대하여 거짓 진술을 한 사람

13. 제132조제8항에 따른 운항정지, 운용정지 또는 업무정지를 따르지 아니한 자

14. 제132조제9항에 따른 시정조치 등의 명령에 따르지 아니한 자

15. 제133조의2제1항에 따른 공시를 하지 아니하거나 거짓으로 공시한 자

② 제125조제1항을 위반하여 초경량비행장치 조종자 증명을 받지 아니하고 초경량비행장치를 사용하여 비행한 사람(제161조제2항이 적용되는 경우는 제외한다)에게는 400만원 이하의 과태료를 부과한다. 〈신설 2021. 12. 7.〉

③ 다음 각 호의 어느 하나에 해당하는 자에게는 300만원 이하의 과태료를 부과한다. 〈개정 2021. 5. 18., 2021. 12. 7.〉

1. 제108조제4항을 위반하여 국토교통부령으로 정하는 방법에 따라 안전하게 운용할 수 있다는 확인을 받지 아니하고 경량항공기를 사용하여 비행한 사람

2. 제120조제1항을 위반하여 국토교통부령으로 정하는 준수사항을 따르지 아니하고 경량항공기를 사용하여 비행한 사람

3. 삭제 〈2021. 12. 7.〉

4. 제125조제2항부터 제4항까지를 위반한 사람으로서 다음 각 목의 어느 하나에 해당하는 사람

가. 다른 사람에게 자기의 성명을 사용하여 초경량비행장치 조종을 수행하게 하거나 초경량비행장치 조종자 증명을 빌려 준 사람

나. 다른 사람의 성명을 사용하여 초경량비행장치 조종을 수행하거나 다른 사람의 초경량비행장치 조종자 증명을 빌린 사람

다. 가목 및 나목의 행위를 알선한 사람

5. 제127조제3항을 위반하여 국토교통부장관의 승인을 받지 아니하고 초경량비행장치를 사용하여 비행한 사람(제161조제4항제2호가 적용되는 경우는 제외한다)

6. 제129조제1항을 위반하여 국토교통부령으로 정하는 준수사항을 따르지 아니하고 초경량비행장치를 사용하여 비행한 사람

7. 제129조제5항을 위반하여 국토교통부장관이 승인한 범위 외에서 비행한 사람

④ 다음 각 호의 어느 하나에 해당하는 자에게는 200만원 이하의 과태료를 부과한다. 〈개정 2017. 8. 9., 2020. 6. 9., 2021. 12. 7.〉

1. 제13조 또는 제15조제1항을 위반하여 변경등록 또는 말소등록의 신청을 하지 아니한 자

2. 제17조제1항을 위반하여 항공기 등록기호표를 붙이지 아니하고 항공기를 사용한 자

3. 제26조를 위반하여 변경된 항공기기술기준을 따르도록 한 요

구에 따르지 아니한 자

4. 항공종사자가 아닌 사람으로서 고의 또는 중대한 과실로 제61조제1항의 항공안전위해요인을 발생시킨 사람

5. 제84조제2항(제121조제5항에서 준용하는 경우를 포함한다)을 위반하여 항공교통의 안전을 위한 국토교통부장관 또는 항공교통업무증명을 받은 자의 지시에 따르지 아니한 자

6. 제93조제7항 후단(제96조제2항에서 준용하는 경우를 포함한다)을 위반하여 운항규정 또는 정비규정을 준수하지 아니하고 항공기의 운항 또는 정비에 관한 업무를 수행한 종사자

7. 제108조제3항을 위반하여 부여된 안전성인증 등급에 따른 운용범위를 준수하지 아니하고 경량항공기를 사용하여 비행한 사람

8. 삭제 〈2021. 12. 7.〉

9. 삭제 〈2021. 12. 7.〉

10. 삭제 〈2021. 12. 7.〉

⑤ 다음 각 호의 어느 하나에 해당하는 자에게는 100만원 이하의 과태료를 부과한다. 〈개정 2019. 8. 27., 2020. 6. 9., 2021. 5. 18., 2021. 12. 7.〉

1. 제33조에 따른 보고를 하지 아니하거나 거짓으로 보고한 자

2. 제59조제1항(제106조제2항에 따라 준용되는 경우를 포함한다)을 위반하여 항공기사고, 항공기준사고 또는 의무보고 대상 항공안전장애를 보고하지 아니하거나 거짓으로 보고한 자

3. 제121조제1항에서 준용하는 제17조제1항을 위반하여 경량항공기 등록기호표를 붙이지 아니한 경량항공기소유자등

4. 제122조제5항을 위반하여 신고번호를 해당 초경량비행장치에 표시하지 아니하거나 거짓으로 표시한 초경량비행장치소유자등

5. 제128조를 위반하여 국토교통부령으로 정하는 장비를 장착하거나 휴대하지 아니하고 초경량비행장치를 사용하여 비행을 한 자

⑥ 다음 각 호의 어느 하나에 해당하는 자에게는 50만원 이하의 과태료를 부과한다. 〈개정 2021. 12. 7.〉

1. 제120조제2항을 위반하여 경량항공기사고에 관한 보고를 하지 아니하거나 거짓으로 보고한 경량항공기 조종사 또는 그 경량항공기 소유자등

2. 제121조제1항에서 준용하는 제13조 또는 제15조를 위반하여

경량항공기의 변경등록 또는 말소등록을 신청하지 아니한 경량항공기소유자등

⑦ 다음 각 호의 어느 하나에 해당하는 자에게는 30만원 이하의 과태료를 부과한다. 〈개정 2020. 6. 9., 2021. 12. 7., 2024. 1. 16.〉

1. 제123조제4항을 위반하여 초경량비행장치의 말소신고를 하지 아니한 초경량비행장치소유자등

1의2. 제125조의2제2항을 위반하여 국토교통부장관이 실시하는 안전교육을 받지 아니하고 국토교통부령으로 정하는 초경량비행장치를 사용하여 조종교육을 한 자

2. 제129조제3항을 위반하여 초경량비행장치사고에 관한 보고를 하지 아니하거나 거짓으로 보고한 초경량비행장치 조종자 또는 그 초경량비행장치소유자등

제167조(과태료의 부과·징수절차) 제166조에 따른 과태료는 대통령령으로 정하는 바에 따라 국토교통부장관이 부과·징수한다.

부칙 〈제14116호, 2016. 3. 29.〉

제1조(시행일) 이 법은 공포 후 1년이 경과한 날부터 시행한다. 다만, 제56조제1항제2호, 같은 조 제2항, 제91조제1항제17호(제56조제1항제2호에 관한 부분만 해당한다)·제18호 및 제166조제1항제1호(제56조제1항제2호에 관한 부분만 해당한다)·제2호는 공포 후 3년이 경과한 날부터 시행한다.

제2조(다른 법률의 폐지) 항공법은 폐지한다.

제3조(과징금 부과에 관한 적용례) 제29조에 따른 과징금 부과는 법률 제13381호 항공법 일부개정법률 시행 후 최초로 증명이나 승인의 효력을 정지시킬 수 있는 사유가 발생한 경우부터 적용한다.

제4조(항공기 등에 발생한 고장, 결함 또는 기능장애 보고 의무에 관한 적용례) 제33조에 따른 보고는 법률 제12706호 항공법 일부개정법률 시행 후 발생한 것부터 적용한다.

제5조(초경량비행장치 말소신고 최고 등에 관한 적용례) 제123조제3항 및 제4항에 따른 초경량비행장치의 말소신고 최고 및 신고번호의 직권 말소는 법률 제12256호 항공법 일부개정법률 시행 당시 최초로 말소신고를 하여야 하는 기간이 지난 초경량비행장치소유자등 부터 적용한다.

제6조(종전의 「항공법」에 따른 처분 등에 관한 일반적 경과조치) 이 법 시행 당시 종전의 「항공법」에 따라 한 행정기관의 행위 또는 행정기관에 대한 행위는 그에 해당하는 규정이 이 법에 있는 경우에는 이 법에 따른 행정기관의 행위 또는 행정기관에 대한 행위로 본다.

제7조(항공안전정책기본계획에 관한 경과조치) 제6조에 따른 항공안전정책기본계획은 이 법 시행 후 1년 이내에 수립하여야 한다.

제8조(항공기 등록 등에 관한 경과조치) ① 이 법 시행 당시 종전의 「항공법」 제3조(제24조제9항에서 준용하는 경우를 포함한다)에 따라 등록된 항공기 및 경량항공기는 제7조(제121조제1항에서 준용하는 경우를 포함한다)에 따라 등록된 것으로 본다.

② 이 법 시행 당시 종전의 「항공법」 제23조제1항에 따라 신고한 초경량비행장치는 제122조제1항에 따라 신고한 것으로 본다.

③ 이 법 시행 당시 종전의 「항공법」 제9조(제24조제9항에서 준용하는 경우를 포함한다) 또는 제23조제1항에 따라 발급된 등록증명서 또는 신고번호는 제12조(제121조제1항에서 준용하는 경우를 포함한다) 또는 제122조제2항에 따라 발급된 것으로 본다.

제9조(항공기 등 등록기호표의 부착에 관한 경과조치) 이 법 시행 당시 종전의 「항공법」 제14조(제24조제9항에서 준용하는 경우를 포함한다)에 따라 항공기 또는 경량항공기에 부착한 등록기호표는 제17조(제121조제1항에서 준용하는 경우를 포함한다)에 따라 항공기 또는 경량항공기에 부착한 등록기호표로 본다.

제10조(항공기 기술기준에 관한 경과조치) 이 법 시행 당시 종전의 「항공법」 제17조제2항에 따라 고시한 항공기 기술기준은 제19조에 따라 고시한 항공기기술기준으로 본다.

제11조(형식증명 등에 관한 경과조치) ① 이 법 시행 당시 종전의 「항공법」 제17조제1항에 따라 발급받은 형식증명, 종전의 「항공법」 제17조제4항에 따라 발급받은 부가형식증명, 종전의 「항공법」 제17조의2제1항에 따라 발급받은 형식증명승인, 종전의 「항공법」 제17조의2제4항에 따라 발급받은 부가형식증명승인, 종전의 「항공법」 제15조에 따라 발급받은 감항증명, 종전의 「항공법」 제15조의2에 따라 발급받은 감항승인, 종전의 「항공법」 제16조에 따라 발급받은 소음기준적합증명 및 종전의 「항공법」 제20조의2에 따라 발급받은 부

품등제작자증명으로서 이 법 시행 당시 유효한 것은 제20조, 제21조, 제23조부터 제25조까지 및 제28조에 따라 발급받은 증명 또는 승인으로 본다.

② 법률 제11244호 항공법 일부개정법률 시행 당시 종전의 규정에 따라 감항증명을 받은 항공기는 제23조제3항제1호에 따른 표준감항증명을 받은 것으로 본다.

③ 법률 제11244호 항공법 일부개정법률 시행 당시 종전의 규정에 따라 시험비행 등의 허가를 받은 항공기는 제23조제3항제2호에 따른 특별감항증명을 받은 것으로 본다.

제12조(제작증명에 관한 경과조치) 이 법 시행 당시 종전의 「항공법」 제17조의3제1항 및 제2항에 따라 제작증명을 받거나 받은 것으로 보는 자(법률 제7024호 항공법중개정법률 부칙 제2조에 따라 제작증명을 받은 것으로 보는 자를 포함한다)는 제22조에 따라 제작증명을 받은 것으로 본다.

제13조(기술표준품 형식승인에 관한 경과조치) ① 이 법 시행 당시 종전의 「항공법」 제20조에 따라 기술표준품에 대한 형식승인을 받은 자는 제27조에 따라 기술표준품형식승인을 받은 것으로 본다.

② 법률 제7024호 항공법중개정법률 시행 당시 종전의 규정에 따라 예비품증명을 받은 기술표준품은 제27조에 따라 기술표준품형식승인을 받은 것으로 본다.

③ 법률 제7024호 항공법중개정법률 시행 당시 종전의 규정에 따라 형식증명 또는 형식증명승인을 받은 항공기등에 장착되었던 기술표준품은 제27조에 따라 기술표준품형식승인을 받은 것으로 본다.

제14조(수리·개조승인에 관한 경과조치) 이 법 시행 당시 종전의 「항공법」 제19조에 따라 수리·개조승인을 받은 자(법률 제7024호 항공법중개정법률 부칙 제3조에 따라 수리·개조승인을 받은 것으로 보는 자를 포함한다)는 제30조에 따라 수리·개조승인을 받은 것으로 본다.

제15조(항공기등의 정비등의 확인에 관한 경과조치) 종전의 「항공법」 제22조에 따라 항공기등, 장비품 또는 부품의 정비등에 대하여 확인을 받은 것은 제32조제1항에 따라 감항성을 확인받은 것으로 본다.

제16조(항공종사자 자격증명 등에 관한 경과조치) ① 이 법 시행 당

시 종전의 「항공법」 제25조제1항 및 제28조제1항에 따라 받은 항공종사자 자격증명 및 자격증명의 한정은 제34조제1항 및 제37조제1항에 따라 받은 항공종사자 자격증명 및 자격증명의 한정으로 본다.

② 법률 제5794호 항공법중개정법률 시행 당시 종전의 규정에 따라 사업용조종사자격증명을 받은 자는 별표의 사업용 조종사의 업무범위란 제4호에 따른 업무를 할 수 있다.

③ 법률 제9780호 항공법 일부개정법률 시행 당시 종전의 규정에 따라 항공공장정비사 자격증명을 받은 사람은 제35조제8호의 항공정비사 자격증명을 받은 것으로 본다.

④ 이 법 시행 당시 종전의 「항공법」 제25조제1항 및 제28조제1항에 따라 받은 경량항공기 조종사 자격증명 및 자격증명의 한정은 제109조제1항 및 제111조제1항에 따라 받은 경량항공기 조종사 자격증명 및 자격증명의 한정으로 본다.

⑤ 법률 제9780호 항공법 일부개정법률 시행 당시 종전의 「항공법」 제23조제3항에 따라 초경량비행장치의 비행에 관한 자격증명을 받은 사람은 제109조제1항에 따른 경량항공기 조종사 자격증명을 받은 것으로 본다.

⑥ 이 법 시행 당시 종전의 「항공법」 제23조제3항에 따라 받은 초경량비행장치 조종자 증명은 제125조제1항에 따라 받은 초경량비행장치 조종자 증명으로 본다.

제17조(항공신체검사증명 등에 관한 경과조치) ① 이 법 시행 당시 종전의 「항공법」 제31조에 따라 받은 항공신체검사증명은 제40조 및 제113조제1항에 따라 받은 항공신체검사증명으로 본다.

② 이 법 시행 당시 종전의 「항공법」 제34조의2에 따라 받은 항공영어구술능력증명은 제45조에 따라 받은 항공영어구술능력증명으로 본다.

③ 법률 제7691호 항공법 일부개정법률 부칙 제6조제1항에 따라 발급된 항공영어구술능력증명으로서 이 법 시행 당시 유효한 것은 제45조에 따라 발급받은 것으로 본다.

제18조(계기비행증명 및 조종교육증명 등에 관한 경과조치) ① 이 법 시행 당시 종전의 「항공법」 제34조제1항에 따라 받은 계기비행증명은 제44조제1항에 따라 받은 계기비행증명으로 본다.

② 이 법 시행 당시 종전의 「항공법」 제34조제2항에 따라 받은

조종교육증명은 제44조제2항에 따라 받은 항공기 조종교육증명 또는 제115조제1항에 따라 받은 경량항공기 조종교육증명으로 본다.

③ 법률 제7024호 항공법중개정법률 시행 당시 종전의 규정에 따라 받은 회전익항공기 운송용 조종사의 자격증명은 제44조제1항에 따라 받은 계기비행증명으로 본다.

④ 법률 제9780호 항공법 일부개정법률 시행 당시 교통안전공단에 초경량비행장치 지도조종자로 등록한 사람은 제115조제1항에 따른 경량항공기 조종교육증명을 받은 것으로 본다.

제19조(조종연습의 허가에 관한 경과조치) 이 법 시행 당시 종전의 「항공법」 제35조제2항에 따라 받은 조종연습의 허가는 제46조제2항에 따라 받은 항공기 조종연습의 허가 또는 제116조제4항에 따라 받은 경량항공기 조종연습의 허가로 본다.

제20조(항공교통관제연습에 관한 경과조치) 이 법 시행 당시 항공교통관제 업무를 연습할 수 있는 시설에서 제35조제7호의 항공교통관제사 자격증명을 받은 사람의 감독 하에 항공교통관제 업무를 연습하고 있는 사람은 제47조제1항에 따른 허가를 받은 것으로 본다.

제21조(전문교육기관에 대한 경과조치) 이 법 시행 당시 종전의 「항공법」 제29조의3에 따라 지정된 전문교육기관(법률 제7024호 항공법중개정법률 부칙 제5조에 따라 지정을 받은 것으로 보는 전문교육기관을 포함한다)은 제48조에 따라 전문교육기관으로 지정된 것으로 본다.

제22조(항공전문의사에 대한 경과조치) 이 법 시행 당시 종전의 「항공법」 제31조의2에 따라 항공전문의사로 지정된 자(법률 제7691호 항공법 일부개정법률 부칙 제5조에 따라 항공전문의사로 지정받은 것으로 보는 자를 포함한다)는 제49조에 따라 항공전문의사로 지정된 것으로 본다.

제23조(항공안전프로그램 및 항공안전관리시스템에 관한 경과조치) ① 이 법 시행 당시 종전의 「항공법」 제49조제1항에 따라 국토교통부장관이 고시한 항공안전프로그램은 제58조제1항에 따라 국토교통부장관이 고시한 것으로 본다.

② 이 법 시행 당시 종전의 「항공법」 제49조제2항에 따라 국토교통부장관의 승인을 받은 항공안전관리시스템은 제58조제2항에 따라 국토교통부장관의 승인을 받은 것으로 본다.

제24조(항공안전관리시스템 마련·운용에 관한 경과조치) 제58조제2항제1호, 제3호 및 제4호(항공기사용사업자만 해당한다)에 따라 항공안전관리시스템을 마련하여 운용하여야 하는 자는 이 법 시행 후 2년 이내에 항공안전관리시스템을 마련하여 국토교통부장관의 승인을 받아야 한다.

제25조(기장 등의 운항자격에 관한 경과조치) ① 이 법 시행 당시 종전의 「항공법」 제51조제1항에 따라 자격인정을 받은 항공기의 기장 및 기장 외의 조종사와 같은 조 제5항에 따라 자격인정을 받은 것으로 보는 조종사는 제63조제1항 및 제5항에 따라 자격인정을 받은 것으로 본다.

② 법률 제6513호 항공법중개정법률 시행 당시 항공운송사업에 사용되는 항공기의 조종사로 근무 중인 사람은 제63조제1항에 따라 자격인정을 받은 것으로 본다.

제26조(항공기 이륙·착륙의 장소에 관한 경과조치) 이 법 시행 당시 종전의 「항공법」 제53조제1항제1호에 따라 받은 허가는 제66조제1항제1호에 따라 받은 허가로 본다.

제27조(항공기의 비행 중 금지행위 등에 관한 경과조치) 이 법 시행 당시 종전의 「항공법」 제55조 단서에 따라 받은 허가는 제68조 단서에 따라 받은 허가로 본다.

제28조(긴급항공기에 관한 경과조치) 이 법 시행 당시 종전의 「항공법」 제56조에 따라 지정을 받은 긴급항공기는 제69조에 따라 지정을 받은 긴급항공기로 본다.

제29조(위험물 운송 등에 관한 경과조치) ① 이 법 시행 당시 종전의 「항공법」 제59조제1항에 따라 받은 허가는 제70조제1항에 따라 받은 허가로 본다.

② 이 법 시행 당시 종전의 「항공법」 제59조제2항에 따라 고시한 위험물취급의 절차 및 방법은 제70조제3항에 따라 고시한 위험물취급의 절차 및 방법으로 본다.

제30조(위험물 포장 및 용기의 검사 등에 관한 경과조치) ① 이 법 시행 당시 종전의 「항공법」 제60조에 따라 검사를 받은 포장 및 용기는 제71조에 따라 검사를 받은 것으로 본다.

② 이 법 시행 당시 종전의 「항공법」 제60조제3항에 따라 지정된 포장·용기검사기관은 제71조제3항에 따라 지정된 것으로 본다.

제31조(위험물취급 전문교육기관에 대한 경과조치) 이 법 시행 당시 종전의 「항공법」 제61조제3항에 따라 지정된 위험물취급에 관한 전문교육기관은 제72조제3항에 따라 지정된 위험물전문교육기관으로 본다.

제32조(회항시간 연장운항의 승인에 관한 경과조치) 이 법 시행 당시 종전의 「항공법」 제69조의2에 따라 승인을 받은 비행기(법률 제12706호 항공법 일부개정법률 부칙 제4조제1항에 따라 승인을 받은 것으로 보는 비행기를 포함한다)는 제74조에 따라 승인을 받은 것으로 본다.

제33조(수직분리축소공역 등에서의 운항승인에 관한 경과조치) 이 법 시행 당시 종전의 「항공법」 제69조의3에 따라 승인을 받은 항공기는 제75조에 따라 승인을 받은 것으로 본다.

제34조(운항기술기준에 관한 경과조치) 이 법 시행 당시 종전의 「항공법」 제74조의2에 따라 고시한 운항기술기준은 제77조제1항에 따라 고시한 운항기술기준으로 본다.

제35조(공역 및 비행제한 등에 관한 경과조치) ① 이 법 시행 당시 종전의 「항공법」 제38조제2항 및 제3항에 따라 지정·공고된 공역은 제78조제1항 및 제2항에 따라 지정·공고된 것으로 본다.

② 이 법 시행 당시 종전의 「항공법」 제38조의2에 따라 국토교통부장관이 공고한 비행의 방식과 절차는 제79조에 따라 국토교통부장관이 공고한 것으로 본다.

③ 이 법 시행 당시 종전의 「항공법」 제38조의2제2항 단서에 따라 받은 허가는 제79조제2항 단서에 따라 받은 허가로 본다.

제36조(공역위원회 설치에 관한 경과조치) 이 법 시행 당시 종전의 「항공법」 제38조의3에 따라 설치된 공역위원회는 제80조에 따라 설치된 것으로 본다.

제37조(항공교통업무증명에 관한 경과조치) 이 법 시행 당시 항공교통업무를 제공하는 국토교통부장관 외의 자는 제85조제1항에 따라 이 법 시행 후 2년 이내에 항공교통업무증명을 받아야 한다.

제38조(운항증명 등에 관한 경과조치) ① 이 법 시행 당시 종전의 「항공법」 제115조의2제1항 및 제2항(제134조제3항에서 준용하는 경우를 포함한다)에 따른 운항증명 및 운영기준은 제90조제1항 및 제2항(제96조제1항에서 준용하는 경우를 포함한다)에 따른 운항증명

및 운영기준으로 본다.

② 법률 제9780호 항공법 일부개정법률 시행 당시 종전의 규정에 따라 정기항공운송사업자 또는 부정기항공운송사업자가 받은 운항증명은 제90조제1항에 따라 받은 운항증명으로 본다.

제39조(운항규정 및 정비규정에 관한 경과조치) 이 법 시행 당시 종전의 「항공법」 제116조제1항(제132조제3항 및 제134조제3항에서 준용하는 경우를 포함한다)에 따라 국토교통부장관에게 신고하였거나 인가를 받은 운항규정 및 정비규정은 제93조(제96조제2항에서 준용하는 경우를 포함한다)에 따라 신고하거나 인가를 받은 운항규정 및 정비규정으로 본다.

제40조(정비조직인증에 관한 경과조치) 이 법 시행 당시 종전의 「항공법」 제138조제1항에 따라 정비조직인증을 받은 자(법률 제7024호 항공법중개정법률 부칙 제6조제2항에 따라 정비조직인증을 받은 것으로 보는 자를 포함한다)는 제97조제1항에 따라 정비조직인증을 받은 것으로 본다.

제41조(외국항공기의 항행허가에 관한 경과조치) 이 법 시행 당시 종전의 「항공법」 제144조제1항에 따라 허가를 받은 자는 제100조제1항에 따라 허가를 받은 것으로 본다.

제42조(외국항공기의 국내 사용에 관한 경과조치) 이 법 시행 당시 종전의 「항공법」 제145조 단서에 따라 허가를 받은 항공기는 제101조 단서에 따라 허가를 받은 것으로 본다.

제43조(외국인 국제항공운송사업자에 대한 운항증명승인에 관한 경과조치) 이 법 시행 당시 종전의 「항공법」 제147조제1항에 따라 허가를 받은 자는 제103조제1항에 따라 운항증명승인을 받은 것으로 본다.

제44조(외국항공기의 유상운송에 대한 운항안전성 검사에 관한 경과조치) 이 법 시행 당시 종전의 「항공법」 제148조제1항에 따라 허가를 받은 자는 제107조에 따라 운항안전성 검사를 받은 것으로 본다.

제45조(경량항공기 안전성인증에 관한 경과조치) 이 법 시행 당시 종전의 「항공법」 제24조제2항에 따라 안전성인증을 받은 경량항공기는 제108조제1항에 따라 안전성인증을 받은 것으로 본다.

제46조(경량항공기 정비 확인에 관한 경과조치) 이 법 시행 당시 종전의 「항공법」 제24조제4항에 따라 경량항공기, 장비품 또는 부품의 정비에 대하여 확인을 받은 경량항공기 소유자 또는 경량항공기

를 사용하여 비행하려는 사람(법률 제12256호 항공법 일부개정법률 부칙 제10조에 따라 정비 확인을 받은 것으로 보는 사람을 포함한다)은 제108조제4항에 따라 정비 확인을 받은 것으로 본다.
제47조(경량항공기 조종교육증명을 받은 자에 대한 교육에 관한 경과조치) 이 법 시행 당시 종전의 「항공법」 제24조제9항에서 준용하는 제34조에 따라 경량항공기 조종교육증명을 받은 사람은 제115조제2항에 따라 이 법 시행 후 1년 이내에 교육을 받아야 한다.
제48조(경량항공기 이륙·착륙의 장소 및 초경량비행장치의 비행승인에 관한 경과조치) ① 이 법 시행 당시 종전의 「항공법」 제53조제2항 단서에 따라 받은 허가는 제118조제1항 단서에 따라 받은 허가로 본다.
② 이 법 시행 당시 종전의 「항공법」 제23조제2항에 따라 받은 초경량비행장치 비행승인은 제127조제2항에 따라 받은 초경량비행장치 비행승인으로 본다.
제49조(초경량비행장치의 안전성인증에 관한 경과조치) 이 법 시행 당시 종전의 「항공법」 제23조제4항에 따라 안전성인증을 받은 초경량비행장치는 제124조에 따라 안전성인증을 받은 것으로 본다.
제50조(초경량비행장치 전문교육기관 지정에 관한 경과조치) 이 법 시행 당시 종전의 「항공법」 제23조제6항에 따라 지정받은 초경량비행장치 전문교육기관은 제126조제1항에 따라 지정받은 초경량비행장치 전문교육기관으로 본다.
제51조(초경량비행장치 비행제한공역에 관한 경과조치) 이 법 시행 당시 종전의 「항공법」 제23조제2항에 따라 국토교통부장관이 고시한 초경량비행장치 비행제한공역은 제127조제1항에 따라 고시한 초경량비행장치 비행제한공역으로 본다.
제52조(행정처분 및 과징금에 관한 경과조치) 이 법 시행 전의 위반행위에 대한 행정처분 및 과징금에 관하여는 종전의 「항공법」에 따른다.
제53조(벌칙 및 과태료에 관한 경과조치) 이 법 시행 전의 행위에 대하여 벌칙 및 과태료를 적용할 때에는 종전의 「항공법」에 따른다.
제54조(다른 법률의 개정) ① 공무원범죄에 관한 몰수 특례법 일부를 다음과 같이 개정한다.
제28조 중 "「항공법」"을 "「항공안전법」"으로 한다.

② 공중 등 협박목적 및 대량살상무기확산을 위한 자금조달행위의 금지에 관한 법률 일부를 다음과 같이 개정한다.

제2조제1호나목(1)부터 (3)까지 외의 부분 중 "「항공법」 제2조제1호"를 "「항공안전법」 제2조제1호"로 한다.

③ 공항소음 방지 및 소음대책지역 지원에 관한 법률 일부를 다음과 같이 개정한다.

제2조제3호 중 "「항공법」 제2조제1호"를 "「항공안전법」 제2조제1호"로 한다.

제17조제1항 중 "「항공법」 제3조"를 "「항공안전법」 제7조"로 한다.

④ 교통안전법 일부를 다음과 같이 개정한다.

제2조제1호다목 중 "「항공법」"을 "「항공안전법」"으로 한다.

⑤ 교통약자의 이동편의 증진법 일부를 다음과 같이 개정한다.

제2조제2호라목 중 "「항공법」 제2조제1호"를 "「항공안전법」 제2조제1호"로 한다.

⑥ 국세징수법 일부를 다음과 같이 개정한다.

제46조제1항 전단 중 "「항공법」"을 "「항공안전법」"으로 한다.

⑦ 군용항공기 비행안전성 인증에 관한 법률 일부를 다음과 같이 개정한다.

제14조의 제목 중 "「항공법」"을 "「항공안전법」"으로 하고, 같은 조 중 "「항공법」제17조"를 "「항공안전법」 제20조"로, "같은 법 제17조의2에 따라 형식증명 승인"을 "같은 법 제21조에 따라 형식증명승인"으로 한다.

⑧ 군용항공기 운용 등에 관한 법률 일부를 다음과 같이 개정한다.

제3조제1항 단서 중 "「항공법」"을 "「항공안전법」"으로 한다.

제4조제1항 본문 중 "「항공법」제38조제2항제3호"를 "「항공안전법」 제78조제1항제3호"로 하고, 같은 조 제2항 중 "「항공법」제38조제2항제4호"를 "「항공안전법」 제78조제1항제4호"로 한다.

제6조제4항제2호 중 "「항공법」"을 "「항공안전법」"으로 한다.

제8조제1항 단서 중 "「항공법」 제34조의2"를 "「항공안전법」 제45조"로 하고, 같은 조 제2항 중 "「항공법」"을 "「항공안전법」"으로 한다.

법률 제13774호 군용항공기 운용 등에 관한 법률 일부개정법률 제9조의2제2항 전단 중 "「항공법」 제54조제2항제4호"를 "「항공안전법」 제67조제2항제4호"로 한다.

제10조제1항 각 호 외의 부분 전단 중 "「항공법」"을 "「항공안전법」"으로 한다.

⑨ 기상법 일부를 다음과 같이 개정한다.

제9조제1항제2호 중 "「항공법」 제40조"를 "「항공안전법」 제51조"로 한다.

⑩ 마약류 불법거래 방지에 관한 특례법 일부를 다음과 같이 개정한다.

제38조 중 "「항공법」"을 "「항공안전법」"으로 한다.

⑪ 물류정책기본법 일부를 다음과 같이 개정한다.

제44조제2호, 제3호 및 제4호 중 "「항공법」"을 각각 "「항공사업법」, 「항공안전법」, 「공항시설법」"으로 한다.

⑫ 불법정치자금 등의 몰수에 관한 특례법 일부를 다음과 같이 개정한다.

제27조 중 "「항공법」"을 "「항공안전법」"으로 한다.

⑬ 산업표준화법 일부를 다음과 같이 개정한다.

제26조제18호 중 "「항공법」 제20조의2"를 "「항공안전법」 제28조"로 한다.

⑭ 여신전문금융업법 일부를 다음과 같이 개정한다.

제33조제2항 중 "「항공법」 제6조"를 "「항공안전법」 제10조"로 한다.

⑮ 응급의료에 관한 법률 일부를 다음과 같이 개정한다.

제14조제1항제9호 중 "「항공법」 제2조제4호 및 제5호"를 "「항공안전법」 제2조제14호 및 제17호"로 한다.

제47조의2제1항제3호 중 "「항공법」 제2조제1호"를 "「항공안전법」 제2조제1호"로 한다.

⑯ 자동차 등 특정동산 저당법 일부를 다음과 같이 개정한다.

제3조제4호 중 "「항공법」"을 "「항공안전법」"으로 한다.

제5조제1항제6호 중 "「항공법」 제8조제1항(같은 법 제24조제9항에서 준용하는 경우를 포함한다)"을 "「항공안전법」 제11조제1항(같은 법 제121조제1항에서 준용하는 경우를 포함한다)"으로 한다.

제6조제4호가목 중 "「항공법」 제12조제1항제3호(같은 법 제24조제9항에서 준용하는 경우를 포함한다)"를 "「항공안전법」 제15조제1항제3호(같은 법 제121조제1항에서 준용하는 경우를 포함한다)"로

한다.

제6조제4호나목 중 "「항공법」 제12조제2항(같은 법 제24조제9항에서 준용하는 경우를 포함한다)"을 "「항공안전법」 제15조제2항(같은 법 제121조제1항에서 준용하는 경우를 포함한다)"으로 한다.

제7조제5항 중 "「항공법」 제12조제1항제3호(같은 법 제24조제9항에서 준용하는 경우를 포함한다)"를 "「항공안전법」 제15조제1항제3호(같은 법 제121조제1항에서 준용하는 경우를 포함한다)"로 한다.

⑰ 전파법 일부를 다음과 같이 개정한다.

제20조제2항제3호 중 "「항공법」 제145조 단서 및 제148조"를 "「항공안전법」 제101조 단서 및 「항공사업법」 제55조"로 한다.

법률 제13588호 전파법 일부개정법률 제22조제2항 중 "「항공법」"을 "「항공안전법」"으로 한다.

⑱ 지방세법 일부를 다음과 같이 개정한다.

제7조제2항 본문 중 "「항공법」"을 "「항공안전법」"으로 한다.

제12조제1항제4호가목 중 "「항공법」 제3조 단서"를 "「항공안전법」 제7조 단서"로 한다.

제108조제5호 중 "「항공법」"을 "「항공안전법」"으로 한다.

⑲ 한국공항공사법 일부를 다음과 같이 개정한다.

제9조제1항제1호의2 중 "「항공법」 제2조제4호"를 "「항공안전법」 제2조제14호"로 한다.

⑳ 항공보안법 일부를 다음과 같이 개정한다.

제23조제1항제5호 중 "「항공법」 제61조의2"를 "「항공안전법」 제73조"로 한다.

제39조제1항 중 "「항공법」 제157조제1항"을 "「항공안전법」 제138조제1항"으로 한다.

제41조 중 "「항공법」 제156조"를 "「항공안전법」 제140조"로 한다.

㉑ 항공안전기술원법 일부를 다음과 같이 개정한다.

제6조제1호 중 "「항공법」 제15조제8항"을 "「항공안전법」 제23조제8항"으로 한다.

제6조제2호 중 "「항공법」 제17조, 제17조의2, 제17조의3, 제20조, 제20조의2, 제23조제4항, 제24조제2항 및 제80조의2"를 "「항공안전법」 제20조, 제21조, 제22조, 제27조, 제28조, 제108조제1항, 제124조 및 「공항시설법」 제52조"로 한다.

㉒ 항공우주산업개발 촉진법 일부를 다음과 같이 개정한다.

제2조제1호 중 “「항공법」에 의한 항공기”를 “「항공안전법」 제2조제1호에 따른 항공기”로 한다.

제11조제2항 후단을 다음과 같이 한다.

이 경우 국토교통부장관은 특별한 사유가 없으면 「항공안전법」 제23조제3항제2호에 따른 특별감항증명을 하여야 한다.

㉓ 항공·철도 사고조사에 관한 법률 일부를 다음과 같이 개정한다.

제2조제1항제1호 및 제2호를 각각 다음과 같이 한다.

1. “항공사고”란 「항공안전법」 제2조제6호에 따른 항공기사고, 같은 조 제7호에 따른 경량항공기사고 및 같은 조 제8호에 따른 초경량비행장치사고를 말한다.

2. “항공기준사고”란 「항공안전법」 제2조제9호에 따른 항공기준사고를 말한다.

제2조제2항 중 “「항공법」”을 “「항공사업법」·「항공안전법」·「공항시설법」”으로 한다.

제3조제2항 각 호 외의 부분 중 “「항공법」 제2조제2호”를 “「항공안전법」 제2조제4호”로 하고, 같은 조 제3항 중 “「항공법」 제2조의3”을 “「항공안전법」 제3조”로 한다.

제17조제1항 본문 중 “「항공법」 제50조제5항 단서”를 “「항공안전법」 제62조제5항 단서”로 하고, 같은 항 단서 중 “「항공법」 제2조제2호”를 “「항공안전법」 제2조제4호”로 한다.

제55조(다른 법령과의 관계) 이 법 시행 당시 다른 법령에서 종전의 「항공법」 또는 그 규정을 인용하고 있는 경우 이 법 중 그에 해당하는 규정이 있는 경우에는 종전의 「항공법」 또는 그 규정을 갈음하여 이 법 또는 이 법의 해당 조항을 인용한 것으로 본다.

부칙 〈제14551호, 2017. 1. 17.〉

제1조(시행일) 이 법은 2017년 3월 30일부터 시행한다. 다만, 제71조제5항제2호·제3호, 제135조제8항, 제137조제2호, 제148조, 제149조제1항, 제150조 및 제151조의 개정규정은 공포 후 6개월이 경과한 날부터 시행한다.

제2조(포장·용기검사기관의 지정 취소 등에 관한 적용례) 제71조제

5항제2호의 개정규정은 같은 개정규정 시행 후 최초로 포장·용기검사기관이 하는 위험물의 포장 및 용기에 관한 검사부터 적용한다.

부칙 〈제14872호, 2017. 8. 9.〉

이 법은 공포 후 3개월이 경과한 날부터 시행한다.

부칙 〈제14939호, 2017. 10. 24.〉 (한국교통안전공단법)

제1조(시행일) 이 법은 2018년 1월 1일부터 시행한다.

제2조 생략

제3조(다른 법률의 개정) ①부터 ⑩까지 생략

⑪ 법률 제14872호 항공안전법 일부개정법률 일부를 다음과 같이 개정한다.

제135조제5항 각 호 외의 부분 중 "「교통안전공단법」에 따른 교통안전공단(이하 "교통안전공단"이라 한다)"을 "「한국교통안전공단법」에 따른 한국교통안전공단(이하 "한국교통안전공단"이라 한다)"으로 하고, 같은 조 제7항 중 "교통안전공단"을 "한국교통안전공단"으로 한다.

⑫ 생략

부칙 〈제14955호, 2017. 10. 24.〉

제1조(시행일) 이 법은 공포 후 6개월이 경과한 날부터 시행한다.

제2조(조종교육증명에 관한 경과조치) ① 이 법 시행 당시 제37조에 따라 항공기의 종류 및 등급한정을 받은 운송용 조종사 또는 사업용 조종사로서 종전의 제44조에 따라 조종교육증명을 받은 사람은 제44조제2항의 개정규정에 따라 그 항공기의 종류별·등급별로 조종교육증명을 받은 것으로 본다.

② 이 법 시행 당시 종전의 제44조에 따라 조종교육증명을 받은 사람은 이 법 시행 후 1년 이내에 조종교육증명을 재교부받아야 한다.

제3조(전문교육기관 지정에 관한 경과조치) ① 이 법 시행 당시 종전의 규정에 따라 국토교통부장관으로부터 전문교육기관의 지정을 받은 전문교육기관은 이 법에 따라 전문교육기관의 지정을 받은 것으로 본다. 다만, 해당 전문교육기관은 이 법 시행 후 6개월까지 제

48조제3항의 개정규정에 따른 훈련운영기준을 발급받아야 한다.

② 이 법 시행 당시 전문교육기관으로 지정받지 아니하고 제35조제1호부터 제4호까지의 항공종사자를 양성하고 있는 경우에는 이 법 시행 후 1년까지 이 법에 따른 기준을 갖추어 전문교육기관으로 지정받아야 한다.

부칙 〈제15326호, 2017. 12. 26.〉

제1조(시행일) 이 법은 공포 후 6개월이 경과한 날부터 시행한다.

제2조(다른 법률의 개정) 항공안전기술원법 일부를 다음과 같이 개정한다.

제6조제1호 중 "제23조제8항"을 "제23조제9항"으로 한다.

부칙 〈제16566호, 2019. 8. 27.〉

제1조(시행일) 이 법은 공포 후 6개월이 경과한 날부터 시행한다.

제2조(항공정비사 자격증명 한정에 관한 경과조치) ① 이 법 시행 당시 종전의 제37조제1항제2호에 따라 항공기의 종류 한정을 받은 항공정비사 중 비행기 한정을 받은 항공정비사는 제37조제1항제2호의 개정규정에 따라 경량항공기 중 비행기 및 동력패러슈트에 대하여 경량항공기의 종류 한정을 포함하여 받은 것으로 본다.

② 이 법 시행 당시 종전의 제37조제1항제2호에 따라 항공기의 종류 한정을 받은 항공정비사 중 헬리콥터 한정을 받은 항공정비사는 제37조제1항제2호의 개정규정에 따라 경량항공기 중 헬리콥터 및 자이로플레인에 대하여 경량항공기의 종류 한정을 포함하여 받은 것으로 본다.

부칙 〈제16643호, 2019. 11. 26.〉

제1조(시행일) 이 법은 공포 후 6개월이 경과한 날부터 시행한다. 다만, 제133조의2, 제135조제5항제12호, 제166조제1항제15호의 개정규정은 공포 후 3년이 경과한 날부터 시행한다.

제2조(시범사업의 특례) 국토교통부장관은 안전투자 공시제도를 원활하게 추진하기 위하여 제133조의2의 개정규정 시행 전에 시범사업을 실시할 수 있다.

부칙 〈제17453호, 2020. 6. 9.〉 (법률용어 정비를 위한 국토교통위원회 소관 78개 법률 일부개정을 위한 법률)

이 법은 공포한 날부터 시행한다. 〈단서 생략〉

부칙 〈제17463호, 2020. 6. 9.〉

제1조(시행일) 이 법은 공포한 날부터 시행한다. 다만, 제7조 및 제135조의 개정규정은 공포 후 6개월이 경과한 날부터 시행하고, 법률 제16643호 항공안전법 일부개정법률 제135조제5항제14호의 개정규정은 2022년 11월 27일부터 시행한다.

제2조(항공기 등록에 대한 적용례) 제7조의 개정규정은 운항증명을 받은 국내항공운송사업자 또는 국제항공운송사업자가 이 법 시행 이후 최초로 항공기 등록을 신청하는 경우부터 적용한다.

제3조(항공운송사업자의 운항규정 변경신고 등에 관한 적용례) 제93조제5항ㆍ제6항, 제122조제2항ㆍ제3항 및 제123조제2항ㆍ제3항ㆍ제5항의 개정규정은 이 법 시행 후 최초로 신고, 변경신고 또는 말소신고를 한 경우부터 적용한다.

부칙 〈제17613호, 2020. 12. 8.〉

이 법은 공포 후 6개월이 경과한 날부터 시행한다.

부칙 〈제18187호, 2021. 5. 18.〉

제1조(시행일) 이 법은 공포 후 6개월이 경과한 날부터 시행한다.

제2조(외국인국제항공운송사업자의 항공기 운항의 정지 등에 관한 적용례) 제105조제1항제5호의 개정규정은 이 법 시행 이후 외국인국제항공운송사업자가 제106조제1항의 개정규정에 따라 준용되는 제57조제1항을 위반하여 조종사가 주류등의 영향으로 항공업무를 정상적으로 수행할 수 없는 상태에서 항공업무에 종사하게 한 경우부터 적용한다.

제3조(모의비행훈련장치 지정 등에 관한 경과조치) ① 이 법 시행 당시 종전의 규정에 따라 국토교통부장관으로부터 지정받은 모의비행장치는 제39조의2제4항 본문의 개정규정에 따라 이 법 시행일부터 1년 간 지정을 받은 것으로 본다.

② 이 법 시행 당시 종전의 규정에 따라 인정받은 모의비행장치

를 이용한 탑승경력 또는 비행경험은 제2조제15호의 개정규정에 따른 모의비행훈련장치를 이용한 탑승경력 또는 비행경험으로 본다.

부칙 〈제18566호, 2021. 12. 7.〉

제1조(시행일) 이 법은 공포 후 1년이 경과한 날부터 시행한다. 다만, 제10조제1항제4호의 개정규정은 공포한 날부터 시행하고, 제43조제1항 각 호 외의 부분 단서, 제114조제1항 각 호 외의 부분 단서 및 제125조제5항 각 호 외의 부분 단서의 개정규정은 공포 후 6개월이 경과한 날부터 시행한다.

제2조(과태료에 관한 경과조치) 이 법 시행 전의 위반행위에 대하여 과태료를 부과할 때에는 종전의 규정에 따른다.

부칙 〈제18789호, 2022. 1. 18.〉

제1조(시행일) 이 법은 공포 후 6개월이 경과한 날부터 시행한다. 다만, 제41조의2 및 제166조제1항제1호의 개정규정은 공포 후 1년이 경과한 날부터 시행하고, 제42조제2항부터 제5항까지, 제43조제1항제8호의2·제8호의3, 제47조의2제1항제6호·제7호 및 제135조제6항제1호의2의 개정규정은 공포 후 3년이 경과한 날부터 시행한다.

제2조(시험 응시제한 등에 관한 적용례) 제43조제4항 및 제47조의2제3항의 개정규정은 이 법 시행 이후 해당 시험이나 심사 또는 검사가 정지되거나 무효 처분을 받은 사람부터 적용한다.

제3조(항공전문의사 지정 신청에 관한 적용례) 제50조제2항의 개정규정은 이 법 시행 이후 같은 조 제1항에 따라 항공전문의사 지정취소처분을 받은 사람부터 적용한다.

부칙 〈제18952호, 2022. 6. 10.〉

제1조(시행일) 이 법은 공포 후 6개월이 경과한 날부터 시행한다.

제2조(운항증명 효력의 정지 및 해제 등에 관한 적용례) 제90조, 제91조 및 제95조의 개정규정은 이 법 시행 당시 60일을 초과하여 연속적으로 운항을 중지하고 있는 항공운송사업자 또는 항공기사용사업자에 대하여도 적용한다.

부칙 〈제19394호, 2023. 4. 18.〉

제1조(시행일) 이 법은 공포 후 6개월이 경과한 날부터 시행한다.
제2조(국가항행계획에 관한 경과조치) 이 법 시행 당시 국제민간항공기구(ICAO)의 세계항행계획을 이행하기 위하여 수립된 국가항행계획은 제77조의2의 개정규정에 따른 국가항행계획으로 본다.

부칙 〈제19985호, 2024. 1. 9.〉
이 법은 공포 후 6개월이 경과한 날부터 시행한다.

부칙 〈제20051호, 2024. 1. 16.〉
제1조(시행일) 이 법은 공포 후 1년이 경과한 날부터 시행한다. 다만, 제129조의 개정규정은 공포한 날부터 시행하고, 제135조제5항 및 제8항, 제136조제1항 각 호의 개정규정은 공포 후 6개월이 경과한 날부터 시행한다.
제2조(초경량비행장치 관련 안전교육을 위한 준비행위) 국토교통부장관은 이 법 시행을 위하여 필요하다고 인정하는 경우에는 이 법 시행 전에 제135조제9항의 개정규정에 따른 초경량비행장치 관련 안전교육에 관한 업무를 위탁할 수 있는 기관·단체를 지정할 수 있다.
제3조(초경량비행장치 관련 안전교육에 관한 경과조치) 이 법 시행 당시 제125조의2제1항의 개정규정에 따른 안전교육을 받아야 하는 초경량비행장치 조종자 증명을 받은 사람은 이 법 시행일부터 2년 이내에 같은 개정규정에 따른 안전교육을 받아야 한다.

부칙 〈제20396호, 2024. 3. 19.〉
제1조(시행일) 이 법은 공포 후 6개월이 경과한 날부터 시행한다. 다만, 제2조제24호의3카목의 개정규정은 공포한 날부터 시행하고, 제159조의 개정규정은 공포 후 3개월이 경과한 날부터 시행하며, 법률 제20051호 항공안전법 일부개정법률 제135조·제136조·제137조의 개정규정은 2025년 1월 17일부터 시행한다.
제2조(감항증명의 유효기간에 관한 적용례) 제23조제5항의 개정규정은 이 법 시행 당시 유효한 감항증명에 대해서도 적용한다.

부칙 〈제20981호, 2025. 5. 27.〉
제1조(시행일) 이 법은 공포 후 6개월이 경과한 날부터 시행한다.

다만, 제6조의2의 개정규정은 공포 후 3개월이 경과한 날부터 시행하고, 제42조의2, 제43조(관제적성검사에 관한 사항만 해당한다), 제44조제4항, 제45조제6항, 제134조제9호, 제136조제1항(관제적성검사에 관한 사항만 해당한다)의 개정규정은 공포 후 3년이 경과한 날부터 시행한다.

제2조(전문항공교통관제사 자격증명에 관한 경과조치) ① 이 법 시행 당시 종전의 규정에 따라 항공교통관제사 자격증명을 받은 사람으로서 국토교통부령으로 정하는 사람은 제35조제7호의2의 개정규정에 따른 전문항공교통관제사 자격증명 및 제37조제1항제3호의 개정규정에 따른 전문항공교통관제사 자격증명의 한정을 받은 것으로 본다. 이 경우 전문항공교통관제사 자격증명의 한정에 따른 항공교통관제시설은 국토교통부장관이 정하여 고시할 수 있다.

② 제1항에 따라 전문항공교통관제사 자격증명을 받은 것으로 보는 사람으로서 21세 미만인 사람의 경우 제34조제2항제1호다목의 개정규정을 적용하지 아니한다.

별표 / 서식

[별표] 자격증명별 업무범위(제36조제1항 관련)

항공안전법 시행령

[시행 2025. 5. 20.] [대통령령 제35529호, 2025. 5. 20., 일부개정]

**개정 예정 법률 밑줄 별도 표시.

항공안전법 시행령

[시행 2025. 5. 20.] [대통령령 제35529호, 2025. 5. 20., 일부개정]

제1조(목적) 이 영은 「항공안전법」에서 위임된 사항과 그 시행에 필요한 사항을 규정함을 목적으로 한다.

제2조(항공기의 범위) 「항공안전법」(이하 "법"이라 한다) 제2조제1호 각 목 외의 부분에서 "대통령령으로 정하는 기기"란 다음 각 호의 어느 하나에 해당하는 기기를 말한다.

1. 최대이륙중량, 좌석 수, 속도 또는 자체중량 등이 국토교통부령으로 정하는 기준을 초과하는 기기
2. 지구 대기권 내외를 비행할 수 있는 항공우주선

제3조(국가기관등항공기 관련 공공기관의 범위) 법 제2조제4호 각 목 외의 부분 본문에서 "대통령령으로 정하는 공공기관"이란 「국립공원공단법」에 따른 국립공원공단을 말한다. 〈개정 2017. 5. 29., 2019. 1. 15.〉

제4조(등록을 필요로 하지 않는 항공기의 범위) 법 제7조제1항 단서에서 "대통령령으로 정하는 항공기"란 다음 각 호의 항공기를 말한다. 〈개정 2021. 11. 16.〉

1. 군 또는 세관에서 사용하거나 경찰업무에 사용하는 항공기
2. 외국에 임대할 목적으로 도입한 항공기로서 외국 국적을 취득할 항공기
3. 국내에서 제작한 항공기로서 제작자 외의 소유자가 결정되지 아니한 항공기
4. 외국에 등록된 항공기를 임차하여 법 제5조에 따라 운영하는 경우 그 항공기
5. 항공기 제작자나 항공기 관련 연구기관이 연구·개발 중인 항

공기
[제목개정 2021. 11. 16.]

제5조(항공기등을 제작하려는 자 등에 대한 위반행위의 종류별 과징금의 금액) 법 제29조제1항에 따라 과징금을 부과하는 위반행위의 종류와 위반 정도 등에 따른 과징금의 금액은 별표 1과 같다.

제6조(과징금의 부과 및 납부) ① 국토교통부장관은 법 제29조제1항에 따라 과징금을 부과하려는 경우에는 그 위반행위의 종류와 해당 과징금의 금액을 명시하여 이를 납부할 것을 서면으로 통지하여야 한다.

② 제1항에 따라 통지를 받은 자는 통지를 받은 날부터 20일 이내에 국토교통부장관이 정하는 수납기관에 과징금을 내야 한다. 〈개정 2023. 12. 12.〉

③ 삭제 〈2023. 12. 12.〉

④ 삭제 〈2023. 12. 12.〉

⑤ 국토교통부장관이 「행정기본법」 제29조 단서에 따라 과징금의 납부기한을 연기하거나 분할 납부하게 하는 경우 납부기한의 연기는 그 납부기한의 다음 날부터 1년을 초과할 수 없고, 각 분할된 납부기한 간의 간격은 4개월 이내로 하며, 분할 납부의 횟수는 3회 이내로 한다. 〈개정 2023. 12. 12.〉

⑥ 삭제 〈2023. 12. 12.〉

⑦ 제2항에 따라 과징금을 받은 수납기관은 그 납부자에게 영수증을 발급하여야 한다. 〈개정 2020. 11. 3.〉

⑧ 과징금의 수납기관은 제2항에 따른 과징금을 받으면 지체 없이 그 사실을 국토교통부장관에게 통보하여야 한다. 〈개정 2020. 11. 3.〉

제7조(과징금의 독촉 및 징수) ① 국토교통부장관은 제6조제1항에 따라 과징금의 납부통지를 받은 자가 납부기한까지 과징금을 내지 아니하면 납부기한이 지난 날부터 7일 이내에 독촉장을 발급하여야 한다. 이 경우 납부기한은 독촉장의 발급일부터 10일 이내로 하여야 한다.

② 국토교통부장관은 제1항에 따라 독촉을 받은 자가 납부기한까지 과징금을 내지 아니한 경우에는 소속 공무원으로 하여금 국세 체납처분의 예에 따라 과징금을 강제징수하게 할 수 있다.

제8조(항공기에 발생한 고장, 결함 또는 기능장애 보고 의무자) 법 제33조제2항에서 "항공운송사업자, 항공기사용사업자 등 대통령령으로 정하는 소유자등"이란 다음 각 호의 어느 하나에 해당하는 자를 말한다. 〈개정 2019. 8. 27.〉

1. 「항공사업법」 제2조제10호에 따른 국내항공운송사업자
2. 「항공사업법」 제2조제12호에 따른 국제항공운송사업자(이하 "국제항공운송사업자"라 한다)
3. 「항공사업법」 제2조제14호에 따른 소형항공운송사업자
4. 항공기사용사업자
5. 최대이륙중량이 5,700킬로그램을 초과하는 비행기를 소유하거나 임차하여 해당 비행기를 사용할 수 있는 권리가 있는 자
6. 최대이륙중량이 3,175킬로그램을 초과하는 헬리콥터를 소유하거나 임차하여 해당 헬리콥터를 사용할 수 있는 권리가 있는 자

제8조의2(전문교육기관 지정을 받은 자에 대한 위반행위의 종류별 과징금의 금액) ① 법 제48조의3제1항에 따라 과징금을 부과할 수 있는 위반행위의 종류와 위반 정도 등에 따른 과징금의 금액은 별표 1의2와 같다.

② 과징금의 부과·납부 및 독촉에 관하여는 제6조 및 제7조를 준용한다.

[본조신설 2018. 4. 24.]

제8조의3(항공안전데이터 등의 수집 및 처리시스템 운영의 위탁) 국토교통부장관은 법 제61조의2제2항에 따라 통합항공안전데이터수집분석시스템의 운영을 「항공안전기술원법」에 따른 항공안전기술원에 위탁한다.

[본조신설 2020. 2. 25.]

제9조(항공기 이륙·착륙 장소 외에서의 이륙·착륙 허가 등) ① 법 제66조제1항제1호에 따른 안전과 관련한 비상상황 등 불가피한 사유가 있는 경우는 다음 각 호의 어느 하나에 해당하는 경우로 한다.

1. 항공기의 비행 중 계기 고장, 연료 부족 등의 비상상황이 발생하여 신속하게 착륙하여야 하는 경우
2. 응급환자 또는 수색인력·구조인력 등의 수송, 비행훈련, 화재의 진화, 화재 예방을 위한 감시, 항공촬영, 항공방제, 연료보급, 건설자재 운반 또는 헬리콥터를 이용한 사람의 수송 등의 목적으로

항공기를 비행장이 아닌 장소에서 이륙 또는 착륙하여야 하는 경우

② 제1항제1호에 해당하여 법 제66조제1항제1호에 따라 착륙의 허가를 받으려는 자는 무선통신 등을 사용하여 국토교통부장관에게 착륙 허가를 신청하여야 한다. 이 경우 국토교통부장관은 특별한 사유가 없으면 허가하여야 한다.

③ 제1항제2호에 해당하여 법 제66조제1항제1호에 따라 이륙 또는 착륙의 허가를 받으려는 자는 국토교통부령으로 정하는 허가신청서를 국토교통부장관에게 제출하여야 한다. 이 경우 국토교통부장관은 그 내용을 검토하여 안전에 지장이 없다고 인정되는 경우에는 6개월 이내의 기간을 정하여 허가하여야 한다.

제9조의2(국가항행계획 추진협의체의 기능 및 구성) ① 법 제77조의2제3항에 따른 국가항행계획 추진협의체(이하 "추진협의체"라 한다)는 국토교통부장관 소속으로 둔다.

② 추진협의체는 다음 각 호의 사항을 협의한다.

1. 법 제77조의2제1항에 따른 국가항행계획의 수립, 변경 및 시행에 관한 사항

2. 항공교통관리의 운영 효율성ㆍ안전성의 평가에 관한 사항

3. 그 밖에 국가항행계획의 수립ㆍ시행과 관련하여 추진협의체의 위원장이 회의에 부치는 사항

③ 추진협의체는 위원장 1명을 포함하여 20명 이내의 위원으로 구성한다.

④ 추진협의체의 위원장은 국토교통부 제2차관이 되며, 위원은 다음 각 호의 사람 중에서 국토교통부장관이 지명하거나 위촉한다. 〈개정 2024. 3. 29., 2025. 5. 20.〉

1. 국토교통부의 3급 공무원 또는 고위공무원단에 속하는 공무원 중 항공 관련 업무를 담당하는 공무원

2. 국방부ㆍ경찰청ㆍ소방청ㆍ기상청ㆍ해양경찰청의 3급 공무원 또는 고위공무원단에 속하는 공무원이나 이에 상응하는 공무원으로서 항공 관련 업무를 담당하는 공무원(대령급 이상 장교를 포함한다) 중 해당 기관의 장이 지명하는 사람 각 1명

3. 「한국공항공사법」에 따른 한국공항공사 및 「인천국제공항공사법」에 따른 인천국제공항공사에서 공항개발 업무를 담당하는 임직원 중 해당 공사의 장이 국토교통부장관과 협의하여 지명하는 사람 각 1명

4. 다음 각 목에 따른 기관의 임직원 중에서 해당 기관의 장이 국토교통부장관과 협의하여 지명하는 사람 각 1명

가. 「정부출연연구기관 등의 설립·운영 및 육성에 관한 법률」 제8조에 따른 한국교통연구원

나. 「우주항공청의 설치 및 운영에 관한 특별법」 제19조제1항에 따른 한국항공우주연구원

다. 「국토교통과학기술 육성법」 제16조에 따른 국토교통과학기술진흥원

라. 「항공안전기술원법」에 따른 항공안전기술원

마. 「한국교통안전공단법」에 따른 한국교통안전공단

5. 박사학위를 취득한 후 항공분야 전문기관에서 5년 이상 근무한 경력이 있는 사람

6. 항공 또는 항공기 제작 등과 관련된 사업자 또는 사업자단체의 임원

7. 항공에 관한 학식과 경험이 풍부한 사람

⑤ 제4항 각 호에 따른 위원의 임기는 다음 각 호와 같다.

1. 제4항제1호부터 제3호까지의 위원: 해당 직위에 재임하는 기간

2. 제4항제4호부터 제7호까지의 위원: 2년

⑥ 추진협의체의 효율적인 운영을 위하여 간사 1명을 두며, 간사는 국토교통부의 고위공무원단에 속하는 일반직공무원 중에서 국토교통부장관이 지명한다.

⑦ 추진협의체의 위원장은 추진협의체를 대표하고 추진협의체의 업무를 총괄한다.

⑧ 제1항부터 제7항까지에서 규정한 사항 외에 추진협의체의 구성에 필요한 사항은 추진협의체의 의결을 거쳐 추진협의체의 위원장이 정한다.

[본조신설 2023. 10. 10.]

제9조의3(추진협의체의 운영) ① 추진협의체의 위원장은 추진협의체의 회의를 소집하고, 그 의장이 된다.

② 추진협의체의 회의는 재적위원 과반수의 출석으로 개의하고, 출석위원 과반수의 찬성으로 의결한다.

③ 추진협의체의 위원장은 그 업무를 수행하기 위하여 필요한 경우에는 관계 중앙행정기관의 장, 지방자치단체의 장, 연구기관, 단체

등에 서면으로 자료 또는 의견의 제출 등을 요청할 수 있으며, 관계 공무원 또는 전문가를 회의에 출석하게 하여 의견을 들을 수 있다.

④ 제1항부터 제3항까지에서 규정한 사항 외에 추진협의체의 운영에 필요한 사항은 추진협의체의 의결을 거쳐 위원장이 정한다.

[본조신설 2023. 10. 10.]

제9조의4(실무협의체) ① 추진협의체에 상정할 안건에 관한 연구, 사전 검토 및 조정을 위하여 추진협의체에 실무협의체를 둘 수 있다.

② 제1항에 따른 실무협의체의 구성 및 운영 등에 필요한 사항은 추진협의체의 의결을 거쳐 추진협의체의 위원장이 정한다.

[본조신설 2023. 10. 10.]

제10조(공역위원회의 구성) ① 법 제80조제1항에 따른 공역위원회(이하 "위원회"라 한다)는 위원장 1명과 부위원장 1명을 포함하여 16명 이내의 위원으로 구성한다. 〈개정 2024. 3. 29.〉

② 위원회의 위원장은 국토교통부의 항공업무를 담당하는 고위공무원단에 속하는 일반직공무원 중 국토교통부장관이 지명하는 사람이 되고, 부위원장은 제3항제1호의 위원 중에서 위원장이 지명하는 사람이 된다.

③ 위원회의 위원은 다음 각 호의 사람이 된다. 〈개정 2023. 7. 11., 2024. 3. 29.〉

1. 외교부·국방부·산업통상자원부, 국토교통부 및 우주항공청의 3급 국가공무원 또는 고위공무원단에 속하는 일반직공무원(외교부의 경우에는 「외무공무원임용령」 제3조제2항제2호가목에 따른 직위에 재직 중인 외무공무원)이나 이에 상응하는 계급의 장교 중 해당 기관의 장이 지명하는 사람 각 1명

2. 「대한민국과 아메리카합중국 간의 상호방위조약」 제4조에 따라 대한민국에 주둔하고 있는 미합중국 군대의 장교 중 제1호에 따른 장교에 상응하는 계급의 장교로서 주한미군사령관이 지명하는 사람 1명

3. 항공에 관한 학식과 경험이 풍부한 사람 중에서 국토교통부장관이 위촉하는 사람

④ 제3항제3호에 따른 위원의 임기는 2년으로 한다.

제11조(위원회의 기능) 위원회는 다음 각 호의 사항을 심의한다.

1. 법 제78조제1항 각 호에 따른 관제공역(空域), 비관제공역, 통제공역 및 주의공역의 설정·조정 및 관리에 관한 사항

2. 항공기의 비행 및 항공교통관제에 관한 중요한 절차와 규정의 제정 및 개정에 관한 사항

3. 공역의 구조 및 관리에 중대한 영향을 미칠 수 있는 공항시설, 항공교통관제시설 및 항행안전시설의 신설·변경 및 폐쇄에 관한 사항

4. 그 밖에 항공기가 공역과 공항시설, 항공교통관제시설 및 항행안전시설을 안전하고 효율적으로 이용하는 방안에 관한 사항

제12조(위원의 제척·기피·회피) ① 위원회의 위원이 다음 각 호의 어느 하나에 해당하는 경우에는 위원회의 심의·의결에서 제척(除斥)된다.

1. 위원 또는 그 배우자나 배우자였던 사람이 해당 안건의 당사자(당사자가 법인·단체 등인 경우에는 그 임원을 포함한다. 이하 이 호 및 제2호에서 같다)가 되거나 그 안건의 당사자와 공동권리자 또는 공동의무자인 경우

2. 위원이 해당 안건의 당사자와 친족이거나 친족이었던 경우

3. 위원이 해당 안건에 대하여 증언, 진술, 자문, 연구, 용역 또는 감정을 한 경우

4. 위원이나 위원이 속한 법인이 해당 안건의 당사자의 대리인이거나 대리인이었던 경우

② 해당 안건의 당사자는 위원에게 공정한 심의·의결을 기대하기 어려운 사정이 있는 경우에는 위원회에 기피 신청을 할 수 있고, 위원회는 의결로 이를 결정한다. 이 경우 기피 신청의 대상인 위원은 그 의결에 참여하지 못한다.

③ 위원이 제1항 각 호에 따른 제척 사유에 해당하는 경우에는 스스로 해당 안건의 심의·의결에서 회피(回避)하여야 한다.

제13조(위원의 해임 및 해촉) 국토교통부장관은 위원이 다음 각 호의 어느 하나에 해당하는 경우에는 해당 위원을 해촉(解囑)할 수 있다.

1. 심신장애로 인하여 직무를 수행할 수 없게 된 경우

2. 직무와 관련된 비위사실이 있는 경우

3. 직무태만, 품위손상이나 그 밖의 사유로 인하여 위원으로 적합하지 아니하다고 인정되는 경우

4. 제12조제1항 각 호의 어느 하나에 해당하는 데에도 불구하고

회피하지 아니한 경우

5. 위원 스스로 직무를 수행하는 것이 곤란하다고 의사를 밝히는 경우

제14조(위원장의 직무) ① 위원장은 위원회를 대표하며, 위원회의 업무를 총괄한다.

② 위원장이 부득이한 사유로 직무를 수행할 수 없을 때에는 부위원장이 그 직무를 대행하며, 위원장과 부위원장이 모두 부득이한 사유로 그 직무를 수행할 수 없을 때에는 위원장이 미리 지명한 위원이 그 직무를 대행한다.

제15조(회의) ① 위원장은 위원회의 회의를 소집하고, 그 의장이 된다.

② 위원회의 회의는 재적위원 과반수의 출석으로 개의하고, 출석위원 과반수의 찬성으로 의결한다. 〈개정 2023. 10. 10.〉

제16조(간사) ① 위원회에 위원회의 사무를 처리할 간사 1명을 둔다.

② 간사는 국토교통부 소속 공무원 중에서 국토교통부장관이 지명한다.

제17조(운영세칙) 이 영에 규정한 것 외에 위원회의 운영에 필요한 사항은 위원회의 의결을 거쳐 위원장이 정한다.

제18조(항공교통안전의 협조 요청에 관한 사항) ① 국토교통부장관은 법 제81조제1항에 따라 항공교통의 안전을 확보하기 위하여 군기관, 항공기상에 관한 정보를 제공하는 행정기관의 장 등에게 협조를 요청할 수 있다.

② 제1항에 따른 협조 요청의 방법 및 세부 사항은 국토교통부령으로 정한다.

제18조의2(항공교통데이터시스템 운영의 위탁) 국토교통부장관은 법 제83조의3제3항에 따라 같은 조 제1항에 따른 항공교통데이터시스템의 운영을 「항공안전기술원법」에 따른 항공안전기술원에 위탁한다.

[본조신설 2023. 10. 10.]

제19조(항공교통업무증명을 받은 자에 대한 위반행위의 종류별 과징금의 금액 등) ① 법 제87조제1항에 따라 과징금을 부과하는 위반행위의 종류와 위반 정도 등에 따른 과징금의 금액은 별표 2와 같다.

② 과징금의 부과·납부 및 독촉·징수에 관하여는 제6조 및 제7조를 준용한다.

제20조(항공기 수색·구조 지원계획의 내용 등) ① 법 제88조에 따른 항공기 수색·구조 지원에 관한 계획에는 다음 각 호의 사항이 포함되어야 한다.

1. 수색·구조 지원체계의 구성 및 운영에 관한 사항
2. 국방부장관, 국토교통부장관 및 주한미군사령관의 관할 공역에서의 역할
3. 그 밖에 항공기 수색 또는 인명구조를 위하여 필요한 사항

② 제1항에 따른 항공기 수색·구조 지원에 관한 계획의 수립 및 시행에 필요한 세부사항은 국토교통부장관이 관계 행정기관의 장과 협의하여 정한다.

제20조의2(항공정보 및 항공지도의 무상 제공) 법 제89조제3항 단서에서 "관계 행정기관 등 대통령령으로 정하는 기관"이란 다음 각 호의 기관을 말한다.

1. 외교부
2. 경찰청
3. 소방청
4. 산림청
5. 기상청
6. 해양경찰청
7. 외국정부 또는 국제기구
8. 그 밖에 국토교통부장관이 항공정보 및 항공지도를 무상으로 이용하게 할 필요가 있다고 인정하여 고시하는 기관

[본조신설 2023. 10. 10.]

제21조(항공운송사업자 등에 대한 위반행위의 종류별 과징금의 금액 등) ① 법 제92조제1항 및 제95조제4항에 따라 과징금을 부과하는 위반행위의 종류와 위반 정도 등에 따른 과징금의 금액은 별표 3과 같다.

② 과징금의 부과·납부 및 독촉·징수에 관하여는 제6조 및 제7조를 준용한다.

제22조(정비조직인증을 받은 자에 대한 위반행위의 종류별 과징금의 금액 등) ① 법 제99조제1항에 따라 과징금을 부과하는 위반행위의 종류와 위반 정도 등에 따른 과징금의 금액은 별표 4와 같다.

② 과징금의 부과·납부 및 독촉·징수에 관하여는 제6조 및 제7조를 준용한다.

제23조(경량항공기의 이륙·착륙 장소 외에서의 이륙·착륙 허가 등) ① 법 제118조제1항 단서에 따라 안전과 관련한 비상상황 등 불가피한 사유가 있는 경우는 다음 각 호의 어느 하나에 해당하는 경우로 한다. 〈개정 2019. 8. 27.〉

1. 경량항공기의 비행 중 계기 고장, 연료 부족 등의 비상상황이 발생하여 신속하게 착륙하여야 하는 경우

2. 항공기의 운항 등으로 비행장 및 이착륙장을 사용할 수 없는 경우

3. 경량항공기가 이륙·착륙하려는 장소 주변 30킬로미터 이내에 비행장 또는 이착륙장이 없는 경우

② 제1항제1호에 해당하여 법 제118조제1항 단서에 따라 착륙의 허가를 받으려는 자는 무선통신 등을 사용하여 국토교통부장관에게 착륙 허가를 신청하여야 한다. 이 경우 국토교통부장관은 특별한 사유가 없으면 허가하여야 한다.

③ 제1항제2호 또는 제3호에 해당하여 법 제118조제1항 단서에 따라 이륙 또는 착륙의 허가를 받으려는 자는 국토교통부령으로 정하는 허가신청서를 국토교통부장관에게 제출하여야 한다. 이 경우 국토교통부장관은 그 내용을 검토하여 안전에 지장이 없다고 인정되는 경우에는 6개월 이내의 기간을 정하여 허가하여야 한다.

제24조(신고를 필요로 하지 않는 초경량비행장치의 범위) 법 제122조제1항 단서에서 "대통령령으로 정하는 초경량비행장치"란 다음 각 호의 어느 하나에 해당하는 것으로서 「항공사업법」에 따른 항공기대여업·항공레저스포츠사업 또는 초경량비행장치사용사업에 사용되지 아니하는 것을 말한다. 〈개정 2020. 5. 26., 2020. 12. 10.〉

1. 행글라이더, 패러글라이더 등 동력을 이용하지 아니하는 비행장치

2. 기구류(사람이 탑승하는 것은 제외한다)

3. 계류식(繫留式) 무인비행장치

4. 낙하산류

5. 무인동력비행장치 중에서 최대이륙중량이 2킬로그램 이하인 것

6. 무인비행선 중에서 연료의 무게를 제외한 자체무게가 12킬로그램 이하이고, 길이가 7미터 이하인 것

7. 연구기관 등이 시험·조사·연구 또는 개발을 위하여 제작한 초경량비행장치

8. 제작자 등이 판매를 목적으로 제작하였으나 판매되지 아니한 것으로서 비행에 사용되지 아니하는 초경량비행장치

9. 군사목적으로 사용되는 초경량비행장치

[제목개정 2020. 12. 10.]

제25조(초경량비행장치 비행승인 제외 범위) 법 제127조제2항 단서에서 "비행장 및 이착륙장의 주변 등 대통령령으로 정하는 제한된 범위"란 다음 각 호의 어느 하나에 해당하는 범위를 말한다.

1. 비행장(군 비행장은 제외한다)의 중심으로부터 반지름 3킬로미터 이내의 지역의 고도 500피트 이내의 범위(해당 비행장에서 법 제83조에 따른 항공교통업무를 수행하는 자와 사전에 협의가 된 경우에 한정한다)

2. 이착륙장의 중심으로부터 반지름 3킬로미터 이내의 지역의 고도 500피트 이내의 범위(해당 이착륙장을 관리하는 자와 사전에 협의가 된 경우에 한정한다)

제25조의2(무인비행장치의 적용특례) 법 제131조의2제2항에서 "대통령령으로 정하는 공공기관" 이란 다음 각 호의 공공기관을 말한다. 〈개정 2020. 9. 10., 2020. 12. 1., 2020. 12. 8., 2021. 3. 30., 2024. 7. 23., 2025. 2. 7.〉

1. 「한국국토정보공사법」에 따른 한국국토정보공사

2. 「국립공원공단법」에 따른 국립공원공단

3. 「한국도로교통공단법」에 따른 한국도로교통공단

4. 「산림복지 진흥에 관한 법률」 제49조에 따른 한국산림복지진흥원

5. 「국토안전관리원법」에 따른 국토안전관리원

6. 「임업 및 산촌 진흥촉진에 관한 법률」 제29조의2에 따른 한국임업진흥원

7. 「전기안전관리법」 제30조에 따른 한국전기안전공사

8. 「한국가스공사법」에 따른 한국가스공사

9. 「한국부동산원법」에 따른 한국부동산원

10. 「한국교통안전공단법」에 따른 한국교통안전공단
11. 「한국도로공사법」에 따른 한국도로공사
12. 「한국산업안전보건공단법」에 따른 한국산업안전보건공단
13. 「한국수자원공사법」에 따른 한국수자원공사
14. 「한국원자력안전기술원법」에 따른 한국원자력안전기술원
15. 「한국전력공사법」에 따른 한국전력공사 및 한국전력공사가 출자하여 설립한 발전자회사
16. 「한국철도공사법」에 따른 한국철도공사
17. 「국가철도공단법」에 따른 국가철도공단
18. 「한국토지주택공사법」에 따른 한국토지주택공사
19. 「한국환경공단법」에 따른 한국환경공단
20. 「한국해양과학기술원법」에 따른 한국해양과학기술원
21. 「항만공사법」에 따른 항만공사
22. 「해양환경관리법」 제96조에 따른 해양환경공단
23. 「공공기관의 운영에 관한 법률」에 따른 공공기관 중 무인비행장치를 공공목적으로 긴급히 비행할 필요가 있다고 국토교통부장관이 인정하여 고시하는 공공기관

[본조신설 2020. 5. 26.]

제26조(권한 및 업무의 위임·위탁) ① 국토교통부장관은 법 제135조제1항에 따라 다음 각 호의 권한을 지방항공청장에게 위임한다. 〈개정 2018. 6. 19., 2019. 8. 27., 2020. 2. 25., 2020. 5. 26., 2020. 12. 10., 2021. 6. 8., 2021. 11. 16., 2022. 6. 7., 2022. 12. 20., 2024. 9. 19., 2025. 5. 20.〉

1. 법 제23조제3항제1호에 따른 표준감항증명. 다만, 다음 각 목의 표준감항증명은 제외한다.

가. 법 제20조제2항제1호에 따른 형식증명을 받은 항공기에 대한 최초의 표준감항증명

나. 법 제22조에 따른 제작증명을 받아 제작한 항공기에 대한 최초의 표준감항증명

2. 다음 각 목에 해당하는 항공기에 대한 법 제23조제3항제2호에 따른 특별감항증명. 다만, 법 제20조제2항제2호에 따른 제한형식증명을 받은 항공기에 대한 최초의 특별감항증명은 제외한다.

가. 항공기를 제작·정비·수리 또는 개조 후 시험비행을 하는

항공기

나. 항공기의 정비·수리 또는 개조(이하 "정비등"이라 한다)를 위한 장소까지 승객·화물을 싣지 않고 비행하는 항공기

다. 항공기를 수입하거나 수출하기 위해 승객·화물을 싣지 않고 비행하는 항공기

라. 재난·재해 등으로 인한 수색·구조에 사용하는 항공기

마. 산불 진화 및 예방에 사용하는 항공기

바. 응급환자의 수송 등 구조·구급활동에 사용하는 항공기

사. 씨앗 파종, 농약 살포 또는 어군(魚群) 탐지 등 농수산업에 사용하는 항공기

아. 기상관측 또는 기상조절 실험 등에 사용되는 항공기

자. 건설자재 등을 외부에 매달고 운반하는 데 사용하는 헬리콥터

차. 해양오염 관측 및 해양 방제에 사용하는 항공기

카. 산림, 관로(管路), 전선(電線) 등의 순찰 또는 관측에 사용하는 항공기

3. 법 제23조제4항에 따른 항공기의 설계, 제작과정, 완성 후의 상태와 비행성능의 검사 및 운용한계(運用限界)의 지정(제1호 및 제2호에 따라 지방항공청장에게 권한이 위임된 표준감항증명 또는 특별감항증명의 대상이 되는 항공기만 해당한다)

4. 법 제23조제5항 단서에 따른 감항증명의 유효기간 연장

4의2. 법 제23조제6항에 따른 감항증명서의 발급(제1호 및 제2호에 따라 지방항공청장에게 권한이 위임된 표준감항증명 또는 특별감항증명의 대상이 되는 항공기만 해당한다)

5. 법 제23조제7항에 따른 감항증명의 취소 및 효력정지명령(지방항공청장에게 권한이 위임된 감항증명에 관한 감항증명의 취소 및 효력 정지만 해당한다)

6. 법 제23조제9항에 따른 항공기의 감항성 유지 여부에 대한 수시검사

7. 법 제24조에 따른 항공기등(항공기, 발동기 및 프로펠러를 말한다. 이하 같다), 장비품 또는 부품의 감항승인, 감항승인의 취소 및 효력정지명령. 다만, 다음 각 목의 감항승인과 그 감항승인의 취소 및 효력정지명령은 제외한다.

가. 삭제 〈2023. 10. 10.〉

나. 삭제 〈2023. 10. 10.〉

다. 법 제27조에 따른 기술표준품형식승인을 받은 기술표준품에 대한 최초의 감항승인

라. 법 제28조에 따른 부품등제작자증명을 받아 제작한 장비품 또는 부품에 대한 최초의 감항승인

8. 법 제25조에 따른 소음기준적합증명, 소음기준적합증명의 취소 및 효력정지명령. 다만, 다음 각 목의 소음기준적합증명과 그 소음기준적합증명의 취소 및 효력정지명령은 제외한다.

가. 법 제20조에 따른 형식증명 또는 제한형식증명을 받은 항공기에 대한 최초의 소음기준적합증명

나. 법 제22조에 따른 제작증명을 받아 제작한 항공기에 대한 최초의 소음기준적합증명

9. 법 제30조에 따른 수리·개조승인

9의2. 법 제33조제2항에 따른 고장 등 보고(국제항공운송사업자의 보고는 제외한다)의 접수

10. 법 제36조제3항제2호에 따른 시험비행 등에 대한 허가

11. 법 제39조의2와 관련된 다음 각 목의 권한

가. 법 제39조의2제1항 및 제2항에 따른 모의비행훈련장치의 지정·변경지정·유효기간 연장 신청서의 접수 및 검사

나. 법 제39조의2제3항에 따른 모의비행훈련장치 지정서의 발급

다. 법 제39조의2제4항 단서에 따른 모의비행훈련장치의 유효기간 연장

라. 법 제39조의2제5항에 따른 모의비행훈련장치의 지정 취소 및 효력 정지 명령

12. 법 제41조에 따른 운항승무원(국제항공운송사업자에 소속된 운항승무원은 제외한다) 및 항공교통관제사(지방항공청에 소속된 항공교통관제사로 한정한다)에 대한 항공신체검사명령

12의2. 법 제41조의2제1항에 따른 항공교통관제사(지방항공청에 소속된 항공교통관제사로 한정한다)에 대한 건강증진활동계획의 수립·시행

13. 법 제43조제1항에 따른 자격증명등의 취소 또는 효력정지명령 및 같은 조 제2항에 따른 항공신체검사증명의 취소 또는 효력정

지명령(국제항공운송사업자에 소속된 항공종사자와 지방항공청에 소속된 항공교통관제사에 대한 자격증명등 및 항공신체검사증명의 취소 또는 효력정지명령은 제외한다)

14. 법 제46조제1항제2호에 따른 항공기 조종연습을 위한 허가

15. 법 제47조에 따른 항공교통관제연습 허가(지방항공청장의 관할구역에서만 해당한다)

15의2. 법 제48조제4항에 따른 훈련운영기준의 변경, 같은 조 제6항에 따른 교육훈련체계 변경에 관한 검사 및 같은 조 제7항에 따른 전문교육기관 지정을 받은 자에 대한 정기 또는 수시 검사

15의3. 법 제48조의2제1항에 따른 전문교육기관 지정을 받은 자에 대한 업무의 정지 및 지정취소

15의4. 법 제48조의3에 따른 전문교육기관 지정을 받은 자에 대한 과징금의 부과 및 징수

16. 법 제56조제2항에 따른 피로위험관리시스템 승인 및 변경승인(국제항공운송사업자에 대한 피로위험관리시스템 승인 및 변경승인은 제외한다)

17. 법 제57조제3항 및 제4항에 따른 주류등(「주세법」에 따른 주류, 「마약류 관리에 관한 법률」에 따른 마약류 또는 「화학물질관리법」 제22조제1항에 따른 환각물질 등을 말한다. 이하 같다)의 섭취 및 사용 여부의 측정(지방항공청에 소속된 항공교통관제사에 대한 측정은 제외한다)

18. 법 제58조제2항제2호·제4호(국제항공운송사업자는 제외한다) 및 제5호에 해당하는 자에 대한 항공안전관리시스템의 승인 및 변경승인

18의2. 법 제58조제3항에 따른 항공안전관리시스템의 구축·운용(지방항공청장의 관할구역에서만 해당한다)

19. 법 제59조제1항 본문에 따른 의무보고 대상 항공안전장애(이하 이 호에서 "의무보고 대상 항공안전장애"라 한다)의 접수 및 법 제60조제1항에 따른 사실조사. 다만, 다음 각 목의 의무보고 대상 항공안전장애는 제외한다.

가. 법 제83조에 따라 항공교통업무를 제공하는 자와 관련된 의무보고 대상 항공안전장애

나. 국제항공운송사업자와 관련된 의무보고 대상 항공안전장애

(지상운항 중 발생하는 의무보고 대상 항공안전장애 중 국토교통부령으로 정하는 의무보고 대상 항공안전장애는 제외한다)

20. 법 제62조제5항 및 제6항에 따른 기장 또는 항공기의 소유자등의 보고(국제항공운송사업자와 그에 소속된 기장의 보고는 제외한다)의 접수

20의2. 법 제63조에 따른 기장 등의 운항자격에 관한 권한 중 헬리콥터의 기장 또는 기장 외의 조종사의 운항자격에 관한 다음 각 목의 권한

가. 법 제63조제1항에 따른 자격인정 및 같은 조 제2항에 따른 심사

나. 법 제63조제3항에 따른 자격인정의 취소

다. 법 제63조제4항에 따른 항공운송사업자 또는 항공기사용사업자의 지정

라. 법 제63조제6항에 따른 기장 또는 기장 외의 조종사에 대한 같은 조 제2항에 따른 심사

21. 법 제66조제1항제1호에 따른 항공기(「항공사업법」 제2조제11호에 따른 국제항공운송사업에 사용되는 항공기는 제외한다)의 이륙·착륙 허가

22. 법 제68조 각 호 외의 부분 단서에 따른 비행 또는 행위에 대한 허가. 다만, 다음 각 목에 따른 허가는 제외한다.

가. 법 제68조제5호에 따른 무인항공기(두 나라 이상을 비행하는 무인항공기로서 대한민국 밖에서 이륙하여 대한민국에 착륙하지 않고 대한민국 내를 운항하여 대한민국 밖에 착륙하는 무인항공기만 해당한다)의 비행에 대한 허가

나. 제3항제1호 및 제11항제1호에 따른 허가

23. 법 제69조에 따른 긴급항공기의 지정 및 지정취소

24. 법 제74조에 따른 비행기(「항공사업법」 제2조제11호에 따른 국제항공운송사업에 사용되는 비행기는 제외한다)의 회항시간 연장운항의 승인

25. 법 제75조제1항 각 호에 따른 공역에서의 항공기(「항공사업법」 제2조제11호에 따른 국제항공운송사업에 사용되는 항공기는 제외한다)의 운항승인

25의2. 법 제78조제3항에 따른 계기비행절차(법 제78조제1항 및

제2항에 따라 지정·공고된 공역을 사용하는 항공기의 표준 출발·도착 절차, 접근 절차 및 항공로 등을 말한다. 이하 같다)의 설정·공고(지방항공청장의 관할구역에서만 해당하며, 항공로의 설정·공고는 제외한다)

26. 법 제79조제2항 단서에 따른 통제공역에서의 비행허가(지방항공청장의 관할구역에서만 해당한다)

27. 법 제81조에 따른 항공교통의 안전을 확보하기 위한 관계 행정기관의 장과의 협조(지방항공청장에게 권한이 위임된 사항에 관한 관계 행정기관의 장과의 협조만 해당한다)

28. 법 제83조제1항에 따른 항공교통관제 업무의 제공, 같은 조 제2항에 따른 항공기 또는 경량항공기의 운항과 관련된 조언 및 정보의 제공 및 같은 조 제3항에 따른 수색·구조를 필요로 하는 항공기 또는 경량항공기에 관한 정보의 제공(지방항공청장의 관할구역에서만 해당한다)

29. 법 제84조제1항에 따른 항공기의 이동·이륙·착륙의 순서 및 시기와 비행의 방법에 대한 지시 및 같은 조 제2항에 따른 비행장 또는 공항 이동지역에서의 지시(지방항공청장의 관할구역에서만 해당한다)

30. 법 제89조제1항에 따른 항공정보의 제공(지방항공청장의 관할구역에서만 해당하며, 간행물 형태로 제공하는 것은 제외한다)

31. 법 제90조제1항부터 제3항까지 및 제5항(법 제96조제1항에서 준용하는 경우를 포함한다)에 따른 운항증명, 운영기준·운항증명서의 발급, 운영기준의 변경 및 안전운항체계 변경검사(국제항공운송사업자에 대한 운항증명, 운영기준·운항증명서의 발급, 운영기준의 변경 및 안전운항체계 변경검사는 제외한다)

32. 법 제90조제6항(법 제96조제1항에서 준용하는 경우를 포함한다)에 따른 안전운항체계 유지에 대한 정기검사 또는 수시검사(국제항공운송사업자에 대한 정기검사 또는 수시검사는 제외한다)

33. 법 제90조제7항 및 제8항(법 제96조제1항에서 준용하는 경우를 포함한다)에 따른 항공기 또는 노선의 운항정지명령, 항공종사자의 업무정지명령 및 그 처분의 취소(국제항공운송사업자에 대한 운항정지명령, 업무정지명령 및 그 처분의 취소는 제외한다)

33의2. 법 제90조제9항 및 제10항(법 제96조제1항에서 준용하는 경우를 포함한다)에 따른 운항증명의 효력정지명령 및 그 효력정지의 해제명령(국제항공운송사업자에 대한 운항증명의 효력정지명령 및 그 효력정지의 해제명령은 제외한다)

34. 법 제91조제1항에 따른 항공운송사업자(국제항공운송사업자는 제외한다)에 대한 운항증명의 취소 및 항공기의 운항정지명령

35. 법 제92조에 따른 항공운송사업자(국제항공운송사업자는 제외한다)에 대한 과징금의 부과 및 징수

36. 법 제93조(법 제96조제2항에서 준용하는 경우를 포함한다)에 따른 운항규정 및 정비규정의 인가, 변경신고의 수리 및 변경인가(국제항공운송사업자의 운항규정 및 정비규정의 인가, 변경신고의 수리 및 변경인가는 제외한다)

37. 법 제94조(법 제96조제2항에서 준용하는 경우를 포함한다)에 따른 안전개선명령(지방항공청장에게 권한이 위임된 사항에 관한 안전개선명령만 해당한다)

38. 법 제95조제1항 및 제2항에 따른 항공기사용사업자에 대한 운항증명의 취소 및 항공기의 운항정지명령

39. 법 제95조제4항에 따른 항공기사용사업자에 대한 과징금의 부과 및 징수

40. 법 제97조에 따른 정비조직인증 및 세부 운영기준 · 정비조직인증서의 발급

41. 법 제98조에 따른 정비조직인증의 취소 또는 효력정지명령

42. 법 제99조에 따른 정비조직인증을 받은 자에 대한 과징금의 부과 및 징수

43. 법 제100조제1항제1호 및 제2호에 따른 외국항공기(미수교국가 국적의 항공기는 제외한다)의 항행허가

44. 법 제101조 단서에 따른 외국항공기의 국내 사용 허가

44의2. 법 제106조제1항에 따라 준용되는 법 제57조제3항 · 제4항에 따른 주류등의 섭취 및 사용 여부의 측정

45. 법 제114조제1항에 따른 경량항공기 조종사 자격증명등의 취소 또는 효력정지명령 및 같은 조 제2항(법 제116조제5항에서 준용하는 경우를 포함한다)에 따른 항공신체검사증명의 취소 또는 효력정지명령

46. 법 제116조제1항 및 제4항에 따른 경량항공기 조종연습을

위한 허가 및 조종연습허가서의 발급

47. 법 제118조제1항 단서에 따른 경량항공기의 이륙·착륙의 허가

48. 법 제120조제2항에 따른 경량항공기 조종사 또는 경량항공기소유자등의 경량항공기사고 보고의 접수

49. 경량항공기에 대하여 준용되는 다음 각 목의 권한

가. 법 제121조제2항에 따라 준용되는 법 제57조제3항 및 제4항에 따른 주류등의 섭취 및 사용 여부의 측정

나. 법 제121조제4항에 따라 준용되는 법 제79조제2항 단서에 따른 통제공역에서의 비행허가(지방항공청장의 관할구역에서만 해당한다)

다. 법 제121조제5항에 따라 준용되는 법 제84조제1항에 따른 경량항공기의 이동·이륙·착륙의 순서 및 시기와 비행의 방법에 대한 지시 및 같은 조 제2항에 따른 비행장 또는 공항 이동지역에서의 지시(지방항공청장의 관할구역에서만 해당한다)

50. 삭제 〈2020. 12. 10.〉

51. 삭제 〈2020. 12. 10.〉

52. 법 제125조제5항에 따른 초경량비행장치 조종자 증명의 취소 또는 효력정지명령

53. 법 제127조제2항에 따른 초경량비행장치 비행제한공역에서의 비행승인(지방항공청장의 관할구역에서만 해당한다)

53의2. 법 제127조제3항에 따른 비행승인

54. 법 제129조제2항 단서에 따른 무인자유기구 비행허가

55. 법 제129조제3항에 따른 초경량비행장치 조종자 또는 초경량비행장치소유자등의 초경량비행장치사고 보고의 접수

55의2. 법 제129조제5항 전단에 따른 승인, 같은 항 후단에 따른 검사 및 같은 조 제6항에 따른 비행승인 신청의 접수

56. 삭제 〈2022. 6. 7.〉

57. 법 제131조에 따라 준용되는 법 제57조제3항 및 제4항에 따른 주류등의 섭취 및 사용 여부의 측정

58. 법 제132조와 관련된 다음 각 목에 해당하는 권한(지방항공청장에게 권한이 위임된 사항에 관한 권한만 해당한다)

가. 법 제132조제1항에 따른 업무에 관한 보고 또는 서류제출 명령

나. 법 제132조제2항에 따른 검사·질문, 전문가의 위촉 및 자문의 요청

다. 법 제132조제3항에 따른 안전성검사

라. 법 제132조제8항에 따른 항공기·경량항공기·초경량비행장치의 운항 또는 항행안전시설의 운용의 일시 정지 명령

마. 법 제132조제8항에 따른 항공종사자, 초경량비행장치 조종자 또는 항행안전시설을 관리하는 자의 업무의 일시 정지 명령

바. 법 제132조제9항에 따른 시정조치 등의 명령

59. 법 제134조에 따른 청문의 실시(지방항공청장에게 권한이 위임된 사항에 관한 청문의 실시만 해당한다)

60. 법 제166조에 따른 과태료의 부과·징수(지방항공청장에게 권한이 위임된 사항에 관한 과태료의 부과·징수만 해당한다)

② 국토교통부장관은 법 제135조제1항에 따라 다음 각 호의 권한을 항공교통본부장에게 위임한다. 〈개정 2019. 8. 27., 2020. 12. 10., 2022. 12. 20., 2023. 10. 10., 2024. 9. 19.〉

1. 법 제41조에 따른 항공교통본부에 소속된 항공교통관제사에 대한 항공신체검사명령

1의2. 법 제41조의2제1항에 따른 항공교통관제사(항공교통본부에 소속된 항공교통관제사로 한정한다)에 대한 건강증진활동계획의 수립·시행

2. 법 제47조에 따른 항공교통관제연습 허가(항공교통본부장의 관할구역에서만 해당한다)

2의2. 법 제58조제3항에 따른 항공안전관리시스템의 구축·운용(항공교통본부장의 관할구역에서만 해당한다)

3. 법 제68조 각 호 외의 부분 단서에 따른 비행 또는 행위에 대한 허가[법 제68조제5호에 따른 무인항공기(두 나라 이상을 비행하는 무인항공기로서 대한민국 밖에서 이륙하여 대한민국에 착륙하지 아니하고 대한민국 내를 운항하여 대한민국 밖에 착륙하는 무인항공기만 해당한다)의 비행에 대한 허가에 한정한다]

3의2. 법 제78조제3항에 따른 다음 각 목의 계기비행절차 설정·공고

가. 항공로

나. 항공교통본부장 관할구역에서의 계기비행절차

3의3. 법 제79조제2항 단서에 따른 통제공역에서의 비행허가(항공교통본부장의 관할구역에서만 해당한다)

4. 법 제81조에 따른 항공교통의 안전을 확보하기 위한 관계 행정기관의 장과의 협조(항공교통본부장에게 권한이 위임된 사항에 관한 관계 행정기관의 장과의 협조만 해당한다)

5. 법 제83조제1항에 따른 항공교통관제 업무의 제공, 같은 조 제2항에 따른 항공기 또는 경량항공기의 운항과 관련된 조언 및 정보의 제공 및 같은 조 제3항에 따른 수색·구조를 필요로 하는 항공기 또는 경량항공기에 관한 정보의 제공(항공교통본부장의 관할구역에서만 해당한다)

5의2. 법 제83조의2제1항에 따른 항공교통흐름 관리

6. 법 제84조제1항에 따른 항공기의 이동·이륙·착륙의 순서 및 시기와 비행의 방법에 대한 지시 및 같은 조 제2항에 따른 비행장 또는 공항 이동지역에서의 지시(항공교통본부장의 관할구역에서만 해당한다)

6의2. 법 제88조에 따른 수색·구조 지원계획의 수립·시행

7. 법 제89조제1항에 따른 항공정보의 제공(항공교통본부장의 관할구역에서만 해당한다)

8. 법 제89조제2항에 따른 항공지도의 발간

9. 법 제100조제1항제3호에 따른 외국항공기의 항행허가

10. 경량항공기에 대하여 준용되는 다음 각 목의 권한(항공교통본부장의 관할구역에서만 해당한다)

가. 법 제121조제4항에 따라 준용되는 법 제79조제2항 단서에 따른 통제공역에서의 비행허가

나. 법 제121조제5항에 따라 준용되는 법 제84조제1항에 따른 항공기의 이동·이륙·착륙의 순서 및 시기와 비행의 방법에 대한 지시

다. 법 제121조제5항에 따라 준용되는 법 제84조제2항에 따른 비행장 또는 공항 이동지역에서의 지시

11. 법 제132조와 관련된 다음 각 목에 해당하는 권한(항공교통본부장에게 권한이 위임된 사항에 관한 권한만 해당한다)

가. 법 제132조제1항에 따른 업무에 관한 보고 또는 서류제출 명령

나. 법 제132조제2항에 따른 검사 · 질문, 전문가의 위촉 및 자문의 요청

다. 법 제132조제8항에 따른 항공기 · 경량항공기 · 초경량비행장치의 운항 또는 항행안전시설의 운용의 일시 정지 명령

라. 법 제132조제8항에 따른 항공종사자, 초경량비행장치 조종자 또는 항행안전시설을 관리하는 자의 업무의 일시 정지 명령

마. 법 제132조제9항에 따른 시정조치 등의 명령

12. 법 제166조에 따른 과태료의 부과 · 징수(항공교통본부장에게 권한이 위임된 사항에 관한 과태료의 부과 · 징수만 해당한다)

③ 국토교통부장관은 법 제135조제1항에 따라 다음 각 호의 권한(국방부장관의 관할구역에서의 권한만 해당한다)을 국방부장관에게 위탁한다. 〈신설 2024. 9. 19.〉

1. 법 제68조 각 호 외의 부분 단서에 따른 같은 조 제1호부터 제3호까지 및 제5호의 행위에 대한 허가(두 나라 이상을 비행하는 무인항공기로서 대한민국 밖에서 이륙하여 대한민국에 착륙하지 않고 대한민국 내를 운항하여 대한민국 밖에 착륙하는 무인항공기의 비행 허가는 제외한다)

2. 법 제78조제3항에 따른 계기비행절차의 설정 · 공고(항공로의 설정 · 공고는 제외한다)

3. 법 제79조제2항 단서에 따른 통제공역에서의 비행허가

4. 법 제83조제1항에 따른 항공교통관제 업무의 제공

5. 법 제84조제1항에 따른 항공기의 이동 · 이륙 · 착륙의 순서 및 시기와 비행의 방법에 대한 지시

6. 법 제84조제2항에 따른 비행장 또는 공항 이동지역에서의 지시

7. 법 제89조제1항에 따른 항공정보의 제공

8. 경량항공기 대하여 준용되는 다음 각 목의 권한

가. 법 제121조제4항에 따라 준용되는 법 제79조제2항 단서에 따른 통제공역에서의 비행허가

나. 법 제121조제5항에 따라 준용되는 법 제84조제1항에 따른 항공기의 이동 · 이륙 · 착륙의 순서 및 시기와 비행의 방법에 대한 지시

다. 법 제121조제5항에 따라 준용되는 법 제84조제2항에 따른 비행장 또는 공항 이동지역에서의 지시

9. 법 제127조제2항에 따른 초경량비행장치 비행제한공역에서의

비행승인

④ 국토교통부장관은 법 제135조제2항에 따라 다음 각 호에 따른 증명 또는 승인을 위한 검사에 관한 업무를 국토교통부령으로 정하는 기술인력, 시설 및 장비 등을 확보한 비영리법인 중에서 국토교통부장관이 지정하여 고시하는 전문검사기관에 위탁한다. 〈개정 2018. 6. 19., 2020. 12. 10., 2023. 10. 10., 2024. 9. 19.〉

1. 법 제20조에 따른 형식증명 또는 제한형식증명을 위한 검사업무 및 부가형식증명을 위한 검사업무

2. 법 제21조에 따른 형식증명승인을 위한 검사업무 및 부가형식증명승인을 위한 검사업무

3. 법 제22조에 따른 제작증명을 위한 검사업무

4. 다음 각 목에 해당하는 항공기에 대한 법 제23조제3항 각 호에 따른 감항증명(최초의 감항증명만 해당한다)을 위한 검사업무

가. 법 제20조에 따른 형식증명 또는 제한형식증명을 받은 항공기

나. 법 제22조에 따른 제작증명을 받아 제작한 항공기

다. 항공기 제작자 및 항공기 관련 연구기관 등이 연구·개발 중인 항공기

라. 판매·홍보·전시·시장조사 등에 활용하는 항공기

마. 조종사 양성을 위하여 조종연습에 사용하는 항공기

5. 다음 각 목에 해당하는 장비품 또는 부품에 대한 법 제24조에 따른 최초의 감항승인을 위한 검사업무

가. 삭제 〈2023. 10. 10.〉

나. 삭제 〈2023. 10. 10.〉

다. 법 제27조에 따른 기술표준품형식승인을 받은 기술표준품

라. 법 제28조에 따른 부품등제작자증명을 받아 제작한 장비품 또는 부품

6. 법 제27조에 따른 기술표준품형식승인을 위한 검사업무

7. 법 제28조에 따른 부품등제작자증명을 위한 검사업무

⑤ 국토교통부장관은 법 제135조제3항에 따라 법 제30조에 따른 수리·개조승인에 관한 권한 중 중앙행정기관이 소유하거나 임차한 국가기관등항공기의 수리·개조승인에 관한 권한을 해당 중앙행정기관의 장에게 위탁한다. 〈개정 2024. 9. 19.〉

⑥ 국토교통부장관은 법 제135조제5항에 따라 다음 각 호의 업무를 「한국교통안전공단법」에 따른 한국교통안전공단(이하 "한국교통안전공단"이라 한다)에 위탁한다. 〈개정 2017. 11. 7., 2018. 4. 24., 2019. 2. 8., 2020. 5. 26., 2020. 12. 10., 2021. 11. 16., 2022. 6. 7., 2024. 7. 9.〉

1. 법 제38조에 따른 자격증명 시험업무 및 자격증명 한정심사업무와 항공종사자 자격증명서의 발급에 관한 업무

2. 법 제44조에 따른 계기비행증명업무 및 조종교육증명업무와 증명서의 발급에 관한 업무

3. 법 제45조제3항에 따른 항공영어구술능력증명서의 발급에 관한 업무

4. 법 제48조제9항 및 제10항에 따른 항공교육훈련통합관리시스템에 관한 업무

5. 법 제61조에 따른 항공안전 자율보고의 접수·분석 및 전파에 관한 업무

6. 법 제112조제1항에 따른 경량항공기 조종사 자격증명 시험업무

6의2. 법 제112조제2항에 따른 경량항공기 조종사 자격증명 한정심사업무

6의3. 법 제112조제4항에 따른 경량항공기 조종사 자격증명서의 발급에 관한 업무

7. 법 제115조제1항 및 제2항에 따른 경량항공기 조종교육증명업무와 증명서의 발급 및 경량항공기 조종교육증명을 받은 자에 대한 교육에 관한 업무

7의2. 법 제122조에 따른 초경량비행장치 신고의 수리 및 신고번호의 발급에 관한 업무

7의3. 법 제123조에 따른 초경량비행장치의 변경신고의 수리, 말소신고의 접수, 말소신고의 최고와 직권말소 및 직권말소의 통보에 관한 업무

8. 법 제125조제1항에 따른 초경량비행장치 조종자 증명에 관한 업무

9. 법 제125조제6항에 따른 실기시험장, 교육장 등 시설의 지정·구축 및 운영에 관한 업무

10. 법 제126조제1항 및 제5항에 따른 초경량비행장치 전문교육기관의 지정 및 지정조건의 충족 및 유지 여부 확인에 관한 업무

11. 법 제126조제7항에 따른 교육·훈련 등 조종자의 육성에 관한 업무

12. 법 제130조에 따른 초경량비행장치사용사업자에 대한 안전개선명령 업무

13. 법 제132조제1항에 따른 항공안전 활동에 관한 업무(초경량비행장치사용사업자로 한정한다)

⑦ 국토교통부장관은 법 제135조제6항에 따라 다음 각 호의 업무를 「민법」 제32조에 따라 국토교통부장관의 허가를 받아 설립된 사단법인 한국항공우주의학협회에 위탁한다. 〈개정 2024. 9. 19.〉

1. 법 제40조에 따른 항공신체검사증명에 관한 업무 중 다음 각 목의 업무

가. 항공신체검사증명의 적합성 심사에 관한 업무

나. 항공신체검사증명서의 재발급에 관한 업무

1의2. 법 제42조제2항에 따른 항공신체검사증명을 받은 사람의 신체적·정신적 상태의 저하 관련 신고의 접수에 관한 업무

1의3. 법 제42조제3항에 따른 항공신체검사증명의 기준에 적합한지 여부의 확인 및 결과 통지에 관한 업무

2. 법 제49조제3항에 따른 항공전문의사의 교육에 관한 업무

⑧ 국토교통부장관은 법 제135조제7항에 따라 항공영어구술능력증명시험의 실시에 관한 업무를 한국교통안전공단 또는 국토교통부령으로 정하는 인력·시설 등을 갖춘 영어평가 관련 전문기관·단체 중에서 국토교통부장관이 지정하여 고시하는 전문기관·단체에 위탁한다. 〈개정 2017. 11. 7., 2019. 2. 8., 2019. 8. 27.〉

⑨ 국토교통부장관은 제8항에 따라 업무를 위탁한 경우에는 위탁받은 기관 및 위탁업무의 내용 등을 관보에 게재하여야 한다. 〈신설 2017. 11. 7.〉

⑩ 국토교통부장관은 법 제135조제5항 및 제8항에 따라 다음 각 호의 업무를 「항공안전기술원법」에 따른 항공안전기술원에 위탁한다. 〈신설 2017. 7. 17., 2017. 11. 7., 2020. 2. 25., 2020. 5. 26., 2020. 12. 10., 2021. 11. 16., 2023. 10. 10., 2024. 7. 9.〉

1. 「국제민간항공협약」 및 같은 협약 부속서에서 채택된 표준과

권고되는 방식에 따라 법 제19조·제67조·제70조 및 제77조에 따른 항공기기술기준, 비행규칙, 위험물취급의 절차·방법 및 운항기술기준을 정하기 위한 연구 업무

1의2. 법 제23조제9항에 따른 항공기등, 장비품 또는 부품의 정비등에 관한 감항성개선이나 그 밖의 검사·정비등을 명하기 위한 기술검토, 연구·분석 및 관리에 관한 업무

2. 삭제 〈2020. 2. 25.〉

3. 법 제33조에 따라 국토교통부장관에게 보고된 항공기등, 장비품 또는 부품에 발생한 고장, 결함 또는 기능장애에 관한 자료의 연구·분석 업무

4. 법 제58조제1항에 따른 항공안전프로그램의 마련을 위한 항공기사고, 항공기준사고 또는 법 제59조제1항 본문에 따른 의무보고 대상 항공안전장애에 대한 조사결과의 연구·분석 및 관련 자료의 수집·관리에 관한 업무

4의2. 법 제59조제1항에 따른 항공안전 의무보고의 분석 및 전파에 관한 업무

4의3. 국제민간항공기구(International Civil Aviation Organization) 및 그 밖의 국제기구에서 다음 각 목의 어느 하나에 해당되는 업무와 관련하여 요구하는 자료 등의 연구·분석 및 관리 등에 관한 업무

가. 법 제78조에 따른 공역 등의 지정 업무

나. 법 제83조에 따른 항공교통업무

다. 법 제84조에 따른 항공교통관제 업무

라. 법 제89조에 따른 항공정보의 제공 및 항공지도 발간 업무

4의4. 법 제77조의2제1항에 따른 국가항행계획의 수립·시행에 관한 지원 업무 중 관련 자료의 조사·분석 및 검토

4의5. 법 제108조에 따른 경량항공기 시험비행 등 허가 및 안전성인증에 관한 업무

4의6. 법 제124조에 따른 초경량비행장치 시험비행 등 허가 및 안전성인증에 관한 업무

5. 법 제129조제5항 후단에 따른 검사에 관한 업무

6. 법 제133조의2제1항에 따른 안전투자의 공시에 관한 업무로서 국토교통부령으로 정하는 업무

⑪ 국토교통부장관은 법 제135조제9항에 따라 다음 각 호의 업무(항공교통업무증명을 받은 자의 관할구역에서의 업무만 해당한다)를 법 제85조제1항에 따라 항공교통업무증명을 받은 자에게 위탁한다. 〈신설 2024. 9. 19.〉

1. 법 제68조 각 호 외의 부분 단서에 따른 같은 조 제1호부터 제3호까지 및 제5호의 행위에 대한 허가에 관한 업무(두 나라 이상을 비행하는 무인항공기로서 대한민국 밖에서 이륙하여 대한민국에 착륙하지 않고 대한민국 내를 운항하여 대한민국 밖에 착륙하는 무인항공기의 비행 허가에 관한 업무는 제외한다)

2. 법 제89조제1항에 따른 항공정보의 제공에 관한 업무(간행물 형태로 제공하는 것은 제외한다)

3. 법 제127조제2항에 따른 초경량비행장치 비행제한공역에서의 초경량비행장치 비행승인에 관한 업무

⑫ 국토교통부장관은 법 제135조제10항에 따라 법 제125조의2에 따른 초경량비행장치 관련 안전교육에 관한 업무를 국토교통부령으로 정하는 인력, 장비 및 시설을 갖춘 기관·단체 중에서 국토교통부장관이 지정하여 고시하는 기관·단체에 위탁한다. 〈신설 2024. 7. 9., 2024. 9. 19.〉

[제목개정 2021. 6. 8.]

제27조(전문검사기관의 검사규정) ① 제26조제3항에 따라 지정·고시된 전문검사기관(이하 "전문검사기관"이라 한다)은 항공기등, 장비품 또는 부품의 증명 또는 승인을 위한 검사에 필요한 업무규정(이하 "검사규정"이라 한다)을 정하여 국토교통부장관의 인가를 받아야 한다. 인가받은 사항을 변경하려는 경우에도 또한 같다.

② 제1항에 따른 검사규정에는 다음 각 호의 사항이 포함되어야 한다.

1. 증명 또는 승인을 위한 검사업무를 수행하는 기구의 조직 및 인력

2. 증명 또는 승인을 위한 검사업무를 사람의 업무 범위 및 책임

3. 증명 또는 승인을 위한 검사업무의 체계 및 절차

4. 각종 증명의 발급 및 대장의 관리

5. 증명 또는 승인을 위한 검사업무를 수행하는 사람에 대한 교육훈련

6. 기술도서 및 자료의 관리 · 유지
7. 시설 및 장비의 운용 · 관리
8. 증명 또는 승인을 위한 검사 결과의 보고에 관한 사항

제28조(검사업무를 수행하는 사람의 자격 등) ① 전문검사기관에서 증명 또는 승인을 위한 검사 업무를 수행하는 사람은 법 제31조제2항 각 호의 어느 하나에 해당하는 사람이어야 한다.

② 전문검사기관에서 증명 또는 승인을 위한 검사업무를 수행하는 사람의 선임 · 직무 및 감독에 관한 사항은 국토교통부장관이 정한다.

제29조(고유식별정보의 처리) 국토교통부장관(제26조에 따라 국토교통부장관의 권한을 위임 · 위탁받은 자를 포함한다)은 다음 각 호의 사무를 수행하기 위하여 불가피한 경우 「개인정보 보호법 시행령」 제19조에 따른 주민등록번호, 여권번호 또는 외국인등록번호가 포함된 자료를 처리할 수 있다. 〈개정 2019. 8. 27.〉

1. 법 제34조, 제37조 및 제38조에 따른 자격증명, 자격증명의 한정, 시험의 실시 · 면제 및 자격증명서의 발급에 관한 사무

1의2. 법 제40조에 따른 항공신체검사증명에 관한 사무

2. 법 제44조에 따른 계기비행증명 및 조종교육증명에 관한 사무

2의2. 법 제45조에 따른 항공영어구술능력증명에 관한 사무

2의3. 법 제46조에 따른 조종연습 및 법 제47조에 따른 항공교통관제연습에 필요한 항공신체검사증명서의 확인에 관한 사무

2의4. 법 제49조제1항에 따른 항공전문의사 지정에 관한 사무

3. 법 제63조에 따른 기장 등의 운항자격에 관한 사무

4. 법 제109조, 제111조 및 제112조에 따른 경량항공기 조종사 자격증명, 자격증명의 한정, 시험의 실시 · 면제 및 경량항공기 조종사 자격증명서의 발급에 관한 사무

5. 법 제115조에 따른 경량항공기 조종교육증명 및 경량항공기 조종교육증명을 받은 자에 대한 교육에 관한 사무

6. 법 제125조에 따른 초경량비행장치 조종자 증명 등에 관한 사무

제30조(과태료의 부과기준) 법 제167조에 따른 과태료 부과기준은 별표 5와 같다.

부칙 〈제27971호, 2017. 3. 29.〉

제1조(시행일) 이 영은 2017년 3월 30일부터 시행한다. 다만, 제26

조제1항제16호, 별표 3 제2호너목(법 제56조제1항제2호에 관한 부분만 해당한다)·더목 및 별표 5 제2호마목(법 제56조제1항제2호에 관한 부분만 해당한다)·바목은 2019년 3월 30일부터 시행한다.
제2조(다른 법령의 폐지) 항공법 시행령은 폐지한다.
제3조(위원회의 위원장 등에 관한 경과조치) 이 영 시행 당시 종전의 「항공법 시행령」(부칙 제2조에 따라 폐지되기 전의 것을 말한다. 이하 같다) 제15조에 따라 지명 또는 위촉된 위원회의 위원장, 부위원장 또는 위원은 제10조제2항 또는 제3항에 따라 지명 또는 위촉된 위원장, 부위원장 또는 위원으로 본다.
제4조(종전 위촉위원의 임기에 관한 경과조치) 이 영 시행 전에 종전의 「항공법 시행령」 제15조제3항제3호에 따라 위촉된 위원의 임기는 제10조제4항에 따른 기간으로 하며, 임기의 기산일은 위촉된 날을 기준으로 한다.
제5조(전문검사기관 등에 관한 경과조치) ① 이 영 시행 당시 종전의 「항공법 시행령」 제60조제1항에 따라 국토교통부장관이 지정하여 고시한 전문검사기관은 제26조제3항에 따라 지정하여 고시한 전문검사기관으로 본다.
② 이 영 시행 당시 종전의 「항공법 시행령」 제60조제2항에 따라 인가 또는 변경인가를 받은 업무규정은 제27조제1항에 따라 인가 또는 변경인가를 받은 것으로 본다.
제6조(영어평가 관련 전문기관 또는 단체에 관한 경과조치) 이 영 시행 당시 종전의 「항공법 시행령」 제63조제9항에 따라 국토교통부장관이 지정하여 고시한 영어평가 관련 전문기관 또는 단체는 제26조제8항에 따라 지정하여 고시한 전문기관 또는 단체로 본다.
제7조(과징금에 관한 경과조치) ① 이 영 시행 전의 위반행위에 대한 과징금 부과처분에 관하여는 제5조, 제21조, 제22조, 별표 1, 별표 3 및 별표 4에도 불구하고 각각 종전의 「항공법 시행령」 제13조의2, 제44조의8, 제54조의2, 별표 1, 별표 4 및 별표 6에 따른다.
② 제1항에도 불구하고 2014년 11월 29일 전의 위반행위에 대한 과징금의 부과기준에 관하여는 제21조 및 별표 3에도 불구하고 종전의 「항공법 시행령」(대통령령 제25787호 항공법 시행령 일부개정령으로 개정되기 전의 것을 말한다) 제44조의7 및 별표 4에 따른다.
③ 제1항에도 불구하고 2014년 11월 29일 이후 2016년 9월 30

일 전의 위반행위에 대한 과징금의 부과기준에 관하여는 제21조 및 별표 3에도 불구하고 종전의 「항공법 시행령」(대통령령 제27527호 항공법 시행령 일부개정령으로 개정되기 전의 것을 말한다) 제44조의7 및 별표 4에 따른다.

제8조(항공교통본부장에 관한 경과조치) 제26조제2항 각 호 외의 부분, 같은 항 제1호, 제2호, 제4호부터 제7호까지, 제10호, 같은 항 제11호 각 목 외의 부분 및 같은 항 제12호 중 "항공교통본부장"은 2017년 4월 30일까지는 각각 "항공교통센터장"으로 본다.

제9조(과태료에 관한 경과조치) ① 이 영 시행 전의 위반행위에 대한 과태료 부과처분에 관하여는 제30조 및 별표 5에도 불구하고 종전의 「항공법 시행령」 제64조 및 별표 7에 따른다.

② 제1항에도 불구하고 2012년 7월 27일 전의 위반행위에 대한 과태료 부과처분에 관하여는 제30조 및 별표 5에도 불구하고 종전의 「항공법 시행령」(대통령령 제23989호 항공법 시행령 일부개정령으로 개정되기 전의 것을 말한다) 제64조 및 별표 7에 따른다.

제10조(다른 법령의 개정) ① 감염병의 예방 및 관리에 관한 법률 시행령 일부를 다음과 같이 개정한다.

제24조제3호 중 "「항공법」에 따른 항공기와 공항시설"을 "「항공안전법」에 따른 항공기 및 「공항시설법」에 따른 공항시설"로 한다.

② 공증인법 시행령 일부를 다음과 같이 개정한다.

제37조의2제4호 중 "「항공법」"을 "「항공안전법」"으로 한다.

③ 공항소음 방지 및 소음대책지역 지원에 관한 법률 시행령 일부를 다음과 같이 개정한다.

제10조제2항 각 호 외의 부분 중 "「항공법」 제3조"를 "「항공안전법」 제7조"로 한다.

④ 교통안전법 시행령 일부를 다음과 같이 개정한다.

제20조제3항제1호다목 중 "「항공법」에 따른 항공기"를 "「항공안전법」에 따른 항공기"로, "「항공법」 제2조의3 및 제2조의4"를 "「항공안전법」 제3조 및 제4조"로 한다.

⑤ 국민보호와 공공안전을 위한 테러방지법 시행령 일부를 다음과 같이 개정한다.

제25조제1항제2호마목 중 "「항공법」"을 "「항공안전법」"으로 한다.

⑥ 국토교통부와 그 소속기관 직제 일부를 다음과 같이 개정한다.

제16조제3항제38호 중 “「항공법」 제38조의3제1항”을 “「항공안전법」 제80조제1항”으로 한다.

⑦ 군용항공기 비행안전성 인증에 관한 법률 시행령 일부를 다음과 같이 개정한다.

제14조 중 “「항공법」 제17조”를 “「항공안전법」 제20조”로 한다.

⑧ 군용항공기 운용 등에 관한 법률 시행령 일부를 다음과 같이 개정한다.

제2조제1항제3호 중 “「항공법」 제2조제12호”를 “「항공안전법」 제2조제11호”로 한다.

제4조제4호 중 “「항공법」 제38조제2항제3호”를 “「항공안전법」 제78조제1항제3호”로 한다.

⑨ 기상법 시행령 일부를 다음과 같이 개정한다.

제6조 중 “같은 법 제2조제24호”를 “「항공안전법」 제2조제19호”로 한다.

제10조제1항제2호 중 “「항공법」 제2조제12호”를 “「항공안전법」 제2조제11호”로 하고, 같은 항 제3호 중 “「항공법」 제2조제21호”를 “「항공안전법」 제2조제13호”로 한다.

제23조제2항제10호 중 “「항공법」 제138조제1항”을 “「항공안전법」 제97조제1항”으로 한다.

⑩ 상법 시행령 일부를 다음과 같이 개정한다.

제47조 중 “「항공법」 제2조제28호”를 “「항공안전법」 제2조제3호”로 한다.

제48조제2호 중 “「항공법」 제2조제2호”를 “「항공안전법」 제2조제1호”로 한다.

⑪ 선박직원법 시행령 일부를 다음과 같이 개정한다.

제14조의5제1항 및 제2항 중 “「항공법」 제26조제1호”를 각각 “「항공안전법」 제35조제1호”로 한다.

⑫ 소방공무원임용령 일부를 다음과 같이 개정한다.

제39조제2항 중 “「항공법」 제31조에 따른 항공기승무원 신체검사증명”을 “「항공안전법」 제40조에 따른 항공신체검사증명”으로 한다.

⑬ 옥외광고물 등의 관리와 옥외광고산업 진흥에 관한 법률 시행령 일부를 다음과 같이 개정한다.

제2조제2호라목 중 “「항공법」 제2조제1호 및 제28조”를 “「항공안

전법」 제2조제1호 및 제3호”로 한다.

⑭ 자동차 등 특정동산 저당법 시행령 일부를 다음과 같이 개정한다.

제7조제2항 중 “「항공법」에 따른 항공기등록원부”를 “「항공안전법」에 따른 항공기 등록원부”로 한다.

제10조제1항제3호 중 “국토교통부장관이 정하여 고시하는 금액”을 “8천2백원”으로 한다.

⑮ 자원의 절약과 재활용촉진에 관한 법률 시행령 일부를 다음과 같이 개정한다.

제10조제2항제3호마목6) 중 “「항공법」 제3조”를 “「항공안전법」 제7조”로 한다.

⑯ 전파법 시행령 일부를 다음과 같이 개정한다.

제36조제1항제2호 중 “「항공법」”을 “「항공안전법」”으로 한다.

제44조제1항제2호다목 중 “「항공법」 제2조제1호 및 제26호에 따른 회전익항공기”를 “「항공안전법」 제2조제1호 및 제2호에 따른 헬리콥터”로 한다.

⑰ 지방세법 시행령 일부를 다음과 같이 개정한다.

제51조제42호 중 “「항공법」 제20조제1항”을 “「항공안전법」 제27조제1항”으로 한다.

⑱ 폐기물의 국가 간 이동 및 그 처리에 관한 법률 시행령 일부를 다음과 같이 개정한다.

제17조 중 “「항공법」”을 “「항공안전법」”으로 한다.

⑲ 한국공항공사법 시행령 일부를 다음과 같이 개정한다.

제9조제2항제1호다목 중 “「항공법」 제29조의3”을 “「항공안전법」 제48조”로 한다.

⑳ 할부거래에 관한 법률 시행령 일부를 다음과 같이 개정한다.

제6조제1항제2호 중 “「항공법」”을 “「항공안전법」”으로 한다.

㉑ 행정권한의 위임 및 위탁에 관한 규정 일부를 다음과 같이 개정한다.

제24조제8항 각 호 외의 부분 중 “「항공법」”을 “「항공안전법」”으로 하고, 같은 항 제1호 중 “법 제23조제2항”을 “법 제127조제2항”으로 하며, 같은 항 제2호 중 “법 제38조의2제2항”을 “법 제79조제2항”으로 하고, 같은 항 제3호 중 “법 제55조”를 “법 제68조”로 하

며, 같은 항 제4호 중 “법 제70조제1항”을 “법 제84조제1항”으로 하고, 같은 항 제5호 중 “법 제73조제1항”을 “법 제89조제1항”으로 한다.

제41조제6항 각 호 외의 부분 중 “「항공법」”을 “「항공안전법」”으로 하고, 같은 항 제1호 중 “법 제23조제2항”을 “법 제127조제2항”으로 하며, 같은 항 제2호 중 “법 제38조의2제2항”을 “법 제79조제2항”으로 하고, 같은 항 제3호 중 “법 제55조”를 “법 제68조”로 하며, 같은 항 제4호 중 “법 제70조제1항”을 “법 제84조제1항”으로, “제5항”을 “제2항”으로 하고, 같은 항 제5호 중 “법 제73조제1항”을 “법 제89조제1항”으로 한다.

제54조제3항 각 호 외의 부분 중 “「항공법」”을 “「항공안전법」”으로 하고, 같은 항 제1호 중 “법 제23조제2항”을 “법 제127조제2항”으로 하며, 같은 항 제2호 중 “법 제38조의2제2항”을 “법 제79조제2항”으로 하고, 같은 항 제3호 중 “법 제55조”를 “법 제68조”로 하며, 같은 항 제4호 중 “법 제70조제1항”을 “법 제84조제1항”으로, “제5항”을 “제2항”으로 하고, 같은 항 제5호 중 “법 제73조제1항”을 “법 제89조제1항”으로 한다.

제54조제4항 중 “「항공법」 제70조제1항”을 “「항공안전법」 제84조제1항”으로, “제5항”을 “제2항”으로 한다.

㉒ 화학물질관리법 시행령 일부를 다음과 같이 개정한다.

제5조제4호 중 “「항공법」 제59조”를 “「항공안전법」 제70조”로 한다.

제11조(다른 법령과의 관계) 이 영 시행 당시 다른 법령에서 종전의 「항공법 시행령」 또는 그 규정을 인용하고 있는 경우 이 영 중 그에 해당하는 규정이 있는 경우에는 종전의 「항공법 시행령」 또는 그 규정을 갈음하여 이 영 또는 이 영의 해당 규정을 인용한 것으로 본다.

부칙 〈제28077호, 2017. 5. 29.〉 (자연공원법 시행령)

제1조(시행일) 이 영은 2017년 5월 30일부터 시행한다. 〈단서 생략〉

제2조 부터 제4조까지 생략

제5조(다른 법령의 개정) 항공안전법 시행령 일부를 다음과 같이 개

정한다.

제3조 중 “「자연공원법」 제44조”를 “「국립공원관리공단법」”으로 한다.

부칙 〈제28193호, 2017. 7. 17.〉

이 영은 2017년 7월 18일부터 시행한다.

부칙 〈제28419호, 2017. 11. 7.〉

이 영은 2017년 11월 10일부터 시행한다.

부칙 〈제28830호, 2018. 4. 24.〉

이 영은 2018년 4월 25일부터 시행한다.

부칙 〈제28986호, 2018. 6. 19.〉

이 영은 2018년 6월 27일부터 시행한다.

부칙 〈제29489호, 2019. 1. 15.〉 (국립공원공단법 시행령)

제1조(시행일) 이 영은 2019년 1월 17일부터 시행한다.

제2조(다른 법령의 개정) ①부터 ④까지 생략

⑤ 항공안전법 시행령 일부를 다음과 같이 개정한다.

제3조 중 “「국립공원관리공단법」에 따른 국립공원관리공단”을 “「국립공원공단법」에 따른 국립공원공단”으로 한다.

부칙 〈제29518호, 2019. 2. 8.〉 (한국교통안전공단법 시행령)

제1조(시행일) 이 영은 공포한 날부터 시행한다.

제2조(다른 법령의 개정) ①부터 ⑱까지 생략

⑲ 항공안전법 시행령 일부를 다음과 같이 개정한다.

제26조제6항 각 호 외의 부분 중 “「교통안전공단법」에 따른 교통안전공단(이하 "교통안전공단"이라 한다)”을 “「한국교통안전공단법」에 따른 한국교통안전공단(이하 "한국교통안전공단이라 한다)”으로 하고, 같은 조 제8항 중 “교통안전공단”을 “한국교통안전공단”으로 한다.

제3조 생략

부칙 〈제30062호, 2019. 8. 27.〉

이 영은 공포한 날부터 시행한다. 다만, 제26조제1항제15호의2부터 제15호의4까지의 개정규정은 공포 후 3개월이 경과한 날부터 시행한다.

부칙 〈제30106호, 2019. 10. 8.〉 (과태료 금액 정비를 위한 41개 법령의 일부개정에 관한 대통령령)

제1조(시행일) 이 영은 공포한 날부터 시행한다.

제2조 부터 제5조까지 생략

부칙 〈제30489호, 2020. 2. 25.〉

이 영은 2020년 2월 28일부터 시행한다.

부칙 〈제30715호, 2020. 5. 26.〉

제1조(시행일) 이 영은 2020년 5월 27일부터 시행한다. 다만, 제24조제5호의 개정규정은 2021년 1월 1일부터 시행하며, 제26조제10항제6호 및 별표 5 제2호조목의 개정규정은 2022년 11월 27일부터 시행한다.

제2조(시범사업의 특례) 항공안전기술원은 안전투자 공시제도를 원활하게 추진하기 위하여 제26조제10항제6호의 개정규정의 부칙 제1조 단서에 따른 시행일인 2022년 11월 27일 전에 법률 제16643호 항공안전법 일부개정법률 부칙 제2조에 따른 시범사업을 실시할 수 있다.

제3조(초경량비행장치 신고대상 변경에 따른 경과조치) 부칙 제1조 단서에 따른 시행일 당시 제24조제5호의 개정규정에 따라 새롭게 신고대상에 포함되는 초경량비행장치를 소유하거나 사용할 수 있는 권리가 있는 자는 2021년 6월 30일까지 제24조제5호의 개정규정에 따른 신고를 해야 한다.

제4조(훈련운영기준 변경 검사 등에 관한 경과조치) 이 영 시행 당시 종전의 규정에 따라 국토교통부장관에게 접수된 훈련운영기준 변경 신청, 항공안전관리시스템 승인·변경승인 신청 및 비행승인 신청에 대해서는 제26조제1항제15호의2·제18호·제55호의2의 개정규정에도 불구하고 종전의 규정에 따른다.

부칙 〈제31012호, 2020. 9. 10.〉 (국가철도공단법 시행령)

제1조(시행일) 이 영은 2020년 9월 10일부터 시행한다.

제2조(다른 법령의 개정) ①부터 ㉙까지 생략

㉚ 항공안전법 시행령 일부를 다음과 같이 개정한다.

제25조의2제17호를 다음과 같이 한다.

17. 「국가철도공단법」에 따른 국가철도공단

㉛ 및 ㉜ 생략

제3조 생략

부칙 〈제31141호, 2020. 11. 3.〉

제1조(시행일) 이 영은 공포한 날부터 시행한다.

제2조(과징금 납부기한 연기 및 분할납부에 관한 적용례 등) 제6조제3항부터 제6항까지의 개정규정은 이 영 시행 전에 법 제29조제1항, 제48조의3제1항, 제87조제1항, 제92조제1항, 제95조제4항 및 제99조제1항에 따라 과징금이 부과된 경우에도 적용한다. 다만, 과징금 납부기한의 연기 또는 분할납부의 신청은 제6조제4항의 개정규정에도 불구하고 2021년 2월 28일까지 할 수 있다.

제3조(과징금 부과기준에 관한 경과조치) ① 이 영 시행 전의 위반행위에 대한 과징금 부과에 관하여는 그 기준이 종전보다 강화된 경우에는 종전의 별표 3에 따르고, 종전보다 완화된 경우에는 별표 3의 개정규정에 따른다.

② 이 영 시행 전의 위반행위로 부과받은 과징금은 별표 3의 개정규정에 따른 위반행위의 횟수산정에 포함한다.

부칙 〈제31211호, 2020. 12. 1.〉 (국토안전관리원법 시행령)

제1조(시행일) 이 영은 2020년 12월 10일부터 시행한다.

제2조(다른 법령의 개정) ①부터 ⑯까지 생략

⑰ 항공안전법 시행령 일부를 다음과 같이 개정한다.

제25조의2제5호를 다음과 같이 한다.

5. 「국토안전관리원법」에 따른 국토안전관리원

부칙 〈제31243호, 2020. 12. 8.〉 (한국부동산원법 시행령)

제1조(시행일) 이 영은 2020년 12월 10일부터 시행한다.

제2조(다른 법령의 개정) ①부터 ㉚까지 생략
㉛ 항공안전법 시행령 일부를 다음과 같이 개정한다.
제25조의2제9호를 다음과 같이 한다.
9. 「한국부동산원법」에 따른 한국부동산원
㉜ 및 ㉝ 생략

부칙 〈제31259호, 2020. 12. 10.〉
제1조(시행일) 이 영은 2020년 12월 10일부터 시행한다.
제2조(초경량비행장치 신고 수리업무 등에 관한 경과조치) 이 영 시행 당시 종전의 제26조제1항제50호·제51호에 따라 수리절차가 진행 중인 신고 및 변경신고에 관하여는 제26조제6항제7호의2·제7호의3의 개정규정에도 불구하고 지방항공청장이 종전의 규정에 따라 신고 및 변경신고의 수리, 신고번호의 발급업무를 수행한다.

부칙 〈제31576호, 2021. 3. 30.〉 (전기안전관리법 시행령)
제1조(시행일) 이 영은 2021년 4월 1일부터 시행한다. 〈단서 생략〉
제2조(다른 법령의 개정) ①부터 ⑰까지 생략
⑱ 항공안전법 시행령 일부를 다음과 같이 개정한다.
제25조의2제7호 중 "「전기사업법」 제74조"를 "「전기안전관리법」 제30조"로 한다.
⑲부터 ㉑까지 생략
제3조 생략

부칙 〈제31755호, 2021. 6. 8.〉
이 영은 2021년 6월 9일부터 시행한다.

부칙 〈제32123호, 2021. 11. 16.〉
제1조(시행일) 이 영은 2021년 11월 19일부터 시행한다.
제2조(과태료 부과 시 위반 횟수 산정에 관한 적용례) 이 영 시행 전의 위반행위로 받은 과태료 부과처분은 별표 5 제1호가목의 개정규정에도 불구하고 그 처분을 받은 날과 그 처분 후 다시 같은 위반행위를 하여 적발된 날이 1년 이내인 경우에만 위반행위의 횟수 산정에 포함한다.

부칙 〈제32677호, 2022. 6. 7.〉
이 영은 2022년 12월 8일부터 시행한다. 다만, 제26조제1항제17호 및 제44호의2의 개정규정은 공포한 날부터 시행한다.

부칙 〈제33103호, 2022. 12. 20.〉
이 영은 2023년 1월 19일부터 시행한다.

부칙 〈제33434호, 2023. 4. 25.〉 (소상공인 경제회복 지원을 위한 61개 법령의 일부개정에 관한 대통령령)
제1조(시행일) 이 영은 공포한 날부터 시행한다.
제2조(행정처분 · 과징금 또는 과태료에 관한 적용례) 제1조부터 제61조까지의 개정규정은 이 영 시행 전의 위반행위에 대하여 이 영 시행 이후 행정처분을 하거나 과징금 또는 과태료 부과처분을 하는 경우에도 적용한다.

부칙 〈제33622호, 2023. 7. 11.〉 (외무공무원임용령)
제1조(시행일) 이 영은 공포한 날부터 시행한다. 〈단서 생략〉
제2조 및 제3조 생략
제4조(다른 법령의 개정) ① 생략
② 항공안전법 시행령 일부를 다음과 같이 개정한다.
제10조제3항제1호 중 "「외무공무원임용령」 제3조제2항제2호 및 제3호"를 "「외무공무원임용령」 제3조제2항제2호가목"으로 한다.

부칙 〈제33793호, 2023. 10. 10.〉
이 영은 2023년 10월 19일부터 시행한다.

부칙 〈제33913호, 2023. 12. 12.〉 (행정법제 혁신을 위한 가덕도신공항 건설을 위한 특별법 시행령 등 123개 법령의 일부개정에 관한 대통령령)
이 영은 공포한 날부터 시행한다.

부칙 〈제34369호, 2024. 3. 29.〉 (우주항공청과 그 소속기관 직제)

제1조(시행일) 이 영은 2024년 5월 27일부터 시행한다.
제2조 생략
제3조(다른 법령의 개정) ①부터 ⑬까지 생략
⑭ 항공안전법 시행령 일부를 다음과 같이 개정한다.
제9조의2제4항제4호나목 중 「과학기술분야 정부출연연구기관 등의 설립·운영 및 육성에 관한 법률」 제8조"를 "「우주항공청의 설치 및 운영에 관한 특별법」 제19조제1항"으로 한다.
제10조제1항 중 "15명"을 "16명"으로 하고, 같은 조 제3항제1호 중 "산업통상자원부 및 국토교통부"를 "산업통상자원부, 국토교통부 및 우주항공청"으로 한다.
⑮ 생략

부칙 〈제34694호, 2024. 7. 9.〉
이 영은 2024년 7월 17일부터 시행한다. 다만, 제26조제11항 및 별표 5 제2호의 개정규정은 2025년 1월 17일부터 시행한다.

부칙 〈제34731호, 2024. 7. 23.〉 (한국도로교통공단법 시행령)
제1조(시행일) 이 영은 2024년 7월 31일부터 시행한다.
제2조(다른 법령의 개정) ①부터 ⑩까지 생략
⑪ 항공안전법 시행령 일부를 다음과 같이 개정한다.
제25조의2제3호를 다음과 같이 한다.
3. 「한국도로교통공단법」에 따른 한국도로교통공단
제3조 생략

부칙 〈제34896호, 2024. 9. 19.〉
제1조(시행일) 이 영은 2024년 9월 20일부터 시행한다. 다만, 제26조제7항제1호의2 및 제1호의3의 개정규정은 2025년 1월 19일부터 시행하고, 대통령령 제34694호 항공안전법 시행령 일부개정령 제26조제12항의 개정규정은 2025년 1월 17일부터 시행한다.
제2조(다른 법령의 개정) 행정권한의 위임 및 위탁에 관한 규정 일부를 다음과 같이 개정한다.
제24조제8항 각 호 외의 부분 중 "제41조제6항에 따라 국토교통부장관으로부터 위탁받은 「항공안전법」(이하 이 항에서 "법"이라 한다)

에 따른 권한”을 “「항공안전법」(이하 이 항에서 "법"이라 한다) 제135조제1항에 따라 국토교통부장관으로부터 위탁받은 권한”으로 하고, 같은 항 제4호 중 “같은 조 제5항”을 “같은 조 제2항”으로 한다.

제41조제6항을 삭제한다.

부칙 〈제35246호, 2025. 2. 7.〉 (한국국토정보공사법 시행령)

제1조(시행일) 이 영은 2025년 2월 21일부터 시행한다.

제2조 생략

제3조(다른 법령의 개정) ①부터 ⑰까지 생략

⑱ 항공안전법 시행령 일부를 다음과 같이 개정한다.

제25조의2제1호를 다음과 같이 한다.

1. 「한국국토정보공사법」에 따른 한국국토정보공사

⑲ 및 ⑳ 생략

부칙 〈제35529호, 2025. 5. 20.〉

이 영은 공포한 날부터 시행한다.

별표 / 서식

[별표 1] 항공기등을 제작하려는 자 등에 대한 위반행위의 종류별 과징금의 금액(제5조 관련)

[별표 1의2] 전문교육기관 지정을 받은 자에 대한 위반행위의 종류별 과징금의 금액(제8조의2제1항 관련)

[별표 2] 항공교통업무증명을 받은 자에 대한 위반행위의 종류별 과징금의 금액(제19조제1항 관련)

[별표 3] 항공운송사업자 등에 대한 위반행위의 종류별 과징금의 금액(제21조제1항 관련)

[별표 4] 정비조직인증을 받은 자에 대한 위반행위의 종류별 과징금의 금액(제22조제1항 관련)

[별표 5] 과태료의 부과기준(제30조 관련)

항공안전법 시행규칙

[시행 2025. 8. 28.] [국토교통부령 제1518호, 2025. 8. 8., 일부개정]

第23조(부가형식증명의 신청)
第24조(부가형식증명의 검사범위)
第25조(부가형식증명서의 발급)
第26조(형식증명승인의 신청)
第27조(형식증명승인을 위한 검사 범위)
第28조(형식증명승인서의 발급)
第29조(부가형식증명승인의 신청 등)
第30조(부가형식증명승인을 위한 검사 범위)
第31조(부가형식증명승인서의 발급)
第32조(제작증명의 신청)
第33조(제작증명을 위한 검사 범위)
第34조(제작증명서의 발급 등)
第34조의2(제작증명을 받은 자의 설비 이전 등의 보고)
第35조(감항증명의 신청)
第36조(예외적으로 감항증명을 받을 수 있는 항공기)
第37조(특별감항증명의 대상)
第38조(감항증명을 위한 검사범위)
第39조(항공기의 운용한계 지정)
第40조(감항증명을 위한 검사의 일부 생략)
第41조(감항증명의 유효기간을 연장하거나 단축할 수 있는 항공기)
第42조(감항증명서의 발급 등)
第43조(감항증명서의 반납)
第44조(항공기의 감항성 유지)
第45조(항공기등 · 장비품 또는 부품에 대한 감항성개선 명령 등)
第46조(감항승인의 신청)
第47조(감항승인을 위한 검사범위)
第48조(감항승인서의 발급)
第49조(소음기준적합증명 대상 항공기)
第50조(소음기준적합증명 신청)
第51조(소음기준적합증명의 검사기준 등)
第52조(소음기준적합증명서의 발급 및 재발급)
第53조(소음기준적합증명의 기준에 적합하지 아니한 항공기의 운항허가)
第54조(소음기준적합증명서의 반납)
第55조(기술표준품형식승인의 신청)
第56조(형식승인이 면제되는 기술표준품)

제57조(기술표준품형식승인의 검사범위 등)
제58조(기술표준품형식승인서의 발급 등)
제59조(항공기기술기준 등의 제 · 개정 신청 등)
제60조(항공기기술기준위원회의 구성 및 운영)
제61조(부품등제작자증명의 신청)
제62조(부품등제작자증명의 검사범위 등)
제63조(부품등제작자증명을 받지 아니하여도 되는 부품등)
제64조(부품등제작자증명서의 발급)
제65조(항공기등 또는 부품등의 수리 · 개조승인의 범위)
제66조(수리 · 개조승인의 신청)
제67조(항공기등 또는 부품등의 수리 · 개조승인)
제68조(경미한 정비의 범위)
제69조(항공기등의 정비등을 확인하는 사람)
제70조(항공기등의 정비등을 확인하는 방법)
제71조(국외 정비확인자의 자격인정)
제72조(국외 정비확인자의 인정신청)
제73조(국외 정비확인자 인정서의 발급)
제74조(항공기 등에 발생한 고장, 결함 또는 기능장애 보고)

제4장 항공종사자 등

제75조(응시자격)
제76조(응시원서의 제출)
제77조(비행경력의 증명)
제78조(비행시간의 산정)
제79조(항공기의 지정)
제80조(시험비행 등의 허가)
제81조(자격증명의 한정)
제82조(시험과목 및 시험방법)
제83조(시험 및 심사 결과의 통보 등)
제84조(시험 및 심사의 실시에 관한 세부 사항)
제85조(과목합격의 유효)
제86조(자격증명을 받은 사람의 학과시험 면제)
제87조(항공종사자 자격증명서의 발급 및 재발급 등)
제88조(자격증명시험의 면제)
제89조(한정심사의 면제)
제90조(조종사 등이 받은 자격증명의 효력)
제91조(모의비행훈련장치의 탑승경력 인정)

제152조(위촉심사관등에 대한 정기 · 수시심사)
제153조(위촉 또는 지정의 실효 및 취소)
제154조(특별심사 대상 조종사)
제155조(기장의 지역, 노선 및 공항에 대한 경험요건)
제156조(기장의 경험요건의 면제)
제157조(지정항공운송사업자등에 대한 준용규정 등)
제158조(운항관리사)
제159조(운항관리사에 대한 교육훈련 등)
제160조(이륙 · 착륙 장소 외에서의 이륙 · 착륙 허가신청)
제161조(비행규칙의 준수 등)
제162조(항공기의 지상이동)
제163조(비행장 또는 그 주변에서의 비행)
제164조(순항고도)
제165조(기압고도계의 수정)
제166조(통행의 우선순위)
제167조(진로와 속도 등)
제168조(수상에서의 충돌예방)
제169조(비행속도의 유지 등)
제170조(편대비행)
제171조(활공기 등의 예항)
제172조(시계비행의 금지)
제173조(시계비행방식에 의한 비행)
제174조(특별시계비행)
제175조(비행시정 및 구름으로부터의 거리)
제176조(모의계기비행의 기준)
제177조(계기 접근 및 출발 절차 등)
제178조(계기비행규칙 등)
제179조(관제공역 내에서의 계기비행규칙)
제180조(항공교통관제업무가 제공되지 아니하는 공역에서의 계기비행규칙)
제181조(계기비행방식 등에 의한 비행 · 접근 · 착륙 및 이륙)
제182조(비행계획의 제출 등)
제183조(비행계획에 포함되어야 할 사항)
제184조(비행계획의 준수)
제185조(고도 · 항공로 등의 변경)
제186조(교체비행장 등)

**개정 예정 법률 밑줄 별도 표시.

항공안전법 시행규칙

[시행 2025. 8. 28.] [국토교통부령 제1518호, 2025. 8. 8., 일부개정]

제1장 총칙

제1조(목적) 이 규칙은 「항공안전법」 및 같은 법 시행령에서 위임된 사항과 그 시행에 필요한 사항을 규정함을 목적으로 한다.

제2조(항공기의 기준) 「항공안전법」(이하 "법"이라 한다) 제2조제1호 각 목 외의 부분에서 "최대이륙중량, 좌석 수 등 국토교통부령으로 정하는 기준"이란 다음 각 호의 기준을 말한다.

1. 비행기 또는 헬리콥터

가. 사람이 탑승하는 경우: 다음의 기준을 모두 충족할 것

1) 최대이륙중량이 600킬로그램(수상비행에 사용하는 경우에는 650킬로그램)을 초과 할 것

2) 조종사 좌석을 포함한 탑승좌석 수가 1개 이상일 것

3) 동력을 일으키는 기계장치(이하 "발동기"라 한다)가 1개 이상일 것

나. 사람이 탑승하지 아니하고 원격조종 등의 방법으로 비행하는 경우: 다음의 기준을 모두 충족할 것

1) 연료의 중량을 제외한 자체중량이 150킬로그램을 초과할 것

2) 발동기가 1개 이상일 것

2. 비행선

가. 사람이 탑승하는 경우 다음의 기준을 모두 충족할 것

1) 발동기가 1개 이상일 것

2) 조종사 좌석을 포함한 탑승좌석 수가 1개 이상일 것

나. 사람이 탑승하지 아니하고 원격조종 등의 방법으로 비행하는 경우 다음의 기준을 모두 충족할 것

1) 발동기가 1개 이상일 것

2) 연료의 중량을 제외한 자체중량이 180킬로그램을 초과하거나 비행선의 길이가 20미터를 초과 할 것

3. 활공기: 자체중량이 70킬로그램을 초과할 것

제3조(항공기인 기기의 범위) 영 제2조제1호에서 “최대이륙중량, 좌석 수, 속도 또는 자체중량 등이 국토교통부령으로 정하는 기준을 초과하는 기기”란 다음 각 호의 어느 하나에 해당하는 것을 말한다. 〈개정 2018. 3. 23.〉

1. 제4조제1호부터 제3호까지의 기준 중 어느 하나 이상의 기준을 초과하거나 같은 조 제4호부터 제7호까지의 제한요건 중 어느 하나 이상의 제한요건을 벗어나는 비행기, 헬리콥터, 자이로플레인 및 동력패러슈트

2. 제5조제5호 각 목의 기준을 초과하는 무인비행장치

제4조(경량항공기의 기준) 법 제2조제2호에서 “최대이륙중량, 좌석 수 등 국토교통부령으로 정하는 기준에 해당하는 비행기, 헬리콥터, 자이로플레인(gyroplane) 및 동력패러슈트(powered parachute) 등”이란 법 제2조제3호에 따른 초경량비행장치에 해당하지 않는 것으로서 다음 각 호의 기준을 모두 충족하는 비행기, 헬리콥터, 자이로플레인 및 동력패러슈트를 말한다. 〈개정 2021. 8. 27., 2022. 12. 9., 2024. 11. 13.〉

1. 최대이륙중량이 600킬로그램(수상비행에 사용하는 경우에는 650킬로그램) 이하일 것

2. 최대 실속속도[실속(失速: 비행기를 띄우는 양력이 급격히 떨어지는 현상을 말한다. 이하 같다)이 발생할 수 있는 속도를 말한다] 또는 최소 정상비행속도가 45노트 이하일 것

3. 조종사 좌석을 포함한 탑승 좌석이 2개 이하일 것

4. 단발(單發) 왕복발동기 또는 전기모터(전기 공급원으로부터 충전받은 전기에너지 또는 수소를 사용하여 발생시킨 전기에너지를 동력원으로 사용하는 것을 말한다. 이하 같다)를 장착할 것

5. 조종석은 여압(기내 공기 압력을 지상과 가깝게 조절·유지하는 것을 말한다)이 되지 아니할 것

6. 비행 중에 프로펠러의 각도를 조정할 수 없을 것

7. 고정된 착륙장치가 있을 것. 다만, 수상비행에 사용하는 경우에

는 고정된 착륙장치 외에 접을 수 있는 착륙장치를 장착할 수 있다.
제5조(초경량비행장치의 기준) 법 제2조제3호에서 “자체중량, 좌석 수 등 국토교통부령으로 정하는 기준에 해당하는 동력비행장치, 행글라이더, 패러글라이더, 기구류 및 무인비행장치 등”이란 다음 각 호의 기준을 충족하는 동력비행장치, 행글라이더, 패러글라이더, 기구류, 무인비행장치, 회전익비행장치, 동력패러글라이더 및 낙하산류 등을 말한다. 〈개정 2020. 12. 10., 2021. 6. 9., 2024. 11. 13.〉

1. 동력비행장치: 동력을 이용하는 것으로서 다음 각 목의 기준을 모두 충족하는 고정익비행장치. 다만, 전기모터에 의한 동력을 이용하는 경우에는 나목은 적용하지 않는다.

가. 탑승자, 연료 및 비상용 장비의 중량을 제외한 자체중량[배터리의 전원(電源)을 이용하는 초경량비행장치의 경우에는 배터리의 중량을 포함한다. 이하 같다]이 115킬로그램 이하일 것

나. 연료의 탑재량이 19리터 이하일 것

다. 좌석이 1개일 것

2. 행글라이더: 탑승자 및 비상용 장비의 중량을 제외한 자체중량이 70킬로그램 이하로서 체중이동, 타면조종 등의 방법으로 조종하는 비행장치

3. 패러글라이더: 탑승자 및 비상용 장비의 중량을 제외한 자체중량이 70킬로그램 이하로서 날개에 부착된 줄을 이용하여 조종하는 비행장치

4. 기구류: 기체의 성질·온도차 등을 이용하는 다음 각 목의 비행장치

가. 유인자유기구

나. 무인자유기구(기구 외부에 2킬로그램 이상의 물건을 매달고 비행하는 것만 해당한다. 이하 같다)

다. 계류식(繫留式)기구

5. 무인비행장치: 사람이 탑승하지 아니하는 것으로서 다음 각 목의 비행장치

가. 무인동력비행장치: 연료의 중량을 제외한 자체중량이 150킬로그램 이하인 무인비행기, 무인헬리콥터, 무인멀티콥터 또는 무인수직이착륙기

나. 무인비행선: 연료의 중량을 제외한 자체중량이 180킬로그

램 이하이고 길이가 20미터 이하인 무인비행선

6. 회전익비행장치: 제1호 각 목(전기모터에 의한 동력을 이용하는 경우에는 같은 호 나목은 제외한다)의 동력비행장치의 요건을 갖춘 헬리콥터 또는 자이로플레인

7. 동력패러글라이더: 패러글라이더에 추진력을 얻는 장치를 부착한 다음 각 목의 어느 하나에 해당하는 비행장치

가. 착륙장치가 없는 비행장치

나. 착륙장치가 있는 것으로서 제1호 각 목(전기모터에 의한 동력을 이용하는 경우에는 같은 호 나목은 제외한다)의 동력비행장치의 요건을 갖춘 비행장치

8. 낙하산류: 항력(抗力)을 발생시켜 대기(大氣) 중을 낙하하는 사람 또는 물체의 속도를 느리게 하는 비행장치

9. 그 밖에 국토교통부장관이 종류, 크기, 중량, 용도 등을 고려하여 정하여 고시하는 비행장치

제6조(사망·중상 등의 적용기준) ① 법 제2조제6호가목에 따른 사람의 사망 또는 중상에 대한 적용기준은 다음 각 호와 같다. 〈개정 2021. 8. 27.〉

1. 항공기에 탑승한 사람이 사망하거나 중상을 입은 경우. 다만, 자연적인 원인 또는 자기 자신이나 타인에 의하여 발생된 경우와 승객 및 승무원이 정상적으로 접근할 수 없는 장소에 숨어있는 밀항자 등에게 발생한 경우는 제외한다.

2. 항공기로부터 이탈된 부품이나 그 항공기와의 직접적인 접촉 등으로 인하여 사망하거나 중상을 입은 경우

3. 항공기 발동기의 흡입 또는 후류(後流: 뒤쪽 바람)로 인하여 사망하거나 중상을 입은 경우

② 법 제2조제6호가목, 같은 조 제7호가목 및 같은 조 제8호가목에 따른 행방불명은 항공기, 경량항공기 또는 초경량비행장치 안에 있던 사람이 항공기사고, 경량항공기사고 또는 초경량비행장치사고로 1년간 생사가 분명하지 아니한 경우에 적용한다.

③ 법 제2조제7호가목 및 같은 조 제8호가목에 따른 사람의 사망 또는 중상에 대한 적용기준은 다음 각 호와 같다.

1. 경량항공기 및 초경량비행장치에 탑승한 사람이 사망하거나 중상을 입은 경우. 다만, 자연적인 원인 또는 자기 자신이나 타인에

의하여 발생된 경우는 제외한다.

2. 비행 중이거나 비행을 준비 중인 경량항공기 또는 초경량비행장치로부터 이탈된 부품이나 그 경량항공기 또는 초경량비행장치와의 직접적인 접촉 등으로 인하여 사망하거나 중상을 입은 경우

제7조(사망ㆍ중상의 범위) ① 법 제2조제6호가목, 같은 조 제7호가목 및 같은 조 제8호가목에 따른 사람의 사망은 항공기사고, 경량항공기사고 또는 초경량비행장치사고가 발생한 날부터 30일 이내에 그 사고로 사망한 경우를 포함한다.

② 법 제2조제6호가목, 같은 조 제7호가목 및 같은 조 제8호가목에 따른 중상의 범위는 다음 각 호와 같다.

1. 항공기사고, 경량항공기사고 또는 초경량비행장치사고로 부상을 입은 날부터 7일 이내에 48시간을 초과하는 입원치료가 필요한 부상

2. 골절(코뼈, 손가락, 발가락 등의 간단한 골절은 제외한다)

3. 열상(찢어진 상처)으로 인한 심한 출혈, 신경ㆍ근육 또는 힘줄의 손상

4. 2도나 3도의 화상 또는 신체표면의 5퍼센트를 초과하는 화상(화상을 입은 날부터 7일 이내에 48시간을 초과하는 입원치료가 필요한 경우만 해당한다)

5. 내장의 손상

6. 전염물질이나 유해방사선에 노출된 사실이 확인된 경우

제8조(항공기의 파손 또는 구조적 손상의 범위) 법 제2조제6호나목에서 "항공기의 파손 또는 구조적 손상"이란 별표 1의 항공기의 손상ㆍ파손 또는 구조상의 결함으로 항공기 구조물의 강도, 항공기의 성능 또는 비행특성에 악영향을 미쳐 대수리 또는 해당 구성품(component)의 교체가 요구되는 것을 말한다.

제9조(항공기준사고의 범위) 법 제2조제9호에서 "국토교통부령으로 정하는 것"이란 별표 2와 같다.

제10조(항공안전데이터의 종류) 법 제2조제10호의4타목에서 "국토교통부령으로 정하는 자료"란 다음 각 호의 자료를 말한다.

1. 제209조제1항에 따른 위험물의 포장ㆍ적재(積載)ㆍ저장ㆍ운송 또는 처리 과정에서 발생한 사건으로서 항공상 위험을 야기할 우려가 있는 사건에 관한 자료

2. 항공기와 조류의 충돌에 관련된 자료

3. 그 밖에 국토교통부장관이 항공안전의 관리에 필요하다고 인정하여 고시하는 자료

[전문개정 2020. 2. 28.]

제10조의2(모의비행훈련장치의 종류) 법 제2조제15호에서 "국토교통부령으로 정하는 장치"란 다음 각 호의 장치를 말한다.

1. 모의비행장치(Full Flight Simulator): 특정 형식의 항공기의 조종석을 기계·전기·전자 장치 등에 대한 통제 기능과 비행의 성능 및 특성 등이 실제 항공기와 같게 재현될 수 있도록 고안한 장치

2. 비행훈련장치(Flight Training Device): 특정 등급의 항공기의 조종석을 기계·전기·전자 장치 등에 대한 조작 기능과 비행의 성능 및 특성 등이 실제 항공기와 유사하게 재현될 수 있도록 고안한 장치

3. 기본비행훈련장치(Aviation Training Device): 모의비행장치와 비행훈련장치를 제외한 훈련 장치로서 조종사가 훈련하는 실제 항공기와 유사한 환경이 재현될 수 있도록 고안한 장치

[본조신설 2021. 11. 19.]

제10조의3(항공교통데이터의 종류) 법 제2조제24호의3사목에서 "활주로 등 국토교통부령으로 정하는 시설"이란 다음 각 호의 시설을 말한다.

1. 항행안전시설

2. 「공항시설법 시행령」 제3조제1호가목에 따른 항공기의 이착륙시설, 같은 호 라목에 따른 통신시설 및 같은 호 마목에 따른 기상관측시설

3. 그 밖에 항공기의 이륙·착륙과 관련된 시설로서 국토교통부장관이 해당 시설에서 생성·사용되는 자료가 항공교통관리에 필요하다고 인정하여 고시하는 시설

[본조신설 2023. 10. 19.]

제11조(긴급운항의 범위) 법 제4조제2항에서 "국토교통부령으로 정하는 공공목적으로 긴급히 운항(훈련을 포함한다)하는 경우"란 소방·산림 또는 자연공원 업무 등에 사용되는 항공기를 이용하여 재해·재난의 예방, 응급환자를 위한 장기(臟器) 이송, 산림 방제(防除)·순찰, 산림보호사업을 위한 화물 수송, 그 밖에 이와 유사한 목적으

로 긴급히 운항(훈련을 포함한다)하는 경우를 말한다.

제11조의2(항공안전의 날) ① 국토교통부장관 및 지방자치단체의 장은 법 제6조의2제2항에 따라 항공안전의 날의 취지에 적합한 다음 각 호의 행사를 실시할 수 있다.

1. 항공안전과 관련하여 공로가 있는 사람이나 단체에 대한 포상
2. 항공안전 증진을 위한 학술 및 국제교류 등 행사
3. 그 밖에 항공안전 지원과 성숙한 항공안전문화 조성 등을 위한 홍보 행사

② 국토교통부장관 및 지방자치단체의 장은 제1항에 따른 행사의 실시를 위해 관계 행정기관의 장, 공공기관의 장, 항공안전과 관련된 기관·단체 또는 개인에게 필요한 협조를 요청할 수 있다.

[본조신설 2025. 8. 8.]

[종전 제11조의2는 제11조의3으로 이동 〈2025. 8. 8.〉]

제2장 항공기 등록

제11조의3(항공기 등록에 필요한 정비인력 기준) ① 법 제7조제2항에 따른 항공기 등록에 필요한 정비 인력은 다음 각 호의 업무 수행에 필요한 인력(휴직·병가·휴가 등을 하는 정비 인력의 업무를 대행하는 인력을 포함한다. 이하 이 조에서 같다)으로 한다. 다만, 국내항공운송사업자의 경우에는 제1호에 따른 업무 수행에 필요한 인력으로 한다.

1. 항공기·발동기·프로펠러(이하 "항공기등"이라 한다)의 점검 및 정비
2. 위탁받은 항공기등의 정비(다른 항공운송사업자로부터 항공기등의 정비를 위탁받은 항공운송사업자만 해당한다)
3. 법 제93조제1항 및 제2항에 따라 인가받은 정비 훈련프로그램의 운용
4. 제1호부터 제3호까지의 규정에 따른 업무에 준하는 업무

② 제1항 각 호에 따른 업무별 가중치 및 그 산출의 세부기준은 국토교통부장관이 정하여 고시한다.

[본조신설 2020. 12. 10.]

[제11조의2에서 이동 〈2025. 8. 8.〉]

제12조(등록기호표의 부착) ① 항공기를 소유하거나 임차하여 사용

할 수 있는 권리가 있는 자(이하 "소유자등"이라 한다)가 항공기를 등록한 경우에는 법 제17조제1항에 따라 강철 등 내화금속(耐火金屬)으로 된 등록기호표(가로 7센티미터 세로 5센티미터의 직사각형)를 다음 각 호의 구분에 따라 보기 쉬운 곳에 붙여야 한다.

1. 항공기에 출입구가 있는 경우: 항공기 주(主)출입구 윗부분의 안쪽

2. 항공기에 출입구가 없는 경우: 항공기 동체의 외부 표면

② 제1항의 등록기호표에는 국적기호 및 등록기호(이하 "등록부호"라 한다)와 소유자등의 명칭을 적어야 한다.

제13조(국적 등의 표시) ① 법 제18조제1항 단서에서 "신규로 제작한 항공기 등 국토교통부령으로 정하는 항공기"란 다음 각 호의 어느 하나에 해당하는 항공기를 말한다.

1. 제36조제2호 또는 제3호에 해당하는 항공기

2. 제37조제1호가목에 해당하는 항공기

② 법 제18조제2항에 따른 국적 등의 표시는 국적기호, 등록기호 순으로 표시하고, 장식체를 사용해서는 아니 되며, 국적기호는 로마자의 대문자 "HL"로 표시하여야 한다.

③ 등록기호의 첫 글자가 문자인 경우 국적기호와 등록기호 사이에 붙임표(-)를 삽입하여야 한다.

④ 항공기에 표시하는 등록부호는 지워지지 아니하고 배경과 선명하게 대조되는 색으로 표시하여야 한다.

⑤ 등록기호의 구성 등에 필요한 세부사항은 국토교통부장관이 정하여 고시한다.

제14조(등록부호의 표시위치 등) 등록부호의 표시위치 및 방법은 다음 각 호의 구분에 따른다. 〈개정 2021. 8. 27.〉

1. 비행기와 활공기의 경우에는 주 날개와 꼬리 날개 또는 주 날개와 동체에 다음 각 목의 구분에 따라 표시하여야 한다.

가. 주 날개에 표시하는 경우: 오른쪽 날개 윗면과 왼쪽 날개 아랫면에 주 날개의 앞 끝과 뒤 끝에서 같은 거리에 위치하도록 하고, 등록부호의 윗 부분이 주 날개의 앞 끝을 향하게 표시할 것. 다만, 각 기호는 보조 날개와 플랩에 걸쳐서는 아니 된다.

나. 꼬리 날개에 표시하는 경우: 수직 꼬리 날개의 양쪽 면에, 꼬리 날개의 앞 끝과 뒤 끝에서 5센티미터 이상 떨어지도록 수평

또는 수직으로 표시할 것

다. 동체에 표시하는 경우: 주 날개와 꼬리 날개 사이에 있는 동체의 양쪽 면의 수평안정판 바로 앞에 수평 또는 수직으로 표시할 것

2. 헬리콥터의 경우에는 동체 아랫면과 동체 옆면에 다음 각 목의 구분에 따라 표시하여야 한다.

가. 동체 아랫면에 표시하는 경우: 동체의 최대 횡단면 부근에 등록부호의 윗부분이 동체좌측을 향하게 표시할 것

나. 동체 옆면에 표시하는 경우: 주 회전익 축과 보조 회전익 축 사이의 동체 또는 동력장치가 있는 부근의 양 측면에 수평 또는 수직으로 표시할 것

3. 비행선의 경우에는 선체 또는 수평안정판과 수직안정판에 다음 각 목의 구분에 따라 표시해야 한다.

가. 선체에 표시하는 경우: 대칭축과 직각으로 교차하는 최대 횡단면 부근의 윗면과 양 옆면에 표시할 것

나. 수평안정판에 표시하는 경우: 오른쪽 윗면과 왼쪽 아랫면에 등록부호의 윗부분이 수평안정판의 앞 끝을 향하게 표시할 것

다. 수직안정판에 표시하는 경우: 수직안정판의 양 쪽면 아랫부분에 수평으로 표시할 것

제15조(등록부호의 높이) 등록부호에 사용하는 각 문자와 숫자의 높이는 같아야 하고, 항공기의 종류와 위치에 따른 높이는 다음 각 호의 구분에 따른다.

1. 비행기와 활공기에 표시하는 경우

가. 주 날개에 표시하는 경우에는 50센티미터 이상

나. 수직 꼬리 날개 또는 동체에 표시하는 경우에는 30센티미터 이상

2. 헬리콥터에 표시하는 경우

가. 동체 아랫면에 표시하는 경우에는 50센티미터 이상

나. 동체 옆면에 표시하는 경우에는 30센티미터 이상

3. 비행선에 표시하는 경우

가. 선체에 표시하는 경우에는 50센티미터 이상

나. 수평안정판과 수직안정판에 표시하는 경우에는 15센티미터 이상

제16조(등록부호의 폭·선 등) 등록부호에 사용하는 각 문자와 숫자의 폭, 선의 굵기 및 간격은 다음 각 호와 같다.

1. 폭과 붙임표(-)의 길이: 문자 및 숫자의 높이의 3분의 2. 다만 영문자 I와 아라비아 숫자 1은 제외한다.

2. 선의 굵기: 문자 및 숫자의 높이의 6분의 1

3. 간격: 문자 및 숫자의 폭의 4분의 1 이상 2분의 1 이하

제17조(등록부호 표시의 예외) ① 국토교통부장관은 제14조부터 제16조까지의 규정에도 불구하고 부득이한 사유가 있다고 인정하는 경우에는 등록부호의 표시위치, 높이, 폭 등을 따로 정할 수 있다.

② 법 제2조제4호에 따른 국가기관등항공기에 대해서는 제14조부터 제16조까지의 규정에도 불구하고 관계 중앙행정기관의 장이 국토교통부장관과 협의하여 등록부호의 표시위치, 높이, 폭 등을 따로 정할 수 있다.

제3장 항공기기술기준 및 형식증명 등

제18조(형식증명 등의 신청) ① 법 제20조제1항 전단에 따라 형식증명(이하 "형식증명"이라 한다) 또는 제한형식증명(이하 "제한형식증명"이라 한다)을 받으려는 자는 별지 제1호서식의 형식(제한형식) 증명 신청서를 국토교통부장관에게 제출하여야 한다. 〈개정 2018. 6. 27.〉

② 제1항에 따른 신청서에는 다음 각 호의 서류를 첨부하여야 한다.

1. 인증계획서(Certification Plan)

2. 항공기 3면도

3. 발동기의 설계·운용 특성 및 운용한계에 관한 자료(발동기에 대하여 형식증명을 신청하는 경우에만 해당한다)

4. 그 밖에 국토교통부장관이 정하여 고시하는 서류

[제목개정 2018. 6. 27.]

제19조(형식증명 등을 받은 항공기등의 형식설계 변경) 법 제20조제1항 전단에 따라 항공기등에 대한 형식증명 또는 제한형식증명을 받은 자가 같은 항 후단에 따라 형식설계를 변경하려면 별지 제2호서식의 형식설계 변경신청서에 다음 각 호의 서류를 첨부하여 국토교통부장관에게 제출하여야 한다. 〈개정 2020. 12. 10.〉

1. 별지 제3호서식에 따른 형식(제한형식)증명서
2. 제18조제2항 각 호의 서류
[전문개정 2018. 6. 27.]

제20조(형식증명 등을 위한 검사범위 등) ① 국토교통부장관은 법 제20조제2항에 따라 형식증명 또는 제한형식증명을 위한 검사를 하는 경우에는 다음 각 호에 해당하는 사항을 검사하여야 한다. 다만, 형식설계를 변경하는 경우에는 변경하는 사항에 대한 검사만 해당한다. 〈개정 2018. 6. 27., 2022. 6. 8.〉
1. 해당 형식의 설계에 대한 검사
2. 해당 형식의 설계에 따라 제작되는 항공기등의 제작과정에 대한 검사
3. 항공기등의 완성 후의 상태 및 비행성능 등에 대한 검사

② 법 제20조제2항제2호 가목 및 나목에서 "산불진화, 수색구조 등 국토교통부령으로 정하는 특정한 업무"란 각각 다음 각 호의 업무를 말한다. 〈신설 2022. 6. 8.〉
1. 산불 진화 및 예방 업무
2. 재난 · 재해 등으로 인한 수색 · 구조 업무
3. 응급환자의 수송 등 구조 · 구급 업무
4. 씨앗 파종, 농약 살포 또는 어군(魚群)의 탐지 등 농 · 수산업 업무
5. 기상관측, 기상조절 실험 등 기상 업무
6. 건설자재 등을 외부에 매달고 운반하는 업무(헬리콥터만 해당한다)
7. 해양오염 관측 및 해양 방제 업무
8. 산림, 관로(管路), 전선(電線) 등의 순찰 또는 관측 업무
[제목개정 2022. 6. 8.]

제21조(형식증명서 등의 발급 등) ① 국토교통부장관은 법 제20조제2항에 따른 형식증명 또는 제한형식증명을 위한 검사 결과 해당 항공기등이 같은 항 각 호의 기준에 적합한 경우 별지 제3호서식의 형식(제한형식)증명서를 발급하여야 한다. 〈개정 2018. 6. 27.〉

② 국토교통부장관은 제1항에 따라 형식증명서 또는 제한형식증명서를 발급할 때에는 항공기등의 성능과 주요 장비품 목록 등을 기술한 형식증명자료집 또는 제한형식증명자료집을 함께 발급하여야

한다. 〈개정 2018. 6. 27.〉

[제목개정 2018. 6. 27.]

제22조(형식증명서 등의 양도·양수) ① 법 제20조제4항에 따라 형식증명서 또는 제한형식증명서를 양도·양수하려는 자는 형식증명서 또는 제한형식증명서 번호, 양수하려는 자의 성명 또는 명칭, 주소와 양수·양도일자를 적은 별지 제4호서식의 형식(제한형식)증명서 재발급 신청서에 다음 각 호의 서류를 첨부하여 국토교통부장관에게 제출하여야 한다. 〈개정 2018. 6. 27.〉

1. 양도 및 양수에 관한 계획서
2. 항공기등의 설계자료 및 감항성유지 사항의 양도·양수에 관한 서류
3. 그 밖에 국토교통부장관이 정하여 고시하는 서류

② 국토교통부장관은 제1항에 따른 신청서 기재사항과 첨부 서류를 확인하고 별지 제3호서식의 형식(제한형식)증명서를 발급하여야 한다. 〈개정 2018. 6. 27.〉

[제목개정 2018. 6. 27.]

제23조(부가형식증명의 신청) ① 법 제20조제5항에 따라 부가형식증명을 받으려는 자는 별지 제5호서식의 부가형식증명 신청서를 국토교통부장관에게 제출하여야 한다. 〈개정 2018. 6. 27.〉

② 제1항에 따른 신청서에는 다음 각 호의 서류를 첨부하여야 한다. 〈개정 2018. 6. 27.〉

1. 법 제19조에 따른 항공기기술기준(이하 "항공기기술기준"이라 한다)에 대한 적합성 입증계획서
2. 설계도면 및 설계도면 목록
3. 부품표 및 사양서
4. 그 밖에 참고사항을 적은 서류

제24조(부가형식증명의 검사범위) 국토교통부장관은 법 제20조제5항에 따라 부가형식증명을 위한 검사를 하는 경우에는 다음 각 호에 해당하는 사항을 검사하여야 한다. 〈개정 2018. 6. 27.〉

1. 변경되는 설계에 대한 검사
2. 변경되는 설계에 따라 제작되는 항공기등의 제작과정에 대한 검사
3. 완성 후의 상태 및 비행성능에 관한 검사

제25조(부가형식증명서의 발급) 국토교통부장관은 제24조에 따른 검사 결과 변경되는 설계가 항공기기술기준에 적합하다고 인정하는 경우에는 별지 제6호서식의 부가형식증명서를 발급하여야 한다.

제26조(형식증명승인의 신청) ① 법 제21조제1항에 따라 형식증명승인을 받으려는 자는 별지 제7호서식의 형식증명승인 신청서를 국토교통부장관에게 제출하여야 한다.

② 제1항에 따른 신청서에는 다음 각 호의 서류를 첨부하여야 한다.

1. 외국정부의 형식증명서
2. 형식증명자료집
3. 설계 개요서
4. 항공기기술기준에 적합함을 입증하는 자료
5. 비행교범 또는 운용방식을 적은 서류
6. 정비방식을 적은 서류
7. 그 밖에 참고사항을 적은 서류

③ 삭제 〈2018. 6. 27.〉

제27조(형식증명승인을 위한 검사 범위) ① 국토교통부장관은 법 제21조제3항 본문에 따라 형식증명승인을 위한 검사를 하는 경우에는 다음 각 호에 해당하는 사항을 검사하여야 한다. 〈개정 2018. 6. 27.〉

1. 해당 형식의 설계에 대한 검사
2. 해당 형식의 설계에 따라 제작되는 항공기등의 제작과정에 대한 검사

② 제1항에도 불구하고 국토교통부장관은 법 제21조제3항 단서에 따라 형식증명승인을 위한 검사의 일부를 생략하는 경우에는 다음 각 호의 서류를 확인하는 것으로 제1항에 따른 검사를 대체할 수 있다. 다만, 해당 국가로부터 형식증명을 받을 당시에 특수기술기준(Special Condition)이 적용된 경우로서 형식증명을 받은 기간이 5년이 지나지 아니한 경우에는 그러하지 아니하다. 〈개정 2018. 6. 27.〉

1. 외국 정부의 형식증명서
2. 형식증명자료집

제28조(형식증명승인서의 발급) 국토교통부장관은 법 제21조제3항에 따른 검사 결과 해당 항공기등이 항공기기술기준에 적합하다고 인정하는 경우(같은 조 제2항에 따라 형식증명승인을 받은 것으로 보는 경우를 포함한다)에는 별지 제8호서식의 형식증명승인서에 형

식증명자료집을 첨부하여 발급하여야 한다. 〈개정 2018. 6. 27.〉

제29조(부가형식증명승인의 신청 등) ① 법 제21조제5항에 따라 부가형식증명승인을 받으려는 자는 별지 제9호서식의 부가형식증명승인 신청서에 다음 각 호의 서류를 첨부하여 국토교통부장관에게 제출하여야 한다. 〈개정 2018. 6. 27.〉

1. 외국정부의 부가형식증명서
2. 변경되는 설계 개요서
3. 변경되는 설계가 항공기기술기준에 적합함을 입증하는 자료
4. 변경되는 설계에 따라 개정된 비행교범(운용방식을 포함한다)
5. 변경되는 설계에 따라 개정된 정비교범(정비방식을 포함한다)
6. 그 밖에 참고사항을 적은 서류

② 제1항에도 불구하고 법 제21조제6항 단서에 따라 부가형식증명승인 검사의 일부를 생략 받으려는 경우에는 제1항에 따른 신청서에 다음 각 호의 서류를 첨부하여야 한다. 〈개정 2018. 6. 27.〉

1. 외국정부의 부가형식증명서
2. 변경되는 설계에 따라 개정된 비행교범(운용방식을 포함한다)
3. 변경되는 설계에 따라 개정된 정비교범(정비방식을 포함한다)
4. 부가형식증명을 발급한 해당 외국정부의 신청서 서신

제30조(부가형식증명승인을 위한 검사 범위) 국토교통부장관은 법 제21조제6항 본문에 따라 부가형식증명승인을 위한 검사를 하는 경우에는 다음 각 호에 해당하는 사항을 검사하여야 한다. 〈개정 2018. 6. 27.〉

1. 변경되는 설계에 대한 검사
2. 변경되는 설계에 따라 제작되는 항공기등의 제작과정에 대한 검사

제31조(부가형식증명승인서의 발급) 국토교통부장관은 법 제21조제5항에 따른 부가형식증명승인을 위한 검사 결과 해당 항공기등이 항공기기술기준에 적합하다고 인정하는 경우에는 별지 제10호서식의 부가형식증명승인서를 발급하여야 한다.

제32조(제작증명의 신청) ① 법 제22조제1항에 따라 제작증명을 받으려는 자는 별지 제11호서식의 제작증명 신청서를 국토교통부장관에게 제출하여야 한다.

② 제1항에 따른 신청서에는 다음 각 호의 서류를 첨부하여야 한다.

1. 품질관리규정
2. 제작하려는 항공기등의 제작 방법 및 기술 등을 설명하는 자료
3. 제작 설비 및 인력 현황
4. 품질관리 및 품질검사의 체계(이하 "품질관리체계"라 한다)를 설명하는 자료
5. 제작하려는 항공기등의 감항성 유지 및 관리체계(이하 "제작관리체계"라 한다)를 설명하는 자료

③ 제2항제1호에 따른 품질관리규정에 담아야 할 세부내용, 같은 항 제4호 및 제5호에 따른 품질관리체계 및 제작관리체계에 대한 세부적인 기준은 국토교통부장관이 정하여 고시한다.

제33조(제작증명을 위한 검사 범위) 국토교통부장관은 법 제22조제2항에 따라 제작증명을 위한 검사를 하는 경우에는 해당 항공기등에 대한 제작기술, 설비, 인력, 품질관리체계, 제작관리체계 및 제작과정을 검사하여야 한다. 〈개정 2018. 6. 27.〉

제34조(제작증명서의 발급 등) ① 국토교통부장관은 제33조에 따라 제작증명을 위한 검사 결과 제작증명을 받으려는 자가 항공기기술기준에 적합하게 항공기등을 제작할 수 있는 기술, 설비, 인력 및 품질관리체계 등을 갖추고 있다고 인정하는 경우에는 별지 제12호서식의 제작증명서를 발급하여야 한다.

② 국토교통부장관은 제1항에 따른 제작증명서를 발급할 때에는 제작할 수 있는 항공기등의 형식증명 목록을 적은 생산승인 지정서를 함께 발급하여야 한다.

제34조의2(제작증명을 받은 자의 설비 이전 등의 보고) 법 제22조제4항에서 "설비의 이전이나 증설 또는 품질관리체계의 변경 등 국토교통부령으로 정하는 사유가 발생하는 경우"란 다음 각 호의 어느 하나에 해당하는 경우를 말한다.

1. 제작증명을 받은 설비의 일부를 이전하거나 기존 설비를 증설하는 경우
2. 품질관리체계를 설명하는 자료 또는 관련 공정·절차를 변경하는 경우
3. 그 밖에 항공기등, 장비품 또는 부품의 감항성에 영향을 미칠 수 있는 경우로서 국토교통부장관이 정하여 고시하는 경우

[본조신설 2018. 6. 27.]

第35條(감항증명의 신청) ① 법 제23조제1항에 따라 감항증명을 받으려는 자는 별지 제13호서식의 항공기 표준감항증명 신청서 또는 별지 제14호서식의 항공기 특별감항증명 신청서에 다음 각 호의 서류를 첨부하여 국토교통부장관 또는 지방항공청장에게 제출하여야 한다. 〈개정 2020. 12. 10.〉

1. 비행교범(연구 · 개발을 위한 특별감항증명의 경우에는 제외한다)
2. 정비교범(연구 · 개발을 위한 특별감항증명의 경우에는 제외한다)
3. 그 밖에 감항증명과 관련하여 국토교통부장관이 필요하다고 인정하여 고시하는 서류

② 제1항제1호에 따른 비행교범에는 다음 각 호의 사항이 포함되어야 한다.

1. 항공기의 종류 · 등급 · 형식 및 제원(諸元)에 관한 사항
2. 항공기 성능 및 운용한계에 관한 사항
3. 항공기 조작방법 등 그 밖에 국토교통부장관이 정하여 고시하는 사항

③ 제1항제2호에 따른 정비교범에는 다음 각 호의 사항이 포함되어야 한다. 다만, 장비품 · 부품 등의 사용한계 등에 관한 사항은 정비교범 외에 별도로 발행할 수 있다.

1. 감항성 한계범위, 주기적 검사 방법 또는 요건, 장비품 · 부품 등의 사용한계 등에 관한 사항
2. 항공기 계통별 설명, 분해, 세척, 검사, 수리 및 조립절차, 성능점검 등에 관한 사항
3. 지상에서의 항공기 취급, 연료 · 오일 등의 보충, 세척 및 윤활 등에 관한 사항

第36條(예외적으로 감항증명을 받을 수 있는 항공기) 법 제23조제2항 단서에서 "국토교통부령으로 정하는 항공기"란 다음 각 호의 어느 하나에 해당하는 항공기를 말한다. 〈개정 2022. 6. 8.〉

1. 법 제5조에 따른 임대차 항공기의 운영에 대한 권한 및 의무 이양의 적용 특례를 적용받는 항공기
2. 국내에서 수리 · 개조 또는 제작한 후 수출할 항공기
3. 국내에서 제작되거나 외국으로부터 수입하는 항공기로서 대한민국의 국적을 취득하기 전에 감항증명을 신청한 항공기

第37條(특별감항증명의 대상) 법 제23조제3항제2호에서 "항공기의

연구, 개발 등 국토교통부령으로 정하는 경우”란 다음 각 호의 어느 하나에 해당하는 경우를 말한다. 〈개정 2018. 3. 23., 2020. 12. 10., 2022. 6. 8.〉

1. 항공기 및 관련 기기의 개발과 관련된 다음 각 목의 어느 하나에 해당하는 경우

가. 항공기 제작자 및 항공기 관련 연구기관 등이 연구·개발 중인 경우

나. 판매·홍보·전시·시장조사 등에 활용하는 경우

다. 조종사 양성을 위하여 조종연습에 사용하는 경우

2. 항공기의 제작·정비·수리·개조 및 수입·수출 등과 관련한 다음 각 목의 어느 하나에 해당하는 경우

가. 제작·정비·수리 또는 개조 후 시험비행을 하는 경우

나. 정비·수리 또는 개조(이하 “정비등”이라 한다)를 위한 장소까지 승객·화물을 싣지 아니하고 비행하는 경우

다. 수입하거나 수출하기 위하여 승객·화물을 싣지 아니하고 비행하는 경우

라. 설계에 관한 형식증명을 변경하기 위하여 운용한계를 초과하는 시험비행을 하는 경우

마. 삭제 〈2018. 3. 23.〉

3. 무인항공기를 운항하는 경우

4. 제20조제2항 각 호의 업무를 수행하기 위하여 사용되는 경우

가. 삭제 〈2022. 6. 8.〉

나. 삭제 〈2022. 6. 8.〉

다. 삭제 〈2022. 6. 8.〉

라. 삭제 〈2022. 6. 8.〉

마. 삭제 〈2022. 6. 8.〉

바. 삭제 〈2022. 6. 8.〉

사. 삭제 〈2022. 6. 8.〉

아. 삭제 〈2022. 6. 8.〉

5. 제1호부터 제4호까지 외에 공공의 안녕과 질서유지를 위한 업무를 수행하는 경우로서 국토교통부장관이 인정하는 경우

제38조(감항증명을 위한 검사범위) 국토교통부장관 또는 지방항공청장이 법 제23조제4항 각 호 외의 부분 본문에 따라 감항증명을 위

한 검사를 하는 경우에는 해당 항공기의 설계·제작과정 및 완성 후의 상태와 비행성능이 항공기기술기준에 적합하고 안전하게 운항할 수 있는지 여부를 검사하여야 한다. 〈개정 2018. 6. 27.〉

[제39조에서 이동, 종전 제38조는 제41조로 이동 〈2018. 6. 27.〉]

제39조(항공기의 운용한계 지정) ① 국토교통부장관 또는 지방항공청장은 법 제23조제4항 각 호 외의 부분 본문에 따라 감항증명을 하는 경우에는 항공기기술기준에서 정한 항공기의 감항분류에 따라 다음 각 호의 사항에 대하여 항공기의 운용한계를 지정하여야 한다. 〈개정 2018. 6. 27.〉

1. 속도에 관한 사항
2. 발동기 운용성능에 관한 사항
3. 중량 및 무게중심에 관한 사항
4. 고도에 관한 사항
5. 그 밖에 성능한계에 관한 사항

② 국토교통부장관 또는 지방항공청장은 제1항에 따라 운용한계를 지정하였을 때에는 별지 제18호서식의 운용한계 지정서를 항공기의 소유자등에게 발급하여야 한다.

[제41조에서 이동, 종전 제39조는 제38조로 이동 〈2018. 6. 27.〉]

제40조(감항증명을 위한 검사의 일부 생략) 법 제23조제4항 단서에 따라 감항증명을 할 때 생략할 수 있는 검사는 다음 각 호의 구분에 따른다. 〈개정 2018. 6. 27.〉

1. 법 제20조제2항에 따른 형식증명 또는 제한형식증명을 받은 항공기: 설계에 대한 검사
2. 법 제21조제1항에 따른 형식증명승인을 받은 항공기: 설계에 대한 검사와 제작과정에 대한 검사
3. 법 제22조제1항에 따른 제작증명을 받은 자가 제작한 항공기: 제작과정에 대한 검사
4. 법 제23조제4항제3호에 따른 수입 항공기(신규로 생산되어 수입하는 완제기(完製機)만 해당한다): 비행성능에 대한 검사

[제42조에서 이동, 종전 제40조는 제42조로 이동 〈2018. 6. 27.〉]

제41조(감항증명의 유효기간을 연장하거나 단축할 수 있는 항공기) ① 법 제23조제5항 단서에 따라 감항증명의 유효기간을 연장할 수 있는 항공기는 항공기의 감항성을 지속적으로 유지하기 위하여 국토교통부장관이 정하여 고시하는 정비방법에 따라 정비등이 이루어지는 항공기를 말한다. 〈개정 2018. 6. 27., 2024. 9. 20.〉

② 법 제23조제5항 단서에 따라 감항증명의 유효기간을 단축할 수 있는 항공기는 제37조제1호 및 제2호에 따른 특별감항증명 대상 항공기를 말한다. 〈신설 2024. 9. 20.〉

[제목개정 2024. 9. 20.]

[제38조에서 이동, 종전 제41조는 제39조로 이동 〈2018. 6. 27.〉]

제42조(감항증명서의 발급 등) ① 국토교통부장관 또는 지방항공청장은 법 제23조제4항 각 호 외의 부분 본문에 따른 검사 결과 해당 항공기가 항공기기술기준에 적합한 경우에는 별지 제15호서식의 표준감항증명서 또는 별지 제16호서식의 특별감항증명서를 신청인에게 발급하여야 한다. 〈개정 2018. 6. 27.〉

② 항공기의 소유자등은 제1항에 따른 감항증명서를 잃어버렸거나 감항증명서가 못 쓰게 되어 재발급받으려는 경우에는 별지 제17호서식의 표준·특별감항증명서 재발급 신청서를 국토교통부장관 또는 지방항공청장에게 제출하여야 한다.

③ 국토교통부장관 또는 지방항공청장은 제2항에 따른 재발급 신청서를 접수한 경우 해당 항공기에 대한 감항증명서의 발급기록을 확인한 후 재발급하여야 한다.

[제40조에서 이동, 종전 제42조는 제40조로 이동 〈2018. 6. 27.〉]

제43조(감항증명서의 반납) 국토교통부장관 또는 지방항공청장은 법 제23조제7항에 따라 항공기에 대한 감항증명을 취소하거나 그 효력을 정지시킨 경우에는 지체 없이 항공기의 소유자등에게 해당 항공기의 감항증명서의 반납을 명하여야 한다. 〈개정 2018. 6. 27.〉

제44조(항공기의 감항성 유지) 법 제23조제8항에 따라 항공기를 운항하려는 소유자등은 다음 각 호의 방법에 따라 해당 항공기의 감항성을 유지하여야 한다. 〈개정 2018. 6. 27.〉

1. 해당 항공기의 운용한계 범위에서 운항할 것

2. 제작사에서 제공하는 정비교범, 기술문서 또는 국토교통부장관이 정하여 고시하는 정비방법에 따라 정비등을 수행할 것

3. 법 제23조제9항에 따른 감항성개선 또는 그 밖의 검사·정비등의 명령에 따른 정비등을 수행할 것

제45조(항공기등·장비품 또는 부품에 대한 감항성개선 명령 등) ① 국토교통부장관은 법 제23조제9항에 따라 소유자등에게 항공기등, 장비품 또는 부품에 대한 정비등에 관한 감항성개선을 명할 때에는 다음 각 호의 사항을 통보하여야 한다. 〈개정 2018. 6. 27.〉

1. 항공기등, 장비품 또는 부품의 형식 등 개선 대상
2. 검사, 교환, 수리·개조 등을 하여야 할 시기 및 방법
3. 그 밖에 검사, 교환, 수리·개조 등을 수행하는 데 필요한 기술자료
4. 제3항에 따른 보고 대상 여부

② 국토교통부장관은 법 제23조제9항에 따라 소유자등에게 검사·정비등을 명할 때에는 다음 각 호의 사항을 통보하여야 한다. 〈개정 2018. 6. 27.〉

1. 항공기등, 장비품 또는 부품의 형식 등 검사 대상
2. 검사·정비등을 하여야 할 시기 및 방법
3. 제3항에 따른 보고 대상 여부

③ 제1항에 따른 감항성개선 또는 제2항에 따른 검사·정비등의 명령을 받은 소유자등은 감항성개선 또는 검사·정비등을 완료한 후 그 이행 결과가 보고 대상인 경우에는 국토교통부장관에게 보고하여야 한다.

제46조(감항승인의 신청) ① 법 제24조제1항에 따라 감항승인을 받으려는 자는 다음 각 호의 구분에 따른 신청서를 국토교통부장관 또는 지방항공청장에게 제출하여야 한다.

1. 항공기를 외국으로 수출하려는 경우: 별지 제19호서식의 항공기 감항승인 신청서
2. 발동기·프로펠러, 장비품 또는 부품을 타인에게 제공하려는 경우: 별지 제20호서식의 부품 등의 감항승인 신청서

② 제1항에 따른 신청서에는 다음 각 호의 서류를 첨부하여야 한다. 〈개정 2018. 6. 27.〉

1. 항공기기술기준 또는 법 제27조제1항에 따른 기술표준품형식

승인기준(이하 "기술표준품형식승인기준"이라 한다)에 적합함을 입증하는 자료

2. 정비교범(제작사가 발행한 것만 해당한다)

3. 그 밖에 법 제23조제9항에 따른 감항성개선 명령의 이행 결과 등 국토교통부장관이 정하여 고시하는 서류

제47조(감항승인을 위한 검사범위) 법 제24조제2항에 따라 국토교통부장관 또는 지방항공청장이 감항승인을 할 때에는 해당 항공기등·장비품 또는 부품의 상태 및 성능이 항공기기술기준 또는 기술표준품형식승인기준에 적합한지를 검사하여야 한다.

제48조(감항승인서의 발급) 국토교통부장관 또는 지방항공청장은 법 제24조제2항에 따른 감항승인을 위한 검사 결과 해당 항공기가 항공기기술기준에 적합하다고 인정하는 경우에는 별지 제21호서식의 항공기 감항승인서를, 해당 발동기·프로펠러, 장비품 또는 부품이 항공기기술기준 또는 기술표준품형식승인기준에 적합하다고 인정하는 경우에는 별지 제22호서식의 부품 등 감항승인서를 신청인에게 발급하여야 한다.

제49조(소음기준적합증명 대상 항공기) 법 제25조제1항에서 "국토교통부령으로 정하는 항공기"란 다음 각 호의 어느 하나에 해당하는 항공기로서 국토교통부장관이 정하여 고시하는 항공기를 말한다. 〈개정 2021. 8. 27.〉

1. 터빈(높은 압력의 액체·기체를 날개바퀴의 날개에 부딪히게 함으로써 회전하는 힘을 얻는 기계를 말한다)발동기를 장착한 항공기

2. 국제선을 운항하는 항공기

제50조(소음기준적합증명 신청) ① 법 제25조제1항에 따라 소음기준적합증명을 받으려는 자는 별지 제23호서식의 소음기준적합증명 신청서를 국토교통부장관 또는 지방항공청장에게 제출하여야 한다.

② 제1항에 따른 신청서에는 다음 각 호의 서류를 첨부하여야 한다.

1. 해당 항공기가 법 제19조제2호에 따른 소음기준(이하 "소음기준"이라 한다)에 적합함을 입증하는 비행교범

2. 해당 항공기가 소음기준에 적합하다는 사실을 입증할 수 있는 서류(해당 항공기를 제작 또는 등록하였던 국가나 항공기 제작기술을

제공한 국가가 소음기준에 적합하다고 증명한 항공기만 해당한다)

3. 수리·개조 등에 관한 기술사항을 적은 서류(수리·개조 등으로 항공기의 소음치(騷音値)가 변경된 경우에만 해당한다)

제51조(소음기준적합증명의 검사기준 등) ① 법 제25조제1항에 따른 소음기준적합증명의 검사기준과 소음의 측정방법 등에 관한 세부적인 사항은 국토교통부장관이 정하여 고시한다. 〈개정 2022. 6. 8.〉

② 국토교통부장관 또는 지방항공청장은 제50조제2항제2호에 따른 서류를 제출받은 경우 해당 국가의 소음측정방법 및 소음측정값이 제1항에 따른 검사기준과 측정방법에 적합한 것으로 확인되면 서류검사만으로 소음기준적합증명을 할 수 있다. 〈신설 2022. 6. 8.〉

제52조(소음기준적합증명서의 발급 및 재발급) ① 국토교통부장관 또는 지방항공청장은 해당 항공기가 소음기준에 적합한 경우에는 별지 제24호서식의 소음기준적합증명서를 항공기의 소유자등에게 발급하여야 한다.

② 항공기의 소유자등은 제1항에 따라 발급받은 소음기준적합증명서를 잃어버렸거나 소음적합증명서를 못쓰게 되어 재발급받으려면 별지 제23호의2서식의 소음기준적합증명 재발급 신청서를 국토교통부장관 또는 지방항공청장에게 제출해야 한다. 〈개정 2022. 6. 8.〉

③ 국토교통부장관 또는 지방항공청장은 제2항에 따른 재발급 신청서를 접수한 경우 그 신청사유가 적합하다고 인정되면 소음기준적합증명서를 재발급해야 한다. 〈신설 2022. 6. 8.〉

[제목개정 2022. 6. 8.]

제53조(소음기준적합증명의 기준에 적합하지 아니한 항공기의 운항허가) ① 법 제25조제2항 단서에 따라 운항허가를 받을 수 있는 경우는 다음 각 호와 같다. 이 경우 국토교통부장관은 제한사항을 정하여 항공기의 운항을 허가할 수 있다.

1. 항공기의 생산업체, 연구기관 또는 제작자 등이 항공기 또는 그 장비품 등의 시험·조사·연구·개발을 위하여 시험비행을 하는 경우

2. 항공기의 제작 또는 정비등을 한 후 시험비행을 하는 경우

3. 항공기의 정비등을 위한 장소까지 승객·화물을 싣지 아니하고 비행하는 경우

4. 항공기의 설계에 관한 형식증명을 변경하기 위하여 운용한계를

초과하는 시험비행을 하는 경우

② 법 제25조제2항 단서에 따른 운항허가를 받으려는 자는 별지 제25호서식의 시험비행 등의 허가신청서를 국토교통부장관에게 제출하여야 한다.

제54조(소음기준적합증명서의 반납) 법 제25조제3항에 따라 항공기의 소음기준적합증명을 취소하거나 그 효력을 정지시킨 경우에는 지체 없이 항공기의 소유자등에게 해당 항공기의 소음기준적합증명서의 반납을 명하여야 한다.

제55조(기술표준품형식승인의 신청) ① 법 제27조제1항에 따라 기술표준품형식승인을 받으려는 자는 별지 제26호서식의 기술표준품 형식승인 신청서를 국토교통부장관에게 제출하여야 한다.

② 제1항에 따른 신청서에는 다음 각 호의 서류를 첨부하여야 한다.

1. 법 제27조제1항에 따른 기술표준품형식승인기준(이하 "기술표준품형식승인기준"이라 한다)에 대한 적합성 입증 계획서 또는 확인서
2. 기술표준품의 설계도면, 설계도면 목록 및 부품 목록
3. 기술표준품의 제조규격서 및 제품사양서
4. 기술표준품의 품질관리규정
5. 해당 기술표준품의 감항성 유지 및 관리체계(이하 "기술표준품관리체계"라 한다)를 설명하는 자료
6. 그 밖에 참고사항을 적은 서류

제56조(형식승인이 면제되는 기술표준품) 법 제27조제1항 단서에서 "국토교통부령으로 정하는 기술표준품"이란 다음 각 호의 기술표준품을 말한다. 〈개정 2018. 6. 27.〉

1. 법 제20조에 따라 형식증명 또는 제한형식증명을 받은 항공기에 포함되어 있는 기술표준품
2. 법 제21조에 따라 형식증명승인을 받은 항공기에 포함되어 있는 기술표준품
3. 법 제23조제1항에 따라 감항증명을 받은 항공기에 포함되어 있는 기술표준품

제57조(기술표준품형식승인의 검사범위 등) ① 국토교통부장관은 법 제27조제2항에 따라 기술표준품형식승인을 위한 검사를 하는 경우에는 다음 각 호의 사항을 검사하여야 한다.

1. 기술표준품이 기술표준품형식승인기준에 적합하게 설계되었는

지 여부

2. 기술표준품의 설계·제작과정에 적용되는 품질관리체계

3. 기술표준품관리체계

② 국토교통부장관은 제1항제1호에 따른 사항을 검사하는 경우에는 기술표준품의 최소성능표준에 대한 적합성과 도면, 규격서, 제작공정 등에 관한 내용을 포함하여 검사하여야 한다.

③ 국토교통부장관은 제1항제2호에 따른 사항을 검사하는 경우에는 해당 기술표준품을 제작할 수 있는 기술·설비 및 인력 등에 관한 내용을 포함하여 검사하여야 한다.

④ 국토교통부장관은 제1항제3호에 따른 사항을 검사하는 경우에는 기술표준품의 식별방법 및 기록유지 등에 관한 내용을 포함하여 검사하여야 한다.

제58조(기술표준품형식승인서의 발급 등) ① 국토교통부장관은 법 제27조제2항에 따른 검사 결과 해당 기술표준품의 설계·제작이 기술표준품형식승인기준에 적합하다고 인정하는 경우에는 별지 제27호서식의 기술표준품형식승인서를 발급하여야 한다.

② 법 제27조에 따른 기술표준품형식승인을 받은 자는 해당 기술표준품에 기술표준품형식승인을 받았음을 나타내는 표시를 할 수 있다.

제59조(항공기기술기준 등의 제·개정 신청 등) ① 항공기기술기준 또는 기술표준품형식승인기준의 제정 또는 개정을 신청하려는 자는 별지 제28호서식의 항공기기술기준 또는 기술표준품형식승인기준 제·개정 신청서에 항공기기술기준 또는 기술표준품형식승인기준 신·구조문대비표를 첨부하여 국토교통부장관에게 제출하여야 한다.

② 국토교통부장관은 제1항에 따른 신청이 있는 경우 30일 이내에 이를 검토하여 항공기기술기준 또는 기술표준품형식승인기준으로의 반영 여부를 제60조에 따른 항공기기술기준위원회의 심의를 거쳐 신청인에게 통보하여야 한다.

제60조(항공기기술기준위원회의 구성 및 운영) ① 항공기기술기준 및 기술표준품형식승인기준의 적합성에 관하여 국토교통부장관의 자문에 조언하게 하기 위하여 국토교통부장관 소속으로 항공기기술기준위원회를 둔다.

② 항공기기술기준위원회는 다음 각 호의 사항을 심의·의결한다.

1. 항공기기술기준의 제·개정안

2. 기술표준품형식승인기준의 제ㆍ개정안

③ 항공기기술기준위원회의 구성, 위원의 선임기준 및 임기 등 항공기기술기준위원회의 운영에 필요한 세부사항은 국토교통부장관이 정하여 고시한다.

제61조(부품등제작자증명의 신청) ① 법 제28조제1항에 따른 부품등제작자증명을 받으려는 자는 별지 제29호서식의 부품등제작자증명 신청서를 국토교통부장관에게 제출하여야 한다.

② 제1항에 따른 신청서에는 다음 각 호의 서류를 첨부하여야 한다.

1. 장비품 또는 부품(이하 "부품등"이라 한다)의 식별서
2. 항공기기술기준에 대한 적합성 입증 계획서 또는 확인서
3. 부품등의 설계도면ㆍ설계도면 목록 및 부품등의 목록
4. 부품등의 제조규격서 및 제품사양서
5. 부품등의 품질관리규정
6. 해당 부품등의 감항성 유지 및 관리체계(이하 "부품등관리체계"라 한다)를 설명하는 자료
7. 그 밖에 참고사항을 적은 서류

제62조(부품등제작자증명의 검사범위 등) ① 국토교통부장관은 법 제28조제2항에 따라 부품등제작자증명을 위한 검사를 하는 경우에는 해당 부품등이 항공기기술기준에 적합하게 설계되었는지의 여부, 품질관리체계, 제작과정 및 부품등관리체계에 대한 검사를 하여야 한다.

② 제1항에 따른 검사의 세부적인 검사기준ㆍ방법 및 절차 등은 국토교통부장관이 정하여 고시한다.

제63조(부품등제작자증명을 받지 아니하여도 되는 부품등) 법 제28조제1항제3호에서 "국토교통부령으로 정하는 장비품 또는 부품"이란 다음 각 호의 어느 하나에 해당하는 것을 말한다.

1. 「산업표준화법」 제15조제1항에 따라 인증받은 항공 분야 부품등
2. 전시ㆍ연구 또는 교육목적으로 제작되는 부품등
3. 국제적으로 공인된 규격에 합치하는 부품등 중 국토교통부장관이 정하여 고시하는 부품등

제64조(부품등제작자증명서의 발급) ① 국토교통부장관은 법 제28조제2항에 따른 검사 결과 부품등제작자증명을 받으려는 자가 항공기기술기준에 적합하게 부품등을 제작할 수 있다고 인정하는 경우에는

별지 제30호서식의 부품등제작자증명서를 발급하여야 한다.

② 국토교통부장관은 제1항에 따른 부품등제작자증명서를 발급할 때에는 해당 부품등이 장착될 항공기등의 형식을 지정하여야 한다.

③ 법 제28조에 따른 부품등제작자증명을 받은 자는 해당 부품등에 대하여 부품등제작자증명을 받았음을 나타내는 표시를 할 수 있다.

제65조(항공기등 또는 부품등의 수리·개조승인의 범위) 법 제30조제1항에 따라 승인을 받아야 하는 항공기등 또는 부품등의 수리·개조의 범위는 항공기의 소유자등이 법 제97조에 따라 정비조직인증을 받아 항공기등 또는 부품등을 수리·개조하거나 정비조직인증을 받은 자에게 위탁하는 경우로서 그 정비조직인증을 받은 업무 범위를 초과하여 항공기등 또는 부품등을 수리·개조하는 경우를 말한다.

제66조(수리·개조승인의 신청) 법 제30조제1항에 따라 항공기등 또는 부품등의 수리·개조승인을 받으려는 자는 별지 제31호서식의 수리·개조승인 신청서에 다음 각 호의 내용을 포함한 수리계획서 또는 개조계획서를 첨부하여 작업을 시작하기 10일 전까지 지방항공청장에게 제출하여야 한다. 다만, 항공기사고 등으로 인하여 긴급한 수리·개조를 하여야하는 경우에는 작업을 시작하기 전까지 신청서를 제출할 수 있다.

1. 수리·개조 신청사유 및 작업 일정
2. 작업을 수행하려는 인증된 정비조직의 업무범위
3. 수리·개조에 필요한 인력, 장비, 시설 및 자재 목록
4. 해당 항공기등 또는 부품등의 도면과 도면 목록
5. 수리·개조 작업지시서

제67조(항공기등 또는 부품등의 수리·개조승인) ① 지방항공청장은 제66조에 따른 수리·개조승인의 신청을 받은 경우에는 수리계획서 또는 개조계획서를 통하여 수리·개조가 항공기기술기준에 적합한지 여부를 확인한 후 승인하여야 한다. 다만, 신청인이 제출한 수리계획서 또는 개조계획서만으로 확인이 곤란한 경우에는 수리·개조가 시행되는 현장에서 확인한 후 승인할 수 있다.

② 지방항공청장은 제1항에 따라 수리·개조승인을 하는 때에는 별지 제32호서식의 수리·개조 결과서에 작업지시서 수행본 1부를 첨부하여 제출하는 것을 조건으로 신청자에게 승인하여야 한다.

제68조(경미한 정비의 범위) 법 제32조제1항 본문에서 “국토교통부

령으로 정하는 경미한 정비"란 다음 각 호의 어느 하나에 해당하는 작업을 말한다. 〈개정 2021. 8. 27.〉

1. 간단한 보수를 하는 예방작업으로서 리깅(Rigging: 항공기 정비를 위한 조절작업을 말한다) 또는 간극의 조정작업 등 복잡한 결합작용을 필요로 하지 않는 규격장비품 또는 부품의 교환작업

2. 감항성에 미치는 영향이 경미한 범위의 수리작업으로서 그 작업의 완료 상태를 확인하는 데에 동력장치의 작동 점검과 같은 복잡한 점검을 필요로 하지 아니하는 작업

3. 그 밖에 윤활유 보충 등 비행전후에 실시하는 단순하고 간단한 점검 작업

제69조(항공기등의 정비등을 확인하는 사람) 법 제32조제1항 본문에서 "국토교통부령으로 정하는 자격요건을 갖춘 사람" 이란 다음 각 호의 어느 하나에 해당하는 사람을 말한다.

1. 항공운송사업자 또는 항공기사용사업자에 소속된 사람: 국토교통부장관 또는 지방항공청장이 법 제93조(법 제96조제2항에서 준용하는 경우를 포함한다)에 따라 인가한 정비규정에서 정한 자격을 갖춘 사람으로서 제81조제2항에 따른 동일한 항공기 종류 또는 제81조제6항에 따른 동일한 정비분야에 대해 최근 24개월 이내에 6개월 이상의 정비경험이 있는 사람

2. 법 제97조제1항에 따라 정비조직인증을 받은 항공기정비업자에 소속된 사람: 제271조제1항에 따른 정비조직절차교범에서 정한 자격을 갖춘 사람으로서 제81조제2항에 따른 동일한 항공기 종류 또는 제81조제6항에 따른 동일한 정비분야에 대해 최근 24개월 이내에 6개월 이상의 정비경험이 있는 사람

3. 자가용항공기를 정비하는 사람: 해당 항공기 형식에 대하여 제작사가 정한 교육기준 및 방법에 따라 교육을 이수하고 제81조제2항에 따른 동일한 항공기 종류 또는 제81조제6항에 따른 동일한 정비분야에 대해 최근 24개월 이내에 6개월 이상의 정비경험이 있는 사람

4. 제작사가 정한 교육기준 및 방법에 따라 교육을 이수한 사람 또는 이와 동등한 교육을 이수하여 국토교통부장관 또는 지방항공청장으로부터 승인을 받은 사람

제70조(항공기등의 정비등을 확인하는 방법) 법 제32조제1항 본문에서 "국토교통부령으로 정하는 방법" 이란 다음 각 호의 어느 하나

에 해당하는 방법을 말한다.

1. 법 제93조제1항(법 제96조제2항에서 준용하는 경우를 포함한다)에 따라 인가받은 정비규정에 포함된 정비프로그램 또는 검사프로그램에 따른 방법

2. 국토교통부장관의 인가를 받은 기술자료 또는 절차에 따른 방법

3. 항공기등 또는 부품등의 제작사에서 제공한 정비매뉴얼 또는 기술자료에 따른 방법

4. 항공기등 또는 부품등의 제작국가 정부가 승인한 기술자료에 따른 방법

5. 그 밖에 국토교통부장관 또는 지방항공청장이 인정하는 기술자료에 따른 방법

제71조(국외 정비확인자의 자격인정) 법 제32조제1항 단서에서 "국토교통부령으로 정하는 자격요건을 갖춘 자"란 다음 각 호의 어느 하나에 해당하는 사람으로서 국토교통부장관의 인정을 받은 사람(이하 "국외 정비확인자"라 한다)을 말한다.

1. 외국정부가 발급한 항공정비사 자격증명을 받은 사람

2. 외국정부가 인정한 항공기정비사업자에 소속된 사람으로서 항공정비사 자격증명을 받은 사람과 동등하거나 그 이상의 능력이 있는 사람

제72조(국외 정비확인자의 인정신청) 제71조에 따른 인정을 받으려는 사람은 다음 각 호의 사항을 적은 신청서에 외국정부가 발급한 항공정비사 자격증명 또는 외국정부가 인정한 항공기정비사업자임을 증명하는 서류 및 그 사업자에 소속된 사람임을 증명하는 서류와 사진 2장을 첨부하여 국토교통부장관에게 제출하여야 한다.

1. 성명, 국적, 연령 및 주소

2. 경력

3. 정비확인을 하려는 장소

4. 자격인정을 받으려는 사유

제73조(국외 정비확인자 인정서의 발급) ① 국토교통부장관은 제71조에 따른 인정을 하는 경우에는 별지 제33호서식의 국외 정비확인자 인정서를 발급하여야 한다.

② 국토교통부장관은 제1항에 따라 국외 정비확인자 인정서를 발

급하는 경우에는 국외 정비확인자가 감항성을 확인할 수 있는 항공기등 또는 부품등의 종류·등급 또는 형식을 정하여야 한다.

③ 제1항에 따른 인정의 유효기간은 1년으로 한다.

제74조(항공기 등에 발생한 고장, 결함 또는 기능장애 보고) ① 법 제33조제1항 및 제2항에서 "국토교통부령으로 정하는 고장, 결함 또는 기능장애"란 별표 20의2 제5호에 따른 의무보고 대상 항공안전장애(이하 "고장등"이라 한다)를 말한다. 〈개정 2020. 2. 28.〉

② 법 제33조제1항 및 제2항에 따라 고장등이 발생한 사실을 보고할 때에는 별지 제34호서식의 고장·결함·기능장애 보고서 또는 국토교통부장관이 정하는 전자적인 보고방법에 따라야 한다.

③ 제2항에 따른 보고는 고장등이 발생한 것을 알게 된 때(별표 20의2 제5호마목 및 바목의 의무보고 대상 항공안전장애인 경우에는 보고 대상으로 확인된 때를 말한다)부터 96시간 이내(해당 기간에 포함된 토요일 및 법정공휴일에 해당하는 시간은 제외한다)에 해야 한다. 〈개정 2019. 9. 23., 2020. 2. 28.〉

제4장 항공종사자 등

제75조(응시자격) 법 제34조제1항에 따른 항공종사자 자격증명(이하 "자격증명"이라 한다) 또는 법 제37조제1항에 따른 자격증명의 한정을 받으려는 사람은 법 제34조제2항 각 호의 어느 하나에 해당되지 아니하는 사람으로서 별표 4에 따른 경력을 가진 사람이어야 한다.

제76조(응시원서의 제출) 법 제38조제1항에 따른 자격증명의 시험(이하 "자격증명시험"이라 한다) 또는 법 제38조제2항에 따른 자격증명의 한정심사(이하 "한정심사"라 한다)에 응시하려는 자는 별지 제35호서식의 항공종사자 자격증명시험(한정심사) 응시원서에 다음 각 호의 서류를 첨부하여 「한국교통안전공단법」에 따라 설립된 한국교통안전공단(이하 "한국교통안전공단"이라 한다)의 이사장에게 제출하여야 한다. 다만, 제1호 및 제3호의 서류는 실기시험 응시원서 접수 시까지 제출할 수 있다. 〈개정 2018. 3. 23., 2022. 7. 19.〉

1. 자격증명시험 또는 한정심사에 응시할 수 있는 별표 4에 따른 경력이 있음을 증명하는 서류

2. 제88조 또는 제89조에 따라 자격증명시험 또는 한정심사의 일부 또는 전부를 면제받으려는 사람은 면제받을 수 있는 자격 또는

경력 등이 있음을 증명하는 서류

3. 제101조제2항에 따른 항공기 조종연습허가서 또는 제102조제3항에 따른 항공교통관제연습 허가서(자격증명을 받지 않은 사람으로서 해당 실기시험에 필요한 사람만 해당한다)

제77조(비행경력의 증명) ① 제76조제1호에 따른 경력 중 비행경력은 다음 각 호의 구분에 따라 증명된 것이어야 한다. 〈개정 2022. 6. 8.〉

1. 법 제46조제1항의 조종연습에 따른 비행경력: 조종연습 비행이 끝날 때마다 법 제46조제1항 각 호의 구분에 따른 감독자가 증명한 것

2. 자격증명을 받은 조종사의 비행경력으로서 제1호의 비행경력 외의 비행경력: 비행이 끝날 때마다 해당 기장이 증명한 것

3. 삭제 〈2022. 6. 8.〉

② 제1항제2호에도 불구하고 비행경력을 증명받으려는 조종사가 기장인 경우에는 다음 각 목의 어느 하나에 해당하는 사람이 증명한 것으로 한다. 다만, 비행경력을 증명받으려는 조종사가 기장이면서 사용자인 경우에는 나목 또는 다목의 사람이 증명한 것으로 한다. 〈신설 2022. 6. 8.〉

가. 사용자

나. 조종교관(제98조제3항에 따른 조종교육증명을 발급받고, 제125조에 따른 경험이 있는 사람을 말한다)

다. 그 밖에 가목 또는 나목에 준하는 사람으로서 국토교통부장관이 비행경력을 증명할 수 있다고 인정하여 고시하는 사람

③ 제1항에 따른 비행경력의 증명은 별지 제36호서식의 비행경력 증명서에 따른다. 〈개정 2022. 6. 8.〉

제78조(비행시간의 산정) 제77조에 따른 비행경력을 증명할 때 그 비행시간은 다음 각 호의 구분에 따라 산정(算定)한다.

1. 조종사 자격증명이 없는 사람이 조종사 자격증명시험에 응시하는 경우: 법 제46조제2항의 허가를 받은 사람이 단독 또는 교관과 동승하여 비행한 시간

2. 자가용 조종사 자격증명을 받은 사람이 사업용 조종사 자격증명시험에 응시하는 경우(사업용 조종사 또는 부조종사 자격증명을 받은 사람이 운송용 조종사 자격증명시험에 응시하는 경우를 포함한

다): 다음 각 목의 시간을 합산한 시간

가. 단독 또는 교관과 동승하여 비행하거나 기장으로서 비행한 시간

나. 비행교범에 따라 항공기 운항을 위하여 2명 이상의 조종사가 필요한 항공기의 기장 외의 조종사로서 비행한 시간

다. 기장 외의 조종사로서 기장의 지휘·감독 하에 기장의 임무를 수행한 경우 그 비행시간. 다만, 한 사람이 조종할 수 있는 항공기에 기장 외의 조종사가 탑승하여 비행하는 경우 그 기장 외의 조종사에 대해서는 그 비행시간의 2분의 1

3. 항공사 또는 항공기관사 자격증명시험에 응시하는 경우: 별표 4에서 정한 실제 항공기에 탑승하여 해당 항공사 또는 항공기관사에 준하는 업무를 수행한 경우 그 비행시간

제79조(항공기의 지정) 법 제36조제3항제1호에서 "국토교통부령으로 정하는 항공기"란 중급 활공기 또는 초급 활공기를 말한다.

제80조(시험비행 등의 허가) 법 제36조제3항제2호에 따라 시험비행 등을 하려는 사람은 별지 제25호서식의 시험비행 등의 허가신청서를 지방항공청장에게 제출하여야 한다.

제81조(자격증명의 한정) ① 국토교통부장관은 법 제37조제1항제1호에 따라 항공기의 종류·등급 또는 형식을 한정하는 경우에는 자격증명을 받으려는 사람이 실기시험에 사용하는 항공기의 종류·등급 또는 형식으로 한정하여야 한다.

② 제1항에 따라 한정하는 항공기의 종류는 비행기, 헬리콥터, 비행선, 활공기 및 항공우주선으로 구분한다.

③ 제1항에 따라 한정하는 항공기의 등급은 다음 각 호와 같이 구분한다. 다만, 활공기의 경우에는 상급(활공기가 특수 또는 상급 활공기인 경우) 및 중급(활공기가 중급 또는 초급 활공기인 경우)으로 구분한다.

1. 육상 항공기의 경우: 육상단발 및 육상다발
2. 수상 항공기의 경우: 수상단발 및 수상다발

④ 제1항에 따라 한정하는 항공기의 형식은 다음 각 호와 같이 구분한다.

1. 조종사 자격증명의 경우에는 다음 각 목의 어느 하나에 해당하는 형식의 항공기

가. 비행교범에 2명 이상의 조종사가 필요한 것으로 되어 있는 항공기

나. 가목 외에 국토교통부장관이 지정하는 형식의 항공기

2. 항공기관사 자격증명의 경우에는 모든 형식의 항공기

⑤ 국토교통부장관이 법 제37조제1항제2호에 따라 한정하는 항공정비사 자격증명의 항공기·경량항공기의 종류는 다음 각 호와 같다. 〈개정 2020. 2. 28., 2021. 8. 27.〉

1. 항공기의 종류

가. 비행기 분야. 다만, 비행기에 대한 정비업무경력이 4년(국토교통부장관이 지정한 전문교육기관에서 비행기 정비에 필요한 과정을 이수한 사람은 2년) 미만인 사람은 최대이륙중량 5,700킬로그램 이하의 비행기로 제한한다.

나. 헬리콥터 분야. 다만, 헬리콥터 정비업무경력이 4년(국토교통부장관이 지정한 전문교육기관에서 헬리콥터 정비에 필요한 과정을 이수한 사람은 2년) 미만인 사람은 최대이륙중량 3,175킬로그램 이하의 헬리콥터로 제한한다.

2. 경량항공기의 종류

가. 경량비행기 분야: 조종형비행기, 체중이동형비행기 또는 동력패러슈트

나. 경량헬리콥터 분야: 경량헬리콥터 또는 자이로플레인

⑥ 국토교통부장관이 법 제37조제1항제2호에 따라 한정하는 항공정비사의 자격증명의 정비분야는 전자·전기·계기 관련 분야로 한다. 〈개정 2020. 2. 28.〉

제82조(시험과목 및 시험방법) ① 자격증명시험 또는 한정심사의 학과시험 및 실기시험의 과목과 범위는 별표 5와 같다.

② 제1항에 따른 실기시험의 항목 중 항공기 또는 모의비행훈련장치로 실기시험을 실시할 필요가 없다고 국토교통부장관이 인정하는 항목에 대해서는 구술로 실기시험을 실시하게 할 수 있다. 〈개정 2021. 11. 19.〉

③ 운송용 조종사의 실기시험에 사용하는 비행기의 발동기는 2개 이상이어야 한다.

제83조(시험 및 심사 결과의 통보 등) ① 한국교통안전공단의 이사장은 자격증명시험 또는 한정심사의 학과시험 및 실기시험을 실시한

경우에는 각각 합격 여부 등 그 결과를 해당 시험에 응시한 사람에게 통보하여야 한다. 〈개정 2018. 3. 23.〉

② 한국교통안전공단의 이사장은 자격증명시험 또는 한정심사를 실시한 경우에는 항공종사자 자격증명별로 학과시험 및 실기시험 합격자 현황을 국토교통부장관에게 보고하여야 한다. 〈개정 2018. 3. 23.〉

제84조(시험 및 심사의 실시에 관한 세부 사항) ① 한국교통안전공단의 이사장은 자격증명시험 및 한정심사를 실시하려는 경우에는 매년 말까지 자격증명시험 및 한정심사의 학과시험 및 실기시험의 일정(전용 전산망과 연결된 컴퓨터를 이용하여 수시로 시행하는 자격증명시험 및 한정심사의 학과시험의 일정은 제외한다), 응시자격 및 응시과목 등을 포함한 다음 연도의 계획을 공고하여야 한다. 〈개정 2018. 3. 23.〉

② 한국교통안전공단의 이사장은 제1항에도 불구하고 천재·지변 또는 「감염병의 예방 및 관리에 관한 법률」에 따른 감염병 발생 등 부득이한 사유로 제1항에 따른 자격증명시험 또는 한정심사를 실시할 수 없는 경우에는 그 사유 및 자격증명시험 또는 한정심사를 실시하지 않는 기간을 공고해야 한다. 〈신설 2021. 6. 9.〉

③ 이 규칙에서 정한 사항 외에 자격증명시험 및 한정심사에 관하여 필요한 사항은 국토교통부장관이 정하여 고시한다. 〈개정 2021. 6. 9.〉

제85조(과목합격의 유효) 자격증명시험 또는 한정심사의 학과시험의 일부 과목 또는 전 과목에 합격한 사람이 같은 종류의 항공기에 대하여 자격증명시험 또는 한정심사에 응시하는 경우에는 제83조제1항에 따른 통보가 있는 날(전 과목을 합격한 경우에는 최종 과목의 합격 통보가 있는 날)부터 2년 이내에 실시(자격증명시험 또는 한정심사 접수 마감일을 기준으로 한다)하는 자격증명시험 또는 한정심사에서 그 합격을 유효한 것으로 한다. 이 경우 과목 합격의 유효기간을 산정할 때 제84조제2항의 공고에 따라 자격증명시험 또는 한정심사가 실시되지 않는 기간은 제외한다. 〈개정 2021. 6. 9.〉

제86조(자격증명을 받은 사람의 학과시험 면제) 자격증명을 받은 사람이 다른 자격증명을 받기 위하여 자격증명시험에 응시하는 경우에는 별표 6에 따라 응시하려는 학과시험의 일부를 면제한다.

第87조(항공종사자 자격증명서의 발급 및 재발급 등) ① 한국교통안전공단의 이사장은 자격증명시험 또는 한정심사의 학과시험 및 실시시험의 전 과목을 합격한 사람이 별지 제37호서식의 자격증명서(재)발급신청서(전자문서로 된 신청서를 포함한다)를 제출한 경우 별지 제38호서식의 항공종사자 자격증명서를 발급하여야 한다. 다만, 법 제35조제1호부터 제7호까지의 자격증명의 경우에는 법 제40조에 따른 항공신체검사증명서를 제출받아 이를 확인한 후 자격증명서를 발급하여야 한다. 〈개정 2018. 3. 23.〉

② 항공종사자 자격증명서를 발급받은 사람은 항공종사자 자격증명서를 잃어버리거나 자격증명서가 헐어 못 쓰게 된 경우 또는 그 기재사항을 변경하려는 경우에는 별지 제37호서식의 자격증명서(재)발급신청서(전자문서로 된 신청서를 포함한다)를 한국교통안전공단의 이사장에게 제출하여야 한다. 〈개정 2018. 3. 23.〉

③ 제2항에 따라 재발급 신청을 받은 한국교통안전공단의 이사장은 그 신청 사유가 적합하다고 인정되면 별지 제38호서식의 항공종사자 자격증명서를 재발급하여야 한다. 〈개정 2018. 3. 23.〉

④ 한국교통안전공단의 이사장은 제1항 및 제3항에 따라 항공종사자 자격증명서를 발급하거나 재발급할 때 신청인의 신청이 있으면 전자문서로 된 자격증명서를 추가로 발급할 수 있다. 〈신설 2020. 11. 2.〉

⑤ 한국교통안전공단의 이사장은 제1항 및 제3항에 따라 항공종사자 자격증명서를 발급 또는 재발급한 경우에는 별지 제39호서식의 항공종사자 자격증명서 발급대장을 작성하여 갖춰 두거나, 컴퓨터 등 전산정보처리장치에 별지 제39호서식의 항공종사자 자격증명서 발급대장의 내용을 작성·보관하고 이를 관리하여야 한다. 〈개정 2018. 3. 23., 2020. 11. 2.〉

⑥ 한국교통안전공단의 이사장은 제88조제1항제1호 각 목의 어느 하나에 해당하는 사람에 대해서는 외국정부로부터 받은 자격증명(제75조 또는 「국제민간항공협약」 부속서 1에서 정한 해당 자격증명별 응시경력에 적합하여야 한다. 이하 같다)을 자격증명으로 인정한다. 이 경우 그 유효기간은 1년의 범위에서 해당 외국정부로부터 받은 자격증명 유효기간의 남은 기간으로 하되, 1년의 범위에서 한 번만 유효기간을 연장할 수 있다. 〈개정 2018. 3. 23., 2020. 11. 2.〉

⑦ 한국교통안전공단의 이사장은 제1항 또는 제3항에 따라 자격증명서를 발급받은 사람으로부터 별지 제40호서식의 자격증명서 유효성확인 신청서(전자문서로 된 신청서를 포함한다)를 접수받은 경우 그 해당 자격증명서의 유효성을 확인한 후 별지 제41호서식의 자격증명서 유효성확인 증명서를 발급하여야 한다. 〈개정 2018. 3. 23., 2020. 11. 2.〉

第88조(자격증명시험의 면제) ① 법 제38조제3항제1호에 따라 외국정부로부터 자격증명(임시 자격증명을 포함한다)을 받은 사람에게는 다음 각 호의 구분에 따라 자격증명시험의 일부 또는 전부를 면제한다. 〈개정 2021. 11. 19.〉

1. 다음 각 목의 어느 하나에 해당하는 항공업무를 일시적으로 수행하려는 사람으로서 해당 자격증명시험에 응시하는 경우: 학과시험 및 실기시험의 면제

가. 새로운 형식의 항공기 또는 장비를 도입하여 시험비행 또는 훈련을 실시할 경우의 교관요원 또는 운용요원

나. 대한민국에 등록된 항공기 또는 장비를 이용하여 교육훈련을 받으려는 사람

다. 대한민국에 등록된 항공기를 수출하거나 수입하는 경우 국외 또는 국내로 승객·화물을 싣지 아니하고 비행하려는 조종사

2. 일시적인 조종사의 부족을 충원하기 위하여 채용된 외국인 조종사로서 해당 자격증명시험에 응시하는 경우: 학과시험(항공법규는 제외한다)의 면제

3. 모의비행훈련장치 교관요원으로 종사하려는 사람으로서 해당 자격증명시험에 응시하는 경우: 학과시험(항공법규는 제외한다)의 면제

4. 제1호부터 제3호까지의 규정 외의 경우로서 해당 자격증명시험에 응시하는 경우: 학과시험(항공법규는 제외한다)의 면제

② 법 제38조제3항제2호 또는 제3호에 해당하는 사람이 해당 자격증명시험에 응시하는 경우에는 별표 7 제1호에 따라 실기시험의 일부를 면제한다.

③ 제75조에 따른 응시자격을 갖춘 사람으로서 법 제38조제3항제4호에 따라 「국가기술자격법」에 따른 항공기술사·항공정비기능장·항공기사 또는 항공산업기사의 자격을 가진 사람에 대해서는 다음

각 호의 구분에 따라 시험을 면제한다.

1. 항공기술사 자격을 가진 사람이 항공정비사 종류별 자격증명시험에 응시하는 경우: 학과시험(항공법규는 제외한다)의 면제

2. 항공정비기능장 또는 항공기사자격을 가진 사람(해당 자격 취득 후 항공기 정비업무에 1년 이상 종사한 경력이 있는 사람만 해당한다)이 항공정비사 종류별 자격증명시험에 응시하는 경우: 학과시험(항공법규는 제외한다)의 면제

3. 항공산업기사 자격을 가진 사람(해당 자격 취득 후 항공기 정비업무에 2년 이상 종사한 경력이 있는 사람만 해당한다)이 항공정비사 종류별 자격증명시험에 응시하는 경우: 학과시험(항공법규는 제외한다)의 면제

제89조(한정심사의 면제) ① 법 제38조제3항제1호에 따라 외국정부로부터 자격증명의 한정(임시 자격증명의 한정을 포함한다)을 받은 사람이 해당 한정심사에 응시하는 경우에는 학과시험과 실기시험을 면제한다.

② 법 제38조제3항제2호에 따라 국토교통부장관이 지정한 전문교육기관에서 항공기에 관한 전문교육을 이수한 조종사 또는 항공기관사가 교육 이수 후 180일 이내에 교육받은 것과 같은 형식의 항공기에 관한 한정심사에 응시하는 경우에는 국토교통부장관이 정하는 바에 따라 실기시험을 면제한다. 다만, 항공기의 소유자등이 새로운 형식의 항공기를 도입하는 경우 그 항공기의 조종사 또는 항공기관사에 관한 한정심사에서는 그 응시자가 전문교육기관(외국정부가 인정한 외국의 전문교육기관을 포함한다)에서 항공기에 관한 전문교육을 이수한 경우에는 국토교통부장관이 정하는 바에 따라 학과시험과 실기시험을 면제한다. 〈개정 2022. 12. 9.〉

③ 법 제38조제3항제3호에 따른 실무경험이 있는 사람이 한정심사에 응시하는 경우에는 별표 7 제2호에 따라 실기시험의 일부를 면제한다.

④ 법 제38조제3항제5호에 따라 항공기의 제작자가 실시하는 해당 항공기에 관한 교육과정(항공기의 소유자등이 새로운 형식의 항공기를 도입하는 경우로 한정한다)을 이수한 조종사 또는 항공기관사가 같은 형식의 항공기에 관한 한정심사를 응시하는 경우에는 국토교통부장관이 정하는 바에 따라 학과시험과 실기시험을 면제한다.

〈신설 2022. 12. 9.〉
제90조(조종사 등이 받은 자격증명의 효력) ① 자가용 조종사 자격증명을 받은 사람이 같은 종류의 항공기에 대하여 부조종사 또는 사업용 조종사의 자격증명을 받은 경우에는 종전의 자가용 조종사 자격증명에 관한 항공기 형식의 한정 또는 계기비행증명에 관한 한정은 새로 받은 자격증명에도 유효하다.

② 부조종사 또는 사업용 조종사의 자격증명을 받은 사람이 같은 종류의 항공기에 대하여 운송용 조종사 자격증명을 받은 경우에는 종전의 자격증명에 관한 항공기 형식의 한정 또는 계기비행증명 · 조종교육증명에 관한 한정은 새로 받은 자격증명에도 유효하다.

③ 항공정비사 자격증명을 받은 사람이 비행기 한정을 받은 경우에는 활공기에 대한 한정을 함께 받은 것으로 본다.

④ 제81조제5항제1호가목에 따라 항공정비사 자격증명을 비행기 분야로 한정을 받은 사람은 제81조제5항제2호가목의 경량비행기 분야로 한정을 함께 받은 것으로 보고, 제81조제5항제1호나목에 따라 항공정비사 자격증명을 헬리콥터 분야로 한정을 받은 사람은 제81조제5항제2호나목의 경량헬리콥터 분야로 한정을 함께 받은 것으로 본다. 〈신설 2020. 2. 28.〉
제91조(모의비행훈련장치의 탑승경력 인정) 법 제39조제2항에 따른 모의비행훈련장치를 이용한 탑승경력의 인정은 별표 4에 따른다.

[전문개정 2021. 11. 19.]
제91조의2(모의비행훈련장치의 지정) ① 법 제39조의2제1항 전단에서 "항공운송사업자 등 국토교통부령으로 정하는 자"란 다음 각 호의 자를 말한다.

1. 항공운송사업자
2. 항공기사용사업자
3. 전문교육기관 지정을 받은 자
4. 국가기관등항공기 운용자
5. 그 밖에 비행교육 및 훈련을 위해 국토교통부장관이 모의비행훈련장치 지정이 필요하다고 인정하는 자

② 법 제39조의2제1항 전단에 따라 모의비행훈련장치의 지정을 받으려는 자는 별지 제42호서식의 모의비행훈련장치 지정 신청서에 다음 각 호의 서류를 첨부하여 지방항공청장에게 제출해야 한다.

1. 모의비행훈련장치의 설치과정 및 개요
2. 모의비행훈련장치 운영규정
3. 모의비행훈련장치 시험비행기록 비교 자료(비교 자료를 추가로 검토할 필요가 있는 경우만 해당한다)
4. 모의비행훈련장치의 성능 및 점검요령
5. 모의비행훈련장치의 관리 및 정비방법
6. 모의비행훈련장치에 따른 훈련계획
7. 모의비행훈련장치의 최소장비목록과 그 적용방법(최소장비목록을 운용하려는 경우만 해당한다)
8. 그 밖에 모의비행훈련장치 지정을 위하여 필요한 서류로서 국토교통부장관이 정하여 고시하는 서류

③ 제2항에 따른 신청을 받은 지방항공청장은 모의비행훈련장치 검사 결과 지정기준에 적합하다고 인정하는 경우에는 별표 7의2에 따라 모의비행훈련장치의 종류·등급 및 운용범위를 정하여 별지 제43호서식의 모의비행훈련장치 지정서를 발급해야 한다.

④ 제1항부터 제3항까지에서 규정한 사항 외에 모의비행훈련장치 지정에 필요한 구비요건, 성능 기준, 검사 절차·항목 및 그 밖에 필요한 사항은 국토교통부장관이 정하여 고시한다.

[본조신설 2021. 11. 19.]

제91조의3(모의비행훈련장치의 변경지정·유효기간 연장) ① 법 제39조의2제1항 후단에 따라 모의비행훈련장치의 지정받은 사항을 변경하려는 자는 별지 제43호의2서식의 모의비행훈련장치 변경지정 신청서에 다음 각 호의 서류를 첨부하여 지방항공청장에게 제출해야 한다.
1. 비행의 성능 및 특성에 영향을 미치는 개조를 하는 경우 그 변경사항을 증명하는 서류
2. 모의비행훈련장치의 세부사항 중 시각시스템 및 운동시스템에 영향을 미치는 개조를 하는 경우 그 변경사항을 증명하는 서류
3. 그 밖에 모의비행훈련장치 변경지정을 위하여 필요한 서류로서 국토교통부장관이 정하여 고시하는 서류

② 법 제39조의2제1항 후단에 따라 모의비행훈련장치 지정의 유효기간을 연장하려는 자는 별지 제43호의3서식의 모의비행훈련장치 유효기간 연장 신청서에 제91조의2제2항 각 호의 서류와 모의비행훈련장치의 품질관리시스템 구축·운영에 관한 서류를 첨부하여 지

방항공청장에게 제출해야 한다.

③ 법 제39조의2제2항 단서에 따라 지방항공청장은 모의비행훈련장치의 유효기간을 연장하는 경우 제91조의2제2항제1호부터 제3호까지의 사항에 관한 검사를 생략할 수 있다.

④ 법 제39조의2제4항 단서에 따라 모의비행훈련장치의 유효기간을 연장하려는 자가 구축·운영해야 하는 모의비행훈련장치 품질관리시스템의 기준은 별표 7의3과 같다.

⑤ 지방항공청장은 제1항 또는 제2항에 따라 변경지정 또는 유효기간 연장 신청을 하는 경우 검사 결과 변경지정 또는 유효기간 연장 기준에 적합하다고 인정하면 별표 7의2에 따라 모의비행훈련장치의 종류·등급 및 운용범위를 정하여 별지 제43호서식의 모의비행훈련장치 지정서를 발급해야 한다.

⑥ 제1항부터 제3항까지에서 규정한 사항 외에 모의비행훈련장치의 변경지정이나 유효기간 연장에 필요한 검사 절차, 검사 항목 및 그 밖에 필요한 사항은 국토교통부장관이 정하여 고시한다.

[본조신설 2021. 11. 19.]

제91조의4(모의비행훈련장치의 지정 취소 기준 등) ① 법 제39조의2제5항에 따른 모의비행훈련장치의 지정 취소, 효력 정지 등 행정처분기준은 별표 7의4와 같다.

② 모의비행훈련장치 지정을 받은 자는 법 제39조의2제5항에 따라 모의비행훈련장치 지정이 취소되거나 그 효력이 정지된 경우에는 지체 없이 지방항공청장에게 해당 모의비행훈련장치의 지정서를 반납해야 한다.

[본조신설 2021. 11. 19.]

제92조(항공신체검사증명의 기준 및 유효기간 등) ① 법 제40조제1항에 따른 자격증명의 종류별 항공신체검사증명의 종류와 그 유효기간은 별표 8과 같다.

② 항공신체검사증명의 종류별 항공신체검사기준은 별표 9와 같다.

③ 법 제49조제1항에 따라 지정된 항공전문의사(이하 "항공전문의사"라 한다)는 법 제40조제4항에 따라 항공신체검사증명을 받으려는 사람이 자격증명의 종류별 항공신체검사기준에 일부 미달한 경우에도 해당 항공업무의 범위를 한정하거나 별표 8에 따른 유효기간을 단축하여 항공신체검사증명서를 발급할 수 있다. 다만, 단축되

는 유효기간은 별표 8에 따른 유효기간의 2분의 1을 초과할 수 없다. 〈개정 2022. 12. 9.〉

④ 제88조제1항에 따라 자격증명시험을 면제받은 사람이 외국정부 또는 외국정부가 지정한 민간의료기관이 발급한 항공신체검사증명을 받은 경우에는 그 항공신체검사증명의 남은 유효기간까지는 법 제40조제1항에 따른 항공신체검사증명을 받은 것으로 본다.

⑤ 별표 8에 따른 제1종의 항공신체검사증명을 받은 사람은 같은 별표에 따른 제2종 및 제3종의 항공신체검사증명을 함께 받은 것으로 본다. 이 경우 그 제2종 및 제3종의 항공신체검사증명의 유효기간은 별표 8에도 불구하고 제1종의 항공신체검사증명의 유효기간으로 한다. 〈개정 2020. 2. 28.〉

⑥ 자가용 조종사 자격증명을 받은 사람이 법 제44조에 따른 계기비행증명을 받으려는 경우에는 별표 9에 따른 제1종 신체검사기준을 충족하여야 한다.

⑦ 이 규칙에서 정한 사항 외에 항공신체검사증명의 기준에 관한 세부적인 사항은 국토교통부장관이 정하여 고시한다.

제93조(항공신체검사증명 신청 등) ① 법 제40조제1항에 따라 항공신체검사증명을 받으려는 사람은 별지 제44호서식의 항공신체검사증명 신청서에 자기의 병력(病歷), 최근 복용 약품 및 과거에 부적합 판정을 받은 경우 그 사유와 날짜 등을 적어 항공전문의사에게 제출하여야 한다.

② 제1항에 따라 신청서를 제출받은 항공전문의사는 신청서의 허위 기재 등 법 제43조제4항에 따른 부정한 행위가 있었다고 인정하는 경우에는 판정을 보류하고 그 사실을 국토교통부장관에게 통보해야 하며, 운항승무원 또는 항공교통관제사에 대한 항공신체검사의 결과가 별표 9의 기준에 적합하다고 인정하는 경우에는 별지 제45호서식의 항공신체검사증명서를 발급하여야 한다. 〈개정 2020. 5. 27., 2020. 12. 10., 2025. 1. 17.〉

③ 항공전문의사는 제2항에 따라 항공신체검사증명서를 발급한 경우 별지 제46호서식의 항공신체검사증명서 발급대장을 작성·관리하되, 전자적 처리가 불가능한 특별한 사유가 없으면 전자적 처리가 가능한 방법으로 작성·관리하여야 한다.

④ 항공전문의사는 매월 항공신체검사증명서 발급한 결과를 다음

달 5일까지 영 제26조제7항제1호에 따라 항공신체검사증명에 관한 업무를 위탁받은 사단법인 한국항공우주의학협회(이하 "한국항공우주의학협회"라 한다)에 통지하여야 한다.

⑤ 항공전문의사는 법 제40조제4항 및 이 규칙 제92조제3항에 따라 해당 항공업무의 범위를 한정하거나 유효기간을 단축하여 항공신체검사증명을 발급하거나 별표 9에 따른 항공신체검사기준에 미달하여 항공신체검사증명서를 발급할 수 없다고 판단되는 경우에는 한국항공우주의학협회에 자문해야 한다. 〈개정 2020. 12. 10., 2022. 12. 9.〉

제94조(항공신체검사증명의 유효기간 연장) ① 법 제40조제1항제1호에 따른 항공신체검사증명을 받은 운항승무원이 외국에 연속하여 6개월 이상 체류하면서 외국정부 또는 외국정부가 지정한 민간의료기관의 항공신체검사증명을 받은 경우에는 다음 각 호의 구분에 따른 기간을 넘지 아니하는 범위에서 외국에서 받은 해당 항공신체검사증명의 유효기간까지 그 유효기간을 연장 받을 수 있다.

1. 항공운송사업·항공기사용사업에 사용되는 항공기 및 비사업용으로 사용되는 항공기의 운항승무원은 6개월

2. 자가용 조종사는 24개월

② 제1항에 따라 항공신체검사증명의 유효기간을 연장 받으려는 사람은 별지 제47호서식의 항공신체검사증명 유효기간 연장신청서에 다음 각 호의 서류를 첨부하여 항공전문의사에게 제출하여야 한다.

1. 항공신체검사증명서

2. 외국정부 또는 외국정부가 지정한 민간의료기관이 발급한 항공신체검사증명서

③ 제2항에 따라 항공신체검사증명의 유효기간 연장신청을 받은 항공전문의사는 신청서에 첨부된 외국정부 또는 외국정부가 지정한 민간의료기관이 발급한 항공신체검사증명서를 확인한 후 그 사실이 인정되는 경우에는 유효기간을 연장하여 별지 제45호서식의 항공신체검사증명서를 발급하여야 한다.

제95조(항공신체검사증명에 대한 재심사) ① 한국항공우주의학협회는 제93조제4항에 따라 항공전문의사로부터 항공신체검사증명서의 발급 결과를 통지받은 경우에는 그 항공전문의사가 실시한 항공신체

검사증명의 적합성 여부를 재심사할 수 있다.

② 한국항공우주의학협회는 제1항에 따른 재심사 결과 항공신체검사증명서가 부적합하게 발급되었다고 인정되는 경우에는 지체 없이 이를 국토교통부장관 또는 지방항공청장에게 통지하여야 한다.

제96조(이의신청 등) ① 법 제40조제6항에 따라 항공신체검사증명의 결과에 대하여 이의가 있는 사람은 그 결과를 통보받은 날부터 30일 이내에 별지 제48호서식의 항공신체검사증명 이의신청서(전자문서로 된 신청서를 포함한다)를 국토교통부장관에 제출해야 한다. 〈개정 2022. 7. 19.〉

② 국토교통부장관은 제1항에 따른 이의신청을 심사하기 위하여 다음 각 호의 사람에게 자문할 수 있다.

1. 이의신청 내용과 관련된 해당 질환 전문의
2. 항공운송 분야 비행경력이 있는 전문가

③ 국토교통부장관은 제1항에 따른 이의신청을 받으면 신청을 받은 날부터 30일 이내에 이를 심사하고 그 결과를 신청인에게 통지하여야 한다. 다만, 제2항에 따른 자문이 지연되어 이의신청에 대한 심사를 기한까지 마칠 수 없는 경우에는 그 심사기간을 30일 연장할 수 있다. 〈개정 2019. 9. 23.〉

④ 제3항 단서에 따라 심사기간을 연장하는 경우에는 심사기간이 끝나기 7일 전까지 신청인에게 그 내용을 통지하여야 한다.

⑤ 그 밖에 이의신청에 관한 구체적인 사항은 국토교통부장관이 정하여 고시한다.

제96조의2(건강증진활동계획의 수립·시행) ① 법 제41조의2에 따른 건강증진활동계획에는 다음 각 호의 사항이 포함되어야 한다.

1. 건강증진활동의 목표에 관한 사항
2. 건강증진활동의 추진 체계에 관한 사항
3. 건강증진활동의 추진 내용에 관한 사항
4. 그 밖에 국토교통부장관이 건강증진활동에 필요하다고 정하여 고시하는 사항

② 제1항에 따른 건강증진활동계획을 수립·시행해야 하는 자는 매년 1회 이상 이행실적을 점검하여 그 결과를 건강증진활동계획 수립 시 반영해야 한다.

③ 제1항 및 제2항에서 규정한 사항 외에 건강증진활동계획의 수

립·시행에 필요한 세부 내용과 추진 절차 등은 국토교통부장관이 정하여 고시한다.

[본조신설 2023. 1. 13.]

제96조의3(신체적·정신적 상태 저하 신고) ① 법 제42조제2항에서 “국토교통부령으로 정하는 신체적·정신적 상태의 저하가 있는 경우”란 항공업무(법 제46조에 따른 항공기 조종연습 및 법 제47조에 따른 항공교통관제연습을 포함한다. 이하 이 항에서 같다)의 수행을 불가능하게 하거나 항공업무의 수행에 지장을 줄 수 있는 질병 또는 부상 등이 발생하여 신체적·정신적 상태가 별표 9에 따른 항공신체검사기준에 적합하지 않게 될 우려가 있는 경우로서 다음 각 호의 어느 하나에 해당하는 경우를 말한다.

1. 수술 또는 침습적(侵襲的) 시술이 필요한 경우
2. 21일 이상의 치료가 필요한 경우
3. 입원이 필요한 경우

② 법 제42조제2항에 따라 신체적·정신적 상태의 저하를 신고하려는 사람은 발병일 또는 진단일 중 늦은 날부터 7일 이내에 별지 제48호의2서식의 신체적·정신적 상태 저하 신고서에 다음 각 호의 서류를 첨부하여 한국항공우주의학협회에 제출해야 한다. 다만, 수술·입원 등 불가피한 사유가 있는 경우에는 그 사유가 해소된 날부터 7일 이내에 제출해야 하며, 제1호의 서류의 작성에 상당한 시간이 소요되는 등 부득이한 사정이 있는 경우에는 제1호의 서류를 나중에 첨부할 수 있다.

1. 항공전문의사의 소견서
2. 진단서, 처방전 등 해당 신체적·정신적 상태의 저하를 증명할 수 있는 서류

③ 제2항에 따른 신고를 받은 한국항공우주의학협회는 필요한 경우 신고인 또는 소견서를 작성한 항공전문의사에게 신고서 또는 소견서의 보완을 요청할 수 있다.

④ 한국항공우주의학협회는 법 제42조제3항에 따라 신고인의 신체적·정신적 상태가 별표 9에 따른 항공신체검사기준에 적합한지 여부를 제2항에 따라 신고를 받은 날(제2항 각 호 외의 부분 단서에 따라 같은 항 제1호의 서류를 나중에 첨부한 경우에는 그 첨부일을 말하며, 제3항에 따라 신고서 또는 소견서의 보완을 요청한 경우에

는 그 보완일을 말한다)부터 7일 이내에 신고인에게 통지해야 한다.

⑤ 한국항공우주의학협회는 제4항 및 제7항에 따라 신고인에게 통지한 경우 별지 제48호의3서식의 신체적·정신적 상태 적합 여부 통지대장을 작성·관리해야 하며, 전자적 처리가 불가능한 특별한 사유가 없으면 전자적 처리가 가능한 방법으로 작성·관리해야 한다.

⑥ 신고인은 제4항에 따라 신체적·정신적 상태가 별표 9에 따른 항공신체검사기준에 적합하지 않다고 통지받은 경우 신고인의 신체적·정신적 상태를 확인할 수 있는 서류를 첨부하여 한국항공우주의학협회에 다시 확인해 줄 것을 요청할 수 있다.

⑦ 한국항공우주의학협회는 제6항에 따른 요청을 받은 경우 그 요청일부터 7일 이내에 신고인의 신체적·정신적 상태가 별표 9에 따른 항공신체검사기준에 적합한지 여부를 확인하여 그 결과를 신고인에게 통지해야 한다.

⑧ 제1항부터 제7항까지에서 규정한 사항 외에 신체적·정신적 상태의 저하에 관한 신고 등에 필요한 세부적인 사항은 국토교통부장관이 정하여 고시한다.

[본조신설 2025. 1. 17.]

제97조(항공종사자 자격증명·항공신체검사증명의 취소 등) ① 법 제43조(법 제44조제4항 및 제45조제6항에서 준용하는 경우를 포함한다)에 따른 행정처분기준은 별표 10과 같다.

② 국토교통부장관 또는 지방항공청장은 제1항에 따른 처분을 한 경우에는 별지 제49호서식의 항공종사자 행정처분대장을 작성·관리해야 한다.

③ 제2항에 따른 행정처분대장은 전자적 처리가 불가능한 특별한 사유가 없으면 전자적 처리가 가능한 방법으로 작성·관리해야 한다.

④ 국토교통부장관 또는 지방항공청장은 제1항에 따른 처분을 한 경우에는 다음 각 호의 사항을 해당 호에서 정하는 사람에게 통지해야 한다.

1. 자격증명, 자격증명의 한정, 계기비행증명, 조종교육증명 및 항공영어구술능력증명에 대한 처분: 한국교통안전공단 이사장

2. 항공신체검사증명에 대한 처분: 한국교통안전공단 이사장 및 한국항공우주의학협회의 장

[전문개정 2022. 7. 19.]

제98조(계기비행증명 및 조종교육증명 절차 등) ① 법 제44조에 따른 계기비행증명 및 조종교육증명을 위한 학과 및 실기시험, 시험장소 등 세부적인 내용과 절차는 국토교통부장관이 정하여 고시한다.

② 법 제44조제2항에 따라 조종교육증명을 받아야 하는 조종교육은 항공기(초급활공기는 제외한다)에 대한 이륙조작·착륙조작 또는 공중조작의 실기교육[법 제46조제1항 각 호에 따른 조종연습을 하는 사람(이하 "조종연습생"이라 한다) 단독으로 비행하게 하는 경우를 포함한다]으로 한다.

③ 법 제44조제2항에 따른 조종교육증명은 항공기의 종류별·등급별로 다음 각 호와 같이 발급받아야 한다. 〈개정 2018. 4. 25.〉

1. 초급 조종교육증명
2. 선임 조종교육증명

④ 제3항 각 호에 따른 조종교육증명을 받은 사람이 할 수 있는 조종교육의 세부내용은 다음 각 호와 같다. 다만, 초급 교육증명을 받은 사람으로서 조종교육 비행시간이 100시간 미만이거나 조종교육을 한 기간이 6개월 미만인 사람은 선임 조종교육증명을 받은 사람의 관리 하에서 업무를 수행하여야 한다.

1. 초급 조종교육증명을 받은 사람
   가. 지상교육
   나. 해당 항공기 종류별 자가용·사업용 조종사 자격증명, 계기비행증명 또는 조종교육증명 취득을 위한 비행교육
   다. 조종연습생의 단독비행에 대한 허가. 다만, 해당 조종연습생의 최초의 단독비행 허가는 제외한다.
2. 선임 조종교육증명을 받은 사람
   가. 제1호에 따라 초급 조종교육증명을 받은 사람이 하는 업무
   나. 조종연습생의 최초 단독비행에 대한 허가
   다. 초급 조종교육증명을 받은 사람에 대한 관리

제99조(항공영어구술능력증명시험의 실시 등) ① 법 제45조제2항에 따른 항공영어구술능력증명시험의 등급은 6등급으로 구분하되, 6등급 항공영어구술능력증명시험에 응시하려는 사람은 응시원서 접수 당시 제3항에 따른 유효기간 내에 있는 5등급 항공영어구술능력증명을 보유해야 한다. 〈개정 2019. 9. 23.〉

② 법 제45조제2항에 따른 항공영어구술능력증명시험의 평가 항

목 및 등급별 합격기준은 별표 11과 같다. 〈개정 2019. 9. 23.〉

③ 법 제45조제2항에 따른 항공영어구술능력증명의 등급별 유효기간은 다음 각 호의 구분에 따른 기준일부터 계산하여 4등급은 3년, 5등급은 6년, 6등급은 영구로 한다.

1. 최초 응시자(항공영어구술능력증명의 유효기간이 지난 사람을 포함한다): 합격 통지일

2. 4등급 또는 5등급의 항공영어구술능력증명을 받은 사람이 유효기간이 끝나기 전 6개월 이내에 항공영어구술능력증명시험에 합격한 경우: 기존 증명의 유효기간이 끝난 다음 날

④ 제1항에 따른 항공영어구술능력증명시험의 구체적인 실시방법 등에 관하여 필요한 사항은 국토교통부장관이 정하여 고시한다.

제100조(항공영어구술능력증명시험 결과의 통지 등) ① 제319조에 따른 항공영어구술능력평가 전문기관은 제99조제1항 및 제2항에 따라 별지 제50호서식의 항공영어구술능력증명시험 응시원서를 접수받아 항공영어구술능력증명시험을 실시한 경우에는 등급, 합격일 등이 포함된 시험 결과를 해당 응시자 및 한국교통안전공단의 이사장에게 통보하여야 한다. 〈개정 2018. 3. 23.〉

② 제1항에 따른 통보를 받은 경우 한국교통안전공단의 이사장은 항공영어구술능력증명시험에 합격한 사람에게 합격 여부를 정보통신망 또는 우편 등의 방법으로 통지해야 한다. 〈개정 2020. 2. 28.〉

③ 항공영어구술능력증명시험에 합격한 사람은 항공영어구술능력증명서를 발급받으려면 별지 제50호의2서식의 항공영어구술능력증명서 신청서를 한국교통안전공단에 제출해야 한다. 〈신설 2020. 2. 28.〉

④ 한국교통안전공단 이사장은 제3항에 따른 신청서를 제출받은 경우 별지 제51호서식의 항공영어구술능력증명서(법 제45조제1항제1호 또는 제2호에 해당하는 업무에 종사하려는 사람의 경우에는 항공영어구술능력의 등급과 그 유효기간을 적은 별지 제38호서식의 항공종사자 자격증명서)를 발급하고 그 결과를 별지 제39호서식의 항공종사자 자격증명서 발급대장에 기록·보관하되, 전자적 처리가 불가능한 특별한 사유가 없으면 전자적 처리가 가능한 방법으로 작성·관리해야 한다. 〈신설 2020. 2. 28.〉

제101조(조종연습의 허가 신청) ① 법 제46조제1항제2호에 따른 조

종연습의 허가를 받으려는 사람은 별지 제52호서식의 항공기 조종연습 허가신청서를 지방항공청장에게 제출해야 한다. 〈개정 2020. 2. 28.〉

② 제1항에 따라 조종연습의 허가 신청을 받은 지방항공청장은 신청인의 항공신체검사증명서를 확인해야 하며 신청인이 항공기의 조종연습을 하기에 필요한 능력이 있다고 인정되는 경우에는 별지 제53호서식의 항공기 조종연습허가서를 발급해야 한다. 이 경우 항공조종연습의 유효기간은 신청인의 항공신체검사증명서 유효기간 내에서 정해야 한다. 〈개정 2020. 2. 28.〉

제102조(항공교통관제연습허가의 신청 등) ① 법 제47조제1항에서 "국토교통부령으로 정하는 자격요건을 갖춘 사람"이란 다음 각 호의 요건을 모두 갖춘 사람을 말한다. 〈개정 2017. 7. 18.〉

1. 법 제35조제7호에 따른 항공교통관제사 자격증명을 받은 사람
2. 법 제40조제3항에 따른 항공신체검사증명을 받은 사람
3. 제229조제2호에 따른 항공교통관제기관(이하 "항공교통관제기관"이라 한다)으로부터 발급받은 항공교통관제업무의 한정을 받은 사람

② 법 제47조제2항에 따라 항공교통관제연습허가를 받으려는 사람은 별지 제54호서식의 항공교통관제연습 허가신청서에 별표 4 제1호의 항공교통관제사경력 중 전문교육기관의 교육과정을 이수하였거나 교육과정을 이수하고 있음을 증명하는 서류(전문교육기관의 교육과정을 이수하였거나 이수하고 있는 사람에 한정한다)를 첨부하여 지방항공청장 또는 항공교통본부장에게 제출해야 한다. 〈개정 2020. 2. 28.〉

③ 제2항에 따라 신청서를 제출받은 지방항공청장 또는 항공교통본부장은 신청서와 첨부서류 및 신청인의 항공신체검사증명서를 확인한 후 항공교통관제연습을 하기에 필요한 능력이 있다고 인정될 경우 별지 제55호서식의 항공교통관제연습 허가서를 신청자에게 발급하되, 그 유효기간은 신청인의 항공신체검사증명서의 유효기간 내에서 정해야 한다. 다만, 신청자의 관제연습 행위가 비행안전에 영향을 줄 수 있다고 판단하는 경우에는 항공교통관제연습을 허가하지 않을 수 있다. 〈개정 2020. 2. 28.〉

제103조(항공신체검사증명서 등의 재발급) ① 운항승무원, 조종연습생, 항공교통관제사 또는 법 제47조제1항의 허가를 받은 사람(이하

"관제연습생"이라 한다)은 항공신체검사증명서 또는 항공기 조종연습허가서 또는 항공교통관제연습허가서(이하 "증명서등"이라 한다)를 잃어버리거나 증명서등이 못 쓰게 된 경우 또는 그 기재사항을 변경하려는 경우에는 별지 제56호서식의 재발급신청서를 다음 각 호의 자에게 제출하여야 한다.

1. 항공신체검사증명서: 한국항공우주의학협회의 장
2. 항공기 조종연습허가서: 지방항공청장
3. 항공교통관제연습허가서: 지방항공청장 또는 항공교통본부장

② 지방항공청장, 항공교통본부장 또는 한국항공우주의학협회의 장은 제1항의 신청이 적합하다고 인정하는 경우에는 해당 증명서등을 재발급하여야 한다.

제103조의2(조종연습생등의 조종연습허가 취소 등) ① 법 제46조제1항제2호에 따른 조종연습 또는 법 제47조제1항에 따른 항공교통관제연습(이하 "조종연습등"이라 한다)을 하는 사람(이하 "조종연습생등"이라 한다)에 대한 법 제47조의2에 따른 행정처분기준은 별표 10의2와 같다.

② 국토교통부장관은 제1항에 따른 처분을 한 경우에는 별지 제56호의2서식의 조종연습생등 행정처분대장을 작성·관리해야 한다.

③ 제2항에 따른 행정처분대장은 전자적 처리가 불가능한 특별한 사유가 없으면 전자적 처리가 가능한 방법으로 작성·관리해야 한다.

④ 국토교통부장관은 제1항에 따른 항공신체검사증명에 대한 처분을 한 경우에는 한국항공우주의학협회의 장에게 통지해야 한다.

[본조신설 2022. 7. 19.]

제104조(전문교육기관의 지정 등) ① 법 제48조제1항에 따른 전문교육기관으로 지정을 받으려는 자는 별지 제57호서식의 항공종사자 전문교육기관 지정신청서에 다음 각 호의 사항이 포함된 교육계획서를 첨부하여 국토교통부장관에게 제출하여야 한다.

1. 교육과목 및 교육방법
2. 교관 현황(교관의 자격·경력 및 정원)
3. 시설 및 장비의 개요
4. 교육평가방법
5. 연간 교육계획
6. 교육규정

② 법 제48조제2항에 따른 전문교육기관의 지정기준은 별표 12와 같으며, 지정을 위한 심사 등에 관한 세부절차는 국토교통부장관이 정한다. 〈개정 2018. 4. 25., 2020. 2. 28.〉

③ 법 제48조제3항에서 "국토교통부령으로 정하는 사항"이란 다음 각 호의 사항을 말한다. 〈신설 2018. 4. 25.〉

1. 교육과정, 교관의 인원 · 자격 및 교육평가방법
2. 훈련용 항공기의 지정 및 정비방법에 관한 사항
3. 전문교육기관의 책임관리자
4. 교육훈련 기록관리에 관한 사항
5. 교육훈련의 품질보증체계에 관한 사항
6. 그 밖에 교육훈련에 필요한 사항으로서 국토교통부장관이 정하여 고시하는 사항

④ 국토교통부장관은 제1항에 따른 신청서를 심사하여 그 내용이 제2항에서 정한 지정기준에 적합한 경우에는 법 제35조, 제37조 및 제44조에 따른 자격별로 별지 제58호서식의 항공종사자 전문교육기관 지정서 및 별지 제58호의2서식의 훈련운영기준(Training Specifications)을 발급하여야 한다. 〈개정 2018. 4. 25.〉

⑤ 국토교통부장관은 제4항에 따라 지정한 전문교육기관(이하 "지정전문교육기관"이라 한다)을 공고하여야 한다. 〈개정 2018. 4. 25., 2019. 2. 26.〉

⑥ 지방항공청장은 법 제48조제4항에 따라 직권으로 훈련운영기준을 변경하는 때에는 지체 없이 변경 내용과 그 사유를 전문교육기관의 장에게 알리고 새로운 훈련운영기준을 발급해야 한다. 〈신설 2019. 2. 26., 2020. 5. 27.〉

⑦ 법 제48조제4항에 따라 전문교육기관의 장이 훈련운영기준 변경신청을 하려는 경우에는 변경하는 훈련운영기준을 적용하려는 날의 15일전까지 별지 제58호의3서식의 훈련운영기준 변경신청서에 변경하려는 내용과 그 사유를 적어 지방항공청장에게 제출해야 한다. 〈신설 2019. 2. 26., 2020. 5. 27.〉

⑧ 지방항공청장은 제7항에 따른 훈련운영기준 변경신청을 받으면 그 내용을 검토하여 교육훈련 과정에서의 안전확보에 문제가 있는 경우를 제외하고는 변경된 훈련운영기준을 신청인에게 발급해야 한다. 〈신설 2019. 2. 26., 2020. 5. 27.〉

⑨ 지방항공청장은 법 제48조제7항에 따라 지정전문교육기관이 교육훈련체계를 유지하고 있는지 여부를 다음 각 호의 기준에 따라 검사하여야 한다. 〈개정 2018. 4. 25., 2019. 2. 26., 2020. 5. 27.〉

1. 정기검사: 매년 1회

2. 수시검사: 교육훈련체계가 변경되는 경우 등 지방항공청장이 필요하다고 판단하는 때

⑩ 지정전문교육기관은 다음 각 호의 사항을 법 제48조제9항에 따른 항공교육훈련통합관리시스템에 입력하여야 한다. 〈개정 2018. 4. 25., 2019. 2. 26.〉

1. 법 제48조제2항에 따른 교육훈련체계의 변경사항

2. 해당 교육훈련과정의 이수자 명단

제104조의2(지정전문교육기관의 지정 취소 등의 기준) ① 법 제48조의2에 따른 지정전문교육기관의 지정 취소 등 행정처분의 기준은 별표 12의2와 같다.

② 법 제48조의2제1항제7호라목에서 “국토교통부령으로 정하는 중요사항”이란 다음 각 호의 사항을 말한다.

1. 안전목표에 관한 사항

2. 안전조직에 관한 사항

3. 안전장애 등에 대한 보고체계에 관한 사항

4. 안전평가에 관한 사항

[본조신설 2018. 4. 25.]

제105조(항공전문의사의 지정 등) ① 법 제49조제1항에 따라 항공전문의사로 지정을 받으려는 사람은 별지 제59호서식의 항공전문의사 지정신청서에 제2항에 따른 항공전문의사의 지정기준에 적합함을 증명하는 서류(제2항제2호에 따른 전문의임을 증명하는 서류는 제외한다)를 첨부하여 국토교통부장관에게 제출해야 한다. 〈개정 2020. 2. 28.〉

② 법 제49조제2항에 따른 항공전문의사의 지정기준은 다음 각 호와 같다. 〈개정 2020. 2. 28.〉

1. 항공전문의사 지정을 신청한 날을 기준으로 직전 1년 이내에 제5항에 따른 항공의학에 관한 교육과정을 이수할 것

2. 「의료법」 제5조에 따른 의사로서 항공의학 분야에서 5년 이상

의 경력이 있거나 같은 법 제77조에 따른 전문의(치과의사와 한의사는 제외한다)일 것

3. 별표 13에서 정한 항공신체검사 의료기관의 시설 및 장비 기준에 적합한 의료기관에 소속(동일 지역 내에 있는 다른 의료기관의 시설 및 장비를 사용할 수 있는 경우를 포함한다)되어 있을 것

③ 국토교통부장관은 신청인이 제2항에 따른 지정기준에 적합한 경우에는 별지 제60호서식의 항공전문의사 지정서를 신청인에게 발급하여야 한다.

④ 국토교통부장관은 제3항에 따라 항공전문의사를 지정한 경우에는 이를 공고하여야 한다.

⑤법 제49조에 따라 항공전문의사로 지정받으려는 사람과 항공전문의사로 지정받은 사람이 이수하여야 할 교육과목 및 교육시간은 다음 표와 같다. 〈개정 2020. 2. 28.〉

교육과목	교육시간	
	항공전문의사로 지정 받으려는 사람	항공전문의사로 지정 받은 사람
항공의학이론	10시간	6시간
항공의학실기	10시간	7시간
항공관련법령	4시간	3시간
정신계질환 판정 및 상담기법	4시간	3시간
계	28시간	19시간(매 3년)

⑥ 제5항에 따른 교육의 세부적인 운영방법 등에 관하여 필요한 사항은 국토교통부장관이 정하여 고시한다.

⑦ 항공전문의사는 소속기관의 명칭 또는 주소가 변경되어 항공전문의사 지정서를 재발급 받으려면 별지 제59호서식의 항공전문의사 기재사항 변경 신청서에 그 변경사항을 증명하는 서류를 첨부하여 국토교통부장관에게 제출해야 한다. 〈신설 2021. 6. 9.〉

제106조(항공전문의사 지정의 취소 등) ① 법 제50조제1항제2호에서 "항공신체검사증명서의 발급 등 국토교통부령으로 정한 업무"란 다음 각 호의 업무를 말한다.

1. 제93조제2항에 따른 항공신체검사증명서의 발급

2. 제93조제3항에 따른 항공신체검사증명서 발급대장의 작성 · 관리

3. 제93조제4항에 따른 항공신체검사증명서 발급결과의 통지

4. 그 밖에 항공신체검사에 관한 업무로서 국토교통부장관이 정하여 고시하는 업무

② 법 제50조제1항에 따른 행정처분의 기준은 별표 14와 같다.

③ 항공전문의사는 법 제50조제1항제8호에 따른 항공전문의사 지정 취소를 요청하려는 경우에는 별지 제60호의2서식의 항공전문의사 지정 취소 신청서를 작성하여 국토교통부장관에게 제출해야 한다 〈신설 2020. 2. 28.〉

④ 국토교통부장관은 법 제50조제1항에 따라 항공전문의사의 지정을 취소하거나 지정의 효력정지를 명할 때에는 한국항공우주의학협회에 그 사실을 통지해야 한다. 〈개정 2020. 2. 28., 2025. 1. 17.〉

⑤ 국토교통부장관은 제4항에 따라 항공전문의사의 지정을 취소하거나 지정의 효력정지를 명할 때에는 이를 공고해야 한다. 〈개정 2020. 2. 28., 2025. 1. 17.〉

제5장 항공기의 운항

제107조(무선설비) ① 법 제51조에 따라 항공기에 설치·운용해야 하는 무선설비는 다음 각 호와 같다. 다만, 항공운송사업에 사용되는 항공기 외의 항공기가 계기비행방식 외의 방식(이하 "시계비행방식"이라 한다)에 의한 비행을 하는 경우에는 제3호부터 제6호까지의 무선설비를 설치·운용하지 않을 수 있다. 〈개정 2019. 2. 26., 2021. 8. 27.〉

1. 비행 중 항공교통관제기관과 교신할 수 있는 초단파(VHF) 또는 극초단파(UHF)무선전화 송수신기 각 2대. 이 경우 비행기[국토교통부장관이 정하여 고시하는 기압고도계의 수정을 위한 고도(이하 "전이고도"라 한다) 미만의 고도에서 교신하려는 경우만 해당한다]와 헬리콥터의 운항승무원은 붐(Boom) 마이크로폰 또는 스롯(Throat) 마이크로폰을 사용하여 교신하여야 한다.

2. 기압고도에 관한 정보를 제공하는 2차감시 항공교통관제 레이더용 트랜스폰더(Mode 3/A 및 Mode C SSR transponder. 다만, 국외를 운항하는 항공운송사업용 항공기의 경우에는 Mode S transponder) 1대

3. 자동방향탐지기(ADF) 1대[무지향표지시설(NDB) 신호로만 계기접근절차가 구성되어 있는 공항에 운항하는 경우만 해당한다]

4. 계기착륙시설(ILS) 수신기 1대(최대이륙중량 5천 700킬로그램 미만의 항공기와 헬리콥터 및 무인항공기는 제외한다)

5. 전방향표지시설(VOR) 수신기 1대(무인항공기는 제외한다)

6. 거리측정시설(DME) 수신기 1대(무인항공기는 제외한다)

7. 다음 각 목의 구분에 따라 비행 중 뇌우(雷雨) 또는 잠재적인 위험 기상조건을 탐지할 수 있는 기상레이더 또는 악기상 탐지장비

가. 국제선 항공운송사업에 사용되는 비행기로서 여압장치가 장착된 비행기의 경우: 기상레이더 1대

나. 국제선 항공운송사업에 사용되는 헬리콥터의 경우: 기상레이더 또는 악기상 탐지장비 1대

다. 가목 외에 국외를 운항하는 비행기로서 여압장치가 장착된 비행기의 경우: 기상레이더 또는 악기상 탐지장비 1대

8. 다음 각 목의 구분에 따라 비상위치지시용 무선표지설비(ELT). 이 경우 비상위치지시용 무선표지설비의 신호는 121.5메가헤르츠(MHz) 및 406메가헤르츠(MHz)로 송신되어야 한다.

가. 2대를 설치하여야 하는 경우: 다음의 어느 하나에 해당하는 항공기. 이 경우 비상위치지시용 무선표지설비 2대 중 1대는 자동으로 작동되는 구조여야 하며, 2)의 경우 1대는 구명보트에 설치해야 한다.

1) 승객의 좌석 수가 19석을 초과하는 비행기(항공운송사업에 사용되는 비행기만 해당한다)

2) 비상착륙에 적합한 육지(착륙이 가능한 섬을 포함한다)로부터 순항속도로 10분의 비행거리 이상의 해상을 비행하는 제1종 및 제2종 헬리콥터, 회전날개에 의한 자동회전(autorotation)에 의하여 착륙할 수 있는 거리 또는 안전한 비상착륙(safe forced landing)을 할 수 있는 거리를 벗어난 해상을 비행하는 제3종 헬리콥터

나. 1대를 설치하여야 하는 경우: 가목에 해당하지 아니하는 항공기. 이 경우 비상위치지시용 무선표지설비는 자동으로 작동되는 구조여야 한다.

② 제1항제1호에 따른 무선설비는 다음 각 호의 성능이 있어야 한다.

1. 비행장 또는 헬기장에서 관제를 목적으로 한 양방향통신이 가능할 것

2. 비행 중 계속하여 기상정보를 수신할 수 있을 것

3. 운항 중 「전파법 시행령」 제29조제1항제7호 및 제11호에 따른 항공기국과 항공국 간 또는 항공국과 항공기국 간 양방향통신이 가능할 것

4. 항공비상주파수(121.5㎒ 또는 243.0㎒)를 사용하여 항공교통관제기관과 통신이 가능할 것

5. 제1항제1호에 따른 무선전화 송수신기 각 2대 중 각 1대가 고장이 나더라도 나머지 각 1대는 고장이 나지 아니하도록 각각 독립적으로 설치할 것

③ 제1항제2호에 따라 항공운송사업용 비행기에 장착해야 하는 기압고도에 관한 정보를 제공하는 트랜스폰더는 다음 각 호의 성능이 있어야 한다.

1. 고도 7.62미터(25피트) 이하의 간격으로 기압고도정보(pressure altitude information)를 관할 항공교통관제기관에 제공할 수 있을 것

2. 해당 비행기의 위치(공중 또는 지상)에 대한 정보를 제공할 수 있을 것[해당 비행기에 비행기의 위치(공중 또는 지상 : airborne/on-the-ground status)를 자동으로 감지하는 장치(automatic means of detecting)가 장착된 경우만 해당한다]

④ 제1항에 따른 무선설비의 운용요령 등에 관하여 필요한 사항은 국토교통부장관이 정하여 고시한다.

제108조(항공일지) ① 법 제52조제2항에 따라 항공기를 운항하려는 자 또는 소유자등은 탑재용 항공일지, 지상 비치용 발동기 항공일지 및 지상 비치용 프로펠러 항공일지를 갖추어 두어야 한다. 다만, 활공기의 소유자등은 활공기용 항공일지를, 법 제102조 각 호의 어느 하나에 해당하는 항공기의 소유자등은 탑재용 항공일지를 갖춰 두어야 한다.

② 항공기의 소유자등은 항공기를 항공에 사용하거나 개조 또는 정비한 경우에는 지체 없이 다음 각 호의 구분에 따라 항공일지에 적어야 한다.

1. 탑재용 항공일지(법 제102조 각 호의 어느 하나에 해당하는 항공기는 제외한다)

가. 항공기의 등록부호 및 등록 연월일

나. 항공기의 종류 · 형식 및 형식증명번호
다. 감항분류 및 감항증명번호
라. 항공기의 제작자 · 제작번호 및 제작 연월일
마. 발동기 및 프로펠러의 형식
바. 비행에 관한 다음의 기록
1) 비행연월일
2) 승무원의 성명 및 업무
3) 비행목적 또는 편명
4) 출발지 및 출발시각
5) 도착지 및 도착시각
6) 비행시간
7) 항공기의 비행안전에 영향을 미치는 사항
8) 기장의 서명
사. 제작 후의 총 비행시간과 오버홀을 한 항공기의 경우 최근의 오버홀 후의 총 비행시간
아. 발동기 및 프로펠러의 장비교환에 관한 다음의 기록
1) 장비교환의 연월일 및 장소
2) 발동기 및 프로펠러의 부품번호 및 제작일련번호
3) 장비가 교환된 위치 및 이유
자. 수리 · 개조 또는 정비의 실시에 관한 다음의 기록
1) 실시 연월일 및 장소
2) 실시 이유, 수리 · 개조 또는 정비의 위치 및 교환 부품명
3) 확인 연월일 및 확인자의 서명 또는 날인

2. 탑재용 항공일지(법 제102조 각 호의 어느 하나에 해당하는 항공기만 해당한다)
가. 항공기의 등록부호 · 등록증번호 및 등록 연월일
나. 비행에 관한 다음의 기록
1) 비행연월일
2) 승무원의 성명 및 업무
3) 비행목적 또는 항공기 편명
4) 출발지 및 출발시각
5) 도착지 및 도착시각
6) 비행시간

7) 항공기의 비행안전에 영향을 미치는 사항
8) 기장의 서명
3. 지상 비치용 발동기 항공일지 및 지상 비치용 프로펠러 항공일지
가. 발동기 또는 프로펠러의 형식
나. 발동기 또는 프로펠러의 제작자 · 제작번호 및 제작 연월일
다. 발동기 또는 프로펠러의 장비교환에 관한 다음의 기록
1) 장비교환의 연월일 및 장소
2) 장비가 교환된 항공기의 형식 · 등록부호 및 등록증번호
3) 장비교환 이유
라. 발동기 또는 프로펠러의 수리 · 개조 또는 정비의 실시에 관한 다음의 기록
1) 실시 연월일 및 장소
2) 실시 이유, 수리 · 개조 또는 정비의 위치 및 교환 부품명
3) 확인 연월일 및 확인자의 서명 또는 날인
마. 발동기 또는 프로펠러의 사용에 관한 다음의 기록
1) 사용 연월일 및 시간
2) 제작 후의 총 사용시간 및 최근의 오버홀 후의 총 사용시간
4. 활공기용 항공일지
가. 활공기의 등록부호 · 등록증번호 및 등록 연월일
나. 활공기의 형식 및 형식증명번호
다. 감항분류 및 감항증명번호
라. 활공기의 제작자 · 제작번호 및 제작 연월일
마. 비행에 관한 다음의 기록
1) 비행 연월일
2) 승무원의 성명
3) 비행목적
4) 비행 구간 또는 장소
5) 비행시간 또는 이 · 착륙횟수
6) 활공기의 비행안전에 영향을 미치는 사항
7) 기장의 서명
바. 수리 · 개조 또는 정비의 실시에 관한 다음의 기록
1) 실시 연월일 및 장소

2) 실시 이유, 수리·개조 또는 정비의 위치 및 교환부품명

3) 확인 연월일 및 확인자의 서명 또는 날인

제109조(사고예방장치 등) ① 법 제52조제2항에 따라 사고예방 및 사고조사를 위하여 항공기에 갖추어야 할 장치는 다음 각 호와 같다. 〈개정 2021. 8. 27., 2023. 9. 12., 2023. 10. 19.〉

1. 다음 각 목의 어느 하나에 해당하는 비행기에는 「국제민간항공협약」 부속서 10에서 정한 바에 따라 운용되는 공중충돌경고장치(Airborne Collision Avoidance System, ACAS Ⅱ) 1기 이상

가. 항공운송사업에 사용되는 모든 비행기. 다만, 소형항공운송사업에 사용되는 최대이륙중량이 5천 700킬로그램 이하인 비행기로서 그 비행기에 적합한 공중충돌경고장치가 개발되지 아니하거나 공중충돌경고장치를 장착하기 위하여 필요한 비행기 개조 등의 기술이 그 비행기의 제작자 등에 의하여 개발되지 아니한 경우에는 공중충돌경고장치를 갖추지 아니 할 수 있다.

나. 2007년 1월 1일 이후에 최초로 감항증명을 받는 비행기로서 최대이륙중량이 1만5천킬로그램을 초과하거나 승객 30명을 초과하여 수송할 수 있는 터빈발동기를 장착한 항공운송사업 외의 용도로 사용되는 모든 비행기

다. 2008년 1월 1일 이후에 최초로 감항증명을 받는 비행기로서 최대이륙중량이 5,700킬로그램을 초과하거나 승객 19명을 초과하여 수송할 수 있는 터빈발동기를 장착한 항공운송사업 외의 용도로 사용되는 모든 비행기

2. 다음 각 목의 어느 하나에 해당하는 비행기 및 헬리콥터에는 그 비행기 및 헬리콥터가 지표면에 근접하여 잠재적인 위험상태에 있을 경우 적시에 명확한 경고를 운항승무원에게 자동으로 제공하고 전방의 지형지물을 회피할 수 있는 기능을 가진 지상접근경고장치(Ground Proximity Warning System) 1기 이상. 다만, 국제항공노선을 운항하지 않는 헬리콥터의 경우에는 지상접근경고장치를 갖추지 않을 수 있다.

가. 최대이륙중량이 5,700킬로그램을 초과하거나 승객 9명을 초과하여 수송할 수 있는 터빈발동기를 장착한 비행기

나. 최대이륙중량이 5,700킬로그램 이하이고 승객 5명 초과 9명 이하를 수송할 수 있는 터빈발동기를 장착한 비행기

다. 최대이륙중량이 5,700킬로그램을 초과하거나 승객 9명을 초과하여 수송할 수 있는 왕복발동기를 장착한 모든 비행기

라. 최대이륙중량이 3,175킬로그램을 초과하거나 승객 9명을 초과하여 수송할 수 있는 헬리콥터로서 계기비행방식에 따라 운항하는 헬리콥터

3. 다음 각 목의 어느 하나에 해당하는 항공기에는 비행자료 및 조종실 내 음성을 디지털 방식으로 기록할 수 있는 비행기록장치 각 1기 이상

가. 항공운송사업에 사용되는 터빈발동기를 장착한 비행기. 이 경우 비행기록장치에는 25시간 이상 비행자료를 기록하고, 2시간 이상 조종실 내 음성을 기록할 수 있는 성능이 있어야 한다.

나. 최대이륙중량이 2만 7천킬로그램을 초과하는 비행기. 이 경우 비행기록장치에는 비행자료 및 조종실 내 음성을 각각 25시간 이상 기록할 수 있는 성능이 있어야 한다.

다. 승객 5명을 초과하여 수송할 수 있고 최대이륙중량이 5,700킬로그램을 초과하는 비행기 중에서 항공운송사업 외의 용도로 사용되는 터빈발동기를 장착한 비행기. 이 경우 비행기록장치에는 25시간 이상 비행자료를 기록하고, 2시간 이상 조종실 내 음성을 기록할 수 있는 성능이 있어야 한다.

라. 헬리콥터. 이 경우 비행기록장치에는 10시간 이상 비행자료를 기록하고, 2시간 이상 조종실 내 음성을 기록할 수 있는 성능이 있어야 한다.

마. 그 밖에 항공기의 최대이륙중량 및 제작 시기 등을 고려하여 국토교통부장관이 필요하다고 인정하여 고시하는 항공기

4. 최대이륙중량이 5,700킬로그램을 초과하거나 승객 9명을 초과하여 수송할 수 있는 터빈발동기(터보프롭발동기는 제외한다)를 장착한 항공운송사업에 사용되는 비행기에는 전방돌풍경고장치 1기 이상. 이 경우 돌풍경고장치는 조종사에게 비행기 전방의 돌풍을 시각 및 청각적으로 경고하고, 필요한 경우에는 실패접근(missed approach), 복행(go-around) 및 회피기동(escape manoeuvre: 장애물 등으로부터 벗어나기 위해 속력·경로를 바꾸며 움직이는 것을 말한다)을 할 수 있는 정보를 제공하는 것이어야 하며, 항공기가 착륙하기 위하여 자동착륙장치를 사용하여 활주로에 접근할 때 전방의 돌풍으로 인

하여 자동착륙장치가 그 운용한계에 도달하고 있는 경우에는 조종사에게 이를 알릴 수 있는 기능을 가진 것이어야 한다.

5. 최대이륙중량 2만 7천킬로그램을 초과하고 승객 19명을 초과하여 수송할 수 있는 항공운송사업에 사용되는 비행기로서 15분 이상 해당 항공교통관제기관의 감시가 곤란한 지역을 비행하는 하는 경우 위치추적 장치 1기 이상

6. 최대이륙중량이 2만 7천킬로그램을 초과하는 항공운송사업에 사용되는 비행기에는 해당 비행기가 조난당했을 때 소유자등이 항공기 위치를 파악할 수 있도록 하는 정보를 1분마다 자동 발신하는 장치 1기 이상

② 제1항제2호에 따른 지상접근경고장치는 다음 각 호의 구분에 따라 경고를 제공할 수 있는 성능이 있어야 한다.

1. 제1항제2호가목에 해당하는 비행기의 경우에는 다음 각 목의 경우에 대한 경고를 제공할 수 있을 것

가. 과도한 강하율이 발생하는 경우

나. 지형지물에 대한 과도한 접근율이 발생하는 경우

다. 이륙 또는 복행 후 과도한 고도의 손실이 있는 경우

라. 비행기가 다음의 착륙형태를 갖추지 아니한 상태에서 지형지물과의 안전거리를 유지하지 못하는 경우

1) 착륙바퀴가 착륙위치로 고정

2) 플랩의 착륙위치

마. 계기활공로 아래로의 과도한 강하가 이루어진 경우

2. 제1항제2호나목 및 다목에 해당하는 비행기와 제1항제2호라목에 해당하는 헬리콥터의 경우에는 다음 각 목의 경우에 대한 경고를 제공할 수 있을 것

가. 과도한 강하율이 발생되는 경우

나. 이륙 또는 복행 후에 과도한 고도의 손실이 있는 경우

다. 지형지물과의 안전거리를 유지하지 못하는 경우

③ 제1항제2호에 따른 지상접근경고장치를 이용하는 항공기를 운영하려는 자 또는 소유자등은 지상접근경고장치의 지형지물 정보 현행성 유지를 위한 데이터베이스 관리절차를 수립·시행해야 한다. 〈신설 2020. 12. 10.〉

④ 제1항제3호에 따른 비행기록장치의 종류, 성능, 기록하여야 하

는 자료, 운영방법, 그 밖에 필요한 사항은 법 제77조에 따라 고시하는 운항기술기준에서 정한다. 〈개정 2020. 12. 10.〉

⑤ 제1항제3호에도 불구하고 다음 각 호의 어느 하나에 해당하는 경우에는 비행기록장치를 장착하지 않을 수 있다. 이 경우 헬리콥터는 비행기록장치를 대신하여 국토교통부장관이 고시하는 기준을 갖춘 대체장비를 장착해야 한다. 〈개정 2020. 12. 10., 2023. 9. 12.〉

1. 제4항에 따른 운항기술기준에 적합한 비행기록장치가 개발되지 아니하거나 생산되지 아니하는 경우

2. 해당 항공기에 비행기록장치를 장착하기 위하여 필요한 항공기 개조 등의 기술이 그 항공기의 제작사 등에 의하여 개발되지 아니한 경우

3. 국제항공노선을 운항하는 헬리콥터로서 1989년 1월 1일 전에 제작되거나 최대이륙중량이 3,180킬로그램 이하인 헬리콥터의 경우

4. 국제항공노선을 운항하지 않는 헬리콥터의 경우

제109조(사고예방장치 등) ① 법 제52조제2항에 따라 사고예방 및 사고조사를 위하여 항공기에 갖추어야 할 장치는 다음 각 호와 같다. 〈개정 2021. 8. 27., 2023. 9. 12., 2023. 10. 19.〉

1. 다음 각 목의 어느 하나에 해당하는 비행기에는 「국제민간항공협약」 부속서 10에서 정한 바에 따라 운용되는 공중충돌경고장치(Airborne Collision Avoidance System, ACAS Ⅱ) 1기 이상

가. 항공운송사업에 사용되는 모든 비행기. 다만, 소형항공운송사업에 사용되는 최대이륙중량이 5천 700킬로그램 이하인 비행기로서 그 비행기에 적합한 공중충돌경고장치가 개발되지 아니하거나 공중충돌경고장치를 장착하기 위하여 필요한 비행기 개조 등의 기술이 그 비행기의 제작자 등에 의하여 개발되지 아니한 경우에는 공중충돌경고장치를 갖추지 아니 할 수 있다.

나. 2007년 1월 1일 이후에 최초로 감항증명을 받는 비행기로서 최대이륙중량이 1만5천킬로그램을 초과하거나 승객 30명을 초과하여 수송할 수 있는 터빈발동기를 장착한 항공운송사업 외의 용도로 사용되는 모든 비행기

다. 2008년 1월 1일 이후에 최초로 감항증명을 받는 비행기로서 최대이륙중량이 5,700킬로그램을 초과하거나 승객 19명을 초과하여 수송할 수 있는 터빈발동기를 장착한 항공운송사업 외의 용도

로 사용되는 모든 비행기

2. 다음 각 목의 어느 하나에 해당하는 비행기 및 헬리콥터에는 그 비행기 및 헬리콥터가 지표면에 근접하여 잠재적인 위험상태에 있을 경우 적시에 명확한 경고를 운항승무원에게 자동으로 제공하고 전방의 지형지물을 회피할 수 있는 기능을 가진 지상접근경고장치(Ground Proximity Warning System) 1기 이상. 다만, 국제항공노선을 운항하지 않는 헬리콥터의 경우에는 지상접근경고장치를 갖추지 않을 수 있다.

가. 최대이륙중량이 5,700킬로그램을 초과하거나 승객 9명을 초과하여 수송할 수 있는 터빈발동기를 장착한 비행기

나. 최대이륙중량이 5,700킬로그램 이하이고 승객 5명 초과 9명 이하를 수송할 수 있는 터빈발동기를 장착한 비행기

다. 최대이륙중량이 5,700킬로그램을 초과하거나 승객 9명을 초과하여 수송할 수 있는 왕복발동기를 장착한 모든 비행기

라. 최대이륙중량이 3,175킬로그램을 초과하거나 승객 9명을 초과하여 수송할 수 있는 헬리콥터로서 계기비행방식에 따라 운항하는 헬리콥터

3. 다음 각 목의 어느 하나에 해당하는 항공기에는 비행자료 및 조종실 내 음성을 디지털 방식으로 기록할 수 있는 비행기록장치 각 1기 이상

가. 항공운송사업에 사용되는 터빈발동기를 장착한 비행기. 이 경우 비행기록장치에는 25시간 이상 비행자료를 기록하고, 2시간 이상 조종실 내 음성을 기록할 수 있는 성능이 있어야 한다.

나. 최대이륙중량이 2만 7천킬로그램을 초과하는 비행기. 이 경우 비행기록장치에는 비행자료 및 조종실 내 음성을 각각 25시간 이상 기록할 수 있는 성능이 있어야 한다.

다. 승객 5명을 초과하여 수송할 수 있고 최대이륙중량이 5,700킬로그램을 초과하는 비행기 중에서 항공운송사업 외의 용도로 사용되는 터빈발동기를 장착한 비행기. 이 경우 비행기록장치에는 25시간 이상 비행자료를 기록하고, 2시간 이상 조종실 내 음성을 기록할 수 있는 성능이 있어야 한다.

라. 헬리콥터. 이 경우 비행기록장치에는 10시간 이상 비행자료를 기록하고, 2시간 이상 조종실 내 음성을 기록할 수 있는 성능이

있어야 한다.

마. 그 밖에 항공기의 최대이륙중량 및 제작 시기 등을 고려하여 국토교통부장관이 필요하다고 인정하여 고시하는 항공기

4. 최대이륙중량이 5,700킬로그램을 초과하거나 승객 9명을 초과하여 수송할 수 있는 터빈발동기(터보프롭발동기는 제외한다)를 장착한 항공운송사업에 사용되는 비행기에는 전방돌풍경고장치 1기 이상. 이 경우 돌풍경고장치는 조종사에게 비행기 전방의 돌풍을 시각 및 청각적으로 경고하고, 필요한 경우에는 실패접근(missed approach), 복행(go-around) 및 회피기동(escape manoeuvre: 장애물 등으로부터 벗어나기 위해 속력·경로를 바꾸며 움직이는 것을 말한다)을 할 수 있는 정보를 제공하는 것이어야 하며, 항공기가 착륙하기 위하여 자동착륙장치를 사용하여 활주로에 접근할 때 전방의 돌풍으로 인하여 자동착륙장치가 그 운용한계에 도달하고 있는 경우에는 조종사에게 이를 알릴 수 있는 기능을 가진 것이어야 한다.

5. 최대이륙중량 2만 7천킬로그램을 초과하고 승객 19명을 초과하여 수송할 수 있는 항공운송사업에 사용되는 비행기로서 15분 이상 해당 항공교통관제기관의 감시가 곤란한 지역을 비행하는 하는 경우 위치추적 장치 1기 이상

6. 최대이륙중량이 2만 7천킬로그램을 초과하는 항공운송사업에 사용되는 비행기에는 해당 비행기가 조난당했을 때 소유자등이 항공기 위치를 파악할 수 있도록 하는 정보를 1분마다 자동 발신하는 장치 1기 이상

7. 최대이륙중량이 5천 7백킬로그램을 초과하고 터빈발동기를 장착한 항공운송사업에 사용되는 비행기에는 활주로종단 초과 인식 및 경고시스템(착륙 시 비행기의 예상 정지 지점을 실시간으로 표시하고 활주로를 초과할 것으로 예상되거나 조종사의 대응이 필요한 경우 경고하는 기능을 갖춘 시스템을 말한다) 1기

② 제1항제2호에 따른 지상접근경고장치는 다음 각 호의 구분에 따라 경고를 제공할 수 있는 성능이 있어야 한다.

1. 제1항제2호가목에 해당하는 비행기의 경우에는 다음 각 목의 경우에 대한 경고를 제공할 수 있을 것

가. 과도한 강하율이 발생하는 경우

나. 지형지물에 대한 과도한 접근율이 발생하는 경우

다. 이륙 또는 복행 후 과도한 고도의 손실이 있는 경우
라. 비행기가 다음의 착륙형태를 갖추지 아니한 상태에서 지형지물과의 안전거리를 유지하지 못하는 경우
1) 착륙바퀴가 착륙위치로 고정
2) 플랩의 착륙위치
마. 계기활공로 아래로의 과도한 강하가 이루어진 경우
2. 제1항제2호나목 및 다목에 해당하는 비행기와 제1항제2호라목에 해당하는 헬리콥터의 경우에는 다음 각 목의 경우에 대한 경고를 제공할 수 있을 것
가. 과도한 강하율이 발생되는 경우
나. 이륙 또는 복행 후에 과도한 고도의 손실이 있는 경우
다. 지형지물과의 안전거리를 유지하지 못하는 경우
③ 제1항제2호에 따른 지상접근경고장치를 이용하는 항공기를 운영하려는 자 또는 소유자등은 지상접근경고장치의 지형지물 정보 현행성 유지를 위한 데이터베이스 관리절차를 수립·시행해야 한다. 〈신설 2020. 12. 10.〉
④ 제1항제3호에 따른 비행기록장치의 종류, 성능, 기록하여야 하는 자료, 운영방법, 그 밖에 필요한 사항은 법 제77조에 따라 고시하는 운항기술기준에서 정한다. 〈개정 2020. 12. 10.〉
⑤ 제1항제3호에도 불구하고 다음 각 호의 어느 하나에 해당하는 경우에는 비행기록장치를 장착하지 않을 수 있다. 이 경우 헬리콥터는 비행기록장치를 대신하여 국토교통부장관이 고시하는 기준을 갖춘 대체장비를 장착해야 한다. 〈개정 2020. 12. 10., 2023. 9. 12.〉
1. 제4항에 따른 운항기술기준에 적합한 비행기록장치가 개발되지 아니하거나 생산되지 아니하는 경우
2. 해당 항공기에 비행기록장치를 장착하기 위하여 필요한 항공기 개조 등의 기술이 그 항공기의 제작사 등에 의하여 개발되지 아니한 경우
3. 국제항공노선을 운항하는 헬리콥터로서 1989년 1월 1일 전에 제작되거나 최대이륙중량이 3,180킬로그램 이하인 헬리콥터의 경우
4. 국제항공노선을 운항하지 않는 헬리콥터의 경우
[시행일: 2026. 1. 1.] 제109조제1항제7호
제110조(구급용구 등) 법 제52조제2항에 따라 항공기의 소유자등이

항공기(무인항공기는 제외한다)에 갖추어야 할 구명동의, 음성신호발생기, 구명보트, 불꽃조난신호장비, 휴대용 소화기, 도끼, 손확성기(메가폰), 구급의료용품 등은 별표 15와 같다. 〈개정 2021. 8. 27.〉

제111조(승객 및 승무원의 좌석 등) ① 법 제52조제2항에 따라 항공기(무인항공기는 제외한다)에는 2세 이상의 승객과 모든 승무원을 위한 안전띠가 달린 좌석(침대좌석을 포함한다)을 장착해야 한다. 〈개정 2019. 2. 26.〉

② 항공운송사업에 사용되는 항공기의 모든 승무원의 좌석에는 안전띠 외에 어깨끈을 장착해야 한다. 이 경우 운항승무원의 좌석에 장착하는 어깨끈은 급감속시 상체를 자동적으로 제어하는 것이어야 한다. 〈개정 2019. 2. 26.〉

제112조(낙하산의 장비) 법 제52조제2항에 따라 다음 각 호의 어느 하나에 해당하는 항공기에는 항공기에 타고 있는 모든 사람이 사용할 수 있는 수의 낙하산을 갖춰 두어야 한다.

1. 법 제23조제3항제2호에 따른 특별감항증명을 받은 항공기(제작 후 최초로 시험비행을 하는 항공기 또는 국토교통부장관이 지정하는 항공기만 해당한다)

2. 법 제68조 각 호 외의 부분 단서에 따라 같은 조 제4호에 따른 곡예비행을 하는 항공기(헬리콥터는 제외한다)

제113조(항공기에 탑재하는 서류) 법 제52조제2항에 따라 항공기(활공기 및 법 제23조제3항제2호에 따른 특별감항증명을 받은 항공기는 제외한다)에는 다음 각 호의 서류를 탑재하여야 한다. 〈개정 2020. 11. 2., 2021. 6. 9.〉

1. 항공기등록증명서
2. 감항증명서
3. 탑재용 항공일지
4. 운용한계 지정서 및 비행교범
5. 운항규정(별표 32에 따른 교범 중 훈련교범 · 위험물교범 · 사고절차교범 · 보안업무교범 · 항공기 탑재 및 처리 교범은 제외한다)
6. 항공운송사업의 운항증명서 사본(항공당국의 확인을 받은 것을 말한다) 및 운영기준 사본(국제운송사업에 사용되는 항공기의 경우에는 영문으로 된 것을 포함한다)
7. 소음기준적합증명서

8. 각 운항승무원의 유효한 자격증명서(법 제34조에 따라 자격증명을 받은 사람이 국내에서 항공업무를 수행하는 경우에는 전자문서로 된 자격증명서를 포함한다. 이하 제219조 각 호에서 같다) 및 조종사의 비행기록에 관한 자료

9. 무선국 허가증명서(radio station license)

10. 탑승한 여객의 성명, 탑승지 및 목적지가 표시된 명부(passenger manifest)(항공운송사업용 항공기만 해당한다)

11. 해당 항공운송사업자가 발행하는 수송화물의 화물목록(cargo manifest)과 화물 운송장에 명시되어 있는 세부 화물신고서류(detailed declarations of the cargo)(항공운송사업용 항공기만 해당한다)

12. 해당 국가의 항공당국 간에 체결한 항공기 등의 감독 의무에 관한 이전협정서요약서 사본(법 제5조에 따른 임대차 항공기의 경우만 해당한다)

13. 비행 전 및 각 비행단계에서 운항승무원이 사용해야 할 점검표

14. 그 밖에 국토교통부장관이 정하여 고시하는 서류

제114조(산소 저장 및 분배장치 등) ① 법 제52조제2항에 따라 고고도(高高度) 비행을 하는 항공기(무인항공기는 제외한다. 이하 이 조에서 같다)는 다음 각 호의 구분에 따른 호흡용 산소의 양을 저장하고 분배할 수 있는 장치를 장착하여야 한다.

1. 여압장치가 없는 항공기가 기내의 대기압이 700헥토파스칼(hPa) 미만인 비행고도에서 비행하려는 경우에는 다음 각 목에서 정하는 양

가. 기내의 대기압이 700헥토파스칼(hPa) 미만 620헥토파스칼(hPa) 이상인 비행고도에서 30분을 초과하여 비행하는 경우에는 승객의 10퍼센트와 승무원 전원이 그 초과되는 비행시간 동안 필요로 하는 양

나. 기내의 대기압이 620헥토파스칼(hPa) 미만인 비행고도에서 비행하는 경우에는 승객 전원과 승무원 전원이 해당 비행시간 동안 필요로 하는 양

2. 기내의 대기압을 700헥토파스칼(hPa) 이상으로 유지시켜 줄 수 있는 여압장치가 있는 모든 비행기와 항공운송사업에 사용되는 헬리콥터의 경우에는 다음 각 목에서 정하는 양

가. 기내의 대기압이 700헥토파스칼(hPa) 미만인 동안 승객 전원과 승무원 전원이 비행고도 등 비행환경에 따라 적합하게 필요로 하는 양

나. 기내의 대기압이 376헥토파스칼(hPa) 미만인 비행고도에서 비행하거나 376헥토파스칼(hPa) 이상인 비행고도에서 620헥토파스칼(hPa)인 비행고도까지 4분 이내에 강하할 수 없는 경우에는 승객 전원과 승무원 전원이 최소한 10분 이상 사용할 수 있는 양

② 여압장치가 있는 비행기로서 기내의 대기압이 376헥토파스칼(hPa) 미만인 비행고도로 비행하려는 비행기에는 기내의 압력이 떨어질 경우 운항승무원에게 이를 경고할 수 있는 기압저하경보장치 1기를 장착하여야 한다.

③ 항공운송사업에 사용되는 항공기로서 기내의 대기압이 376헥토파스칼(hPa) 미만인 비행고도로 비행하거나 376헥토파스칼(hPa) 이상인 비행고도에서 620헥토파스칼(hPa)의 비행고도까지 4분 이내에 안전하게 강하할 수 없는 경우에는 승객 및 객실승무원 좌석 수를 더한 수보다 최소한 10퍼센트를 초과하는 수의 자동으로 작동되는 산소분배장치를 장착하여야 한다.

④ 여압장치가 있는 비행기로서 기내의 대기압이 376헥토파스칼(hPa) 미만인 비행고도에서 비행하려는 비행기의 경우 운항승무원의 산소마스크는 운항승무원이 산소의 사용이 필요할 때에 비행임무를 수행하는 좌석에서 즉시 사용할 수 있는 형태여야 한다.

⑤ 비행 중인 비행기의 안전운항을 위하여 조종업무를 수행하고 있는 모든 운항승무원은 제1항에 따른 산소 공급이 요구되는 상황에서는 언제든지 산소를 계속 사용할 수 있어야 한다.

⑥ 제1항에 따라 항공기에 장착하여야 할 호흡용산소의 저장·분배장치에 대한 비행고도별 세부 장착요건 및 산소의 양, 그밖에 필요한 사항은 국토교통부장관이 정하여 고시한다.

제115조(헬리콥터 기체진동 감시 시스템 장착) 최대이륙중량이 3천175킬로그램을 초과하거나 승객 9명을 초과하여 수송할 수 있는 국제항공노선을 운항하는 항공운송사업에 사용되는 헬리콥터는 법 제52조제1항에 따라 기체에서 발생하는 진동을 감시할 수 있는 시스템(vibration health monitoring system)을 장착해야 한다.

제116조(방사선투사량계기) ① 법 제52조제2항에 따라 항공운송사

업용 항공기 또는 국외를 운항하는 비행기가 평균해면으로부터 1만5천미터(4만9천피트)를 초과하는 고도로 운항하려는 경우에는 방사선투사량계기(Radiation Indicator) 1기를 갖추어야 한다.

② 제1항에 따른 방사선투사량계기는 투사된 총 우주방사선의 비율과 비행 시마다 누적된 양을 계속적으로 측정하고 이를 나타낼 수 있어야 하며, 운항승무원이 측정된 수치를 쉽게 볼 수 있어야 한다.

제117조(항공계기장치 등) ① 법 제52조제2항에 따라 시계비행방식 또는 계기비행방식(계기비행 및 항공교통관제 지시 하에 시계비행방식으로 비행을 하는 경우를 포함한다)에 의한 비행을 하는 항공기에 갖추어야 할 항공계기 등의 기준은 별표 16과 같다.

② 야간에 비행을 하려는 항공기에는 별표 16에 따라 계기비행방식으로 비행할 때 갖추어야 하는 항공계기 등 외에 추가로 다음 각 호의 조명설비를 갖추어야 한다. 다만, 제1호 및 제2호의 조명설비는 주간에 비행을 하려는 항공기에도 갖추어야 한다.

1. 항공운송사업에 사용되는 항공기에는 2기 이상, 그 밖의 항공기에는 1기 이상의 착륙등. 다만, 헬리콥터의 경우 최소한 1기의 착륙등은 수직면으로 방향전환이 가능한 것이어야 한다.
2. 충돌방지등 1기
3. 항공기의 위치를 나타내는 우현등, 좌현등 및 미등
4. 운항승무원이 항공기의 안전운항을 위하여 사용하는 필수적인 항공계기 및 장치를 쉽게 식별할 수 있도록 해주는 조명설비
5. 객실조명설비
6. 운항승무원 및 객실승무원이 각 근무위치에서 사용할 수 있는 손전등(flashlight)

③ 마하 수(Mach number) 단위로 속도제한을 나타내는 항공기에는 마하 수 지시계(Mach number Indicator)를 장착하여야 한다. 다만, 마하 수 환산이 가능한 속도계를 장착한 항공기의 경우에는 그러하지 아니하다.

④ 제2항제1호에도 불구하고 소형항공운송사업에 사용되는 항공기로서 해당 항공기에 착륙등을 추가로 장착하기 위한 기술이 그 항공기 제작자 등에 의해 개발되지 아니한 경우에는 1기의 착륙등을 갖추고 비행할 수 있다.

제118조(제빙 · 방빙장치) 법 제52조제2항에 따라 결빙이 있거나 결빙이 예상되는 지역으로 운항하려는 항공기에는 결빙을 제거할 수 있는 제빙(De-icing)장치 또는 결빙을 방지할 수 있는 방빙(Anti-icing)장치를 갖추어야 한다.

제119조(항공기의 연료와 오일) 법 제53조에 따라 항공기에 실어야 하는 연료와 오일의 양은 별표 17과 같다.

제120조(항공기의 등불) ① 법 제54조에 따라 항공기가 야간에 공중·지상 또는 수상을 항행하는 경우와 비행장의 이동지역 안에서 이동하거나 엔진이 작동 중인 경우에는 우현등, 좌현등 및 미등(이하 "항행등"이라 한다)과 충돌방지등에 의하여 그 항공기의 위치를 나타내야 한다.

② 법 제54조에 따라 항공기를 야간에 사용되는 비행장에 주기(駐機) 또는 정박시키는 경우에는 해당 항공기의 항행등을 이용하여 항공기의 위치를 나타내야 한다. 다만, 비행장에 항공기를 조명하는 시설이 있는 경우에는 그러하지 아니하다.

③ 항공기는 제1항 및 제2항에 따라 위치를 나타내는 항행등으로 잘못 인식될 수 있는 다른 등불을 켜서는 아니 된다.

④ 조종사는 섬광등이 업무를 수행하는 데 장애를 주거나 외부에 있는 사람에게 눈부심을 주어 위험을 유발할 수 있는 경우에는 섬광등을 끄거나 빛의 강도를 줄여야 한다.

제121조(조종사의 최근의 비행경험) ① 법 제55조에 따라 다음 각 호의 어느 하나에 해당하는 조종사는 해당 항공기를 조종하고자 하는 날부터 기산하여 그 이전 90일까지의 사이에 조종하려는 항공기와 같은 형식의 항공기에 탑승하여 이륙 및 착륙을 각각 3회 이상 행한 비행경험이 있어야 한다.

1. 항공운송사업 또는 항공기사용사업에 사용되는 항공기를 조종하려는 조종사

2. 제126조 각 호의 어느 하나에 해당하는 항공기를 소유하거나 운용하는 법인 또는 단체에 고용된 조종사. 다만, 기장 외의 조종사는 이륙 또는 착륙 중 항공기를 조종하고자 하는 경우에만 해당한다.

② 제1항에 따른 조종사가 야간에 운항업무에 종사하고자 하는 경우에는 제1항의 비행경험 중 적어도 야간에 1회의 이륙 및 착륙을 행한 비행경험이 있어야 한다. 다만, 교육훈련, 기종운영의 특성

등으로 국토교통부장관의 인가를 받은 조종사에 대해서는 그러하지 아니하다.

③ 제1항 또는 제2항의 비행경험을 산정하는 경우 제91조의2제3항에 따라 지방항공청장이 지정한(제91조의3제5항에 따라 변경지정을 받거나 유효기간을 연장한 경우를 포함한다. 이하 같다) 모의비행훈련장치를 조작한 경험은 제1항 또는 제2항의 비행경험으로 본다. 〈개정 2021. 11. 19.〉

제122조(항공기관사의 최근의 비행경험) ① 법 제55조에 따라 항공운송사업 또는 항공기사용사업에 사용되는 항공기의 운항업무에 종사하려는 항공기관사는 종사하려는 날부터 기산하여 그 이전 6개월까지의 사이에 항공운송사업 또는 항공기사용사업에 사용되는 해당 항공기와 같은 형식의 항공기에 승무하여 50시간 이상 비행한 경험이 있어야 한다.

② 제1항의 비행경험을 산정하는 경우 제91조의2제3항에 따라 지방항공청장이 지정한 모의비행훈련장치를 조작한 경험은 25시간을 초과하지 아니하는 범위에서 제1항의 비행경험으로 본다. 〈개정 2021. 11. 19.〉

③ 제1항에도 불구하고 국토교통부장관이 제1항의 비행경험과 같은 수준 이상의 경험이 있다고 인정하는 항공기관사는 항공기의 운항업무에 종사할 수 있다.

제123조(항공사의 비행경험) ① 법 제55조에 따라 항공운송사업 또는 항공기사용사업에 사용되는 항공기의 운항업무에 종사하려는 항공사는 종사하려는 날부터 계산하여 그 이전 1년까지의 사이에 50시간(국내항공운송사업 또는 항공기사용사업에 사용되는 항공기 운항에 종사하려는 경우에는 25시간) 이상 항공기 운항업무에 종사한 비행경험이 있어야 한다.

② 제1항의 비행경험을 산정하는 경우 제91조의2제3항에 따라 지방항공청장이 지정한 모의비행훈련장치를 조작한 경험은 제1항의 비행경험으로 본다. 〈개정 2021. 11. 19.〉

③ 제1항에도 불구하고 국토교통부장관이 제1항의 비행경험과 같은 수준 이상의 경험이 있다고 인정하는 항공사는 항공기의 운항업무에 종사할 수 있다.

제124조(계기비행의 경험) ① 법 제55조에 따라 계기비행을 하려는

조종사는 계기비행을 하려는 날부터 계산하여 그 이전 6개월까지의 사이에 6회 이상의 계기접근과 6시간 이상의 계기비행(모의계기비행을 포함한다)을 한 경험이 있어야 한다.

② 제1항의 비행경험을 산정하는 경우 제91조의2제3항에 따라 지방항공청장이 지정한 모의비행훈련장치를 조작한 경험은 제1항의 비행경험으로 본다. 〈개정 2021. 11. 19.〉

③ 제1항에도 불구하고 국토교통부장관이 제1항의 비행경험과 같은 수준 이상의 비행경험이 있다고 인정하는 조종사는 계기비행업무에 종사할 수 있다.

제125조(조종교육 비행경험) ① 법 제55조에 따라 법 제44조제2항의 조종교육업무에 종사하려는 조종사는 조종교육을 하려는 날부터 계산하여 그 이전 1년까지의 사이에 10시간 이상의 조종교육을 한 경험이 있어야 한다. 다만, 조종교육증명을 최초로 취득한 조종사에 대해서는 그 조종교육증명을 취득한 날부터 1년까지는 그러하지 아니하다.

② 조종교육업무에 종사하려는 조종사가 조종교육업무에 사용할 항공기에 제1항 본문에 따른 경험을 갖춘 자와 동승하여 야간에 1회 이상의 이륙 및 착륙을 포함한 10시간 이상의 비행을 한 경우에는 제1항 본문에 따른 조종교육을 한 경험으로 본다.

제126조(국외운항항공기의 기준) 법 제55조제2호에서 “항공기 중량, 승객 좌석 수 등 국토교통부령으로 정하는 기준에 해당하는 항공기”란 다음 각 호의 어느 하나에 해당하는 항공기를 말한다.

1. 최대이륙중량이 5천700킬로그램을 초과하는 비행기
2. 1개 이상의 터빈발동기(터보제트발동기 또는 터보팬발동기를 말한다)를 장착한 비행기
3. 승객 좌석 수가 9석을 초과하는 비행기
4. 3대 이상의 항공기를 운용하는 법인 또는 단체의 항공기

제127조(운항승무원의 승무시간 등의 기준 등) ① 법 제56조제1항제1호에 따른 운항승무원의 승무시간, 비행근무시간, 근무시간 등(이하 “승무시간등”이라 한다)의 기준은 별표 18과 같다. 다만, 천재지변, 기상악화, 항공기 고장 등 항공기 소유자등이 사전에 예측할 수 없는 상황이 발생한 경우 승무시간 등의 기준은 국토교통부장관이 정하여 고시할 수 있다.

② 항공운송사업자 및 항공기사용사업자는 제1항에 따른 기준의 범위에서 운항승무원이 피로로 인하여 항공기의 안전운항을 저해하지 아니하도록 세부적인 기준을 운항규정에 정하여야 한다.

제128조(객실승무원의 승무시간 기준 등) ① 항공운송사업자는 법 제56조제1항제1호에 따라 객실승무원이 비행피로로 인하여 항공기 안전운항에 지장을 초래하지 아니하도록 월간, 3개월간 및 연간 단위의 승무시간 기준을 운항규정에 정하여야 한다. 이 경우 연간 승무시간은 1천 200시간을 초과해서는 아니 된다.

② 제1항에 따른 승무를 위하여 해당 형식의 항공기에 탑승하여 임무를 수행하는 객실승무원의 수에 따른 연속되는 24시간 동안의 비행근무시간 기준과 비행근무 후의 지상에서의 최소 휴식시간 기준은 별표 19와 같다. 다만, 천재지변, 기상악화, 항공기 고장 등 항공기 소유자등이 사전에 예측할 수 없는 상황이 발생한 경우 비행근무시간 등의 기준은 국토교통부장관이 정하여 고시할 수 있다.

제128조의2(운항관리사의 근무시간 기준 등) ① 법 제56조제1항제1호에 따른 운항관리사의 근무시간의 기준은 다음 각 호와 같다.

1. 연속되는 24시간 동안의 최대 근무시간은 10시간 이하일 것
2. 연속되는 7일마다 최소 연속 24시간의 휴식을 부여할 것
3. 계획된 근무시간 직전까지 최소 8시간의 휴식을 부여할 것

② 제1항에 따른 근무시간은 운항관리사가 항공운송사업자, 항공기사용사업자 또는 국외운항항공기 소유자등의 요구에 따라 근무보고를 하거나 근무를 시작한 때부터 근무가 끝날 때까지로 한다.

③ 제1항제1호에도 불구하고 다음의 어느 하나에 해당하는 경우에는 연속되는 24시간 동안 10시간 이상 근무하게 할 수 있다.

1. 천재지변 또는 그 밖의 부득이한 사유로 운항관리사를 교대할 수 없는 경우
2. 국외운항항공기 소유자등의 소속 운항관리사인 경우

④ 제3항제1호에 따라 연속되는 24시간 동안 10시간 이상 근무하게 한 경우에는 해당 근무 종료 후 다음의 계획된 근무시간 직전까지 제1항제3호에 따른 휴식을 부여해야 한다.

⑤ 제3항제2호에 따라 연속되는 24시간 동안 10시간 이상 근무하게 한 경우에는 제1항제3호에도 불구하고 근무시간 사이의 시간에 부여한 휴식시간의 총합이 최소 8시간이 되도록 해야 한다.

[본조신설 2021. 6. 9.]

[종전 제128조의2는 제128조의3으로 이동 〈2021. 6. 9.〉]

제128조의3(승무원 피로위험관리시스템의 승인 등) ① 법 제56조제2항에 따라 피로위험관리시스템을 승인받으려는 자는 별지 제60호의3서식의 피로위험관리시스템 승인신청서에 다음 각 호의 서류를 첨부하여 국토교통부장관에게 제출해야 한다.

1. 피로위험관리시스템 매뉴얼

2. 피로위험관리시스템 이행계획서

② 제1항에 따라 신청서를 받은 국토교통부장관은 해당 피로위험관리시스템이 다음 각 호의 기준을 모두 갖추고 있는 경우에는 별지 제60호의4서식의 피로위험관리시스템 승인서를 발급해야 한다.

1. 피로위험관리시스템에 다음 각 목의 사항이 모두 포함되어 있을 것

가. 피로위험관리 정책에 관한 사항

나. 피로위험관리 조직에 관한 사항

다. 피로위험관리시스템 운용절차에 관한 다음의 사항

1) 피로위험관리시스템에 적용하는 승무시간 등의 제한기준에 관한 사항

2) 피로위험도 관리에 관한 사항

3) 안전성과 관리에 관한 사항

4) 피로관련 보고제도에 관한 사항

5) 피로관련 승무원의 교육훈련에 관한 사항

6) 피로관련 기록유지에 관한 사항

라. 그 밖에 피로위험관리시스템 운용에 필요하다고 인정하여 국토부장관이 고시하는 사항

2. 법 제58조제2항에 따른 항공안전관리시스템과 연계되어 있을 것

3. 제127조제1항 및 제128조제1항에 따른 승무시간 등의 기준의 준수에 따른 피로관리 이상으로 피로가 관리될 수 있을 것

③ 법 제56조제2항 후단에서 "국토교통부령으로 정하는 중요한 사항"이란 다음 각 호의 사항을 말한다.

1. 피로위험관리시스템에서 적용되는 승무시간 등의 제한기준에 관한 사항

2. 피로관련 위험도 관리에 관한 사항

3. 안전성과 관리에 관한 사항

④ 법 제56조제2항 후단에 따른 변경승인을 받으려는 자는 별지 제60호의5서식의 피로위험관리시스템 변경승인신청서에 다음 각 호의 서류를 첨부하여 국토교통부장관에게 제출해야 한다.

1. 변경된 피로위험관리시스템 매뉴얼

2. 피로위험관리시스템 신·구 대비표

⑤ 제4항에 따른 신청서를 받은 국토교통부장관은 제4항에 따른 변경신청이 제2항에 따른 기준에 적합하면 변경승인을 해야 한다.

[본조신설 2020. 12. 10.]

[제128조의2에서 이동 〈2021. 6. 9.〉]

제129조(주류등의 종류 및 측정 등) ① 법 제57조제3항 및 제4항에 따라 국토교통부장관 또는 지방항공청장은 소속 공무원으로 하여금 항공종사자 및 객실승무원의 주류등의 섭취 또는 사용 여부를 측정하게 할 수 있다.

② 제1항에 따라 주류등의 섭취 또는 사용 여부를 적발한 소속 공무원은 별지 제61호서식의 주류등 섭취 또는 사용 적발보고서를 작성하여 국토교통부장관 또는 지방항공청장에게 보고하여야 한다.

③ 제1항에 따른 주류등의 섭취 또는 사용 여부의 측정에 필요한 사항은 국토교통부장관이 정한다. 〈신설 2020. 12. 10.〉

제130조(항공안전관리시스템의 승인 등) ① 법 제58조제2항에 따라 항공안전관리시스템을 승인받으려는 자는 별지 제62호서식의 항공안전관리시스템 승인신청서에 다음 각 호의 서류를 첨부하여 제작·교육·운항 또는 사업 등을 시작하기 30일 전까지 국토교통부장관 또는 지방항공청장에게 제출해야 한다. 〈개정 2020. 2. 28.〉

1. 항공안전관리시스템 매뉴얼

2. 항공안전관리시스템 이행계획서 및 이행확약서

3. 제2항에서 정하는 항공안전관리시스템 승인기준에 미달하는 사항이 있는 경우 이를 보완할 수 있는 대체운영절차

② 제1항에 따라 항공안전관리시스템 승인신청서를 받은 국토교통부장관 또는 지방항공청장은 해당 항공안전관리시스템이 별표 20에서 정한 항공안전관리시스템 구축·운용 및 승인기준을 충족하고 국토교통부장관이 고시한 운용조직의 규모 및 업무특성별 운용요건

에 적합하다고 인정되는 경우에는 별지 제63호서식의 항공안전관리시스템 승인서를 발급하여야 한다. 〈개정 2020. 2. 28.〉

③ 법 제58조제2항 후단에서 "국토교통부령으로 정하는 중요사항"이란 다음 각 호의 사항을 말한다. 〈개정 2020. 2. 28.〉

1. 안전목표에 관한 사항
2. 안전조직에 관한 사항
3. 항공안전장애 등 항공안전데이터 및 항공안전정보에 대한 보고체계에 관한 사항
4. 항공안전위해요인 식별 및 위험도 관리
5. 안전성과지표의 운영(지표의 선정, 경향성 모니터링, 확인된 위험에 대한 경감 조치 등)에 관한 사항
6. 변화관리에 관한 사항
7. 자체 안전감사 등 안전보증에 관한 사항

④ 제3항에서 정한 중요사항을 변경하려는 자는 별지 제64호서식의 항공안전관리시스템 변경승인 신청서에 다음 각 호의 서류를 첨부하여 국토교통부장관 또는 지방항공청장에게 제출하여야 한다.

1. 변경된 항공안전관리시스템 매뉴얼
2. 항공안전관리시스템 매뉴얼 신·구대조표

⑤ 국토교통부장관 또는 지방항공청장은 제4항에 따라 제출된 변경사항이 별표 20에서 정한 항공안전관리시스템 승인기준에 적합하다고 인정되는 경우 이를 승인하여야 한다.

제130조의2(비행자료분석프로그램을 마련해야 하는 항공운송사업자) 법 제58조제4항에 따라 비행자료분석프로그램(Flight Data Analysis Program)을 마련해야 하는 항공운송사업자는 다음 각 호와 같다.

1. 최대이륙중량이 2만킬로그램을 초과하는 비행기를 사용하는 항공운송사업자
2. 최대이륙중량이 7천킬로그램을 초과하거나 승객 9명을 초과하여 수송할 수 있는 헬리콥터를 사용하여 국제항공노선을 취항하는 항공운송사업자

[본조신설 2020. 2. 28.]

제131조(항공안전프로그램의 마련에 필요한 사항) 법 제58조제7항제1호에 따라 항공안전프로그램을 마련할 때에는 다음 각 호의 사항을

반영해야 한다. 〈개정 2018. 3. 23., 2020. 2. 28., 2021. 6. 9.〉

1. 항공안전에 관한 정책, 달성목표 및 조직체계

가. 항공안전분야의 기본법령에 관한 사항

나. 기본법령에 따른 세부기준에 관한 사항

다. 항공안전 관련 조직의 구성, 기능 및 임무에 관한 사항

라. 항공안전 관련 법령 등의 이행을 위한 전문인력 확보에 관한 사항

마. 기본법령을 이행하기 위한 세부지침 및 주요 안전정보의 제공에 관한 사항

2. 항공안전 위험도 관리

가. 항공안전 확보를 위해 국토교통부장관이 수행하는 증명, 인증, 승인, 지정 등에 관한 사항

나. 항공안전관리시스템 이행의무에 관한 사항

다. 항공기사고 및 항공기준사고 조사에 관한 사항

라. 항공안전위해요인의 식별 및 항공안전 위험도 평가에 관한 사항

마. 항공안전문제의 해소 등 항공안전 위험도의 경감에 관한 사항

3. 항공안전보증

가. 안전감독 등 감시활동에 관한 사항

나. 국가의 항공안전성과에 관한 사항

4. 항공안전증진

가. 정부 내 항공안전에 관한 업무를 수행하는 부처 간의 안전정보 공유 및 안전문화 조성에 관한 사항

나. 정부 내 항공안전에 관한 업무를 수행하는 부처와 항공안전관리시스템을 운영하는 자, 국제민간항공기구 및 외국의 항공당국 등 간의 안전정보 공유 및 안전문화 조성에 관한 사항

5. 국제기준관리시스템의 구축·운영

6. 그 밖에 국토교통부장관이 항공안전목표 달성에 필요하다고 정하는 사항

제132조(항공안전관리시스템에 포함되어야 할 사항 등) ① 법 제58조제7항제2호에 따른 항공안전관리시스템에 포함되어야 할 사항은 다음 각 호와 같다. 〈개정 2020. 2. 28., 2021. 6. 9.〉

1. 항공안전에 관한 정책 및 달성목표

가. 최고경영관리자의 권한 및 책임에 관한 사항
나. 안전관리 관련 업무분장에 관한 사항
다. 총괄 안전관리자의 지정에 관한 사항
라. 위기대응계획 관련 관계기관 협의에 관한 사항
마. 매뉴얼 등 항공안전관리시스템 관련 기록·관리에 관한 사항
2. 항공안전 위험도의 관리
가. 항공안전위해요인의 식별절차에 관한 사항
나. 위험도 평가 및 경감조치에 관한 사항
다. 자체 안전보고의 운영에 관한 사항
3. 항공안전보증
가. 안전성과의 모니터링 및 측정에 관한 사항
나. 변화관리에 관한 사항
다. 항공안전관리시스템 운영절차 개선에 관한 사항
4. 항공안전증진
가. 안전교육 및 훈련에 관한 사항
나. 안전관리 관련 정보 등의 공유에 관한 사항
5. 그 밖에 국토교통부장관이 항공안전관리시스템 운영에 필요하다고 정하는 사항

② 법 제58조제7항제2호에 따른 항공안전관리시스템의 구축·운용 및 그 승인기준은 별표 20과 같다. 〈개정 2020. 2. 28., 2021. 6. 9.〉

③ 삭제 〈2020. 2. 28.〉

④ 삭제 〈2020. 2. 28.〉

제133조(항공교통업무 안전관리시스템의 구축·운용에 관한 사항) 법 제58조제3항 및 제7항제3호에 따른 항공교통업무에 관한 항공안전관리시스템의 구축·운용에 관하여는 별표 20을 준용한다.

[전문개정 2020. 2. 28.]

제134조(항공안전 의무보고의 절차 등) ① 법 제59조제1항 본문에서 "항공안전장애 중 국토교통부령으로 정하는 사항"이란 별표 20의2에 따른 사항을 말한다. 〈신설 2020. 2. 28.〉

② 법 제59조제1항 및 법 제62조제5항에 따라 다음 각 호의 어느 하나에 해당하는 사람은 별지 제65호서식에 따른 항공안전 의무보고서(항공기가 조류 또는 동물과 충돌한 경우에는 별지 제65호의

2서식에 따른 조류 및 동물 충돌 보고서) 또는 국토교통부장관이 정하여 고시하는 전자적인 보고방법에 따라 국토교통부장관 또는 지방항공청장에게 보고해야 한다. 〈개정 2020. 2. 28., 2020. 12. 10.〉

1. 항공기사고를 발생시켰거나 항공기사고가 발생한 것을 알게 된 항공종사자 등 관계인

2. 항공기준사고를 발생시켰거나 항공기준사고가 발생한 것을 알게 된 항공종사자 등 관계인

3. 법 제59조제1항 본문에 따른 의무보고 대상 항공안전장애(이하 "의무보고 대상 항공안전장애"라 한다)를 발생시켰거나 의무보고 대상 항공안전장애가 발생한 것을 알게 된 항공종사자 등 관계인(법 제33조에 따른 보고 의무자는 제외한다)

③ 법 제59조제1항에 따른 항공종사자 등 관계인의 범위는 다음 각 호와 같다. 〈개정 2020. 2. 28.〉

1. 항공기 기장(항공기 기장이 보고할 수 없는 경우에는 그 항공기의 소유자등을 말한다)

2. 항공정비사(항공정비사가 보고할 수 없는 경우에는 그 항공정비사가 소속된 기관·법인 등의 대표자를 말한다)

3. 항공교통관제사(항공교통관제사가 보고할 수 없는 경우 그 관제사가 소속된 항공교통관제기관의 장을 말한다)

4. 「공항시설법」에 따라 공항시설을 관리·유지하는 자

5. 「공항시설법」에 따라 항행안전시설을 설치·관리하는 자

6. 법 제70조제3항에 따른 위험물취급자

7. 「항공사업법」 제2조제20호에 따른 항공기취급업자 중 다음 각 호의 업무를 수행하는 자

가. 항공기 중량 및 균형관리를 위한 화물 등의 탑재관리, 지상에서 항공기에 대한 동력지원

나. 지상에서 항공기의 안전한 이동을 위한 항공기 유도

④ 제2항에 따른 보고서의 제출 시기는 다음 각 호와 같다. 〈개정 2020. 2. 28.〉

1. 항공기사고 및 항공기준사고: 즉시

2. 항공안전장애:

가. 별표 20의2 제1호부터 제4호까지, 제6호 및 제7호에 해당하는 의무보고 대상 항공안전장애의 경우 다음의 구분에 따른 때부

터 72시간 이내(해당 기간에 포함된 토요일 및 법정공휴일에 해당하는 시간은 제외한다). 다만, 제6호가목, 나목 및 마목에 해당하는 사항은 즉시 보고해야 한다.

1) 의무보고 대상 항공안전장애를 발생시킨 자: 해당 의무보고 대상 항공안전장애가 발생한 때

2) 의무보고 대상 항공안전장애가 발생한 것을 알게 된 자: 해당 의무보고 대상 항공안전장애가 발생한 사실을 안 때

나. 별표 20의2 제5호에 해당하는 의무보고 대상 항공안전장애의 경우 다음의 구분에 따른 때부터 96시간 이내. 다만, 해당 기간에 포함된 토요일 및 법정공휴일에 해당하는 시간은 제외한다.

1) 의무보고 대상 항공안전장애를 발생시킨 자: 해당 의무보고 대상 항공안전장애가 발생한 때

2) 의무보고 대상 항공안전장애가 발생한 것을 알게 된 자: 해당 의무보고 대상 항공안전장애가 발생한 사실을 안 때

다. 가목 및 나목에도 불구하고, 의무보고 대상 항공안전장애를 발생시켰거나 의무보고 대상 항공안전장애가 발생한 것을 알게 된 자가 부상, 통신 불능, 그 밖의 부득이한 사유로 기한 내 보고를 할 수 없는 경우에는 그 사유가 해소된 시점부터 72시간 이내

제135조(항공안전 자율보고의 절차 등) ① 법 제61조제1항에 따라 항공안전 자율보고를 하려는 사람은 별지 제66호서식의 항공안전 자율보고서 또는 국토교통부장관이 정하여 고시하는 전자적인 보고방법에 따라 한국교통안전공단의 이사장에게 보고할 수 있다. 〈개정 2018. 3. 23.〉

② 제1항에 따른 항공안전 자율보고의 접수·분석 및 전파 등에 관하여 필요한 사항은 국토교통부장관이 정하여 고시한다.

제136조(출발 전의 확인) ① 법 제62조제2항에 따라 기장이 확인하여야 할 사항은 다음 각 호와 같다.

1. 해당 항공기의 감항성 및 등록 여부와 감항증명서 및 등록증명서의 탑재

2. 해당 항공기의 운항을 고려한 이륙중량, 착륙중량, 중심위치 및 중량분포

3. 예상되는 비행조건을 고려한 의무무선설비 및 항공계기 등의 장착

4. 해당 항공기의 운항에 필요한 기상정보 및 항공정보
5. 연료 및 오일의 탑재량과 그 품질
6. 위험물을 포함한 적재물의 적절한 분배 여부 및 안정성
7. 해당 항공기와 그 장비품의 정비 및 정비 결과
8. 그 밖에 항공기의 안전 운항을 위하여 국토교통부장관이 필요하다고 인정하여 고시하는 사항

② 기장은 제1항제7호의 사항을 확인하는 경우에는 다음 각 호의 점검을 하여야 한다.

1. 항공일지 및 정비에 관한 기록의 점검
2. 항공기의 외부 점검
3. 발동기의 지상 시운전 점검
4. 그 밖에 항공기의 작동사항 점검

제137조(기장 등의 운항자격인정 대상 항공기 등) 법 제63조제1항제2호에서 "국토교통부령으로 정하는 업무"란 「항공사업법 시행규칙」 제4조제1호, 제2호, 제5호부터 제7호까지 및 제9호에 따른 업무를 말한다.

제138조(기장의 운항자격인정을 위한 지식 요건) 법 제63조제1항에 따라 같은 항 각 호의 어느 하나에 해당하는 항공기의 기장은 다음 각 호의 구분에 따른 지식이 있어야 한다. 〈개정 2021. 8. 27.〉

1. 법 제63조제1항제1호ㆍ제2호에 해당하는 항공기의 기장: 운항하려는 지역, 노선 및 공항에 대한 다음 각 목의 지식
   가. 지형 및 최저안전고도
   나. 계절별 기상 특성
   다. 기상, 통신 및 항공교통시설 업무와 그 절차
   라. 수색 및 구조 절차
   마. 운항하려는 지역 또는 노선과 관련된 장거리 항법절차가 포함된 항행안전시설 및 그 이용절차
   바. 인구밀집지역 상공 및 항공교통량이 많은 지역 상공의 비행경로에서 적용되는 비행절차
   사. 장애물, 등화시설, 접근을 위한 항행안전시설, 목적지 공항 혼잡지역 및 그 도면
   아. 항공로절차, 목적지 상공 도착절차, 출발절차, 체공절차 및 공항이 포함된 인가된 계기접근 절차

자. 공항 운영 최저기상기준값[공항에서 항공기가 이륙·착륙할 수 있는 최저 시정(식별 가능 최대 거리를 말한다. 이하 같다)과 구름높이를 정한 값을 말한다]

차. 항공고시보

카. 운항규정

2. 법 제63조제1항제3호에 해당하는 항공기의 기장: 해당 형식의 항공기에 대한 정상 상태에서의 조종기술과 비정상 상태에서의 조종기술 및 비상절차에 관한 지식

[전문개정 2019. 2. 26.]

제139조(기장 등의 운항자격인정을 위한 기량 요건) 법 제63조제1항에 따라 같은 항 각 호의 어느 하나에 해당하는 항공기의 기장 또는 기장 외의 조종사는 다음 각 호의 구분에 따른 기량이 있어야 한다.

1. 법 제63조제1항제1호·제2호에 해당하는 항공기의 기장 또는 기장 외의 조종사: 운항하려는 지역, 노선 및 공항에 대해 해당 형식의 항공기에 대한 정상 상태에서의 조종기술과 비정상 상태에서의 조종기술 및 비상절차 수행능력

2. 법 제63조제1항제3호에 해당하는 항공기 기장 또는 기장 외의 조종사: 해당 형식의 항공기에 대한 정상 상태에서의 조종기술과 비정상 상태에서의 조종기술 및 비상절차 수행능력

[전문개정 2019. 2. 26.]

제140조(기장 등의 운항자격 인정 및 심사 신청) 법 제63조제1항에 따라 기장 또는 기장 외의 조종사의 운항자격 인정을 받으려는 사람은 별지 제67호서식의 조종사 운항자격 인정(심사) 신청서에 별지 제36호서식의 비행경력증명서를 첨부하여 국토교통부장관 또는 지방항공청장에게 제출하여야 한다. 〈개정 2024. 9. 20.〉

제141조(기장 등의 운항자격인정을 위한 심사) ① 법 제63조제1항에 따른 지식 또는 기량에 관한 자격인정은 구술·필기 및 실기평가 과정을 통하여 심사한다.

② 국토교통부장관 또는 지방항공청장은 법 제63조제1항에 따른 자격인정에 필요한 심사(이하 "운항자격인정심사"라 한다) 업무를 담당하는 사람으로 소속 공무원을 지명하거나 해당 분야의 전문지식과 경험을 가진 사람을 위촉하여야 한다. 〈개정 2024. 9. 20.〉

③ 제1항에 따른 실기심사는 제2항에 따라 국토교통부장관 또는

지방항공청장이 지명한 소속 공무원(이하 "운항자격심사관"이라 한다) 또는 국토교통부장관 또는 지방항공청장의 위촉을 받은 사람(이하 "위촉심사관"이라 한다)과 운항자격인정심사를 받으려는 사람이 해당 형식의 항공기에 탑승하여 해당 노선을 왕복비행(순환노선에서의 연속되는 2구간 이상의 편도비행을 포함한다)하여 심사하여야 한다. 다만, 제139조에 따른 정상 및 비정상 상태에서의 조종기술 및 비상절차 수행능력에 대한 실기심사는 제91조의2제3항에 따라 지방항공청장이 지정한 동일한 형식의 항공기의 모의비행훈련장치로 심사할 수 있다. 〈개정 2021. 11. 19., 2024. 9. 20.〉

④ 운항자격인정심사의 세부항목 및 판정기준 등에 관하여 필요한 사항은 국토교통부장관이 정하여 고시한다.

제142조(기장 등의 운항자격인정) 법 제63조제1항 각 호의 어느 하나에 해당하는 항공기의 기장 또는 기장 외의 조종사에 대한 같은 항에 따른 운항자격인정은 다음 각 호의 구분에 따른 범위로 한정한다.

1. 법 제63조제1항제1호 또는 같은 항 제2호에 해당하는 항공기의 기장 또는 기장 외의 조종사: 항공기 형식과 운항하려는 지역, 노선 및 공항(제155조제1항에 따른 지역, 노선 및 공항만 해당한다)에 대한 것

2. 법 제63조제1항제3호에 해당하는 항공기의 기장 또는 기장 외의 조종사: 항공기 형식에 대한 것

[전문개정 2019. 2. 26.]

제143조(기장 등의 운항자격의 정기심사) ① 국토교통부장관 또는 지방항공청장은 법 제63조제2항에 따라 같은 조 제1항에 따른 자격인정을 받은 기장 또는 기장 외의 조종사에 대해 다음 각 호의 구분에 따라 정기심사를 실시한다. 〈개정 2019. 2. 26., 2024. 9. 20.〉

1. 법 제63조제1항제1호 또는 같은 항 제2호에 해당하는 항공기의 기장 또는 기장 외의 조종사: 운항하려는 지역, 노선 및 공항에 따라 기장의 경우에는 제138조제1호 및 제139조제1호에 따른 지식 및 기량의 유지에 관하여, 기장 외의 조종사의 경우에는 제139조제1호에 따른 기량의 유지에 관하여 다음 각 목의 구분에 따른 심사 실시

가. 정상 상태에서의 조종기술: 매년 1회 이상 국토교통부장관이 정하는 방법에 따른 심사

나. 비정상 상태에서의 조종기술 및 비상절차 수행능력: 매년 2

회 이상 국토교통부장관이 정하는 방법에 따른 심사

2. 법 제63조제1항제3호에 따른 항공기 기장 또는 기장 외의 조종사: 운항하려는 항공기 형식에 따라 기장의 경우에는 제138조제2호 및 제139조제2호에 따른 지식 및 기량의 유지에 관하여, 기장 외의 조종사의 경우에는 제139조제2호에 따른 기량의 유지에 관하여 2년마다 1회 이상 국토교통부장관이 정하는 방법에 따른 심사 실시

② 제1항의 정기심사는 운항자격심사관 또는 위촉심사관이 실시한다.

③ 제1항의 정기심사에 관하여는 제141조제1항 · 제3항 및 제4항을 준용한다.

④ 제1항제1호나목에도 불구하고 다음 각 호의 어느 하나에 해당하는 조종사에 대한 심사는 기장의 경우에는 지식 및 기량의 유지에 관하여, 기장 외의 조종사의 경우에는 기량의 유지에 관하여 각각 매년 1회 이상 국토교통부장관이 정하는 방법에 따라 실시한다. 다만, 2개 이상의 기종을 조종하는 조종사인 경우에는 기종별 격년으로 심사한다. 〈개정 2019. 2. 26.〉

1. 「항공사업법」 제10조에 따른 소형항공운송사업에 사용되는 항공기를 조종하는 조종사

2. 제137조에 따른 업무를 하는 항공기사용사업에 사용되는 항공기를 조종하는 조종사

3. 삭제 〈2019. 2. 26.〉

제144조(기장 등의 운항자격의 수시심사) 법 제63조제2항에 따라 국토교통부장관 또는 지방항공청장은 다음 각 호의 어느 하나에 해당하는 기장 또는 기장 외의 조종사에 대해서는 수시로 지식 또는 기량의 유무를 심사할 수 있다. 〈개정 2024. 9. 20.〉

1. 항공기사고 또는 비정상운항을 발생시킨 기장 또는 기장 외의 조종사

2. 제138조 각 호의 사항에 중요한 변경이 있는 지역, 노선 및 공항을 운항하는 기장 또는 기장 외의 조종사

3. 항공기의 성능 · 장비 또는 항법에 중요한 변경이 있는 경우 해당 항공기를 운항하는 기장 또는 기장 외의 조종사

4. 6개월 이상 운항업무에 종사하지 아니한 기장 또는 기장 외의 조종사

5. 항공 관련 법규 위반으로 처분을 받은 기장 또는 기장 외의 조종사

6. 항공기의 이륙·착륙에 특별한 주의가 필요한 공항으로서 국토교통부장관이 지정한 공항에 운항하는 기장 또는 기장 외의 조종사

7. 해당 운항자격 경력이 1년 미만인 기장 또는 기장 외의 조종사

8. 새로운 공항을 운항한지 6개월이 지나지 아니한 기장 또는 기장 외의 조종사

9. 취항 중인 공항에 항공기 형식을 변경하여 운항한 지 6개월이 지나지 아니한 기장 또는 기장 외의 조종사

제145조(기장 등의 운항자격인정의 취소) ① 국토교통부장관 또는 지방항공청장은 법 제63조제3항에 따라 기장 또는 기장 외의 조종사가 제143조에 따라 심사를 받아야 하는 달의 다음 달 말까지 심사를 받지 아니하거나 제143조 또는 제144조에 따른 심사에 합격하지 못한 경우에는 그 운항자격인정을 취소해야 한다. 〈개정 2019. 2. 26., 2024. 9. 20.〉

② 국토교통부장관 또는 지방항공청장은 제1항에 따라 운항자격인정을 취소하는 경우에는 취소사실을 그 기장 또는 기장 외의 조종사에게 사유와 함께 서면으로 통보하여야 한다. 〈개정 2024. 9. 20.〉

제146조(지정항공운송사업자등의 지정 신청 등) ① 항공운송사업자 또는 제137조에 따른 업무를 하는 항공기사용사업자가 법 제63조제4항에 따라 지정을 받으려는 경우에는 다음 각 호의 사항을 적은 별지 제68호서식의 지정항공운송사업자등의 지정신청서를 국토교통부장관 또는 지방항공청장에게 제출하여야 한다. 〈개정 2024. 9. 20.〉

1. 명칭 및 주소

2. 해당 항공운송사업 또는 항공기사용사업의 면허번호·면허취득일 또는 등록번호·등록일

3. 해당 항공운송사업 노선

4. 기종별 항공기 대수 및 법 제63조에 따라 자격인정을 받은 사람의 수

② 제1항의 신청서에는 다음 각 호의 사항이 적힌 훈련 및 심사에 관한 규정을 첨부하여야 한다.

1. 법 제63조제1항 또는 제2항에 따라 운항자격인정을 받으려는 사람 또는 정기·수시심사를 받아야 하는 사람(이하 “운항자격심사

대상자"이라 한다)에 대한 선정기준, 자격인정 및 심사방법과 그 조직체계

2. 운항자격심사 대상자에 대한 자격인정 또는 심사업무 담당자가 되려는 사람(이하 "지정심사관 후보자"라 한다)의 선정기준 및 그 조직체계

3. 운항자격심사 대상자와 지정심사관 후보자의 훈련체계 및 훈련방법

4. 운항자격인정 및 심사, 선정에 관한 기록의 작성 및 보존 방법

③ 국토교통부장관 또는 지방항공청장은 제1항에 따른 신청이 제147조의 기준에 적합하다고 인정하는 경우에는 소속 기장 또는 기장 외의 조종사에 대한 운항자격인정 또는 심사를 할 수 있는 자(이하 "지정항공운송사업자등"이라 한다)로 지정하여야 한다. 〈개정 2024. 9. 20.〉

④ 제3항의 경우에 국토교통부장관 또는 지방항공청장은 해당 지정항공운송사업자등이 운항자격인정 또는 심사를 할 수 있는 항공기 형식을 정하여 지정할 수 있다. 이 경우 신규 도입 항공기에 대해서는 해당 형식 항공기를 보유한 후 1년이 지나야 지정을 할 수 있다. 〈개정 2024. 9. 20.〉

⑤ 지정항공운송사업자등이 제2항에 따른 훈련 및 심사에 관한 규정을 변경하려는 경우에는 미리 국토교통부장관 또는 지방항공청장의 승인을 받아야 한다. 〈개정 2024. 9. 20.〉

제147조(지정항공운송사업자등의 지정기준) 법 제63조제4항에 따른 지정항공운송사업자등의 지정기준은 다음 각 호와 같다.

1. 운항자격심사 대상자와 지정심사관 후보자의 선정을 위한 조직이 있고, 그 선정기준이 항공기의 형식, 보유 대수, 노선 등에 비추어 적합할 것

2. 운항자격심사 대상자와 지정심사관 후보자의 훈련을 위한 조직이 있고 조종훈련교관 및 훈련시설을 충분히 확보할 것

3. 운항자격심사 대상자와 지정심사관 후보자의 훈련과목·훈련시간, 그 밖에 훈련방법이 항공기의 형식, 보유 대수, 노선 등에 비추어 적합할 것

4. 법 제63조제1항 및 제2항에 따른 운항자격인정 및 심사를 하기 위하여 필요한 인원의 지정심사관 후보자가 있을 것

5. 제149조제3항에 따라 지정된 지정심사관의 권한행사에 독립성이 보장될 것

6. 운항자격인정 및 심사의 내용, 평가기준 및 운항자격인정 취소기준은 국토교통부장관이 법 제63조제1항부터 제3항까지에 따라 하는 자격인정 및 심사의 내용, 평가기준 및 자격인정 취소기준에 준하는 것일 것

7. 관계 기록의 작성 및 보존방법이 적절할 것

제148조(지정항공운송사업자등의 지정 취소) 국토교통부장관 또는 지방항공청장은 지정항공운송사업자등이 다음 각 호의 어느 하나에 해당하는 경우에는 지정항공운송사업자등의 지정을 취소할 수 있다. 〈개정 2024. 9. 20.〉

1. 거짓이나 그 밖의 부정한 방법으로 지정을 받은 경우

2. 제149조제3항에 따른 지정심사관이 부정한 방법으로 법 제63조제4항에 따른 운항자격인정 또는 심사를 한 경우

3. 제146조제2항에 따른 훈련 및 심사에 관한 규정을 위반한 경우

4. 제147조에 따른 지정기준에 적합하지 아니하게 된 경우

5. 법 또는 법에 따른 명령이나 처분을 위반한 경우

제149조(지정심사관의 지정 신청 등) ① 지정항공운송사업자등은 소속 기장 또는 기장 외의 조종사에 대한 운항자격인정 또는 심사를 하려는 경우에는 지정심사관 후보자를 선정하여 별지 제69호서식의 지정심사관 지정(심사) 신청서를 국토교통부장관 또는 지방항공청장에게 제출하여야 한다. 〈개정 2024. 9. 20.〉

② 제1항의 신청서에는 지정심사관 후보자가 제151조제1항 각 호의 요건에 적합함을 증명하는 서류를 첨부하여야 한다.

③ 제1항에 따른 신청을 받은 국토교통부장관 또는 지방항공청장은 지정심사관 후보자가 제151조의 요건에 적합한 경우에는 지정심사관으로 지정하여야 한다. 〈개정 2024. 9. 20.〉

④ 제3항에 따라 지정을 받은 지정심사관(이하 "지정심사관"이라 한다)은 제141조제3항에 따른 위촉심사관의 자격이 있는 것으로 본다.

제150조(위촉심사관등에 대한 항공기 형식 한정 등) ① 국토교통부장관 또는 지방항공청장은 위촉심사관 또는 지정심사관(이하 "위촉

심사관등"이라 한다)을 위촉 또는 지정하는 경우 항공기 형식을 한정하여 위촉 또는 지정하여야 한다. 〈개정 2024. 9. 20.〉

② 국토교통부장관 또는 지방항공청장이 위촉심사관등의 위촉 또는 지정을 위하여 실시하는 심사에 관하여는 제141조제1항, 제3항 및 제4항을 준용한다. 〈개정 2024. 9. 20.〉

③ 제2항에 따른 심사는 운항자격심사관이 한다.

제151조(위촉심사관등의 위촉 또는 지정 요건) ① 위촉심사관등의 위촉 또는 지정 요건은 다음 각 호와 같다.

1. 다음 각 목의 어느 하나에 해당하는 사람일 것

가. 항공운송사업에 사용되는 항공기의 기장으로서의 비행시간이 2천시간 이상이거나 해당 형식의 항공기 기장으로서의 비행시간이 1천시간 이상이고, 위촉심사관등이 되기 위한 훈련을 받은 사람일 것

나. 제137조에 따른 업무를 하는 항공기사용사업에 사용되는 항공기의 조종사로서의 비행시간이 1,500시간 이상이거나 해당 형식의 항공기 기장으로서의 비행시간이 1천시간 이상이고, 위촉심사관등이 되기 위한 훈련을 받은 사람일 것

2. 운항자격인정을 받은 기장일 것

3. 기장 또는 기장 외의 조종사에 대한 운항자격인정 및 심사를 하는 데 필요한 지식과 기량이 있을 것

4. 법 제43조에 따라 자격증명, 자격증명의 한정 또는 항공신체검사증명의 효력정지명령을 받고 그 정지기간이 끝나거나 그 정지가 면제된 날부터 2년이 지난 사람일 것

② 제1항에도 불구하고 제1항 각 호의 요건을 갖춘 사람이 없거나 국토교통부장관 또는 지방항공청장이 필요하다고 인정하는 경우에는 지식 및 기량이 우수한 기장 중에서 항공운송사업자 또는 제137조에 따른 업무를 하는 항공기사용사업자의 신청을 받아 위촉심사관등으로 위촉하거나 지정할 수 있다. 〈개정 2024. 9. 20.〉

제152조(위촉심사관등에 대한 정기·수시심사) ① 국토교통부장관 또는 지방항공청장은 위촉심사관등이 제151조의 요건을 갖추고 있는지의 여부를 확인하기 위하여 위촉심사관등의 지식에 관하여는 1년마다, 기량에 관하여는 2년마다 심사하되, 특히 필요하다고 인정하는 경우에는 수시로 심사할 수 있다. 〈개정 2024. 9. 20.〉

② 제1항에 따른 심사는 국토교통부장관 또는 지방항공청장이 정하는 위촉심사관등에 대한 심사표에 따른다. 〈개정 2024. 9. 20.〉

③ 제1항의 심사는 운항자격심사관이 하되, 새로운 형식의 항공기 도입 또는 운항자격심사관의 사고 등의 사유가 있는 경우에는 국토교통부장관 또는 지방항공청장이 위촉심사관을 지명하여 할 수 있다. 〈개정 2024. 9. 20.〉

④ 제1항의 심사에 관하여는 제141조제1항, 제3항 및 제4항을 준용한다.

제153조(위촉 또는 지정의 실효 및 취소) ① 위촉심사관등이 다음 각 호의 어느 하나에 해당하는 경우에는 위촉 또는 지정의 효력은 즉시 상실된다.

1. 제152조제1항에 따른 심사를 받지 아니하거나 그 심사에 합격하지 못한 경우

2. 위촉 또는 지정 당시 소속된 항공운송사업자 또는 항공기사용사업자 소속을 이탈한 경우

3. 위촉 또는 지정 당시 소속된 지정항공운송사업자등이 그 자격을 상실한 경우

4. 위촉 또는 지정 당시 한정받은 항공기 형식과 다른 형식의 항공기에 탑승하여 항공업무를 하게 된 경우

② 국토교통부장관 또는 지방항공청장은 위촉심사관등이 다음 각 호의 어느 하나에 해당하는 경우에는 위촉 또는 지정을 취소할 수 있다. 〈개정 2024. 9. 20.〉

1. 거짓이나 그 밖의 부정한 방법으로 위촉 또는 지정을 받은 경우

2. 부정한 방법으로 법 제63조제1항, 제2항 및 제4항에 따른 자격인정 또는 심사를 한 경우

3. 과실로 항공기사고를 발생시킨 경우

4. 법 또는 법에 따른 명령이나 처분을 위반한 경우

③ 국토교통부장관 또는 지방항공청장은 운항자격심사관으로 하여금 위촉심사관등이 운항자격인정심사 또는 정기·수시심사를 수행한 기록물 등을 포함한 조종사의 운항자격에 관한 업무 전반에 대하여 정기 또는 수시로 확인하게 하여야 한다. 〈개정 2024. 9. 20.〉

제154조(특별심사 대상 조종사) 법 제63조제6항에서 “국토교통부령

으로 정하는 기장 또는 기장 외의 조종사"란 항공운송사업 또는 제137조에 따른 업무를 하는 항공기사용사업에 사용되는 항공기의 기장 또는 기장 외의 조종사를 말한다.

제155조(기장의 지역, 노선 및 공항에 대한 경험요건) ① 법 제63조제7항에서 "국토교통부령으로 정하는 지역, 노선 및 공항"이란 주변의 지형, 장애물 및 진입·출발방식 등을 고려하여 법 제77조에 따라 국토교통부장관이 고시하는 운항기술기준에서 정한 지역, 노선 및 공항을 말한다.

② 법 제63조제7항에 따라 항공운송사업에 사용되는 항공기의 기장은 법 제77조에 따라 국토교통부장관이 고시하는 운항기술기준에서 정한 경험이 있어야 한다.

제156조(기장의 경험요건의 면제) 국토교통부장관 또는 지방항공청장은 신규로 개설되는 노선을 운항하려는 기장이 다음 각 호의 어느 하나에 해당하는 경우에는 제155조제2항에 따른 경험요건을 면제할 수 있다. 〈개정 2024. 9. 20.〉

1. 운항하려는 지역, 노선 및 공항에 대한 시각장비 또는 비행장도면이 포함된 운항절차에 대한 교육을 받고 위촉심사관등으로부터 확인을 받은 경우

2. 위촉심사관 또는 운항하려는 해당 형식 항공기의 기장으로서 비행한 시간이 1천시간 이상인 경우

제157조(지정항공운송사업자등에 대한 준용규정 등) ① 지정항공운송사업자등의 자격인정 또는 심사에 관하여는 제137조부터 제140조까지, 제141조제1항·제3항, 제142조, 제143조제1항·제4항, 제144조 및 제145조를 준용한다.

② 지정항공운송사업자등은 매월 법 제63조제4항에 따른 운항자격인정 또는 심사결과를 다음 달 20일까지 국토교통부장관 또는 지방항공청장에게 보고하여야 한다. 〈개정 2024. 9. 20.〉

제158조(운항관리사) ① 법 제65조제1항에 따라 운항관리사를 두어야 하는 자는 운항관리사가 연속하여 12개월 이상의 기간 동안 운항관리사의 업무에 종사하지 아니한 경우에는 그 운항관리사가 제159조에 따른 지식과 경험을 갖추고 있는지의 여부를 확인한 후가 아니면 그 운항관리사를 운항관리사의 업무에 종사하게 해서는 아니 된다.

② 법 제65조제1항에 따라 운항관리사를 두어야 하는 자는 운항

관리사가 해당 업무와 관련된 항공기의 운항 사항을 항상 알고 있도록 하여야 한다.

제159조(운항관리사에 대한 교육훈련 등) 법 제65조제1항에 따라 운항관리사를 두어야 하는 자는 법 제65조제3항에 따라 운항관리사가 다음 각 호의 지식 및 경험 등을 갖출 수 있도록 교육훈련계획을 수립하고 매년 1회 이상 교육훈련을 실시하여야 한다.

1. 운항하려는 지역에 대한 다음 각 목의 지식
   가. 계절별 기상조건
   나. 기상정보의 출처
   다. 기상조건이 운항 예정인 항공기에서 무선통신을 수신하는데 미치는 영향
   라. 화물 탑재 절차 등
2. 해당 항공기 및 그 장비품에 대한 다음 각 목의 지식
   가. 운항규정의 내용
   나. 무선통신장비 및 항행장비의 특성과 제한사항
3. 운항 감독을 하도록 지정된 지역에 대해 최근 12개월 이내에 항공기 조종실에 탑승하여 1회 이상의 편도비행(해당 지역에 있는 비행장 및 헬기장에서의 착륙을 포함한다)을 한 경험(항공운송사업자에 소속된 운항관리사만 해당한다)
4. 업무 수행에 필요한 다음 각 목의 능력
   가. 인적요소(Human Factor)와 관련된 지식 및 기술
   나. 기장에 대한 비행준비의 지원
   다. 기장에 대한 비행 관련 정보의 제공
   라. 기장에 대한 운항비행계획서(Operational Flight Plan) 및 비행계획서의 작성 지원
   마. 비행 중인 기장에게 필요한 안전 관련 정보의 제공
   바. 비상시 운항규정에서 정한 절차에 따른 조치

제160조(이륙·착륙 장소 외에서의 이륙·착륙 허가신청) 영 제9조제3항에 따라 국토교통부장관 또는 지방항공청장의 허가를 받으려는 자는 별지 제70호서식의 이륙·착륙 장소 외에서의 이륙·착륙 허가 신청서에 다음 각 호의 사항을 적은 서류를 첨부하여 국토교통부장관 또는 지방항공청장에게 제출하여야 한다.

1. 이륙·착륙하려는 장소(해당 장소의 약도를 포함한다)

2. 이륙·착륙의 절차 및 방향의 선정

3. 이륙·착륙 장소의 지형 적합성 및 우천·강설 등에 따른 지반 약화 가능성

4. 이륙·착륙 장소에 적합한 용량의 소화기 비치계획 및 풍향을 지시할 수 있는 장치의 설치 여부

5. 이륙·착륙 장소의 주변 장애물(급격한 경사, 전선 및 건물 등을 말한다)

6. 이륙·착륙 장소에 사람의 접근통제 및 안전요원 배치 계획

7. 항공기사고를 방지하기 위한 조치

8. 항공기의 급유 시 안전대책

9. 국유지 및 사유지에 이륙·착륙 시 관계기관 또는 관계인과의 토지사용에 대한 사전협의 사항

10. 항공기의 소음 등으로 인한 민원발생 예방대책

11. 그 밖에 항공기의 안전한 이륙·착륙을 위하여 국토교통부장관이 정하여 고시하는 사항

제161조(비행규칙의 준수 등) ① 기장은 법 제67조에 따른 비행규칙에 따라 비행하여야 한다. 다만, 안전을 위하여 불가피한 경우에는 그러하지 아니하다.

② 기장은 비행을 하기 전에 현재의 기상관측보고, 기상예보, 소요 연료량, 대체 비행경로 및 그 밖에 비행에 필요한 정보를 숙지하여야 한다.

③ 기장은 인명이나 재산에 피해가 발생하지 아니하도록 주의하여 비행하여야 한다.

④ 기장은 다른 항공기 또는 그 밖의 물체와 충돌하지 아니하도록 비행하여야 하며, 공중충돌경고장치의 회피지시가 발생한 경우에는 그 지시에 따라 회피기동을 하는 등 충돌을 예방하기 위한 조치를 하여야 한다.

제162조(항공기의 지상이동) 법 제67조에 따라 비행장 안의 이동지역에서 이동하는 항공기는 충돌예방을 위하여 다음 각 호의 기준에 따라야 한다. 〈개정 2021. 8. 27.〉

1. 정면 또는 이와 유사하게 접근하는 항공기 상호간에는 모두 정지하거나 가능한 경우에는 충분한 간격이 유지되도록 각각 오른쪽으로 진로를 바꿀 것

2. 교차하거나 이와 유사하게 접근하는 항공기 상호간에는 다른 항공기를 우측으로 보는 항공기가 진로를 양보할 것

3. 앞지르기하는 항공기는 다른 항공기의 통행에 지장을 주지 않도록 충분한 분리 간격을 유지할 것

4. 기동지역에서 지상이동 하는 항공기는 관제탑의 지시가 없는 경우에는 활주로진입전대기지점(Runway Holding Position)에서 정지ㆍ대기할 것

5. 기동지역에서 지상이동하는 항공기는 정지선등(Stop Bar Lights)이 켜져 있는 경우에는 정지ㆍ대기하고, 정지선등이 꺼질 때에 이동할 것

제163조(비행장 또는 그 주변에서의 비행) ① 법 제67조에 따라 비행장 또는 그 주변을 비행하는 항공기의 조종사는 다음 각 호의 기준에 따라야 한다. 〈개정 2021. 8. 27.〉

1. 이륙하려는 항공기는 안전고도 미만의 고도 또는 안전속도 미만의 속도에서 선회하지 말 것

2. 해당 비행장의 이륙기상최저치 미만의 기상상태에서는 이륙하지 말 것

3. 해당 비행장의 시계비행 착륙기상최저치 미만의 기상상태에서는 시계비행방식으로 착륙을 시도하지 말 것

4. 터빈발동기를 장착한 이륙항공기는 지표 또는 수면으로부터 450미터(1,500피트)의 고도까지 가능한 한 신속히 상승할 것. 다만, 소음 감소를 위하여 국토교통부장관이 달리 비행방법을 정한 경우에는 그러하지 아니하다.

5. 해당 비행장을 관할하는 항공교통관제기관과 무선통신을 유지할 것

6. 비행로, 교통장주(Traffic Pattern: 비행장 상공을 도는 경로를 말한다), 그 밖에 해당 비행장에 대하여 정해진 비행 방식 및 절차에 따를 것

7. 다른 항공기 다음에 이륙하려는 항공기는 그 다른 항공기가 이륙하여 활주로의 종단을 통과하기 전에는 이륙을 위한 활주를 시작하지 말 것

8. 다른 항공기 다음에 착륙하려는 항공기는 그 다른 항공기가 착륙하여 활주로 밖으로 나가기 전에는 착륙하기 위하여 그 활주로

시단을 통과하지 말 것

9. 이륙하는 다른 항공기 다음에 착륙하려는 항공기는 그 다른 항공기가 이륙하여 활주로의 종단을 통과하기 전에는 착륙하기 위하여 해당 활주로의 시단을 통과하지 말 것

10. 착륙하는 다른 항공기 다음에 이륙하려는 항공기는 그 다른 항공기가 착륙하여 활주로 밖으로 나가기 전에 이륙하기 위한 활주를 시작하지 말 것

11. 기동지역 및 비행장 주변에서 비행하는 항공기를 관찰할 것

12. 다른 항공기가 사용하고 있는 교통장주를 회피하거나 지시에 따라 비행할 것

13. 비행장에 착륙하기 위하여 접근하거나 이륙 중 선회가 필요할 경우에는 달리 지시를 받은 경우를 제외하고는 좌선회할 것

14. 비행안전, 활주로의 배치 및 항공교통상황 등을 고려하여 필요한 경우를 제외하고는 바람이 불어오는 방향으로 이륙 및 착륙할 것

② 제1항제6호부터 제14호까지의 규정에도 불구하고 항공교통관제기관으로부터 다른 지시를 받은 경우에는 그 지시에 따라야 한다.

제164조(순항고도) ① 법 제67조에 따라 비행을 하는 항공기의 순항고도는 다음 각 호와 같다.

1. 항공기가 관제구 또는 관제권을 비행하는 경우에는 항공교통관제기관이 법 제84조제1항에 따라 지시하는 고도

2. 제1호 외의 경우에는 별표 21 제1호에서 정한 순항고도

3. 제2호에도 불구하고 국토교통부장관이 수직분리축소공역(RVSM)으로 정하여 고시한 공역의 경우에는 별표 21 제2호에서 정한 순항고도

② 제1항에 따른 항공기의 순항고도는 다음 각 호의 구분에 따라 표현되어야 한다.

1. 순항고도가 전이고도를 초과하는 경우: 비행고도(Flight Level)

2. 순항고도가 전이고도 이하인 경우: 고도(Altitude)

제165조(기압고도계의 수정) 법 제67조에 따라 비행을 하는 항공기의 기압고도계는 다음 각 호의 기준에 따라 수정해야 한다. 〈개정 2023. 9. 12.〉

1. 전이고도 이하의 고도로 비행하는 경우에는 비행로를 따라

185킬로미터(100해리) 이내에 있는 항공교통관제기관으로부터 통보받은 QNH[185킬로미터(100해리) 이내에 항공교통관제기관이 없는 경우에는 제229조제1호에 따른 비행정보기관 등으로부터 받은 최신 QNH를 말한다]로 수정할 것

2. 전이고도를 초과한 고도로 비행하는 경우에는 표준기압치(1,013.2 헥토파스칼)로 수정할 것

제166조(통행의 우선순위) ① 법 제67조에 따라 교차하거나 그와 유사하게 접근하는 고도의 항공기 상호간에는 다음 각 호에 따라 진로를 양보해야 한다. 〈개정 2021. 8. 27.〉

1. 비행기ㆍ헬리콥터는 비행선, 활공기 및 기구류에 진로를 양보할 것

2. 비행기ㆍ헬리콥터ㆍ비행선은 항공기 또는 그 밖의 물건을 예항(끌고 비행하는 것을 말한다)하는 다른 항공기에 진로를 양보할 것

3. 비행선은 활공기 및 기구류에 진로를 양보할 것

4. 활공기는 기구류에 진로를 양보할 것

5. 제1호부터 제4호까지의 경우를 제외하고는 다른 항공기를 우측으로 보는 항공기가 진로를 양보할 것

② 비행 중이거나 지상 또는 수상에서 운항 중인 항공기는 착륙 중이거나 착륙하기 위하여 최종접근 중인 항공기에 진로를 양보하여야 한다.

③ 착륙을 위하여 비행장에 접근하는 항공기 상호간에는 높은 고도에 있는 항공기가 낮은 고도에 있는 항공기에 진로를 양보해야 한다. 이 경우 낮은 고도에 있는 항공기는 최종 접근단계에 있는 다른 항공기의 전방에 끼어들거나 그 항공기를 앞지르기해서는 안 된다. 〈개정 2021. 8. 27.〉

④ 제3항에도 불구하고 비행기, 헬리콥터 또는 비행선은 활공기에 진로를 양보하여야 한다.

⑤ 비상착륙하는 항공기를 인지한 항공기는 그 항공기에 진로를 양보하여야 한다.

⑥ 비행장 안의 기동지역에서 운항하는 항공기는 이륙 중이거나 이륙하려는 항공기에 진로를 양보하여야 한다.

제167조(진로와 속도 등) ① 법 제67조에 따라 통행의 우선순위를 가진 항공기는 그 진로와 속도를 유지하여야 한다.

② 다른 항공기에 진로를 양보하는 항공기는 그 다른 항공기의 상하 또는 전방을 통과해서는 아니 된다. 다만, 충분한 거리 및 항적난기류(航跡亂氣流)의 영향을 고려하여 통과하는 경우에는 그러하지 아니하다.

③ 두 항공기가 충돌할 위험이 있을 정도로 정면 또는 이와 유사하게 접근하는 경우에는 서로 기수(機首)를 오른쪽으로 돌려야 한다.

④ 다른 항공기의 후방 좌·우 70도 미만의 각도에서 그 항공기를 앞지르기(상승 또는 강하에 의한 앞지르기를 포함한다)하려는 항공기는 앞지르기당하는 항공기의 오른쪽을 통과해야 한다. 이 경우 앞지르기하는 항공기는 앞지르기당하는 항공기와 간격을 유지하며, 앞지르기당하는 항공기의 진로를 방해해서는 안 된다. 〈개정 2021. 8. 27.〉

제168조(수상에서의 충돌예방) 법 제67조에 따라 수상에서 항공기를 운항하려는 자는 「해사안전법」에서 달리 정한 것이 없으면 다음 각 호의 기준에 따라 운항하거나 이동해야 한다. 〈개정 2021. 8. 27.〉

1. 항공기와 다른 항공기 또는 선박이 근접하는 경우에는 주변 상황과 그 다른 항공기 또는 선박의 이동상황을 고려하여 운항할 것
2. 항공기와 다른 항공기 또는 선박이 교차하거나 이와 유사하게 접근하는 경우에는 그 다른 항공기 또는 선박을 오른쪽으로 보는 항공기가 진로를 양보하고 충분한 간격을 유지할 것
3. 항공기와 다른 항공기 또는 선박이 정면 또는 이와 유사하게 접근하는 경우에는 서로 기수를 오른쪽으로 돌리고 충분한 간격을 유지할 것
4. 앞지르기하려는 항공기는 충돌을 피할 수 있도록 진로를 변경하여 앞지르기할 것
5. 수상에서 이륙하거나 착륙하는 항공기는 수상의 모든 항공기 또는 선박으로부터 충분한 간격을 유지하여 선박의 항해를 방해하지 말 것
6. 수상에서 야간에 이동, 견인 및 정박하는 항공기는 별표 22에서 정하는 등불을 작동시킬 것. 다만, 부득이한 경우에는 별표 22에서 정하는 위치와 형태 등과 유사하게 등불을 작동시켜야 한다.

제169조(비행속도의 유지 등) ① 법 제67조에 따라 항공기는 지표면으로부터 750미터(2,500피트)를 초과하고, 평균해면으로부터 3,050미터(1만피트) 미만인 고도에서는 지시대기속도 250노트 이하로 비행하여야 한다. 다만, 관할 항공교통관제기관의 승인을 받은 경우에는 그러하지 아니하다.

② 항공기는 별표 23 제1호에 따른 C 또는 D등급 공역에서는 공항으로부터 반지름 7.4킬로미터(4해리) 내의 지표면으로부터 750미터(2,500피트)의 고도 이하에서는 지시대기속도 200노트 이하로 비행하여야 한다. 다만, 관할 항공교통관제기관의 승인을 받은 경우에는 그러하지 아니하다.

③ 항공기는 별표 23 제1호에 따른 B등급 공역 중 공항별로 국토교통부장관이 고시하는 범위와 고도의 구역 또는 B등급 공역을 통과하는 시계비행로에서는 지시대기속도 200노트 이하로 비행하여야 한다.

④ 최저안전속도가 제1항부터 제3항까지의 규정에 따른 최대속도보다 빠른 항공기는 그 항공기의 최저안전속도로 비행하여야 한다.

제170조(편대비행) ① 법 제67조에 따라 2대 이상의 항공기로 편대비행(編隊飛行)을 하려는 기장은 미리 다음 각 호의 사항에 관하여 다른 기장과 협의하여야 한다.

1. 편대비행의 실시계획
2. 편대의 형(形)
3. 선회 및 그 밖의 행동 요령
4. 신호 및 그 의미
5. 그 밖에 필요한 사항

② 제1항에 따라 법 제78조제1항제1호에 따른 관제공역 내에서 편대비행을 하려는 항공기의 기장은 다음 각 호의 사항을 준수하여야 한다.

1. 편대 책임기장은 편대비행 항공기들을 단일 항공기로 취급하여 관할 항공교통관제기관에 비행 위치를 보고할 것
2. 편대 책임기장은 편대 내의 항공기들을 집결 또는 분산 시 적절하게 분리할 것
3. 편대를 책임지는 항공기로부터 편대 내의 항공기들을 종적 및 횡적으로는 1킬로미터, 수직으로는 30미터 이내의 분리를 할 것

제171조(활공기 등의 예항) ① 법 제67조에 따라 항공기가 활공기를 예항하는 경우에는 다음 각 호의 기준에 따라야 한다. 〈개정 2021. 8. 27.〉

1. 항공기에 연락원을 탑승시킬 것(조종자를 포함하여 2명 이상이 탈 수 있는 항공기의 경우만 해당하며, 그 항공기와 활공기 간에 무선통신으로 연락이 가능한 경우는 제외한다)

2. 예항하기 전에 항공기와 활공기의 탑승자 사이에 다음 각 목에 관하여 상의할 것

가. 출발 및 예항의 방법

나. 예항줄(항공기 등을 끌고 비행하기 위한 줄을 말한다. 이하 같다) 이탈의 시기·장소 및 방법

다. 연락신호 및 그 의미

라. 그 밖에 안전을 위하여 필요한 사항

3. 예항줄의 길이는 40미터 이상 80미터 이하로 할 것

4. 지상연락원을 배치할 것

5. 예항줄 길이의 80퍼센트에 상당하는 고도 이상의 고도에서 예항줄을 이탈시킬 것

6. 구름 속에서나 야간에는 예항을 하지 말 것(지방항공청장의 허가를 받은 경우는 제외한다)

② 항공기가 활공기 외의 물건을 예항하는 경우에는 다음 각 호의 기준에 따라야 한다.

1. 예항줄에는 20미터 간격으로 붉은색과 흰색의 표지를 번갈아 붙일 것

2. 지상연락원을 배치할 것

제172조(시계비행의 금지) ① 법 제67조에 따라 시계비행방식으로 비행하는 항공기는 해당 비행장의 운고(구름 밑부분 고도를 말한다)가 450미터(1,500피트) 미만 또는 지상시정이 5킬로미터 미만인 경우에는 관제권 안의 비행장에서 이륙 또는 착륙을 하거나 관제권 안으로 진입할 수 없다. 다만, 관할 항공교통관제기관의 허가를 받은 경우에는 그렇지 않다. 〈개정 2021. 8. 27.〉

② 야간에 시계비행방식으로 비행하는 항공기는 지방항공청장 또는 해당 비행장의 운영자가 정하는 바에 따라야 한다.

③ 항공기는 다음 각 호의 어느 하나에 해당되는 경우에는 기상

상태에 관계없이 계기비행방식에 따라 비행해야 한다. 다만, 관할 항공교통관제기관의 허가를 받은 경우에는 그렇지 않다. 〈개정 2021. 8. 27.〉

1. 평균해면으로부터 6,100미터(2만피트)를 초과하는 고도로 비행하는 경우

2. 천음속(遷音速: 물체 주위의 흐름 속에 음속 이하 부분과 음속 이상 부분이 공존할 때의 물체 속도를 말한다) 또는 초음속(超音速)으로 비행하는 경우

④ 항공기를 운항하려는 사람은 300미터(1천피트) 수직분리최저치(최소 수직분리 간격)가 적용되는 8,850미터(2만9천피트) 이상 1만2,500미터(4만1천피트) 이하의 수직분리축소공역에서는 시계비행방식으로 운항해서는 안 된다. 〈개정 2021. 8. 27.〉

⑤ 시계비행방식으로 비행하는 항공기는 제199조제1호 각 목에 따른 최저비행고도 미만의 고도로 비행하여서는 아니 된다. 다만, 다음 각 호의 어느 하나에 해당하는 경우에는 그러하지 아니하다.

1. 이륙하거나 착륙하는 경우

2. 항공교통업무기관의 허가를 받은 경우

3. 비상상황의 경우로서 지상의 사람이나 재산에 위해를 주지 아니하고 착륙할 수 있는 고도인 경우

제173조(시계비행방식에 의한 비행) ① 법 제67조에 따라 시계비행방식으로 비행하는 항공기는 지표면 또는 수면상공 900미터(3천피트) 이상을 비행할 경우에는 별표 21에 따른 순항고도에 따라 비행하여야 한다. 다만, 관할 항공교통업무기관의 허가를 받은 경우에는 그러하지 아니하다.

② 시계비행방식으로 비행하는 항공기는 다음 각 호의 어느 하나에 해당하는 경우에는 항공교통관제기관의 지시에 따라 비행하여야 한다.

1. 별표 23 제1호에 따른 B, C 또는 D등급의 공역 내에서 비행하는 경우

2. 관제비행장의 부근 또는 기동지역에서 운항하는 경우

3. 특별시계비행방식에 따라 비행하는 경우

③ 관제권 안에서 시계비행방식으로 비행하는 항공기는 비행정보를 제공하는 관할 항공교통업무기관과 공중 대 지상 통신을 유지·경청

하고, 필요한 경우에는 위치보고를 해야 한다. 〈개정 2021. 8. 27.〉

④ 시계비행방식으로 비행 중인 항공기가 계기비행방식으로 변경하여 비행하려는 경우에는 그 비행계획의 변경 사항을 관할 항공교통관제기관에 통보하여야 한다.

제174조(특별시계비행) ① 법 제67조에 따라 예측할 수 없는 급격한 기상의 악화 등 부득이한 사유로 관할 항공교통관제기관으로부터 특별시계비행허가를 받은 항공기의 조종사는 제163조제1항제3호에도 불구하고 다음 각 호의 기준에 따라 비행하여야 한다.

1. 허가받은 관제권 안을 비행할 것
2. 구름을 피하여 비행할 것
3. 비행시정을 1,500미터 이상 유지하며 비행할 것
4. 지표 또는 수면을 계속하여 볼 수 있는 상태로 비행할 것
5. 조종사가 계기비행을 할 수 있는 자격이 없거나 제117조제1항에 따른 항공계기를 갖추지 아니한 항공기로 비행하는 경우에는 주간에만 비행할 것. 다만, 헬리콥터는 야간에도 비행할 수 있다.

② 특별시계비행을 하는 경우에는 다음 각 호의 조건에서만 제1항에 따른 기준에 따라 이륙하거나 착륙할 수 있다.

1. 지상시정이 1,500미터 이상일 것
2. 지상시정이 보고되지 아니한 경우에는 비행시정이 1,500미터 이상일 것

제175조(비행시정 및 구름으로부터의 거리) 법 제67조에 따라 시계비행방식으로 비행하는 항공기는 별표 24에 따른 비행시정 및 구름으로부터의 거리 미만인 기상상태에서 비행하여서는 아니 된다. 다만, 특별시계비행방식에 따라 비행하는 항공기는 그러하지 아니하다.

제176조(모의계기비행의 기준) 법 제67조에 따라 모의계기비행을 하려는 자는 다음 각 호의 기준에 따라야 한다.

1. 완전하게 작동하는 이중비행조종장치(Dual Control)를 장착하고 있을 것
2. 안전감독 조종사(Safety Pilot)가 조종석에 타고 있을 것
3. 안전감독 조종사가 항공기의 전방 및 양 측면에 대하여 적절한 시야를 확보하고 있거나 항공기 내에 관숙승무원(Observer)이 있어 안전감독 조종사의 시야를 보완할 수 있을 것

제177조(계기 접근 및 출발 절차 등) ① 법 제67조에 따라 계기비

행의 절차는 다음 각 호와 같이 구분한다. 〈개정 2020. 2. 28.〉

1. 비정밀접근절차: 전방향표지시설(VOR), 전술항행표지시설(TACAN) 등 전자적인 활공각(滑空角) 정보를 이용하지 아니하고 활주로방위각 정보를 이용하는 계기접근절차

2. 정밀접근절차: 계기착륙시설(Instrument Landing System/ILS, Microwave Landing System/MLS, GPS Landing System/GLS) 또는 위성항법시설(Satellite Based Augmentation System/SBAS CatⅠ)을 기반으로 하여 활주로방위각 및 활공각 정보를 이용하는 계기접근절차

3. 수직유도정보에 의한 계기접근절차: 활공각 및 활주로방위각 정보를 제공하며, 최저강하고도 또는 결심고도가 75미터(250피트) 이상으로 설계된 성능기반항행(Performance Based Navigation/PBN) 계기접근절차

4. 표준계기도착절차: 항공로에서 제1호부터 제3호까지의 규정에 따른 계기접근절차로 연결하는 계기도착절차

5. 표준계기출발절차: 비행장을 출발하여 항공로를 비행할 수 있도록 연결하는 계기출발절차

②제1항제1호부터 제3호까지의 규정에 따른 계기접근절차는 결심고도와 시정 또는 활주로가시범위(Visibility or Runway Visual Range/RVR)에 따라 다음과 같이 구분한다. 〈개정 2020. 12. 10.〉

<table>
<tr><th colspan="2">종류</th><th>결심고도
(Decision Height/DH)</th><th>시정 또는 활주로 가시범위
(Visibility or Runway Visual Range/RVR)</th></tr>
<tr><td colspan="2">A형(Type A)</td><td>75미터(250피트) 이상
* 결심고도가 없는 경우 최저강하 고도를 적용</td><td>해당 사항 없음</td></tr>
<tr><td rowspan="3">B형
(Type B)</td><td>1종
(Category I)</td><td>60미터(200피트) 이상
75미터(250피트) 미만</td><td>시정 800미터(1/2마일)
또는 RVR 550미터 이상</td></tr>
<tr><td>2종
(Category II)</td><td>30미터(100피트) 이상
60미터(200피트) 미만</td><td>RVR 300미터 이상
550미터 미만</td></tr>
<tr><td>3종
(Category III)</td><td>30미터(100피트) 미만 또는 적용하지 아니함(No DH)</td><td>RVR 300미터 미만 또는 적용하지 아니함(No RVR)</td></tr>
</table>

③ 제2항의 표 중 종류별 구분은 「국제민간항공협약」 부속서 14에서 정하는 바에 따른다.

제178조(계기비행규칙 등) ① 법 제67조에 따라 계기비행방식으로 비행하는 항공기는 제199조제2호 각 목에 따른 고도 미만으로 비행

해서는 아니 된다. 다만, 이륙 또는 착륙하는 경우와 관할 항공교통업무기관의 허가를 받은 경우에는 그러하지 아니하다.

② 계기비행방식으로 비행하는 항공기가 시계비행방식으로 변경하려는 경우에는 계기비행의 취소 및 비행계획의 변경사항을 관할 항공교통업무기관에 통보하여야 한다.

③ 제2항에도 불구하고 계기비행방식으로 비행 중인 항공기는 시계비행기상상태가 상당한 시간 동안 유지되지 아니할 것으로 예상되는 경우에는 계기비행방식에 의한 비행을 취소해서는 아니 된다.

제179조(관제공역 내에서의 계기비행규칙) ① 법 제67조에 따라 비행하는 항공기는 관제공역 내에서 비행할 경우에는 제185조 및 제190조부터 제193조까지를 준수하여야 한다.

② 관제공역 내에서 계기비행방식으로 비행하려는 항공기는 별표 21에 따른 순항고도로 비행하여야 한다. 다만, 관할 항공교통관제기관에서 별도로 지시하는 경우에는 그러하지 아니하다.

제180조(항공교통관제업무가 제공되지 아니하는 공역에서의 계기비행규칙) ① 항공교통관제업무가 제공되지 아니하는 공역에서 계기비행방식으로 비행하려는 항공기는 별표 21에 따른 순항고도로 비행하여야 한다. 다만, 관할 항공교통업무기관으로부터 해발고도 900미터(3천피트) 이하의 고도로 비행하도록 지시를 받은 경우에는 그러하지 아니하다.

② 항공교통관제업무가 제공되지 않는 공역에서 계기비행방식으로 비행하는 항공기는 비행정보를 제공하는 항공교통업무기관과 공중 대 지상 통신을 유지·경청하고, 제191조에 따라 위치보고를 해야 한다. 〈개정 2021. 8. 27.〉

제181조(계기비행방식 등에 의한 비행·접근·착륙 및 이륙) ① 계기비행방식으로 착륙하기 위하여 접근하는 항공기의 조종사는 다음 각 호의 기준에 따라 비행하여야 한다.

1. 해당 비행장에 설정된 계기접근절차를 따를 것

2. 기상상태가 해당 계기접근절차의 착륙기상최저치 미만인 경우에는 결심고도(DH) 또는 최저강하고도(MDA)보다 낮은 고도로 착륙을 위한 접근을 시도하지 아니할 것. 다만, 다음 각 목의 요건에 모두 적합한 경우에는 그러하지 아니하다.

가. 정상적인 강하율에 따라 정상적인 방법으로 그 활주로에 착

륙하기 위한 강하를 할 수 있는 위치에 있을 것

나. 비행시정이 해당 계기접근절차에 규정된 시정 이상일 것

다. 조종사가 다음 중 어느 하나 이상의 해당 활주로 관련 시각참조물을 확실히 보고 식별할 수 있을 것(정밀접근방식이 제177조제2항에 따른 제2종 또는 제3종에 해당하는 경우는 제외한다)

1) 진입등시스템(ALS): 조종사가 진입등의 구성품 중 붉은색 측면등(red side row bars) 또는 붉은색 최종진입등(red terminating bars)을 명확하게 보고 식별할 수 없는 경우에는 활주로의 접지구역표면으로부터 30미터(100피트) 높이의 고도 미만으로 강하할 수 없다.

2) 활주로시단(threshold)

3) 활주로시단표지(threshold marking)

4) 활주로시단등(threshold light)

5) 활주로시단식별등

6) 진입각지시등(VASI 또는 PAPI)

7) 접지구역(touchdown zone) 또는 접지구역표지(touchdown zone marking)

8) 접지구역등(touchdown zone light)

9) 활주로 또는 활주로표지

10) 활주로등

3. 다음 각 목의 어느 하나에 해당할 때 제2호다목의 요건에 적합하지 아니한 경우 또는 최저강하고도 이상의 고도에서 선회 중 비행장이 육안으로 식별되지 아니하는 경우에는 즉시 실패접근(계기접근을 시도하였으나 착륙하지 못한 항공기를 위하여 설정된 비행절차를 말한다. 이하 같다)을 하여야 한다.

가. 최저강하고도보다 낮은 고도에서 비행 중인 때

나. 실패접근의 지점(결심고도가 정해져 있는 경우에는 그 결심고도를 포함한다. 이하 같다)에 도달할 때

다. 실패접근의 지점에서 활주로에 접지할 때

② 조종사는 비행시정이 착륙하려는 비행장의 계기접근절차에 규정된 시정 미만인 경우에는 착륙하여서는 아니 된다. 다만, 법 제3조제1항에 따른 군용항공기와 같은 조 제3항에 따른 아메리카합중국이 사용하는 항공기는 그러하지 아니하다.

③ 조종사는 해당 민간비행장에서 정한 최저이륙기상기준값 이상인 경우에만 이륙해야 한다. 다만, 국토교통부장관의 허가를 받은 경우에는 그렇지 않다. 〈개정 2021. 8. 27.〉

④ 조종사는 최종접근진로, 위치통지점(FIX) 또는 체공지점에서의 시간차접근(Timed Approach) 또는 비절차선회(No Procedure Turn/PT)접근까지 제5항제2호에 따른 레이더 유도(Vectors)를 받는 경우에는 관할 항공교통관제기관으로부터 절차선회하라는 지시를 받지 아니하고는 절차선회를 해서는 아니 된다.

⑤ 제1항제1호에 따른 계기접근절차 외의 항공로 운항 및 레이더 사용절차는 다음 각 호에 따른다.

1. 항공교통관제용 레이더는 감시접근용 또는 정밀접근용으로 사용하거나 다른 항행안전무선시설을 이용하는 계기접근절차와 병행하여 사용할 수 있다.

2. 레이더 유도는 최종접근진로 또는 최종접근지점까지 항공기가 접근하도록 진로안내를 하는데 사용할 수 있다.

3. 조종사는 설정되지 아니한 비행로를 비행하거나 레이더 유도에 따라 접근허가를 받은 경우에는 공고된 항공로 또는 계기접근절차 비행구간으로 비행하기 전까지 제199조에 따른 최저비행고도를 준수하여야 한다. 다만, 항공교통관제기관으로부터 최종적으로 지시받은 고도가 있는 경우에는 우선적으로 그 고도에 따라야 한다.

4. 제3호에 따라 관할 항공교통관제기관으로부터 최종적으로 고도를 지시받은 조종사는 공고된 항공로 또는 계기접근절차 비행로에 진입한 이후에는 그 비행로에 대하여 인가된 고도로 강하하여야 한다.

5. 조종사가 최종접근진로나 최종접근지점에 도착한 경우에는 그 시설에 대하여 인가된 절차에 따라 계기접근을 수행하거나 착륙 시까지 감시레이더접근 또는 정밀레이더접근을 계속할 수 있다.

⑥ 계기착륙시설(Instrument Landing System/ILS)은 다음 각 호와 같이 구성되어야 한다.

1. 계기착륙시설은 방위각제공시설(LLZ), 활공각제공시설(GP), 외측마커(Outer Marker), 중간마커(Middle Marker) 및 내측마커(Inner Marker)로 구성되어야 한다.

2. 제1종 정밀접근(CAT-I) 계기착륙시설의 경우에는 내측마커를 설치하지 아니할 수 있다.

3. 외측마커 및 중간마커는 거리측정시설(DME)로 대체할 수 있다.

4. 제2종 및 제3종 정밀접근(CAT-Ⅱ 및 Ⅲ) 계기착륙시설로서 내측마커를 설치하지 아니하려는 경우에는 항행안전시설 설치허가 신청서에 필요한 사유를 적어야 한다.

⑦ 조종사는 군비행장에서 이륙 또는 착륙하거나 군 기관이 관할하는 공역을 비행하는 경우에는 해당 군비행장 또는 군 기관이 정한 계기비행절차 또는 관제지시를 준수하여야 한다. 다만, 해당 군비행장 또는 군 기관의 장과 협의하여 국토교통부장관이 따로 정한 경우에는 그러하지 아니하다.

⑧ 제2종 및 제3종 정밀접근 계기착륙시설의 정밀계기접근절차를 따라 비행하는 경우에는 다음 각 호의 어느 하나를 적용한다. 다만, 「항공사업법」 제7조, 제10조 및 제54조에 따른 항공운송사업자의 항공기에 대해서는 제2호 및 제3호를 적용하지 아니한다.

1. 조종사는 결심고도가 있는 제2종 및 제3종 정밀접근 계기착륙시설의 정밀계기접근절차를 따라 비행할 경우 인가된 결심고도보다 낮은 고도로 착륙을 위한 접근을 시도하여서는 아니 된다. 다만, 국토교통부장관의 인가를 받은 경우 또는 다음 각 목의 어느 하나에 해당하는 경우에는 그러하지 아니하다.

가. 조종사가 정상적인 강하율에 따라 정상적인 방법으로 활주로 접지구역에 착륙하기 위한 강하를 할 수 있는 위치에 있는 경우

나. 조종사가 다음의 어느 하나의 활주로 시각참조물을 육안으로 식별할 수 있는 경우

1) 진입등시스템. 다만, 조종사가 진입등시스템의 구성품 중 진입등만 식별할 수 있고 붉은색 측면등 또는 붉은색 최종진입등은 식별할 수 없는 경우에는 활주로의 표면으로부터 30미터(100피트) 미만의 고도로 강하해서는 아니 된다.

2) 활주로시단

3) 활주로시단표지

4) 활주로시단등

5) 접지구역 또는 접지구역표지

6) 접지구역등

2. 조종사는 결심고도가 없는 제3종 정밀접근 계기착륙시설의 정밀계기접근절차를 따라 비행하려는 경우에는 미리 국토교통부장관의

인가를 받아야 한다.

3. 제2종 및 제3종 정밀접근 계기착륙시설의 정밀계기접근절차 운용의 일반기준은 다음 각 목과 같다.

가. 제2종 및 제3종 계기착륙시설의 정밀계기접근절차를 이용하는 조종사는 다음의 기준에 적합하여야 한다.

1) 제2종 정밀접근 계기착륙시설의 정밀계기접근절차를 이용하는 기장과 기장 외의 조종사는 제2종 계기착륙시설의 정밀계기접근절차의 운용에 관하여 지방항공청장의 인가를 받을 것

2) 제3종 정밀접근 계기착륙시설의 정밀계기접근절차를 이용하는 기장과 기장 외의 조종사는 제3종 정밀접근 계기착륙시설의 정밀계기접근절차의 운용에 관하여 지방항공청장의 인가를 받을 것

3) 조종사는 자신이 이용하는 계기착륙시설의 정밀계기접근절차 및 항공기에 대하여 잘 알고 있을 것

나. 조종사의 전면에 있는 항공기 조종계기판에는 해당 계기착륙시설의 정밀계기접근절차를 수행하는 데 필요한 장비가 갖추어져 있어야 한다.

다. 비행장 및 항공기에는 별표 25에 따른 해당 계기착륙시설의 정밀계기접근용 지상장비와 해당 항공기에 필요한 장비가 각각 갖추어져 있어야 한다.

4. 「항공사업법」 제7조 · 제10조 및 제54조에 따른 항공운송사업자의 항공기가 제2종 또는 제3종 정밀접근 계기착륙시설의 정밀계기접근절차에 따라 비행하는 경우에는 별표 25에서 정한 기준을 준수하여야 한다.

⑨ 조종사는 제8항제1호가목 및 나목의 기준에 적합하지 아니한 경우에는 활주로에 접지하기 전에 즉시 실패접근을 하여야 한다. 다만, 국토교통부장관의 허가를 받은 경우에는 그러하지 아니하다.

제182조(비행계획의 제출 등) ① 법 제67조에 따라 비행정보구역 안에서 비행을 하려는 자는 비행을 시작하기 전에 비행계획을 수립하여 관할 항공교통업무기관에 제출하여야 한다. 다만, 긴급출동 등 비행 시작 전에 비행계획을 제출하지 못한 경우에는 비행 중에 제출할 수 있다.

② 제1항에 따른 비행계획은 구술 · 전화 · 서류 · 전자통신문 · 팩스 또는 정보통신망을 이용하여 제출할 수 있다. 이 경우 서류 · 팩스

또는 정보통신망을 이용하여 비행계획을 제출할 때에는 별지 제71호서식의 비행계획서에 따른다. 〈개정 2021. 8. 27.〉

③ 제2항에 불구하고 항공운송사업에 사용되는 항공기의 비행계획을 제출하는 경우에는 별지 제72호서식의 반복비행계획서를 항공교통본부장에게 제출할 수 있다.

④ 제1항 본문에 따라 비행계획을 제출하여야 하는 자 중 국내에서 유상으로 여객이나 화물을 운송하는 자 또는 두 나라 이상을 운항하는 자는 다음 각 호의 구분에 따른 시기까지 별지 제73호서식의 항공기 입출항 신고서(GENERAL DECLARATION)를 지방항공청장에게 제출(정보통신망을 이용할 경우에는 해당 정보통신망에서 사용하는 양식에 따른다)하여야 한다.

1. 국내에서 유상으로 여객이나 화물을 운송하는 자: 출항 준비가 끝나는 즉시

2. 두 나라 이상을 운항하는 자

가. 입항의 경우: 국내 목적공항 도착 예정 시간 2시간 전까지. 다만, 출발국에서 출항 후 국내 목적공항까지의 비행시간이 2시간 미만인 경우에는 출발국에서 출항 후 20분 이내까지 할 수 있다.

나. 출항의 경우: 출항 준비가 끝나는 즉시

⑤ 제2항 후단에 따른 비행계획서는 국토교통부장관이 정하여 고시하는 작성방법에 따라 작성되어야 한다.

⑥ 제4항에 따른 항공기 입출항 신고서를 제출받은 지방항공청장은 신고서 및 첨부서류에 흠이 없고 형식적 요건을 충족하는 경우에는 지체 없이 접수하여야 한다.

⑦ 제1항 본문에 따라 비행을 하려는 자는 비행을 시작하기 전에 제109조제1항에서 정하고 있는 사고예방장치가 작동되지 않는 경우 별지 제71호서식의 비행계획서의 기타정보란에 이 사항을 기록하고, 항공교통관제기관에 통보해야 한다. 〈신설 2020. 2. 28.〉

제183조(비행계획에 포함되어야 할 사항) 법 제67조에 따라 비행계획에는 다음 각 호의 사항이 포함되어야 한다. 다만, 제9호부터 제14호까지의 사항은 지방항공청장 또는 항공교통본부장이 요청하거나 비행계획을 제출하는 자가 필요하다고 판단하는 경우에만 해당한다.

1. 항공기의 식별부호

2. 비행의 방식 및 종류
3. 항공기의 대수 · 형식 및 최대이륙중량 등급
4. 탑재장비
5. 출발비행장 및 출발 예정시간
6. 순항속도, 순항고도 및 예정항공로
7. 최초 착륙예정 비행장 및 총 예상 소요 비행시간
8. 교체비행장(시계비행방식에 따라 비행하려는 경우 또는 제186조제3항 각 호에 해당되는 경우는 제외한다)
9. 시간으로 표시한 연료탑재량
10. 출발 전에 연료탑재량으로 인하여 비행 중 비행계획의 변경이 예상되는 경우에는 변경될 목적비행장 및 비행경로에 관한 사항
11. 탑승 총 인원(탑승수속 상 불가피한 경우에는 해당 항공기가 이륙한 직후에 제출할 수 있다)
12. 비상무선주파수 및 구조장비
13. 기장의 성명(편대비행의 경우에는 편대 책임기장의 성명)
14. 낙하산 강하의 경우에는 그에 관한 사항
15. 그 밖에 항공교통관제와 수색 및 구조에 참고가 될 수 있는 사항

제184조(비행계획의 준수) ① 법 제67조에 따라 항공기는 비행 시 제출된 비행계획을 지켜야 한다. 다만, 비행계획의 변경에 대하여 항공교통관제기관의 허가를 받은 경우 또는 긴급한 조치가 필요한 비상상황이 발생한 경우에는 그러하지 아니하다. 이 경우 비상상황의 발생으로 비행계획을 지키지 못하였을 때에는 긴급 조치를 한 즉시 이를 관할 항공교통관제기관에 통보하여야 한다.

② 항공기는 항공로의 중심선을 따라 비행하여야 하며, 항공로가 설정되지 아니한 지역에서는 항행안전시설과 그 비행로의 정해진 지점 간을 직선으로 비행하여야 한다. 다만, 국토교통부장관이 별도로 정한 바에 따르거나 관할 항공교통관제기관으로부터 달리 지시를 받은 경우에는 그러하지 아니하다.

③ 항공기는 제2항을 지킬 수 없는 경우 관할 항공교통업무기관에 통보하여야 한다.

④ 전방향표지시설(VOR)에 따라 설정된 항공로를 비행하는 항공기는 주파수 변경지점이 설정되어 있는 경우에는 그 변경지점 또는

가능한 한 가까운 지점에서 항공기 후방의 항행안전시설로부터 전방의 항행안전시설로 주파수를 변경하여야 한다.

⑤ 관제비행을 하는 항공기가 부주의로 비행계획을 이탈하여 비행하는 경우에는 다음 각 호의 조치를 취해야 한다.

1. 항공로를 이탈한 경우에는 항공기의 기수를 조정하여 즉시 항공로로 복귀할 것

2. 항공기의 진대기속도(眞對氣速度)가 순항고도에서 보고지점 간의 평균진대기속도와 차이가 있거나 비행계획상 마하 속도(Mach) 0.02 또는 진대기속도의 19Km/h(10kt) 하락 또는 초과할 것이 예상되는 경우에는 관할 항공교통업무기관에 통보할 것

3. 자동종속감시시설 협약(ADS-C)이 없는 곳에서는 다음 위치통지점, 비행정보구역 경계지점 또는 목적비행장 중 가장 가까운 지역의 도착 예정시간에 2분 이상의 오차가 발생되는 경우에는 그 변경되는 도착 예정시간을 관할 항공교통업무기관에 통보할 것

4. 자동종속감시시설(ADS-C) 협약이 있는 곳에서는 해당 협약에 따른 지정된 값을 넘어서는 변화가 발생할 때 마다 데이터 링크를 통해 항공교통업무기관에 자동적으로 정보를 제공할 것

⑥ 시계비행방식에 따른 관제비행을 하는 항공기는 시계비행기상상태 미만으로 기상이 악화되어 시계비행방식에 따른 운항을 할 수 없다고 판단되는 경우에는 다음 각 호의 조치를 하여야 한다.

1. 목적비행장 또는 교체비행장으로 시계비행 기상상태를 유지하면서 비행할 수 있도록 관제허가의 변경을 요청하거나, 관제공역을 이탈하여 비행할 수 있도록 관제허가의 변경을 요청할 것

2. 제1호에 따른 관제허가를 받지 못할 경우에는 시계비행 기상상태를 유지하여 운항하면서 관제공역을 이탈하거나 가까운 비행장에 착륙하기 위한 조치를 할 예정임을 관할 항공교통관제기관에 통보할 것

3. 관할 항공교통관제기관에 특별시계비행방식에 따른 운항허가를 요구할 것(관제권 안에서 비행하고 있는 경우만 해당한다)

4. 관할 항공교통관제기관에 계기비행방식에 따른 운항허가를 요구할 것

제185조(고도·항공로 등의 변경) 법 제67조에 따라 비행계획에 포함된 순항고도, 순항속도 및 항공로에 관한 사항을 변경하려는 항공

기는 다음 각 호의 구분에 따른 정보를 관할 항공교통관제기관에 통보하여야 한다.

1. 순항고도의 변경: 항공기의 식별부호, 변경하려는 순항고도 및 순항속도(마하 수 또는 진대기속도를 말한다. 이하 이 조에서 같다.), 다음 보고지점 또는 비행정보구역 경계 도착 예정시간

2. 순항속도의 변경: 항공기의 식별부호, 변경하려는 속도

3. 항공로의 변경

가. 목적비행장 변경이 없을 경우: 항공기의 식별부호, 비행의 방식, 변경 항공로, 변경 예정시간, 그 밖에 항공로의 변경에 필요한 정보

나. 목적비행장 변경이 있을 경우: 항공기의 식별부호, 비행의 방식, 목적비행장까지의 변경 항공로, 변경 예정시간, 교체비행장, 그 밖에 비행장·항공로의 변경에 필요한 정보

제186조(교체비행장 등) ① 항공운송사업에 사용되거나 항공운송사업을 제외한 국외비행에 사용되는 비행기를 운항하려는 경우에는 다음 각 호의 구분에 따라 제183조제8호에 따른 교체비행장을 지정하여야 한다.

1. 출발비행장의 기상상태가 비행장 착륙 최저치(aerodrome landing minima) 이하이거나 그 밖의 다른 이유로 출발비행장으로 되돌아올 수 없는 경우: 이륙교체비행장(take-off alternate aerodrome)

2. 제215조제1항에 따른 비행기로서 제215조제2항에 따른 시간을 초과하는 지점이 있는 노선을 운항하려는 경우: 항공로 교체비행장(en-route alternate aerodrome). 이 경우 항공로 교체비행장은 제215조제3항에 따른 승인을 받은 최대회항시간 이내에 도착 가능한 지역에 있어야 한다.

3. 계기비행방식에 따라 비행하려는 경우: 1개 이상의 목적지 교체비행장(destination alternate aerodrome). 다만, 다음 각 목의 어느 하나에 해당하는 경우에는 그러하지 아니하다.

가. 최초 착륙예정 비행장(aerodrome of intended landing)의 기상상태가 비행하는 동안 또는 도착 예정시간에 양호해질 것이 확실시 되고, 도착 예정시간 전·후의 일정 시간 동안 시계비행 기상상태에서 접근하여 착륙할 것이 확실히 예상되는 경우

나. 최초 착륙예정 비행장이 외딴 지역에 위치하고 적합한 목적지 교체비행장이 없는 경우

② 제1항제1호에 따른 이륙교체비행장은 다음 각 호의 요건을 갖추어야 한다.

1. 2개의 발동기를 가진 비행기의 경우에는 1개의 발동기가 작동하지 아니할 때의 순항속도로 출발비행장으로부터 1시간의 비행거리 이내인 지역에 있을 것

2. 3개 이상의 발동기를 가진 비행기의 경우에는 모든 발동기가 작동할 때의 순항속도로 출발비행장으로부터 2시간의 비행거리 이내인 지역에 있을 것

3. 예상되는 이용시간 동안의 기상조건이 해당 운항에 대한 비행장 운영 최저치(aerodrome operating minima) 이상일 것

③ 항공운송사업에 사용되는 비행기 외의 비행기를 계기비행방식에 따라 비행하려면 1개 이상의 목적지 교체비행장을 지정하여야 한다. 다만, 다음 각 호의 어느 하나에 해당하는 경우에는 그러하지 아니하다.

1. 최초 착륙예정 비행장의 기상상태가 비행하는 동안 또는 도착예정시간에 양호해질 것이 확실시되고, 도착 예정시간 전·후의 일정 시간 동안 시계비행 기상상태에서 접근하여 착륙할 것이 확실히 예상되는 경우

2. 최초 착륙예정 비행장이 외딴 지역에 위치하고 적합한 목적지 교체비행장이 없는 경우

④ 제3항 각 호 외의 부분 단서 및 각 호에 따라 목적지 교체비행장의 지정이 요구되지 않는 경우로서 다음 각 호의 기준에 적합하지 않은 경우에는 비행을 시작해서는 안 된다. 〈개정 2021. 8. 27.〉

1. 최초 착륙예정 비행장에 표준계기접근절차가 수립되어 있을 것

2. 도착 예정시간 2시간 전부터 2시간 후까지의 기상상태가 다음 각 목과 같이 예보되어 있을 것

가. 운고가 계기접근절차의 최저치보다 300미터(1천피트) 이상일 것

나. 시정이 5,500미터 이상이거나 표준계기접근절차의 최저치보다 4천미터 이상일 것

⑤ 항공운송사업에 사용되는 헬리콥터를 운항하려면 다음 각 호의 구분에 따라 교체헬기장(alternate heliport)을 지정해야 한다. 〈개정 2021. 8. 27.〉

1. 출발헬기장의 기상상태가 헬기장 운영 최저치(heliport operating minima) 이하인 경우 : 1개 이상의 이륙 교체헬기장(take-off alternate heliport)

2. 계기비행방식에 따라 비행하려는 경우 : 1개 이상의 목적지 교체헬기장(destination alternate heliport). 다만, 다음 각 목의 어느 하나에 해당하는 경우에는 그러하지 아니하다.

가. 최초 착륙예정 헬기장(heliport of intended landing)의 기상상태가 비행하는 동안 또는 도착 예정시간에 양호해질 것이 확실시되고, 도착 예정시간 전·후의 일정 시간 동안 시계비행 기상상태에서 접근하여 착륙할 것이 확실히 예상되는 경우

나. 최초 착륙예정 헬기장이 외딴 지역에 위치하고 적합한 교체헬기장이 없는 경우. 이 경우 비행계획에는 회항할 수 없는 지점(point of no return)을 표시하여야 한다.

3. 기상예보 상태가 헬기장 운영 최저기상기준값(heliport operating minima)이하인 목적지 헬기장으로 비행하려는 경우 : 최소한 2개의 목적지 교체헬기장(destination alternate heliport). 이 경우 첫 번째 목적지 교체헬기장의 운영 최저기상기준값은 목적지 헬기장의 운영 최저기상기준값 이상이어야 하고, 두 번째 목적지 교체헬기장의 운영 최저기상기준값은 첫 번째 목적지 교체헬기장의 운영 최저기상기준값 이상이어야 한다.

⑥ 제5항에 따른 교체헬기장(alternate heliport)은 교체헬기장으로 사용할 수 있는 헬기장 사용 가능시간과 헬기장 운영 최저기상기준값(heliport operating minima) 등의 정보를 확인하고 지정해야 한다. 〈개정 2021. 8. 27.〉

⑦ 항공운송사업에 사용되는 헬리콥터 외의 헬리콥터를 계기비행방식에 따라 비행하려면 1개 이상의 적합한 교체헬기장을 지정하여야 한다. 다만, 다음 각 호의 어느 하나에 해당하는 경우에는 그러하지 아니하다.

1. 도착 예정시간 2시간 전부터 2시간 후까지 또는 실제 출발시간부터 도착 예정시간 2시간 후까지의 시간 중 짧은 시간에 대하여

최초 착륙예정 헬기장의 기상상태가 다음 각 목과 같이 예보되어 있는 경우

가. 운고가 계기접근절차의 최저치보다 120미터(400피트) 이상

나. 시정이 계기접근절차의 최저치보다 1,500미터 이상

2. 다음 각 목의 어느 하나에 해당하는 경우

가. 최초 착륙예정 헬기장이 외딴 지역에 위치하고 적합한 교체헬기장이 없는 경우

나. 최초 착륙예정 헬기장에 계기접근절차가 수립되어 있는 경우

다. 목적지 헬기장이 해상에 있어 회항할 수 있는 교체헬기장을 지정할 수 없는 경우

⑧ 제5항부터 제7항까지의 규정에 따른 교체헬기장이 해상교체헬기장(off-shore alternate heliport)인 경우에는 다음 각 호의 요건을 모두 갖추어야 한다. 다만, 해안 교체헬기장(on-shore alternate heliport)까지 비행할 수 있는 충분한 연료의 탑재가 가능하면 해상 교체헬기장을 지정하지 아니할 수 있다.

1. 해상 교체헬기장은 회항할 수 없는 지점 외에서만 지정하고, 회항할 수 없는 지점 내에서는 해안 교체헬기장을 지정할 것

2. 적합한 교체헬기장을 결정하는 경우에는 주요 조종계통 및 부품을 신뢰할 수 있을 것

3. 교체헬기장에 도착하기 전에 1개의 발동기가 고장나더라도 교체헬기장까지 운항할 수 있는 성능이 확보될 수 있을 것

4. 갑판의 이용이 보장되어 있을 것

5. 기상정보는 정확하고 신뢰할 수 있을 것

⑨ 제5항제2호 단서에 따라 교체헬기장의 지정이 요구되지 아니하는 경우로서 제7항제1호의 기준에 적합하지 아니한 경우에는 비행을 시작하여서는 아니 된다.

제187조(최초 착륙예정 비행장 등의 기상상태) ① 제186조제1항제1호에 따른 이륙 교체비행장의 기상상태는 해당 비행기의 도착 예정시간에 비행장 운영 최저치 이상이어야 한다.

② 제186조제1항제3호에 따른 최초 착륙예정 비행장의 기상정보를 이용할 수 있거나 목적지 교체비행장의 지정이 요구되는 경우에는 최소 1개의 목적지 교체비행장의 기상상태가 도착 예정시간에 해당 비행장 운영 최저치 이상일 경우에 비행을 시작하여야 한다.

③ 제186조제3항에 따른 목적지 교체비행장의 지정이 요구되는 경우에는 최초 착륙예정 비행장과 최소 1개의 목적지 교체비행장의 기상상태가 도착 예정시간에 해당 비행장 운영 최저치 이상일 경우에 비행을 시작하여야 한다.

④ 제186조제5항에 따른 최초 착륙예정 헬기장의 기상정보를 이용할 수 있거나 교체헬기장의 지정이 요구되는 경우에는 최소 1개의 교체헬기장의 기상상태가 도착 예정시간에 해당 헬기장 운영 최저치 이상일 경우에 비행을 시작하여야 한다.

⑤ 제186조제7항에 따라 교체헬기장의 지정이 요구되는 경우에는 최초 착륙예정 헬기장과 1개 이상의 교체헬기장의 기상상태가 도착 예정시간에 해당 헬기장 운영 최저치 이상일 경우에 비행을 시작하여야 한다. 〈개정 2020. 12. 10.〉

제188조(비행계획의 종료) ① 항공기는 도착비행장에 착륙하는 즉시 관할 항공교통업무기관(관할 항공교통업무기관이 없는 경우에는 가장 가까운 항공교통업무기관)에 다음 각 호의 사항을 포함하는 도착보고를 하여야 한다. 다만, 지방항공청장 또는 항공교통본부장이 달리 정한 경우에는 그러하지 아니하다.

1. 항공기의 식별부호
2. 출발비행장
3. 도착비행장
4. 목적비행장(목적비행장이 따로 있는 경우만 해당한다)
5. 착륙시간

② 제1항에도 불구하고 도착비행장에 착륙한 후 도착보고를 할 수 있는 적절한 통신시설 등이 제공되지 아니하는 경우에는 착륙 직전에 관할 항공교통업무기관에 도착보고를 하여야 한다.

제189조(정밀접근 운용계획 승인신청) ① 제177조제2항에 따른 제2종 또는 제3종의 정밀접근방식으로 해당 종류의 정밀접근시설을 갖춘 활주로에 착륙하려는 자는 다음 각 호의 사항을 적은 운용계획 승인신청서를 지방항공청장에게 제출하여야 한다.

1. 성명 및 주소
2. 항공기의 형식 및 등록부호
3. 정밀접근의 종류
4. 해당 항공기의 장비 명세와 정비방식

5. 해당 사용비행장에 설치된 정밀접근시설의 내용
6. 정밀접근 조종사의 성명과 자격
7. 항공기 조종사의 교육훈련 내용
8. 운용시험 실시내용
9. 그 밖에 참고가 될 사항

② 외국항공기를 운용하는 외국인 중 그 외국으로부터 제2종 또는 제3종의 정밀접근 운용계획 승인을 받은 사람이 대한민국에 있는 제2종 또는 제3종의 정밀접근시설을 갖춘 비행장의 활주로에 해당 종류의 정밀접근방식으로 착륙하려는 경우에는 제1항에도 불구하고 다음 각 호의 사항을 적은 정밀접근 운용계획 승인신청서에 신청인이 외국으로부터 발급받은 정밀접근 운용계획 승인서의 사본과 한글 또는 영문으로 정밀접근 운용절차를 적은 서류를 첨부하여 지방항공청장에게 제출하여야 한다.

1. 성명 및 주소
2. 항공기의 형식 및 등록부호
3. 그 밖에 참고가 될 사항

③ 제1항에 따른 제2종 및 제3종 정밀접근 운용계획 승인에 관한 절차는 국토교통부장관이 정한다.

제190조(통신) ① 관제비행을 하는 항공기는 관할 항공교통관제기관과 공중 대 지상 양방향 무선통신을 유지하고 그 항공교통관제기관의 음성통신을 경청해야 한다. 〈개정 2021. 8. 27.〉

② 제1항에 따른 무선통신을 유지할 수 없는 항공기(이하 "통신두절항공기"라 한다)는 국토교통부장관이 고시하는 교신절차에 따라야 하며, 관제비행장의 기동지역 또는 주변을 운항하는 항공기는 관제탑의 시각 신호에 따른 지시를 계속 주시하여야 한다.

③ 통신두절항공기는 시계비행 기상상태인 경우에는 시계비행방식으로 비행을 계속하여 가장 가까운 착륙 가능한 비행장에 착륙한 후 도착 사실을 지체 없이 관할 항공교통관제기관에 통보하여야 한다.

④ 통신두절항공기는 계기비행 기상상태이거나 제3항에 따른 비행이 불가능한 경우 다음 각 호의 기준에 따라 비행하여야 한다. 〈개정 2020. 12. 10.〉

1. 항공교통업무용 레이더가 운용되지 아니하는 공역의 필수 위치

통지점에서 위치보고를 할 수 없는 항공기는 해당 비행로의 최저비행고도와 관할 항공교통관제기관으로부터 최종적으로 지시받은 고도 중 높은 고도로 비행하여야 하며, 관할 항공교통관제기관으로부터 최종적으로 지시받은 속도를 20분간 유지한 후 비행계획에 명시된 고도와 속도로 변경하여 비행할 것

2. 항공교통업무용 레이더가 운용되는 공역의 필수 위치통지점에서 위치보고를 할 수 없는 항공기는 다음 각 목의 시간 중 가장 늦은 시간부터 해당 비행로의 최저비행고도와 관할 항공교통관제기관으로부터 최종적으로 지시받은 고도 중 높은 고도를 유지하고 관할 항공교통관제기관으로부터 최종적으로 지시받은 속도를 7분간 유지한 후, 비행계획에 명시된 고도와 속도로 변경하여 비행할 것

가. 최종지정고도 또는 최저비행고도에 도달한 시간

나. 트랜스폰더 코드를 7,600으로 조정한 시간이거나 자동종속감시시설(ADS-B) 송신기에 통신두절을 표시한 시간

다. 필수 위치통지점에서 위치보고에 실패한 시간

3. 레이더에 의하여 유도되고 있거나 허가한계점(Clearance Limit)을 지정받지 아니한 항공기가 지역항법(RNAV)으로 항공로를 이탈하여 비행 중인 경우에는 최저비행고도를 고려하여 다음 위치통지점에 도달하기 전에 비행계획에 명시된 비행로에 합류할 것

4. 무선통신이 두절되기 전에 관할 항공교통관제기관으로부터 최종적으로 지정받거나 지정 예정을 통보받은 비행로(지정받거나 지정 예정을 통보받지 아니한 경우에는 비행계획에 명시된 비행로)를 따라 목적비행장의 항행안전시설이나 위치통지점(FIX)까지 비행한 후 체공할 것

5. 무선통신이 두절되기 전에 관할 항공교통관제기관으로부터 최종적으로 지정받은 접근 예정시간(접근 예정시간을 지정받지 아니한 경우에는 비행계획에 명시된 도착 예정시간)에 목적비행장의 항행안전시설이나 위치통지점(FIX)으로부터 강하를 시작하거나, 착륙할 비행장의 계기접근절차에 따라 접근을 시작할 것

6. 가능한 한 제5호에 따른 접근 예정시간과 도착 예정시간 중 더 늦은 시간부터 30분 이내에 착륙할 것

제191조(위치보고) ① 법 제67조에 따라 관제비행을 하는 항공기는 국토교통부장관이 정하여 고시하는 위치통지점에서 가능한 한 신속

히 다음 각 호의 사항을 관할 항공교통업무기관에 보고(이하 "위치보고"라 한다)하여야 한다. 다만, 레이더에 의하여 관제를 받는 경우로서 관할 항공교통관제기관이 별도로 위치보고를 요구하지 아니하는 경우에는 그러하지 아니하다.

1. 항공기의 식별부호
2. 해당 위치통지점의 통과시각과 고도
3. 그 밖에 항공기의 안전항행에 영향을 미칠 수 있는 사항

② 관제비행을 하는 항공기는 비행 중에 관할 항공교통업무기관으로부터 위치보고를 요청받은 경우에는 즉시 위치보고를 하여야 한다.

③ 제1항에 따른 위치통지점이 설정되지 아니한 경우에는 관할 항공교통업무기관이 지정한 시간 또는 거리 간격으로 위치보고를 하여야 한다.

④ 관제비행을 하는 항공기로서 데이터링크통신을 이용하여 위치보고를 하는 항공기는 관할 항공교통관제기관이 요구하는 경우에는 음성통신을 이용하여 위치보고를 하여야 한다.

제192조(항공교통관제허가) ① 법 제67조에 따라 관제비행을 하려는 자는 관할 항공교통관제기관으로부터 항공교통관제허가(이하 "관제허가"라 한다)를 받고 운항을 시작하여야 한다.

② 관제허가의 우선권을 받으려는 자는 그 이유를 관할 항공교통관제기관에 통보하여야 한다.

③ 법 제67조에 따라 관제비행장에서 비행하는 항공기는 관제지시를 준수하여야 하며, 관제허가를 받지 아니하고 기동지역을 이동하여서는 아니 된다.

④ 항공교통관제기관의 관제지시와 항공기에 장착된 공중충돌경고장치의 지시가 서로 다를 경우에는 공중충돌경고장치의 지시에 따라야 한다.

제193조(관제의 종결) 법 제67조에 따라 관제비행을 하는 항공기는 항공교통관제업무를 제공받아야 할 상황이 끝나는 즉시 그 사실을 관할 항공교통관제기관에 통보하여야 한다. 다만, 관제비행장에 착륙하는 경우에는 그러하지 아니하다.

제194조(신호) ① 법 제67조에 따라 비행하는 항공기는 별표 26에서 정하는 신호를 인지하거나 수신할 경우에는 그 신호에 따라 요

구되는 조치를 하여야 한다.

② 누구든지 제1항에 따른 신호로 오인될 수 있는 신호를 사용하여서는 아니 된다.

③ 항공기 유도원(誘導員)은 별표 26 제6호에 따른 유도신호를 명확하게 하여야 한다.

제195조(시간) ① 법 제67조에 따라 항공기의 운항과 관련된 시간을 전파하거나 보고하려는 자는 국제표준시(UTC: Coordinated Universal Time)를 사용하여야 하며, 시각은 자정을 기준으로 하루 24시간을 시·분으로 표시하되, 필요하면 초 단위까지 표시하여야 한다.

② 관제비행을 하려는 자는 관제비행의 시작 전과 비행 중에 필요하면 시간을 점검하여야 한다.

③ 데이터링크통신에 따라 시간을 이용하려는 경우에는 국제표준시를 기준으로 1초 이내의 정확도를 유지·관리하여야 한다.

제196조(요격) ① 법 제67조에 따라 민간항공기를 요격(邀擊)하는 항공기의 기장은 별표 26 제3호에 따른 시각신호 및 요격절차와 요격방식에 따라야 한다.

② 피요격(被邀擊)항공기의 기장은 별표 26 제3호에 따른 시각신호를 이해하고 응답하여야 하며, 요격절차와 요격방식 등을 준수하여 요격에 응하여야 한다. 다만, 대한민국이 아닌 외국정부가 관할하는 지역을 비행하는 경우에는 해당 국가가 정한 절차와 방식으로 그 국가의 요격에 응하여야 한다.

제197조(곡예비행 등을 할 수 있는 비행시정) 법 제67조에 따른 곡예비행을 할 수 있는 비행시정은 다음 각 호의 구분과 같다.

1. 비행고도 3,050미터(1만피트) 미만인 구역: 5천미터 이상
2. 비행고도 3,050미터(1만피트) 이상인 구역: 8천미터 이상

제198조(불법간섭 행위 시의 조치) ① 법 제67조에 따라 비행 중 항공기의 피랍·테러 등의 불법적인 행위에 의하여 항공기 또는 탑승객의 안전이 위협받는 상황(이하 "불법간섭" 이라 한다)에 처한 항공기는 항공교통업무기관에서 다른 항공기와의 충돌 방지 및 우선권 부여 등 필요한 조치를 취할 수 있도록 가능한 범위에서 한 다음 각 호의 사항을 관할 항공교통업무기관에 통보하여야 한다.

1. 불법간섭을 받고 있다는 사실
2. 불법간섭 행위와 관련한 중요한 상황정보

3. 그 밖에 상황에 따른 비행계획의 이탈사항에 관한 사항

② 불법간섭을 받고 있는 항공기의 기장은 가능한 한 해당 항공기가 안전하게 착륙할 수 있는 가장 가까운 공항 또는 관할 항공교통업무기관이 지정한 공항으로 착륙을 시도하여야 한다.

③ 불법간섭을 받고 있는 항공기가 제1항에 따른 사항을 관할 항공교통업무기관에 통보할 수 없는 경우에는 다음 각 호의 조치를 하여야 한다.

1. 기장은 제2항에 따른 공항으로 비행할 수 없는 경우에는 관할 항공교통업무기관에 통보할 수 있을 때까지 또는 레이더나 자동종속감시시설의 포착범위 내에 들어갈 때까지 배정된 항공로 및 순항고도를 유지하며 비행할 것

2. 기장은 관할 항공교통업무기관과 무선통신이 불가능한 상황에서 배정된 항공로 및 순항고도를 이탈할 것을 강요받은 경우에는 가능한 한 다음 각 목의 조치를 할 것

가. 항공기 안의 상황이 허용되는 한도 내에서 현재 사용 중인 초단파(VHF) 주파수, 초단파 비상주파수(121.5Mhz) 또는 사용 가능한 다른 주파수로 경고방송을 시도할 것

나. 2차 감시 항공교통관제 레이더용 트랜스폰더(Mode3/A 및 Mode C SSR transponder) 또는 데이터링크 탑재장비를 사용하여 불법간섭을 받고 있다는 사실을 알릴 것

다. 고도 600미터의 수직분리가 적용되는 지역에서는 계기비행 순항고도와 300미터 분리된 고도로, 고도 300미터의 수직분리가 적용되는 지역에서는 계기비행 순항고도와 150미터 분리된 고도로 각각 변경하여 비행할 것

제199조(최저비행고도) 법 제68조제1호에서 "국토교통부령으로 정하는 최저비행고도"란 다음 각 호와 같다.

1. 시계비행방식으로 비행하는 항공기

가. 사람 또는 건축물이 밀집된 지역의 상공에서는 해당 항공기를 중심으로 수평거리 600미터 범위 안의 지역에 있는 가장 높은 장애물의 상단에서 300미터(1천피트)의 고도

나. 가목 외의 지역에서는 지표면·수면 또는 물건의 상단에서 150미터(500피트)의 고도

2. 계기비행방식으로 비행하는 항공기

가. 산악지역에서는 항공기를 중심으로 반지름 8킬로미터 이내에 위치한 가장 높은 장애물로부터 600미터의 고도

나. 가목 외의 지역에서는 항공기를 중심으로 반지름 8킬로미터 이내에 위치한 가장 높은 장애물로부터 300미터의 고도

제200조(최저비행고도 아래에서의 비행허가) 법 제68조 각 호 외의 부분 단서에 따라 최저비행고도 아래에서 비행하려는 자는 별지 제74호서식의 최저비행고도 아래에서의 비행허가 신청서를 지방항공청장 · 국방부장관(「행정권한의 위임 및 위탁에 관한 규정」 제24조제8항에 따라 권한이 위임된 경우에는 같은 항 각 호 외의 부분에 따른 각급 부대의 장을 말한다. 이하 같다) 또는 법 제85조제1항에 따라 항공교통업무증명을 받은 자에게 제출하여야 한다. 〈개정 2024. 9. 20.〉

제201조(물건의 투하 또는 살포 허가 신청) 법 제68조 각 호 외의 부분 단서에 따라 비행 중인 항공기에서 물건을 투하하거나 살포하려는 자는 별지 제74호의2서식의 물건 투하 또는 살포 허가신청서에 다음 각 호의 서류를 첨부하여 운항 예정일 7일 전까지 지방항공청장 · 국방부장관 또는 법 제85조제1항에 따라 항공교통업무증명을 받은 자에게 제출해야 한다. 〈개정 2024. 9. 20.〉

1. 항공신체검사 증명서
2. 비행계획서(공역 내 비행경로를 포함한다)
3. 조종사 자격증명서

[전문개정 2021. 11. 19.]

제202조(낙하산 강하허가 신청) 법 제68조 각 호 외의 부분 단서에 따라 낙하산 강하를 목적으로 항공기를 운항하려는 자는 별지 제74호의3서식의 낙하산 강하허가 신청서에 다음 각 호의 서류를 첨부하여 운항 예정일 7일 전까지 지방항공청장 · 국방부장관 또는 법 제85조제1항에 따라 항공교통업무증명을 받은 자에게 제출해야 한다. 다만, 제2호부터 제5호까지의 서류는 항공레저스포츠사업에 사용되는 경우만 해당 서류를 첨부하여 제출해야 한다. 〈개정 2024. 9. 20.〉

1. 비행계획서 및 임시 비행제한공역 지정 공문
2. 낙하산 강하자의 초경량비행장치 조종자 증명
3. 항공레저스포츠사업 등록증

4. 초경량비행장치 안전성인증서
5. 보험가입증명서
[전문개정 2021. 11. 19.]

제203조(곡예비행) 법 제68조제4호에 따른 곡예비행은 다음 각 호와 같다. 〈개정 2021. 8. 27.〉

1. 항공기를 뒤집어서 하는 비행
2. 항공기를 옆으로 세우거나 회전시키며 하는 비행
3. 항공기를 급강하시키거나 급상승시키는 비행
4. 항공기를 나선형으로 강하시키거나 실속시켜 하는 비행
5. 그 밖에 항공기의 비행자세, 고도 또는 속도를 비정상적으로 변화시켜 하는 비행

제204조(곡예비행 금지구역) 법 제68조제4호에서 "국토교통부령으로 정하는 구역"이란 다음 각 호의 어느 하나에 해당하는 구역을 말한다.

1. 사람 또는 건축물이 밀집한 지역의 상공
2. 관제구 및 관제권
3. 지표로부터 450미터(1,500피트) 미만의 고도
4. 해당 항공기(활공기는 제외한다)를 중심으로 반지름 500미터 범위 안의 지역에 있는 가장 높은 장애물의 상단으로부터 500미터 이하의 고도
5. 해당 활공기를 중심으로 반지름 300미터 범위 안의 지역에 있는 가장 높은 장애물의 상단으로부터 300미터 이하의 고도

제205조(곡예비행의 허가 신청) 법 제68조 각 호 외의 부분 단서에 따라 곡예비행을 하려는 자는 별지 제74호의4서식의 곡예비행 허가 신청서에 다음 각호의 서류를 첨부하여 비행 예정일 7일 전까지 지방항공청장에게 제출해야 한다.

1. 항공신체검사 증명서
2. 비행계획서(공역 내 비행경로를 포함한다)
3. 조종사 자격증명서

[전문개정 2021. 11. 19.]

제206조(무인항공기의 비행허가 신청 등) ① 법 제68조 각 호 외의 부분 단서에 따라 무인항공기를 비행시키려는 자는 별지 제75호서식의 무인항공기 비행허가 신청서에 다음 각 호의 사항을 적은 서

류를 첨부하여 지방항공청장 · 항공교통본부장 · 국방부장관 또는 법 제85조제1항에 따라 항공교통업무증명을 받은 자에게 비행예정일 7일 전까지 제출하여야 한다. 〈개정 2024. 9. 20.〉

1. 성명 · 주소 및 연락처
2. 무인항공기의 형식, 최대이륙중량, 발동기 수 및 날개 길이
3. 무인항공기의 등록증명서 사본 및 식별부호
4. 무인항공기의 표준감항증명서 또는 특별감항증명서 사본
5. 무인항공기 조종사의 자격증명서 사본
6. 무인항공기의 무선국 허가증 사본(「전파법」 제19조에 따라 무선국 허가를 받은 경우에 한정한다)
7. 비행의 목적 · 일시 및 비행규칙의 개요, 육안식별운항계획(육안식별운항을 하는 경우에 한정한다), 비행경로, 이륙 · 착륙 장소, 순항고도 · 속도 및 비행주파수
8. 무인항공기의 이륙 · 착륙 요건
9. 무인항공기에 대한 다음 각 목의 성능
   가. 운항속도
   나. 일반 및 최대 상승률
   다. 일반 및 최대 강하율
   라. 일반 및 최대 선회율
   마. 최대 항속시간
   바. 그 밖에 무인항공기 비행과 관련된 성능에 관한 자료
10. 다음 각 목의 통신을 위한 주파수와 장비
   가. 대체통신수단을 포함한 항공교통관제기관과의 통신
   나. 지정된 운용범위를 포함한 무인항공기와 무인항공기 통제소 간의 통신
   다. 무인항공기 조종사와 무인항공기 감시자 간의 통신(무인항공기 감시자가 있는 경우에 한정한다)
11. 무인항공기의 항행장비 및 감시장비(SSR transponder, ADS-B 등)
12. 무인항공기의 감지 · 회피성능
13. 다음 각 목의 경우에 대비한 비상절차
   가. 항공교통관제기관과의 통신이 두절된 경우
   나. 무인항공기와 무인항공기 통제소 간의 통신이 두절된 경우

다. 무인항공기 조종사와 무인항공기 감시자 간의 통신이 두절된 경우(무인항공기 감시자가 있는 경우에 한정한다)

14. 하나 이상의 무인항공기 통제소가 있는 경우 그 수와 장소 및 무인항공기 통제소 간의 무인항공기 통제에 관한 이양절차

15. 소음기준적합증명서 사본(법 제25조제1항에 따라 소음기준적합증명을 받은 경우에 한정한다)

16. 해당 무인항공기 운항과 관련된 항공보안 수단을 포함한 국가항공보안계획 이행 확인서

17. 무인항공기의 적재 장비 및 하중 등에 관한 정보

18. 무인항공기의 보험 또는 책임범위 증명에 관한 서류

② 지방항공청장·항공교통본부장·국방부장관 또는 법 제85조제1항에 따라 항공교통업무증명을 받은 자는 제1항에 따른 신청을 받은 경우에는 그 내용을 심사한 후 항공교통의 안전에 지장이 없다고 인정되는 경우에는 비행을 허가하여야 한다. 〈개정 2024. 9. 20.〉

③ 무인항공기를 비행시키려는 자는 다음 각 호의 사항을 따라야 한다. 〈개정 2019. 9. 23.〉

1. 인명이나 재산에 위험을 초래할 우려가 있는 비행을 시키지 말 것

2. 주거지역, 상업지역 등 인구가 밀집된 지역과 그 밖에 사람이 많이 모인 장소의 상공을 비행시키지 말 것

3. 법 제78조제1항에 따른 관제공역·통제공역·주의공역에서 항공교통관제기관의 승인을 받지 아니하고 비행시키지 말 것

4. 안개 등으로 인하여 지상목표물을 육안으로 식별할 수 없는 상태에서 비행시키지 말 것

5. 별표 24에 따른 비행시정 및 구름으로부터의 거리 기준을 위반하여 비행시키지 말 것

6. 야간에 비행시키지 말 것

7. 그 밖에 국토교통부장관이 정하여 고시하는 사항을 지킬 것

제207조(긴급항공기의 지정) ① 법 제69조제1항에서 "응급환자의 수송 등 국토교통부령으로 정하는 긴급한 업무"란 다음 각 호의 어느 하나에 해당하는 업무를 말한다.

1. 재난·재해 등으로 인한 수색·구조

2. 응급환자의 수송 등 구조·구급활동

3. 화재의 진화

4. 화재의 예방을 위한 감시활동

5. 응급환자를 위한 장기(臟器) 이송

6. 그 밖에 자연재해 발생 시의 긴급복구

② 법 제69조제1항에 따라 제1항 각 호에 따른 업무에 항공기를 사용하려는 소유자등은 해당 항공기에 대하여 지방항공청장으로부터 긴급항공기의 지정을 받아야 한다.

③ 제2항에 따른 지정을 받으려는 자는 별지 제75호의2서식의 긴급항공기 지정신청서에 다음 각 호의 서류를 첨부하여 지방항공청장에게 제출해야 한다. 〈개정 2025. 7. 28.〉

1. 긴급한 업무 수행에 관한 업무규정

2. 긴급한 업무 수행에 필요한 장착장비의 목록, 사진 및 그 밖의 세부사항을 포함하는 서류

3. 조종사 및 긴급한 업무를 수행하는 사람에 대한 교육훈련 내용에 관한 서류

④ 지방항공청장은 제3항에 따른 서류를 확인한 후 제1항 각 호의 긴급한 업무에 해당하는 경우에는 별지 제75호의3서식의 긴급항공기 지정서를 신청인에게 발급해야 한다. 〈개정 2025. 7. 28.〉

⑤ 제4항에 따라 긴급항공기 지정서를 발급받은 자는 그 지정서를 해당 항공기에 탑재해야 한다. 〈신설 2025. 7. 28.〉

⑥ 제4항에 따라 긴급항공기 지정서를 발급받은 자가 그 지정서를 잃어버리거나 헐어 못 쓰게 된 경우에는 별지 제75호의4서식의 긴급항공기 지정서 재발급 신청서에 긴급항공기 지정서를 첨부(헐어 못 쓰게 된 경우에 한정한다)하여 지방항공청장에게 제출해야 한다. 〈신설 2025. 7. 28.〉

⑦ 지방항공청장은 제6항에 따라 긴급항공기 지정서 재발급 신청서를 제출받은 경우에는 해당 항공기에 대한 긴급항공기 지정기록을 확인한 후 별지 제75호의3서식의 긴급항공기 지정서를 재발급해야 한다. 〈신설 2025. 7. 28.〉

제208조(긴급항공기의 운항절차) ① 제207조제2항에 따라 긴급항공기의 지정을 받은 자가 긴급항공기를 운항하려는 경우에는 그 운항을 시작하기 전에 다음 각 호의 사항을 지방항공청장에게 구술 또는 서면 등으로 통지해야 한다. 다만, 제182조제1항에 따라 비행계

획을 제출한 경우에는 본문에 따른 통지를 한 것으로 본다. 〈개정 2025. 7. 28.〉

1. 항공기의 형식·등록부호 및 식별부호
2. 긴급한 업무의 종류
3. 긴급항공기의 운항을 의뢰한 자의 성명 또는 명칭 및 주소
4. 비행일시, 출발비행장, 비행구간 및 착륙장소
5. 시간으로 표시한 연료탑재량
6. 그 밖에 긴급항공기 운항에 필요한 사항

② 제1항에 따라 긴급항공기를 운항한 자는 운항이 끝난 후 24시간 이내에 다음 각 호의 사항을 지방항공청장에게 구술 또는 서면 등으로 통지해야 한다. 〈개정 2025. 7. 28.〉

1. 삭제 〈2025. 7. 28.〉
2. 항공기의 형식 및 등록부호
3. 운항 개요(이륙·착륙 일시 및 장소, 비행목적, 비행경로 등)
4. 조종사의 성명과 소속
5. 조종사 외의 탑승자의 인적사항
6. 응급환자를 수송한 사실을 증명하는 서류(응급환자를 수송한 경우만 해당한다)
7. 그 밖에 참고가 될 사항

제209조(위험물 운송허가 등) ① 법 제70조제1항에서 "폭발성이나 연소성이 높은 물건 등 국토교통부령으로 정하는 위험물"이란 다음 각 호의 어느 하나에 해당하는 것을 말한다.

1. 폭발성 물질
2. 가스류
3. 인화성 액체
4. 가연성 물질류
5. 산화성 물질류
6. 독물류
7. 방사성 물질류
8. 부식성 물질류
9. 그 밖에 국토교통부장관이 정하여 고시하는 물질류

② 항공기를 이용하여 제1항에 따른 위험물을 운송하려는 자는 별지 제76호서식의 위험물 항공운송허가 신청서에 다음 각 호의 서

류를 첨부하여 국토교통부장관에게 제출하여야 한다.

1. 위험물의 포장방법

2. 위험물의 종류 및 등급

3. UN매뉴얼에 따른 포장물 및 내용물의 시험성적서(해당하는 경우에만 적용한다)

4. 그 밖에 국토교통부장관이 정하여 고시하는 서류

③ 국토교통부장관은 제2항에 따른 신청이 있는 경우 위험물운송기술기준에 따라 검사한 후 위험물운송기술기준에 적합하다고 판단되는 경우에는 별지 제77호서식의 위험물 항공운송허가서를 발급하여야 한다.

④ 제2항 및 제3항에도 불구하고 법 제90조에 따른 운항증명을 받은 항공운송사업자가 법 제93조에 따른 운항규정에 다음 각 호의 사항을 정하고 제1항 각 호에 따른 위험물을 운송하는 경우에는 제3항에 따른 허가를 받은 것으로 본다. 다만, 국토교통부 장관이 별도의 허가요건을 정하여 고시한 경우에는 제3항에 따른 허가를 받아야 한다.

1. 위험물과 관련된 비정상사태가 발생할 경우의 조치내용

2. 위험물 탑재정보의 전달방법

3. 승무원 및 위험물취급자에 대한 교육훈련

⑤ 제3항에도 불구하고 국가기관등항공기가 업무 수행을 위하여 제1항에 따른 위험물을 운송하는 경우에는 위험물 운송허가를 받은 것으로 본다.

⑥ 제1항 각 호의 구분에 따른 위험물의 세부적인 종류와 종류별 구체적 내용에 관하여는 국토교통부장관이 정하여 고시한다.

제210조(위험물 포장 · 용기검사기관의 지정 등) ① 법 제71조제3항에 따라 위험물의 포장 · 용기검사기관으로 지정받으려는 자는 별지 제78호서식의 위험물 포장 · 용기검사기관 지정신청서에 다음 각 호의 서류를 첨부하여 국토교통부장관에게 제출하여야 한다.

1. 위험물 포장 · 용기의 검사를 위한 시설의 확보를 증명하는 서류(설비 및 기기 일람표와 그 배치도를 포함한다)

2. 사업계획서

3. 시설 · 기술인력의 관리 및 검사 시행절차 등 검사 수행에 필요한 사항이 포함된 검사업무규정

② 법 제71조제4항에 따른 위험물의 포장·용기검사기관의 검사장비 및 검사인력 등의 지정기준은 별표 27과 같다.

③ 법 제71조제4항에 따른 위험물 포장·용기검사기관의 운영에 대해서는 「산업표준화법」 제12조에 따른 한국산업표준 KS Q 17020(검사 기관 운영에 대한 일반 기준)을 적용한다.

④ 국토교통부장관은 제1항에 따른 신청을 받은 경우에는 이를 심사하여 그 내용이 제2항 및 제3항에 따른 지정기준 및 운영기준에 적합하다고 인정되는 경우에는 별지 제79호서식의 위험물 포장·용기검사기관 지정서를 신청인에게 발급하고 그 사실을 공고하여야 한다.

⑤ 제4항에 따라 위험물 포장·용기 검사기관으로 지정받은 검사기관의 장은 제1항 각호의 사항이 변경된 경우에는 그 변경내용을 국토교통부장관에게 보고하여야 한다.

⑥ 국토교통부장관은 위험물 포장·용기 검사기관으로 지정받은 검사기관이 제2항 및 제3항의 기준에 적합한지의 여부를 매년 심사하여야 한다.

제211조(위험물 포장·용기 검사기관 지정의 취소 등) ① 법 제71조제6항에 따른 위험물 포장·용기 검사기관의 지정 취소 또는 업무정지처분의 기준은 별표 28과 같다.

② 국토교통부장관은 위반행위의 정도·횟수 등을 고려하여 별표 28에서 정한 업무 정지기간을 2분의1의 범위에서 늘리거나 줄일 수 있다. 다만, 늘리는 경우에도 그 기간은 6개월을 초과할 수 없다.

제212조(위험물전문교육기관의 지정 등) ① 법 제72조제3항에 따라 위험물전문교육기관으로 지정받으려는 자는 별지 제80호서식의 위험물전문교육기관 지정신청서에 다음 각 호의 사항이 포함된 교육계획서를 첨부하여 국토교통부장관에게 제출하여야 한다.

1. 교육과정과 교육방법
2. 교관의 자격·경력 및 정원 등의 현황
3. 교육시설 및 교육장비의 개요
4. 교육평가의 방법
5. 연간 교육계획
6. 제4항제2호에 따른 교육규정

② 법 제72조제4항에 따른 위험물전문교육기관의 지정기준은 별

표 29와 같다.

③ 국토교통부장관은 제1항에 따라 신청을 받은 경우에는 이를 심사하여 그 내용이 제2항의 기준에 적합하다고 인정되는 경우에는 별지 제81호서식의 위험물전문교육기관 지정서를 발급하고 그 사실을 공고하여야 한다.

④ 제3항에 따라 지정을 받은 위험물전문교육기관은 다음 각 호에서 정하는 바에 따라 교육과 평가 등을 실시하여야 한다.

1. 교육은 초기교육과 정기교육으로 구분하여 실시한다.

2. 위험물전문교육기관의 장은 법 제72조제2항에 따라 국토교통부장관이 고시하는 교육내용 등을 반영하여 교육규정을 제정·운영하고, 교육규정을 변경하려는 경우에는 국토교통부장관의 승인을 받아야 한다.

3. 교육평가는 다음 각 목의 방법으로 한다.

가. 교육평가를 위한 시험과목, 시험 실시 요령, 판정기준, 시험문제 출제, 시험방법·관리, 시험지 보관, 시험장, 시험감독 및 채점 등은 자체 실정에 맞게 위험물전문교육기관의 장이 정한다.

나. 교육생은 총교육시간의 100분의 90 이상을 출석하여야 하고, 성적은 100점 만점의 경우 80점 이상을 받아야만 수료할 수 있다.

4. 위험물전문교육기관의 장은 컴퓨터 등 전자기기를 이용한 전자교육과정(교육 또는 평가)을 운영할 경우에는 사전에 국토교통부장관의 승인을 받아야 한다.

5. 위험물전문교육기관의 장은 전년도 12월15일까지 다음 연도 교육계획을 수립하여 국토교통부장관에게 보고하여야 한다.

⑤ 위험물전문교육기관의 장은 교육을 마쳤을 때에는 교육 및 평가 결과를 국토교통부장관이 정하여 고시하는 방법에 따라 보관하여야 하며, 국토교통부장관이 요청하면 이를 제출하여야한다.

⑥ 위험물전문교육기관의 장은 제1항 각 호(제6호는 제외한다)의 사항이 변경된 경우에는 그 변경내용을 지체 없이 국토교통부장관에게 보고하여야 한다.

⑦ 국토교통부장관은 위험물전문교육기관이 제2항의 기준에 적합한 지의 여부를 매년 심사하여야한다.

제213조(위험물전문교육기관의 지정의 취소 등) ① 법 제72조제6항에 따른 위험물전문교육기관의 지정 취소 또는 업무정지처분의 기준

은 별표 30과 같다.

② 국토교통부장관은 위반행위의 정도·횟수 등을 고려하여 별표 30에서 정한 업무정지 기간을 2분의 1의 범위에서 늘리거나 줄일 수 있다. 다만, 늘리는 경우에도 그 기간은 6개월을 초과할 수 없다.

제214조(전자기기의 사용제한) 법 제73조에 따라 운항 중에 전자기기의 사용을 제한할 수 있는 항공기와 사용이 제한되는 전자기기의 품목은 다음 각 호와 같다.

1. 다음 각 목의 어느 하나에 해당하는 항공기
   가. 항공운송사업용으로 비행 중인 항공기
   나. 계기비행방식으로 비행 중인 항공기
2. 다음 각 목 외의 전자기기
   가. 휴대용 음성녹음기
   나. 보청기
   다. 심장박동기
   라. 전기면도기
   마. 그 밖에 항공운송사업자 또는 기장이 항공기 제작회사의 권고 등에 따라 해당항공기에 전자파 영향을 주지 아니한다고 인정한 휴대용 전자기기

제215조(회항시간 연장운항의 승인) ① 법 제74조제1항 각 호 외의 부분에서 "국토교통부령으로 정하는 비행기"란 터빈발동기를 장착한 항공운송사업용 비행기(화물만을 운송하는 3개 이상의 터빈발동기를 가진 비행기는 제외한다)를 말한다.

② 법 제74조제1항 각 호 외의 부분에서 "국토교통부령으로 정하는 시간"이란 다음 각 호의 구분에 따른 시간을 말한다.

1. 2개의 발동기를 가진 비행기: 1시간. 다만, 최대인가승객 좌석 수가 20석 미만이며 최대이륙중량이 4만 5천 360킬로그램 미만인 비행기로서 「항공사업법 시행규칙」 제3조제3호에 따른 전세운송에 사용되는 비행기의 경우에는 3시간으로 한다.
2. 3개 이상의 발동기를 가진 비행기: 3시간

③ 제1항에 따른 비행기로 제2항 각 호의 구분에 따른 시간을 초과하는 지점이 있는 노선을 운항하려는 항공운송사업자는 비행기 형식(등록부호)별, 운항하려는 노선별 및 최대 회항시간(2개의 발동기를 가진 비행기의 경우에는 1개의 발동기가 작동하지 아니할 때의

순항속도로, 3개 이상의 발동기를 가진 비행기의 경우에는 모든 발동기가 작동할 때의 순항속도로 가장 가까운 공항까지 비행하여 착륙할 수 있는 시간을 말한다. 이하 같다)별로 국토교통부장관 또는 지방항공청장의 승인을 받아야 한다.

④ 제3항에 따른 승인을 받으려는 항공운송사업자는 별지 제82호서식의 회항시간 연장운항승인 신청서에 법 제77조에 따라 고시하는 운항기술기준에 적합함을 증명하는 서류를 첨부하여 다음 각 호의 구분에 따라 해당 호에서 정하는 날까지 국토교통부장관 또는 지방항공청장에게 제출해야 한다. 〈개정 2023. 9. 12.〉

1. 운용경험 기반 승인방식(해당 비행기 형식을 12개월 이상 연속하여 운용한 경험이 있는 경우의 승인방식을 말한다)의 경우: 운항 개시 예정일 20일 전

2. 속성 승인방식(해당 비행기 형식을 연속하여 운용한 경험이 12개월 미만이거나 운용 경험이 없는 경우의 승인방식을 말한다)의 경우: 운항 개시 예정일 180일 전

제216조(수직분리축소공역 등에서의 항공기 운항) ① 법 제75조제1항에 따라 국토교통부장관 또는 지방항공청장으로부터 승인을 받으려는 자는 별지 제83호서식의 항공기 운항승인 신청서에 법 제77조에 따라 고시하는 운항기술기준에 적합함을 증명하는 서류를 첨부하여 운항개시예정일 15일 전까지 국토교통부장관 또는 지방항공청장에게 제출하여야 한다.

② 법 제75조제1항 각 호 외의 부분 단서에서 "국토교통부령으로 정하는 경우"란 다음 각 호의 어느 하나에 해당하는 경우를 말한다.

1. 항공기의 사고·재난이나 그 밖의 사고로 인하여 사람 등의 수색·구조 등을 위하여 긴급하게 항공기를 운항하는 경우

2. 우리나라에 신규로 도입하는 항공기를 운항하는 경우

3. 수직분리축소공역에서의 운항승인을 받은 항공기에 고장 등이 발생하여 그 항공기를 정비 등을 위한 장소까지 운항하는 경우

제217조(효율적 운영이 요구되는 공역) 법 제75조제1항제3호에서 "국토교통부령으로 정하는 공역"이란 다음 각 호의 어느 하나에 해당하는 공역을 말한다. 〈개정 2021. 6. 9.〉

1. 특정한 통신성능을 갖춘 항공기만 운항이 허용되는 공역(이하 "특정통신성능요구(RCP)공역"이라 한다)

2. 특정한 감시성능을 갖춘 항공기만 운항이 허용되는 공역[이하 "특정감시성능요구(RSP)공역"이라 한다]

3. 그 밖에 국토교통부장관이 정하여 고시하는 공역

제218조(승무원 등의 탑승 등) ① 법 제76조제1항에 따라 항공기에 태워야 할 승무원은 다음 각 호의 구분에 따른다. 〈개정 2019. 2. 26.〉

1. 항공기의 구분에 따라 다음 표에서 정하는 운항승무원

항공기	탑승시켜야 할 운항승무원
비행교범에 따라 항공기 운항을 위하여 2명 이상의 조종사가 필요한 항공기	조종사 (기장과 기장 외의 조종사)
여객운송에 사용되는 항공기	
인명구조, 산불진화 등 특수임무를 수행하는 쌍발 헬리콥터	
구조상 단독으로 발동기 및 기체를 완전히 취급할 수 없는 항공기	조종사 및 항공기관사
법 제51조에 따라 무선설비를 갖추고 비행하는 항공기	「전파법」에 따른 무선설비를 조작할 수 있는 무선종사자 기술자격증을 가진 조종사 1명
착륙하지 아니하고 550킬로미터 이상의 구간을 비행하는 항공기(비행 중 상시 지상표지 또는 항행안전시설을 이용할 수 있다고 인정되는 관성항법장치 또는 정밀 도플러 레이더 장치를 갖춘 것은 제외한다)	조종사 및 항공사

2. 여객운송에 사용되는 항공기로 승객을 운송하는 경우에는 항공기에 장착된 승객의 좌석 수에 따라 그 항공기의 객실에 다음 표에서 정하는 수 이상의 객실승무원

장착된 좌석 수	객실승무원 수
20석 이상 50석 이하	1명
51석 이상 100석 이하	2명
101석 이상 150석 이하	3명
151석 이상 200석 이하	4명
201석 이상	5명에 좌석 수 50석을 추가할 때마다 1명씩 추가

② 제1항제1호에 따른 운항승무원의 업무를 다른 운항승무원이 하여도 그 업무에 지장이 없다고 국토교통부장관이 인정하는 경우에는 해당 운항승무원을 태우지 아니할 수 있다.

③ 제1항제1호에도 불구하고 다음 각 호의 어느 하나에 해당하는 항공기로서 해당 항공기의 비행교범에서 항공기 운항을 위하여 2명의 조종사를 필요로 하지 아니하는 항공기의 경우에는 조종사 1명으로 운항할 수 있다.

1. 소형항공운송사업에 사용되는 다음 각 목의 어느 하나에 해당하는 항공기

가. 관광비행에 사용되는 헬리콥터

나. 가목 외에 최대이륙중량 5,700킬로그램 이하의 항공기

2. 항공기사용사업에 사용되는 헬리콥터

④ 항공운송사업자, 항공기사용사업자 또는 국외비행에 사용되는 비행기를 운영하는 자는 제1항제1호에 따라 항공기에 승무하는 운항승무원에 대하여 다음 각 호의 사항에 관한 교육훈련계획을 수립하여 매년 1회 이상 교육훈련을 실시해야 한다. 〈개정 2021. 11. 19.〉

1. 해당 항공기 형식에 관한 이론교육 및 비행훈련. 다만, 최초교육 및 연간 보수교육을 위한 비행훈련은 제91조의2제3항에 따라 지방항공청장이 지정한 동일한 형식의 항공기의 모의비행훈련장치를 이용하여 할 수 있으며, 사업용이 아닌 국외비행에 사용되는 비행기의 기장과 기장 외의 조종사로서 2개 형식 이상의 한정자격을 보유한 사람에 대해서는 해당 형식별로 이론교육 및 비행훈련을 격년으로 실시할 수 있다.

2. 해당 항공기 형식의 발동기·기체·시스템의 오작동, 화재 또는 그 밖의 비정상적인 상황으로 일어날 수 있는 모든 경우의 비상대응절차 및 승무원 간의 협조에 관한 사항

3. 인적수행능력(Human Performance)에 관련된 지식 및 기술에 관한 사항

4. 법 제70조제3항에 따라 국토교통부장관이 정하여 고시하는 위험물취급의 절차 및 방법에 관한 사항

5. 해당 형식의 항공기의 고장 등 비정상적인 상황이나 화재 등 비상상황이 발생한 경우 운항승무원 각자의 임무와 다른 운항승무원의 임무와의 관계를 숙지할 수 있도록 하는 절차 등에 관한 훈련

⑤ 제1항제2호에 따른 객실승무원은 항공기 비상시의 경우 또는 비상탈출이 요구되는 경우 항공기에 갖춰진 비상장비 또는 구급용구 등을 이용하여 필요한 조치를 할 수 있는 지식과 능력이 있어야 한다.

⑥ 항공운송사업자 또는 국외비행에 사용되는 비행기를 운영하는 자는 제1항제2호에 따라 항공기에 태우는 객실승무원에 대하여 다음 각 호의 사항에 관한 교육훈련계획을 수립하여 최초 교육 및 최초 교육을 받은 날부터 12개월마다 한번 이상 교육훈련을 실시하여야 한다. 다만, 제4호의 사항에 대해서는 최초 교육을 받은 날부터 24개월마다 한번 이상 교육훈련을 실시할 수 있다. 〈개정 2021. 6. 9.〉

1. 항공기 비상시의 경우 또는 비상탈출이 요구되는 경우의 조치사항

2. 해당 항공기에 구비되는 별표 15에서 정한 구급용구 등 및 탈출대(Escape Slide)ㆍ비상구ㆍ산소장비ㆍ자동심장충격기(Automatic External Defibrillator)의 사용에 관한 사항

3. 평균해면으로부터 3천미터 이상의 고도로 운항하는 비행기에서 근무하는 경우 항공기 내 산소결핍이 미치는 영향과 여압장치가 장착된 비행기에서의 객실의 압력손실로 인한 생리적 현상에 관한 사항

4. 법 제70조제3항에 따라 국토교통부장관이 정하여 고시하는 위험물취급의 절차 및 방법에 관한 사항

5. 항공기 비상시 승무원 각자의 임무 및 다른 승무원의 임무에 관한 사항

6. 운항승무원과 객실승무원 간의 협조사항을 포함한 객실의 안전을 위한 인적수행능력(Human Performance)에 관한 사항

제219조(자격증명서와 항공신체검사증명서의 소지 등) 법 제76조제2항에 따른 자격증명서와 항공신체검사증명서의 소지 등의 대상자 및 그 준수사항은 다음 각 호와 같다.

1. 운항승무원: 해당 자격증명서 및 항공신체검사증명서를 지니거나 항공기 내의 접근하기 쉬운 곳에 보관하여야 한다.

2. 항공교통관제사: 자격증명서 및 항공신체검사증명서를 지니거나 항공업무를 수행하는 장소의 접근하기 쉬운 곳에 보관하여야 한다.

3. 운항승무원 및 항공교통관제사가 아닌 항공정비사 및 운항관리사: 해당 자격증명서를 지니거나 항공업무를 수행하는 장소의 접근하기 쉬운 곳에 보관하여야 한다.

제220조(안전운항을 위한 운항기술기준 등) 법 제77조제1항제9호에서 "국토교통부령으로 정하는 사항"이란 항공기(외국 국적을 가진

항공기를 포함한다)의 임대차 승인에 관한 사항을 말한다.

제6장 공역 및 항공교통업무 등

제221조(공역의 구분 · 관리 등) ① 법 제78조제2항에 따라 국토교통부장관이 세분하여 지정 · 공고하는 공역의 구분은 별표 23과 같다.

② 법 제78조제1항 및 제2항에 따른 공역의 설정기준은 다음 각 호와 같다. 〈개정 2024. 9. 20.〉

1. 국가안전보장과 항공안전을 고려할 것
2. 항공교통에 관한 서비스의 제공 여부를 고려할 것
3. 이용자의 편의에 적합하게 공역을 구분할 것
4. 공역이 효율적이고 경제적으로 활용될 수 있을 것

③ 제1항에 따른 공역 지정 내용의 공고는 항공정보간행물 또는 항공고시보에 따른다.

④ 제1항부터 제3항까지에서 규정한 사항 외에 공역 구분의 세부적인 설정기준과 지정절차의 설정에 필요한 세부 사항은 국토교통부장관이 정하여 고시한다. 〈개정 2024. 9. 20.〉

제221조의2(계기비행절차의 설정 · 공고 등) ① 제78조제3항 및 제4항에 따른 항공기의 표준 출발 · 도착 절차, 접근 절차 및 항공로 등(이하 "계기비행절차"라 한다)의 설정 · 공고기준은 다음 각 호와 같다.

1. 정확성 및 완전성이 확인된 자료를 기반으로 설정할 것
2. 비행 중 장애물과의 충돌 가능성을 고려할 것
3. 명확하고 이해하기 쉽도록 설정할 것
4. 그 밖에 국토교통부장관이 정하여 고시하는 기준을 고려할 것

② 법 제85조제1항에 따라 항공교통업무증명을 받은 자는 법 제78조제4항에 따라 계기비행절차 설정 · 공고의 승인을 받으려는 경우에는 설정하려는 계기비행절차의 내용을 첨부하여 국토교통부장관에게 서면으로 신청해야 한다.

③ 국토교통부장관은 제2항에 따라 승인 신청을 받은 계기비행절차의 내용이 제1항 각 호에 따른 기준을 충족하는 경우에는 계기비행절차의 설정 · 공고를 승인해야 한다.

④ 제1항부터 제3항까지에서 규정한 사항 외에 계기비행절차의

설정 · 공고 및 승인의 절차와 방법 등에 관하여 필요한 세부 사항은 국토교통부장관이 정하여 고시한다.

[본조신설 2024. 9. 20.]

제222조(통제공역에서의 비행허가) 통제공역에서 비행하려는 자는 법 제79조제2항 단서에 따라 별지 제84호서식의 통제공역 비행허가 신청서를 지방항공청장 · 항공교통본부장 또는 국방부장관에게 제출해야 한다. 이 경우 비행 중에는 무선통신 등의 방법을 사용하여 신청서를 제출할 수 있다.

[전문개정 2024. 9. 20.]

제223조(군 기관과의 협조) ① 영 제18조제1항에 따라 국토교통부장관, 지방항공청장 및 항공교통본부장은 민간항공기의 비행에 영향을 줄 수 있는 군용항공기 등의 행위에 대하여 책임이 있는 군 기관과 긴밀한 협조를 유지하여야 한다.

② 국토교통부장관, 지방항공청장 및 항공교통본부장은 영 제18조제1항에 따라 민간항공기의 안전하고 신속한 비행을 위하여 항공기의 비행정보 등의 교환에 관한 합의서를 군 기관과 체결할 수 있다.

③ 국토교통부장관, 지방항공청장 및 항공교통본부장은 영 제18조제1항에 따라 민간항공기가 공격당할 위험이 있는 공역으로 접근하거나 진입한 경우 군 기관과 협조하여 항공기를 식별하고 공격을 회피할 수 있도록 유도하는 등 필요한 조치를 할 수 있는 절차를 수립하여야 한다.

제224조(항공기상기관과의 협조) ① 영 제18조제1항에 따라 국토교통부장관, 지방항공청장 및 항공교통본부장은 항공기의 운항에 필요한 최신의 기상정보를 항공기에 제공하기 위하여 항공기상에 관한 정보를 제공하는 기관(이하 "항공기상기관"이라 한다)과 다음 각 호의 사항을 협조하여야 한다.

1. 기상정보표출장치의 사용 외에 항공교통업무 종사자가 관측한 기상정보 또는 조종사가 보고한 기상정보의 통보에 관한 사항

2. 항공교통업무 종사자가 관측한 기상정보 또는 조종사가 보고한 기상정보가 비행장의 기상예보에 포함되지 아니하는 내용일 경우에는 그 기상정보의 통보에 관한 사항

3. 화산폭발 전 화산활동 정보, 화산폭발 및 화산재구름의 상황에 관한 정보의 통보에 관한 사항

② 영 제18조제1항에 따라 국토교통부장관, 지방항공청장 및 항공교통본부장은 화산재에 관한 정보가 있는 경우에는 항공고시보와 항공기상기관의 중요기상정보(SIGMET)가 서로 일치하도록 긴밀하게 협조하여야 한다.

제225조(항공교통관제업무의 한정 등) ① 법 제83조제1항에 따라 항공교통관제기관에서 항공교통관제 업무를 수행하려는 사람은 국토교통부장관이 정하는 바에 따라 그 업무에 종사할 수 있는 항공교통관제 업무의 한정을 받아야 한다. 다만, 다음 각 호의 어느 하나에 해당하는 경우에는 그러하지 아니하다. 〈개정 2021. 6. 9., 2024. 9. 20.〉

1. 해당 항공교통관제 업무의 한정을 받은 사람의 직접적인 감독을 받아 항공교통관제 업무를 수행하는 경우
2. 제238조의 항공교통업무 우발계획에 따라 항공교통관제사가 항공교통관제업무를 수행하는 경우
3. 「군용항공기 운용 등에 관한 법률」 제6조에 따른 군 항공교통관제사 자격증명을 받은 사람이 군용비행장에서 항공교통관제업무를 수행하려는 경우

② 제1항에 따른 항공교통관제 업무의 한정을 받은 사람이 해당 항공교통관제기관에서 항공교통관제 업무에 종사하지 아니한 날이 180일이 지날 경우에는 그 업무의 한정의 효력이 정지된 것으로 본다. 다만, 해당 항공교통관제업무에 관하여 국토교통부장관이 정하는 훈련을 받은 경우에는 그러하지 아니하다.

③ 제1항에 따른 항공교통관제 업무의 한정에 관한 사항과 제2항 단서에 따른 교육훈련 및 항공기탑승훈련 등의 실시에 관한 세부기준 및 절차 등에 관하여 필요한 사항은 국토교통부장관이 정하여 고시한다.

제226조(항공교통관제업무의 대상 등) 법 제83조제1항에 따른 항공교통관제 업무의 대상이 되는 항공기는 다음 각 호와 같다.

1. 별표 23 제1호에 따른 A, B, C, D 또는 E등급 공역 내를 계기비행방식으로 비행하는 항공기
2. 별표 23 제1호에 따른 B, C 또는 D등급 공역 내를 시계비행방식으로 비행하는 항공기
3. 특별시계비행방식으로 비행하는 항공기

4. 관제비행장의 주변과 이동지역에서 비행하는 항공기

제227조(항공교통업무 제공 영역 등) ① 법 제83조제4항에 따른 항공교통업무의 제공 영역은 법 제83조제1항에 따른 비행장·공항 및 공역으로 한다.

② 법 제83조제4항에 따라 비행정보구역 내의 공해상(公海上)의 공역에 대한 항공교통업무의 제공은 항공기의 효율적인 운항을 위하여 국제민간항공기구에서 승인한 지역별 다자간협정(이하 "지역항행협정"이라 한다)에 따른다.

제228조(항공교통업무의 목적 등) ① 법 제83조제4항에 따른 항공교통업무는 다음 각 호의 사항을 주된 목적으로 한다.

1. 항공기 간의 충돌 방지
2. 기동지역 안에서 항공기와 장애물 간의 충돌 방지
3. 항공교통흐름의 질서유지 및 촉진
4. 항공기의 안전하고 효율적인 운항을 위하여 필요한 조언 및 정보의 제공
5. 수색·구조를 필요로 하는 항공기에 대한 관계기관에의 정보제공 및 협조

② 제1항에 따른 항공교통업무는 다음 각 호와 같이 구분한다.

1. 항공교통관제업무: 제1항제1호부터 제3호까지의 목적을 수행하기 위한 다음 각 목의 업무

가. 접근관제업무: 관제공역 안에서 이륙이나 착륙으로 연결되는 관제비행을 하는 항공기에 제공하는 항공교통관제업무

나. 비행장관제업무: 비행장 안의 기동지역 및 비행장 주위에서 비행하는 항공기에 제공하는 항공교통관제업무로서 접근관제업무 외의 항공교통관제업무(이동지역 내의 계류장에서 항공기에 대한 지상유도를 담당하는 계류장관제업무를 포함한다)

다. 지역관제업무: 관제공역 안에서 관제비행을 하는 항공기에 제공하는 항공교통관제업무로서 접근관제업무 및 비행장관제업무 외의 항공교통관제업무

2. 비행정보업무: 비행정보구역 안에서 비행하는 항공기에 대하여 제1항제4호의 목적을 수행하기 위하여 제공하는 업무

3. 경보업무: 제1항제5호의 목적을 수행하기 위하여 제공하는 업무

제229조(항공교통업무기관의 구분) 법 제83조제4항에 따른 항공교통업무기관은 다음 각 호와 같이 구분한다.

1. 비행정보기관: 비행정보구역 안에서 비행정보업무 및 경보업무를 제공하는 기관

2. 항공교통관제기관: 관제구·관제권 및 관제비행장에서 항공교통관제업무, 비행정보업무 및 경보업무를 제공하는 기관

제230조(항공교통관제업무의 수행) ① 항공교통관제기관은 다음 각 호의 항공교통관제 업무를 수행한다.

1. 항공기의 이동예정 정보, 실제 이동사항 및 변경 정보 등의 접수

2. 접수한 정보에 따른 각각의 항공기 위치 확인

3. 관제하고 있는 항공기 간의 충돌 방지와 항공교통흐름의 촉진 및 질서유지를 위한 허가와 정보 제공

4. 관제하고 있는 항공기와 다른 항공교통관제기관이 관제하고 있는 항공기 간에 충돌이 예상되는 경우에 또는 다른 항공교통관제기관으로 항공기의 관제를 이양하기 전에 그 기관의 필요한 관제허가에 대한 협조

② 항공교통관제 업무를 수행하는 자는 항공기 간의 적절한 분리와 효율적인 항공교통흐름의 유지를 위하여 관제하는 항공기에 대한 지시사항과 그 항공기의 이동에 관한 정보를 기록하여야 한다.

③ 항공교통관제기관은 다음 각 호에 따른 항공기 간의 분리가 유지될 수 있도록 항공교통관제허가를 하여야 한다.

1. 별표 23 제1호에 따른 A 또는 B등급 공역 내에서 비행하는 항공기

2. 별표 23 제1호에 따른 C, D 또는 E등급 공역 내에서 계기비행방식으로 비행하는 항공기

3. 별표 23 제1호에 따른 C등급 공역 내에서 계기비행방식으로 비행하는 항공기와 시계비행방식으로 비행하는 항공기

4. 관제권 안에서 특별시계비행방식으로 비행하는 항공기와 계기비행방식으로 비행하는 항공기

5. 관제권 안에서 특별시계비행방식으로 비행하는 항공기

④ 항공교통관제기관이 제3항에 따라 항공기 간의 분리를 위한 관제를 하는 경우에는 수직적·종적·횡적 및 혼합분리방법으로 관제한다. 이 경우 혼합분리방법으로 관제업무를 수행하는 경우에는

지역항행협정을 따를 수 있다.

⑤ 제1항부터 제4항까지의 규정에 따른 항공교통관제 업무의 내용, 방법, 절차 및 항공기 간 분리최저치(최소 분리 간격) 등에 관하여 필요한 세부 사항은 국토교통부장관이 정하여 고시한다. 〈개정 2021. 8. 27.〉

제231조(항공기에 대한 관제책임 등) ① 법 제83조제4항에 따라 관제를 받는 항공기는 항상 하나의 항공교통관제기관이 관제를 제공하여야 한다.

② 관제공역 내에서 비행하는 모든 항공기에 대한 관제책임은 제1항에 따라 그 관제공역을 관할하는 항공교통관제기관에 있다. 다만, 관련되는 다른 항공교통관제기관과 관제책임에 관하여 다른 합의가 있는 경우에 그에 따른다.

제232조(항공교통업무기관과 항공기 소유자등 간의 협의 등) ① 항공교통업무기관은 법 제83조제4항에 따라 「국제민간항공협약」 부속서 6에서 정한 항공기 소유자등의 준수사항 등을 고려하여 항공교통업무를 수행하여야 한다.

② 항공교통업무기관은 다른 항공교통업무기관이나 항공기 소유자등으로부터 받은 항공기 안전운항에 관한 정보(위치보고를 포함한다)를 항공기 소유자등이 요구하는 경우 항공기 소유자등과 협의하여 해당 정보를 신속히 제공하여야 한다.

제233조(잠재적 위험활동에 관한 협의) ① 법 제83조제4항에 따라 항공교통업무기관은 민간항공기에 대한 위험을 회피하고 정상적인 운항의 간섭을 최소화할 수 있도록 민간항공기의 운항에 위험을 줄 수 있는 행위(이하 "잠재적 위험활동"이라 한다)에 대한 계획을 관련된 관할 항공교통업무기관과 협의하여야 한다.

② 제1항에 따라 잠재적 위험활동에 관한 계획에 대하여 협의할 때에는 그 잠재적 위험활동에 관한 정보를 「국제민간항공협약」 부속서 15에 따른 시기에 공고할 수 있도록 사전에 협의하여야 한다.

③ 관할 항공교통업무기관은 제2항에 따라 잠재적 위험활동에 관한 계획에 대하여 협의를 완료한 경우에는 그 잠재적 위험활동에 관한 정보를 항공고시보 또는 항공정보간행물에 공고하여야 한다.

④ 제2항에 따른 잠재적 위험활동에 관한 계획을 수립하는 경우에는 다음 각 호의 기준에 따라야 한다.

1. 잠재적 위험활동의 구역, 횟수 및 기간은 가능한 한 항공로의 폐쇄·변경, 경제고도의 봉쇄 또는 정기적으로 운항하는 항공기의 운항 지연 등이 발생되지 아니하도록 설정할 것

2. 잠재적 위험활동에 사용되는 공역의 규모는 가능한 한 작게 할 것

3. 민간항공기의 비상상황이나 그 밖에 예측할 수 없는 상황으로 인하여 위험활동을 중지시켜야 할 경우에 대비하여 관할 항공교통업무기관과 직통통신망을 설치할 것

⑤ 항공교통업무기관은 잠재적 위험활동이 지속적으로 발생하여 관계기관 간에 잠재적 위험활동에 관한 지속적인 협의가 필요하다고 인정되는 경우에는 관계기관과 그에 관한 사항을 협의하기 위한 협의회를 설치·운영할 수 있다.

제234조(비상항공기에 대한 지원) ① 항공교통업무기관은 법 제83조제4항에 따라 비상상황(불법간섭 행위를 포함한다)에 처하여 있거나 처하여 있다고 의심되는 항공기에 대해서는 그 상황을 최대한 고려하여 우선권을 부여하여야 한다.

② 제1항에 따라 항공교통업무기관은 불법간섭을 받고 있는 항공기로부터 지원요청을 받은 경우에는 신속하게 이에 응하고, 비행안전과 관련한 정보를 지속적으로 송신하며, 항공기의 착륙단계를 포함한 모든 비행단계에서 필요한 조치를 신속하게 하여야 한다.

③ 제1항에 따라 항공교통업무기관은 항공기가 불법간섭을 받고 있음을 안 경우 그 항공기의 조종사에게 불법간섭 행위에 관한 사항을 무선통신으로 질문해서는 아니 된다. 다만, 해당 항공기의 조종사가 무선통신을 통한 질문이 불법간섭을 악화시키지 아니한다고 사전에 통보한 경우에는 그러하지 아니하다.

④ 제1항에 따라 항공교통업무기관은 비상상황에 처하여 있거나 처하여 있다고 의심되는 항공기와 통신하는 경우에는 그 비상상황으로 인하여 긴급하게 업무를 수행하여야 하는 조종사의 업무 환경 및 심리상태 등을 고려하여야 한다.

제235조(우발상황에 대한 조치) 법 제83조제4항에 따라 항공교통업무기관은 표류항공기(계획된 비행로를 이탈하거나 위치보고를 하지 아니한 항공기를 말한다. 이하 같다) 또는 미식별항공기(해당 공역을 비행 중이라고 보고하였으나 식별되지 아니한 항공기를 말한다. 이

하 같다)를 인지한 경우에는 다음 각 호의 구분에 따른 신속한 조치를 하여야 한다.

1. 표류항공기의 경우

가. 표류항공기와 양방향 통신을 시도할 것

나. 모든 가능한 방법을 활용하여 표류항공기의 위치를 파악할 것

다. 표류하고 있을 것으로 추정되는 지역의 관할 항공교통업무기관에 그 사실을 통보할 것

라. 관련되는 군 기관이 있는 경우에는 표류항공기의 비행계획 및 관련 정보를 그 군 기관에 통보할 것

마. 다목 및 라목에 따른 기관과 비행 중인 다른 항공기에 대하여 표류항공기와의 교신 및 표류항공기의 위치결정에 필요한 사항에 관하여 지원요청을 할 것

바. 표류항공기의 위치가 확인되는 경우에는 그 항공기에 대하여 위치를 통보하고, 항공로에 복귀할 것을 지시하며, 필요한 경우 관할 항공교통업무기관 및 군 기관에 해당 정보를 통보할 것

2. 미식별항공기의 경우

가. 미식별항공기의 식별에 필요한 조치를 시도할 것

나. 미식별항공기와 양방향 통신을 시도할 것

다. 다른 항공교통업무기관에 대하여 미식별항공기에 대한 정보를 문의하고 그 항공기와의 교신을 위한 협조를 요청할 것

라. 해당 지역의 다른 항공기로부터 미식별항공기에 대한 정보 입수를 시도할 것

마. 미식별항공기가 식별된 경우로서 필요한 경우에는 관련 군 기관에 해당 정보를 신속히 통보할 것

제236조(민간항공기의 요격에 대한 조치) ① 항공교통업무기관은 법 제83조제4항에 따라 관할 공역 내의 항공기에 대한 요격을 인지한 경우에는 다음 각 호에 따라 조치하여야 한다.

1. 항공비상주파수(121.5㎒) 또는 그 밖의 가능한 주파수를 사용하여 피요격항공기와의 양방향 통신을 시도할 것

2. 피요격항공기의 조종사에게 요격 사실을 통보할 것

3. 요격항공기와 통신을 유지하고 있는 요격통제기관에 피요격항공기에 관한 정보를 제공할 것

4. 필요하면 피요격항공기와 요격항공기 또는 요격통제기관 간의

의사소통을 중개할 것

5. 요격통제기관과 긴밀히 협조하여 피요격항공기의 안전 확보에 필요한 조치를 할 것

6. 피요격항공기가 인접 비행정보구역으로부터 표류된 것으로 판단되는 경우에는 인접 비행정보구역을 관할하는 항공교통업무기관에 그 상황을 통보할 것

② 법 제83조제4항에 따라 항공교통업무기관은 관할 공역 밖에서 피요격항공기를 인지한 경우에는 다음 각 호에 따라 조치하여야 한다.

1. 요격이 이루어지고 있는 공역을 관할하는 항공교통업무기관에 그 상황을 통보하고, 항공기의 식별을 위한 모든 정보를 제공할 것

2. 피요격항공기와 관할 항공교통업무기관, 요격항공기 또는 요격통제기관 간의 의사소통을 중개할 것

③ 국토교통부장관은 민간항공기에 요격행위가 발생되는 것을 예방하기 위하여 비행계획, 양방향 무선통신 및 위치보고가 요구되는 관제구·관제권 및 항공로를 지정·관리하여야 한다.

제237조(언어능력 등) ① 항공교통관제사는 법 제83조제4항에 따른 항공교통업무를 수행하기 위하여 국토교통부장관이 정한 무선통신에 사용되는 언어를 말하고 이해할 수 있어야 한다.

② 항공교통관제기관 상호간에는 영어를 사용하여야 한다. 다만, 관련 항공교통관제기관 간 언어 사용에 관하여 다른 합의가 있는 경우에는 그에 따른다.

제238조(우발계획의 수립·시행) ① 국토교통부장관은 법 제83조제4항에 따라 항공교통업무 및 관련 지원업무가 예상할 수 없는 사유로 중단되는 경우를 대비하여 항공교통업무 우발계획의 수립기준을 정하여 고시하여야 한다.

② 항공교통업무기관의 장은 제1항에 따른 수립기준에 적합하게 관할 공역 내의 항공교통업무 우발계획을 수립·시행하여야 한다.

제239조 삭제 〈2023. 10. 19.〉

제240조(비행정보업무의 수행 등) ① 법 제83조제4항에 따라 제228조제2항제2호에 따른 비행정보업무는 항공교통업무의 대상이 되는 모든 항공기에 대하여 수행한다.

② 같은 항공교통업무기관에서 항공교통관제업무와 비행정보업무를 함께 수행하는 경우에는 항공교통관제업무를 우선 수행하여야 한다.

제241조(비행정보의 제공) ① 법 제83조제4항에 따라 항공교통업무기관에서 항공기에 제공하는 비행정보는 다음 각 호와 같다. 다만, 제8호의 정보는 시계비행방식으로 비행 중인 항공기가 시계비행방식의 비행을 유지할 수 없을 경우에 제공한다.

1. 중요기상정보(SIGMET) 및 저고도항공기상정보(AIRMET)
2. 화산활동 · 화산폭발 · 화산재에 관한 정보
3. 방사능물질이나 독성화학물질의 대기 중 유포에 관한 사항
4. 항행안전시설의 운영 변경에 관한 정보
5. 이동지역 내의 눈 · 결빙 · 침수에 관한 정보
6. 「공항시설법」 제2조제8호에 따른 비행장시설의 변경에 관한 정보
7. 무인자유기구에 관한 정보
8. 해당 비행경로 주변의 교통정보 및 기상상태에 관한 정보
9. 출발 · 목적 · 교체비행장의 기상상태 또는 그 예보
10. 별표 23에 따른 공역등급 C, D, E, F 및 G 공역 내에서 비행하는 항공기에 대한 충돌위험
11. 수면을 항해 중인 선박의 호출부호, 위치, 진행방향, 속도 등에 관한 정보(정보 입수가 가능한 경우만 해당한다)
12. 그 밖에 항공안전에 영향을 미치는 사항

② 항공교통업무기관은 법 제83조제4항에 따라 특별항공기상보고(Special air reports)를 접수한 경우에는 이를 다른 관련 항공기, 기상대 및 다른 항공교통업무기관에 가능한 한 신속하게 전파하여야 한다.

③ 이 규칙에서 정한 것 외에 항공교통업무기관에서 제공하는 비행정보 및 비행정보의 제공방법, 제공절차 등에 관하여 필요한 사항은 국토교통부장관이 정하여 고시한다.

제242조(경보업무의 수행) 제228조제2항제3호에 따른 경보업무는 다음 각 호의 항공기에 대하여 수행한다.

1. 법 제83조제4항에 따른 항공교통업무의 대상이 되는 항공기
2. 항공교통업무기관에 비행계획을 제출한 모든 항공기
3. 테러 등 불법간섭을 받는 것으로 인지된 항공기

제243조(경보업무의 수행절차 등) ① 항공교통업무기관은 법 제83조제4항에 따라 항공기가 다음 각 호의 구분에 따른 비상상황에 처한 사실을 알았을 때에는 지체 없이 수색 · 구조업무를 수행하는 기

관에 통보하여야 한다.

1. 불확실상황(Uncertainly phase)

가. 항공기로부터 연락이 있어야 할 시간 또는 그 항공기와의 첫 번째 교신시도에 실패한 시간 중 더 이른 시간부터 30분 이내에 연락이 없을 경우

나. 항공기가 마지막으로 통보한 도착 예정시간 또는 항공교통업무기관이 예상한 도착 예정시간 중 더 늦은 시간부터 30분 이내에 도착하지 아니할 경우. 다만, 항공기 및 탑승객의 안전이 의심되지 아니하는 경우는 제외한다.

2. 경보상황(Alert phase)

가. 불확실상황에서의 항공기와의 교신시도 또는 관계 부서의 조회로도 해당 항공기의 위치를 확인하기 곤란한 경우

나. 항공기가 착륙허가를 받고도 착륙 예정시간부터 5분 이내에 착륙하지 아니한 상태에서 그 항공기와의 무선교신이 되지 아니할 경우

다. 항공기의 비행능력이 상실되었으나 불시착할 가능성이 없음을 나타내는 정보를 입수한 경우. 다만, 항공기 및 탑승자의 안전에 우려가 없다는 명백한 증거가 있는 경우는 제외한다.

라. 항공기가 테러 등 불법간섭을 받는 것으로 인지된 경우

3. 조난상황(Distress phase)

가. 경보상황에서 항공기와의 교신시도를 실패하고, 여러 관계 부서와의 조회 결과 항공기가 조난당하였을 가능성이 있는 경우

나. 항공기 탑재연료가 고갈되어 항공기의 안전을 유지하기가 곤란한 경우

다. 항공기의 비행능력이 상실되어 불시착하였을 가능성이 있음을 나타내는 정보가 입수되는 경우

라. 항공기가 불시착 중이거나 불시착하였다는 정보사항이 정확한 정보로 판단되는 경우. 다만, 항공기 및 탑승자가 중대하고 긴박한 위험에 처하여 있지 아니하며, 긴급한 도움이 필요하지 아니하다는 명백한 증거가 있는 경우는 제외한다.

② 항공교통업무기관은 제1항에 따른 경보업무를 수행할 때에는 가능한 한 다음 각 호의 사항을 수색·구조업무를 수행하는 기관에 통보하여야 한다.

1. 불확실상황(INCERFA/Uncertainly phase), 경보상황(ALERFA/Alert phase) 또는 조난상황(DETRESFA /Distress phase)의 비상상황별 용어

2. 통보하는 기관의 명칭 및 통보자의 성명

3. 비상상황의 내용

4. 비행계획의 중요 사항

5. 최종 교신 관제기관, 시간 및 사용주파수

6. 최종 위치보고 지점

7. 항공기의 색상 및 특징

8. 위험물의 탑재사항

9. 통보기관의 조치사항

10. 그 밖에 수색·구조 활동에 참고가 될 사항

③ 항공교통업무기관은 제2항에 따라 비상상황을 통보한 후에도 비상상황과 관련된 조사를 계속하여야 하며, 비상상황이 악화되면 그에 관한 정보를, 비상상황이 종료되면 그 종료 사실을 수색 및 구조업무를 수행하는 기관에 지체 없이 통보하여야 한다.

④ 항공교통업무기관은 필요한 경우 비상상황에 처한 항공기와 무선교신을 시도하는 등 이용할 수 있는 모든 통신시설을 이용하여 해당 항공기에 대한 정보를 획득하기 위하여 노력하여야 한다.

제244조(항공기의 소유자등에 대한 통보) 법 제83조제4항에 따라 항공교통업무기관은 항공기가 제243조제1항에 따른 불확실상황 또는 경보상황에 처하였다고 판단되는 경우에는 해당 항공기의 소유자등에게 그 사실을 통보하여야 한다. 이 경우 통보사항에는 가능한 한 제243조제2항 각 호의 사항을 포함하여야 한다.

제245조(비상항공기의 주변에서 운항하는 항공기에 대한 통보) 법 제83조제4항에 따라 항공교통업무기관은 항공기가 제243조제1항에 따른 비상상황에 처하였다고 판단되는 경우에는 그 항공기의 주변에서 비행하고 있는 다른 항공기에 대하여 가능한 한 신속하게 비상상황이 있다는 사실을 알려 주어야 한다.

제246조(항공교통업무에 필요한 정보 등) ① 항공교통업무기관은 법 제83조제4항에 따라 항공기에 대하여 최신의 기상상태 및 기상예보에 관한 정보를 제공할 수 있어야 한다.

② 항공교통업무기관은 법 제83조제4항에 따라 비행장 주변에 관

한 정보, 항공기의 이륙상승 및 강하지역에 관한 정보, 접근관제지역 내의 돌풍 등 항공기 운항에 지장을 주는 기상현상의 종류, 위치, 수직 범위, 이동방향, 속도 등에 관한 상세한 정보를 항공기에 제공할 수 있도록 관계 기상관측기관·항공운송사업자 등과 긴밀한 협조체제를 유지하여야 한다.

③ 항공교통업무기관은 법 제83조제4항에 따라 항공교통의 안전 확보를 위하여 비행장설치자, 항행안전시설관리자, 무인자유기구의 운영자, 방사능·독성 물질의 제조자·사용자와 협의하여 다음 각 호의 소관사항을 지체 없이 통보받을 수 있도록 조치하여야 한다.

1. 비행장 내 기동지역에서의 항공기 이륙·착륙에 지장을 주는 시설물 또는 장애물의 설치·운영 상태에 관한 사항

2. 항공기의 지상이동, 이륙, 접근 및 착륙에 필요한 항공등화 등 항행안전시설의 운영 상태에 관한 사항

3. 무인자유기구의 비행에 관한 사항

4. 관할 구역 내의 비행로에 영향을 줄 수 있는 폭발 전 화산활동, 화산폭발 및 화산재에 관한 사항

5. 관할 공역에 영향을 미치는 방사선물질 또는 독성화학물질의 대기 방출에 관한 사항

6. 그 밖에 항공교통의 안전에 지장을 주는 사항

제246조의2(항공교통흐름의 관리 등) ① 항공교통본부장은 법 제83조의2제1항에 따른 항공교통흐름 관리 업무를 효율적으로 수행하기 위하여 항공교통흐름 관련 정보제공 및 관리를 위한 시스템을 구축·운영해야 한다.

② 항공교통본부장은 다음 각 호의 사유가 발생한 때에는 대체 비행경로 안내 및 고도 제한 등 국토교통부장관이 정하여 고시하는 항공교통흐름 관리를 위한 조치를 해야 한다.

1. 국가안보위기, 자연재해, 시설 및 장비 장애 등 비정상상황의 발생으로 인한 경우로서 다음 각 목의 어느 하나에 해당하는 경우

가. 공항 및 공역에 즉각적인 항공기 통제가 필요한 경우

나. 항공교통량이 수용능력을 초과하거나 초과할 것으로 예상되는 경우

2. 인접국의 교통량 제한 또는 공항 및 공역의 교통량 증가로 인하여 원활한 항공교통흐름 및 질서유지에 장애가 발생하거나 발생할

것으로 예상되는 경우

3. 그 밖에 항공교통본부장이 항공교통량 조정이 필요하다고 판단하는 경우

③ 항공교통관제기관은 제2항 각 호에 따른 사유가 발생하여 항공교통량 조정이 필요하다고 판단하는 경우에는 항공교통본부장에게 항공교통흐름 관리를 위한 조치를 요청할 수 있다.

④ 제1항부터 제3항까지에서 규정한 사항 외에 항공교통흐름 관리에 필요한 사항은 국토교통부장관이 정하여 고시한다.

[본조신설 2023. 10. 19.]

제247조(항공안전 관련 정보의 복창) ① 항공기의 조종사는 법 제84조제1항에 따라 관할 항공교통관제기관에서 음성으로 전달된 항공안전 관련 항공교통관제의 허가 또는 지시사항을 복창하여야 한다. 이 경우 다음 각 호의 사항은 반드시 복창하여야 한다.

1. 항공로의 허가사항

2. 활주로의 진입, 착륙, 이륙, 대기, 횡단 및 역방향 주행에 대한 허가 또는 지시사항

3. 사용 활주로, 고도계 수정치, 2차 감시 항공교통관제 레이더용 트랜스폰더(Mode 3/A 및 Mode C SSR transponder)의 배정부호, 고도지시, 기수지시, 속도지시 및 전이고도

② 항공기의 조종사는 제1항에 따른 관할 항공교통관제기관의 허가 또는 지시사항을 이해하고 있고 그에 따르겠다는 것을 명확한 방법으로 복창하거나 응답하여야 한다.

③ 관할 항공교통관제기관의 항공교통관제사는 제1항에 따른 항공교통관제의 허가 또는 지시사항에 대하여 항공기의 조종사가 정확하게 인지했는지 확인하기 위하여 복창을 경청해야 하며, 그 복창에 틀린 사항이 있을 때에는 즉시 시정조치를 해야 한다. 〈개정 2021. 11. 19.〉

④ 제1항을 적용할 때에 관할 항공교통관제기관에서 달리 정하고 있지 아니하면 항공교통관제사와 조종사간 데이터통신(CPDLC)에 의하여 항공교통관제의 허가 또는 지시사항이 전달되는 경우에는 음성으로 복창을 하지 아니할 수 있다.

제248조(비행장 내에서의 사람 및 차량에 대한 통제 등) ① 법 제84조제2항에 따라 관할 항공교통관제기관은 지상이동 중이거나 이

륙·착륙 중인 항공기에 대한 안전을 확보하기 위하여 비행장의 기동지역 내를 이동하는 사람 또는 차량을 통제해야 한다. 〈개정 2021. 11. 19.〉

② 법 제84조제2항에 따라 관할 항공교통관제기관은 저시정(식별 가능 최대 거리가 짧은 것을 말한다) 기상상태에서 제2종(Category Ⅱ) 또는 제3종(Category Ⅲ)의 정밀계기운항이 진행 중일 때에는 계기착륙시설(ILS)의 방위각제공시설(Localizer) 및 활공각제공시설(Glide Slope)의 전파를 보호하기 위하여 기동지역을 이동하는 사람 및 차량에 대하여 제한을 해야 한다. 〈개정 2021. 8. 27., 2021. 11. 19.〉

③ 법 제84조제2항에 따라 관할 항공교통관제기관은 조난항공기의 구조를 위하여 이동하는 비상차량에 우선권을 부여해야 한다. 이 경우 차량과 지상이동 하는 항공기 간의 분리최저치는 지방항공청장·항공교통본부장·국방부장관 또는 법 제85조제1항에 따라 항공교통업무증명을 받은 자가 정하는 바에 따른다. 〈개정 2021. 11. 19., 2024. 9. 20.〉

④ 제2항에 따라 비행장의 기동지역 내를 이동하는 차량의 운전자는 다음 각 호의 사항을 준수해야 한다. 다만, 관할 항공교통관제기관의 다른 지시가 있는 경우에는 그 지시를 우선적으로 준수해야 한다. 〈개정 2021. 11. 19.〉

1. 지상이동·이륙·착륙 중인 항공기에 진로를 양보할 것
2. 차량의 운전자는 항공기를 견인하는 차량에 진로를 양보할 것
3. 차량의 운전자는 관제지시에 따라 이동 중인 다른 차량에 진로를 양보할 것

⑤ 비행장의 기동지역 내를 이동하는 사람이나 차량의 운전자는 제1항 및 제2항에 따라 관할 항공교통관제기관에서 음성으로 전달되는 항공안전 관련 지시사항을 이해하고 있고 그에 따르겠다는 것을 명확한 방법으로 복창하거나 응답해야 한다. 〈신설 2021. 11. 19.〉

⑥ 관할 항공교통관제기관의 항공교통관제사는 제5항에 따른 항공안전 관련 지시사항에 대하여 비행장의 기동지역 내를 이동하는 사람이나 차량의 운전자가 정확하게 인지했는지를 확인하기 위하여 복창을 경청해야 하며, 그 복창에 틀린 사항이 있을 때는 즉시 시정조치를 해야 한다. 〈신설 2021. 11. 19.〉

⑦ 법 제84조제2항에 따라 비행장 내의 이동지역에 출입하는 사람 또는 차량(건설기계 및 장비를 포함한다)의 관리·통제 및 안전관리 등에 대한 세부 사항은 국토교통부장관이 정하여 고시한다. 〈개정 2021. 11. 19.〉

제249조(항공교통업무증명의 신청) ① 법 제85조제1항에 따라 항공교통업무증명을 받으려는 자는 별지 제85호서식의 항공교통업무증명 신청서에 항공교통업무규정을 첨부하여 국토교통부장관에게 제출하여야 한다.

② 제1항에 따른 항공교통업무규정에는 다음 각 호의 사항을 적어야 한다.

1. 수행하려는 항공교통업무의 범위
2. 운영인력 및 시설·장비 현황
3. 항공교통업무 수행을 위하여 필요한 규정 및 절차
4. 그 밖에 국토교통부장관이 정하여 고시하는 사항

제250조(항공교통업무증명의 발급) ① 국토교통부장관은 제249조제1항에 따른 항공교통업무증명 신청서를 접수받은 경우에는 법 제85조제1항에 따라 항공교통업무를 제공할 수 있는 체계(이하 "항공교통업무제공체계"라 한다)가 법 제85조제2항에 따른 항공교통업무증명기준(이하 "항공교통업무증명기준"이라 한다)에 적합한지의 여부를 검사하여 적합하다고 인정하면 항공교통업무증명 신청자에게 별지 제86호서식의 항공교통업무증명서를 발급하여야 한다.

② 국토교통부장관은 소속 공무원 또는 법 제35조제7호에 따른 항공교통관제사 자격증명을 받은 사람으로서 해당 분야 10년 이상의 실무경력을 갖춘 사람으로 하여금 제1항에 따른 검사를 하게 하거나 자문에 응하게 할 수 있다.

제251조(항공교통업무증명의 변경신고) ① 제250조제1항에 따른 항공교통업무증명을 받은 자가 항공교통업무제공체계를 변경하려는 경우에는 법 제85조제5항 본문에 따라 별지 제87호서식의 항공교통업무증명 변경신고서에 다음 각 호의 서류를 첨부하여 국토교통부장관에게 신고하여야 한다.

1. 변경 내용 및 그 내용을 증명하는 서류
2. 신·구 내용 대비표

② 제1항에 따른 변경신고를 받은 국토교통부장관은 신고서 및

첨부서류에 흠이 없고 형식적 요건을 충족하는 경우에는 지체 없이 접수하여야 한다.

제252조(항공교통업무증명의 변경승인 등) ① 법 제85조제5항 단서에서 "항공교통업무규정 등 국토교통부령으로 정하는 중요사항"이란 다음 각 호의 어느 하나에 해당하는 사항을 말한다.

1. 항공교통업무규정 중 다음 각 목의 사항
   가. 업무범위
   나. 비행절차
   다. 구성조직
   라. 종사자 교육훈련프로그램
   마. 우발계획
2. 운영하는 시설 · 장비
3. 대표자

② 제1항에 따라 항공교통업무증명을 받은 자가 제1항 각 호의 어느 하나에 해당하는 사항을 변경하려면 그 변경 예정일 10일 전까지 별지 제88호서식의 항공교통업무증명 변경승인신청서에 그 변경사실을 증명할 수 있는 서류를 첨부하여 국토교통부장관에게 제출하여야 한다.

③ 국토교통부장관은 제2항에 따른 항공교통업무증명의 변경신청서를 접수받은 경우 그 변경사유가 타당하다고 인정되면 제250조제1항에 따라 항공교통업무증명을 발급하여야 한다.

제253조(항공교통업무제공체계 검사 등) ① 국토교통부장관이 법 제85조제8항에 따라 실시하는 정기검사는 연 1회를 실시한다. 〈개정 2021. 6. 9.〉

② 국토교통부장관은 법 제85조제9항에 따라 항공교통업무증명을 받은 자에게 시정조치를 명하는 경우에는 업무의 조치기간 등 시정에 필요한 적정한 기간을 주어야 한다. 〈개정 2021. 6. 9.〉

③ 제2항에 따른 시정조치명령을 받은 항공교통업무증명을 받은 자는 그 명령을 이행하였을 때에는 지체 없이 그 시정내용을 국토교통부장관에게 통보하여야 한다.

제254조(항공교통업무증명의 취소 등) ① 법 제86조제2항에 따른 항공교통업무증명의 취소 또는 항공교통업무 제공의 정지처분의 기준은 별표 31과 같다.

② 국토교통부장관은 위반행위의 정도·횟수 등을 고려하여 별표 31에서 정한 항공교통업무 제공의 정지기간을 2분의 1의 범위에서 이를 늘리거나 줄일 수 있다. 다만, 늘리는 경우에도 그 기간은 6개월을 초과할 수 없다.

제255조(항공정보) ① 법 제89조제1항에 따른 항공정보의 내용은 다음 각 호와 같다. 〈개정 2024. 9. 20.〉

1. 비행장과 항행안전시설의 공용의 개시, 휴지, 재개(再開) 및 폐지에 관한 사항
2. 비행장과 항행안전시설의 중요한 변경 및 운용에 관한 사항
3. 비행장을 이용할 때에 있어 항공기의 운항에 장애가 되는 사항
4. 비행의 방법, 장애물회피고도, 결심고도, 최저강하고도, 비행장 이륙·착륙 기상 최저치 등의 설정과 변경에 관한 사항
5. 항공교통업무에 관한 사항
6. 다음 각 목의 공역에서 하는 로켓·불꽃·레이저광선 또는 그 밖의 물건의 발사, 무인기구(기상관측용 및 완구용은 제외한다)의 계류·부양 및 낙하산 강하에 관한 사항
   가. 진입표면·수평표면·원추표면 또는 전이표면을 초과하는 높이의 공역
   나. 항공로 안의 높이 150미터 이상인 공역
   다. 그 밖에 높이 250미터 이상인 공역
7. 그 밖에 항공기의 운항에 도움이 될 수 있는 사항

② 제1항에 따른 항공정보는 다음 각 호의 어느 하나의 방법으로 제공한다.

1. 항공정보간행물(AIP)
2. 항공고시보(NOTAM)
3. 항공정보회람(AIC)
4. 비행 전·후 정보(Pre-Flight and Post-Flight Information)를 적은 자료

③ 법 제89조제2항에 따라 발간하는 항공지도에 제공하는 사항은 다음 각 호와 같다.

1. 비행장장애물도(Aerodrome Obstacle Chart)
2. 정밀접근지형도(Precision Approach Terrain)
3. 항공로도(Enroute Chart)

4. 지역도(Area Chart)
5. 표준계기출발도(Standard Departure Chart-Instrument)
6. 표준계기도착도(Standard Arrival Chart-Instrument)
7. 계기접근도(Instrument Approach Chart)
8. 시계접근도(Visual Approach Chart)
9. 비행장 또는 헬기장도(Aerodrome/Heliport Chart)
10. 비행장지상이동도(Aerodrome Ground Movement Chart)
11. 항공기주기도 또는 접현도(Aircraft Parking/Docking Chart)
12. 세계항공도(World Aeronautical Chart)
13. 항공도(Aeronautical Chart)
14. 항법도(Aeronautical Navigation Chart)
15. 항공교통관제감시 최저고도도(ATC Surveillance Minimum Altitude Chart)
16. 그 밖에 국토교통부장관이 고시하는 사항

④ 법 제89조제4항에 따른 항공정보에 사용되는 측정단위는 다음 각 호의 어느 하나의 방법에 따라 사용한다. 〈개정 2023. 10. 19.〉

1. 고도(Altitude): 미터(m) 또는 피트(ft)
2. 시정(Visibility): 킬로미터(㎞) 또는 마일(SM). 이 경우 5킬로미터 미만의 시정은 미터(m) 단위를 사용한다.
3. 주파수(Frequency): 헤르쯔(㎐)
4. 속도(Velocity Speed): 초당 미터(㎧)
5. 온도(Temperature): 섭씨도(℃)

⑤ 제1항부터 제4항까지에서 규정한 사항 외에 항공정보의 제공 및 항공지도의 발간 등에 관한 세부사항은 국토교통부장관이 정하여 고시한다.

제256조(통지사항) 제255조제1항제6호의 행위를 하려는 자는 그 행위 예정일 10일 전까지 다음 각 호의 사항을 지방항공청장 · 항공교통본부장 · 국방부장관 또는 법 제85조제1항에 따라 항공교통업무증명을 받은 자에게 통지하여야 한다. 다만, 지방항공청장 · 항공교통본부장 · 국방부장관 또는 법 제85조제1항에 따라 항공교통업무증명을 받은 자의 승인을 받은 경우에는 그러하지 아니하다. 〈개정 2024. 9. 20.〉

1. 성명 · 주소 및 연락장소
2. 해당 행위를 하려는 일시와 장소
3. 해당 행위의 내용
4. 그 밖에 참고가 될 사항

제7장 항공운송사업자 등에 대한 안전관리

제257조(운항증명의 신청 등) ① 법 제90조제1항에 따라 운항증명을 받으려는 자는 별지 제89호서식의 운항증명 신청서에 별표 32의 서류를 첨부하여 운항 개시 예정일 90일 전까지 국토교통부장관 또는 지방항공청장에게 제출하여야 한다.

② 국토교통부장관 또는 지방항공청장은 제1항에 따른 운항증명의 신청을 받으면 10일 이내에 운항증명검사계획을 수립하여 신청인에게 통보하여야 한다.

제258조(운항증명을 위한 검사기준) 법 제90조제1항에 따라 항공운송사업자의 운항증명을 하기 위한 검사는 서류검사와 현장검사로 구분하여 실시하며, 그 검사기준은 별표 33과 같다.

제259조(운항증명 등의 발급) ① 국토교통부장관 또는 지방항공청장은 제258조에 따른 운항증명검사 결과 검사기준에 적합하다고 인정하는 경우에는 별지 제90호서식의 운항증명서 및 별지 제91호서식의 운영기준을 발급하여야 한다.

② 법 제90조제2항에서 "국토교통부령으로 정하는 운항조건과 제한사항"이란 다음 각 호의 사항을 말한다.

1. 항공운송사업자의 주 사업소의 위치와 운영기준에 관하여 연락을 취할 수 있는 자의 성명 및 주소
2. 항공운송사업에 사용할 정규 공항과 항공기 기종 및 등록기호
3. 인가된 운항의 종류
4. 운항하려는 항공로와 지역의 인가 및 제한 사항
5. 공항의 제한 사항
6. 기체 · 발동기 · 프로펠러 · 회전익 · 기구와 비상장비의 검사 · 점검 및 분해정밀검사에 관한 제한시간 또는 제한시간을 결정하기 위한 기준
7. 항공운송사업자 간의 항공기 부품교환 요건
8. 항공기 중량 배분을 위한 방법

9. 항공기등의 임차에 관한 사항

10. 그 밖에 안전운항을 위하여 국토교통부장관이 정하여 고시하는 사항

제260조(운항증명의 변경 등) ① 제259조에 따라 운항증명을 받은 항공운송사업자가 그 명칭 등 국토교통부장관이 정하여 고시하는 사항을 변경하려면 그 변경 예정일 30일 전까지 별지 제92호서식의 운항증명 변경신청서에 그 변경 사실을 증명할 수 있는 서류를 첨부하여 국토교통부장관 또는 지방항공청장에게 제출하여야 한다.

② 국토교통부장관 또는 지방항공청장은 제1항에 따른 운항증명 변경신청서를 접수한 경우 그 변경 사유가 타당하다고 인정되면 제259조에 따라 운항증명을 발급하여야 한다.

제261조(운영기준의 변경 등) ① 법 제90조제3항에 따라 국토교통부장관 또는 지방항공청장이 항공기 안전운항을 확보하기 위하여 운영기준을 변경하려는 경우에는 변경의 내용과 사유를 포함한 변경된 운영기준을 운항증명 소지자에게 발급하여야 한다.

② 제1항에 따른 변경된 운영기준은 안전운항을 위하여 긴급히 요구되거나 운항증명 소지자가 이의를 제기하는 경우가 아니면 발급받은 날부터 30일 이후에 적용된다.

③ 법 제90조제3항에 따라 운항증명소지자가 운영기준 변경신청을 하려는 경우에는 변경할 운영기준을 적용하려는 날의 15일전까지 별지 제93호서식의 운영기준 변경신청서에 변경하려는 내용과 사유를 적어 국토교통부장관 또는 지방항공청장에게 제출하여야 한다.

④ 국토교통부장관 또는 지방항공청장은 제3항에 따른 운영기준 변경신청을 받으면 그 내용을 검토하여 항공기 안전운항을 확보하는데 문제가 없다고 판단되는 경우에는 별지 제94호서식에 따른 변경된 운영기준을 신청인에게 발급하여야 한다.

제262조(안전운항체계 변경검사 등) ① 운항증명을 발급 받은 자는 법 제90조제5항에 따라 안전운항체계가 변경된 경우에는 별지 제95호서식의 안전운항체계 변경검사 신청서에 다음 각 호의 사항이 포함된 안전운항체계 변경에 대한 입증자료(이하 이 조에서 "안전적합성입증자료"라 한다)와 별지 제93호서식의 운영기준 변경신청서(운영기준의 변경이 있는 경우만 해당한다)를 첨부하여 국토교통부장관 또는 지방항공청장에게 제출해야 한다. 〈개정 2022. 12. 9.〉

1. 사용 예정 항공기
2. 항공기 및 그 부품의 정비시설
3. 항공기 급유시설 및 연료저장시설
4. 예비품 및 그 보관시설
5. 운항관리시설 및 그 관리방식
6. 지상조업시설 및 장비
7. 운항에 필요한 항공종사자의 확보상태 및 능력
8. 취항 예정 비행장의 제원 및 특성
9. 여객 및 화물의 운송서비스 관련 시설
10. 면허조건 또는 사업 개시 관련 행정명령 이행실태
11. 그 밖에 안전운항과 노선운영에 관하여 국토교통부장관 또는 지방항공청장이 정하여 고시하는 사항

② 제1항에 따라 안전운항체계 변경검사 신청을 하려는 자는 다음 각 호의 구분에 따른 운행체계 변경 사유에 따라 해당 호에서 정하는 날 전까지 국토교통부장관 또는 지방항공청장에게 신청해야 한다. 〈신설 2022. 12. 9.〉

1. 법 제90조제5항제1호에 따른 사유: 운행개시예정일 15일
2. 법 제90조제5항제2호, 제4호 및 제5호에 따른 사유: 운행개시예정일 45일
3. 법 제90조제5항제3호에 따른 사유: 운행개시예정일 5일

③ 국토교통부장관 또는 지방항공청장은 제1항에 따라 제출받은 입증자료를 바탕으로 변경된 안전운항체계에 대하여 검사한 경우에는 그 결과를 신청자에게 통보해야 한다. 〈개정 2022. 12. 9.〉

④ 국토교통부장관 또는 지방항공청장은 제3항에 따른 검사 결과 적합하다고 인정되는 경우로서 제259조제1항에 따라 발급한 운영기준의 변경이 수반되는 경우에는 변경된 운영기준을 함께 발급하여야 한다.

⑤ 국토교통부장관 또는 지방항공청장은 제3항에도 불구하고 운항증명을 받은 자가 사업계획의 변경 등으로 다른 기종의 항공기를 운항하려는 경우 등 항공기의 안전운항을 확보하는데 문제가 없다고 판단되는 경우에는 법 제77조에 따라 고시하는 운항기술기준에서 정하는 바에 따라 안전운항체계의 변경에 따른 검사의 일부 또는 전부를 면제할 수 있다.

제263조(항공기 또는 노선의 운항정지 및 항공종사자의 업무정지

등) 국토교통부장관 또는 지방항공청장은 법 제90조제7항에 따라 항공기 또는 노선의 운항을 정지하게 하거나 항공종사자의 업무를 정지하게 하려면 다음 각 호에 따라 조치하여야 한다.

1. 운항증명 소지자 또는 항공종사자에게 항공기 또는 노선의 운항을 정지하게 하거나 항공종사자의 업무를 정지하게 하는 사유 및 조치하여야 할 내용을 구두로 지체 없이 통보하고, 사후에 서면으로 통보하여야 한다.

2. 제1호에 따른 통보를 받은 자가 그 조치하여야 할 사항을 조치하였을 때에는 지체 없이 그 내용을 국토교통부장관 또는 지방항공청장에게 통보하여야 한다.

3. 국토교통부장관 또는 지방항공청장은 제2호에 따른 통보를 받은 경우에는 그 내용을 확인하고 항공기의 안전운항에 지장이 없다고 판단되면 지체 없이 그 사실을 통보하여 항공기 또는 노선의 운항을 재개할 수 있게 하거나 항공종사자의 업무를 계속 수행할 수 있게 하여야 한다.

제264조(항공운송사업자의 운항증명 취소 등) 법 제91조에 따른 항공운송사업자의 운항증명 취소 또는 항공기 운항의 정지처분의 기준은 별표 34와 같다.

[전문개정 2020. 11. 2.]

제265조(위반행위의 세부유형) 영 별표 3 제2호허목2)·3), 같은 호 보목2)·3), 같은 호 오목2)·3), 같은 호 호목2)·3) 및 이 규칙 별표 34 제2호고목 2)·3), 같은 호 소목 2)·3), 같은 호 조목 2)·3) 및 같은 호 누목 2)·3) 따른 위반행위의 세부유형은 별표 35와 같다.

[전문개정 2020. 11. 2.]

제266조(운항규정과 정비규정의 인가 등) ① 항공운송사업자는 법 제93조제1항 본문에 따라 운항규정 또는 정비규정을 마련하거나 법 제93조제2항 단서에 따라 인가받은 운항규정 또는 정비규정 중 제3항에 따른 중요사항을 변경하려는 경우에는 별지 제96호서식의 운항규정 또는 정비규정 (변경)인가 신청서에 운항규정 또는 정비규정(변경의 경우에는 변경할 운항규정과 정비규정의 신·구내용 대비표)을 첨부하여 국토교통부장관 또는 지방항공청장에게 제출하여야 한다.

② 법 제93조제1항에 따른 운항규정 및 정비규정에 포함되어야 할 사항은 다음 각 호와 같다.

1. 운항규정에 포함되어야 할 사항: 별표 36에 규정된 사항

2. 정비규정에 포함되어야 할 사항: 별표 37에 규정된 사항

③ 법 제93조제2항 단서에서 “최소장비목록, 승무원 훈련프로그램 등 국토교통부령으로 정하는 중요사항”이란 다음 각 호의 사항을 말한다.

1. 운항규정의 경우: 별표 36 제1호가목 6)ㆍ7)ㆍ38), 같은 호 나목9), 같은 호 다목3)ㆍ4) 및 같은 호 라목에 관한 사항과 별표 36 제2호가목5)ㆍ6), 같은 호 나목7), 같은 호 다목3)ㆍ4) 및 같은 호 라목에 관한 사항

2. 정비규정의 경우: 별표 37에서 변경인가대상으로 정한 사항

④ 국토교통부장관 또는 지방항공청장은 제1항에 따른 운항규정 또는 정비규정 (변경)인가신청서를 접수받은 경우 법 제77조제1항에 따른 운항기술기준에 적합한지의 여부를 확인 한 후 적합하다고 인정되면 그 규정을 인가하여야 한다.

제267조(운항규정과 정비규정의 신고) ① 법 제93조제2항 본문에 따라 인가 받은 운항규정 또는 정비규정 중 제266조제3항에 따른 중요사항 외의 사항을 변경하려는 경우에는 별지 제97호서식의 운항규정 또는 정비규정 변경신고서에 변경된 운항규정 또는 정비규정과 신ㆍ구 내용 대비표를 첨부하여 국토교통부장관 또는 지방항공청장에게 신고해야 한다. 〈개정 2023. 9. 12.〉

② 삭제 〈2020. 12. 10.〉

제268조(운항규정 및 정비규정의 배포 등) 항공운송사업자는 제266조 및 제267조에 따라 인가받거나 신고한 운항규정 또는 정비규정에 최신의 정보가 수록될 수 있도록 하여야 하며, 항공기의 운항 또는 정비에 관한 업무를 수행하는 해당 종사자에게 최신의 운항규정 및 정비규정을 배포하여야 한다.

제269조(운항증명을 받아야 하는 항공기사용사업의 범위) ① 법 제96조제1항에서 “국토교통부령으로 정하는 업무를 하는 항공기사용사업자”란 「항공사업법 시행규칙」 제4조제1호 및 제5호부터 제7호까지의 업무를 하는 항공기사용사업자를 말한다. 다만, 「항공사업법 시행규칙」 제4조제1호 및 제5호의 업무를 하는 항공기사용사업의 경우에

는 헬리콥터를 사용하여 업무를 하는 항공기사용사업만 해당한다.

② 항공기사용사업자에 대한 운항증명의 신청, 검사, 발급 등에 관하여는 제257조부터 제268조까지의 규정을 준용한다.

제269조의2(운영기준 변경 신청 등의 제출서류 간소화) ① 다음 각 호에 따른 신청·신고를 둘 이상 동시에 하는 때에 각 신청서·신고서에 첨부해야 하는 서류 중 중복되는 것이 있는 경우에는 하나의 신청서·신고서에 해당 서류를 첨부하는 것으로 다른 신청서·신고서에 필요한 서류의 첨부를 갈음할 수 있다. 이 경우 다른 신청서·신고서에 그 취지를 적어야 한다.

1. 제261조제3항에 따른 운영기준 변경신청
2. 제262조제1항에 따른 안전운항체계 변경검사 신청
3. 제266조제1항에 따른 운항규정 또는 정비규정 변경인가 신청
4. 제267조제1항에 따른 운항규정 또는 정비규정의 변경신고

② 제1항 각 호에 따른 신청·신고를 할 때 해당 신청서·신고서에 첨부해야 하는 서류 중 이미 제출한 서류가 있는 경우에는 그 서류의 내용에 변경이 없으면 해당 서류의 제출을 생략할 수 있다. 이 경우 해당 신청서·신고서에 그 취지를 적어야 한다.

[본조신설 2023. 10. 19.]

제270조(정비조직인증을 받아야 하는 대상 업무) 법 제97조제1항 본문에서 "국토교통부령으로 정하는 업무"란 다음 각 호의 어느 하나에 해당하는 업무를 말한다.

1. 항공기등 또는 부품등의 정비등의 업무
2. 제1호의 업무에 대한 기술관리 및 품질관리 등을 지원하는 업무

제271조(정비조직인증의 신청) ① 법 제97조에 따른 정비조직인증을 받으려는 자는 별지 제98호서식의 정비조직인증 신청서에 정비조직절차교범을 첨부하여 지방항공청장에게 제출하여야 한다.

② 제1항의 정비조직절차교범에는 다음 각 호의 사항을 적어야 한다.

1. 수행하려는 업무의 범위
2. 항공기등·부품등에 대한 정비방법 및 그 절차
3. 항공기등·부품등의 정비에 관한 기술관리 및 품질관리의 방법과 절차
4. 그 밖에 시설·장비 등 국토교통부장관이 정하여 고시하는 사항

제272조(정비조직인증서의 발급) 지방항공청장은 법 제97조제1항에 따라 정비조직인증기준에 적합한지 여부를 검사한 결과 그 기준에 적합하다고 인정되는 경우에는 법 제97조제2항에 따른 세부 운영기준과 함께 별지 제99호서식의 정비조직인증서를 신청자에게 발급하여야 한다.

제273조(정비조직인증의 취소 등의 기준) ① 법 제98조제1항제2호 라목에서 "국토교통부령으로 정하는 중요 사항"이란 제130조제3항 각 호의 사항을 말한다.

② 법 제98조제2항에 따른 정비조직인증 취소 등의 행정처분기준은 별표 38과 같다.

제8장 외국항공기

제274조(외국항공기의 항행허가 신청) 법 제100조제1항제1호 및 제2호에 따른 항행을 하려는 자는 그 운항 예정일 2일 전까지 별지 제100호서식의 외국항공기 항행허가 신청서를 지방항공청장에게 제출하여야 하고, 법 제100조제1항제3호에 따른 통과항행을 하려는 자는 별지 제101호서식의 영공통과 허가신청서를 항공교통본부장에게 제출하여야 한다.

제275조(외국항공기의 항행허가 변경신청) 제274조에 따라 외국항공기 항행허가 또는 영공통과 허가를 받은 자가 허가받은 사항을 변경하려는 경우에는 그 운항 예정일 2일 전까지 별지 제102호서식의 외국항공기 항행허가 변경신청서 또는 별지 제103호서식의 영공통과허가 변경신청서를 지방항공청장 또는 항공교통본부장에게 제출해야 한다. 〈개정 2023. 9. 12.〉

제276조(외국항공기의 국내사용허가 신청) 법 제101조 단서에 따라 외국 국적을 가진 항공기를 운항하려는 자는 그 운항 개시 예정일 2일 전까지 별지 제104호서식의 외국항공기 국내사용허가 신청서를 지방항공청장에게 제출하여야 한다.

제277조(외국항공기의 국내사용허가 변경신청) 제276조에 따라 외국항공기의 국내사용허가를 받은 자가 허가받은 사항을 변경하려는 경우에는 해당 사항이 변경되는 날 2일 전까지 별지 제105호서식의 외국항공기 국내사용허가 변경신청서를 지방항공청장에게 제출하여야 한다.

제278조(증명서 등의 인정) 법 제102조에 따라 「국제민간항공협약」의 부속서로서 채택된 표준방식 및 절차를 채용하는 협약 체결국 외국정부가 한 다음 각 호의 증명·면허와 그 밖의 행위는 국토교통부장관이 한 것으로 본다.

1. 법 제12조에 따른 항공기 등록증명
2. 법 제23조제1항에 따른 감항증명
3. 법 제34조제1항에 따른 항공종사자의 자격증명
4. 법 제40조제1항에 따른 항공신체검사증명
5. 법 제44조제1항에 따른 계기비행증명
6. 법 제45조제1항에 따른 항공영어구술능력증명

제279조(외국인국제항공운송사업자에 대한 운항증명승인 등) ① 「항공사업법」 제54조에 따라 외국인 국제항공운송사업 허가를 받으려는 자는 법 제103조제1항에 따라 그 운항 개시 예정일 60일 전까지 별지 제106호서식의 운항증명승인 신청서에 다음 각 호의 서류를 첨부하여 국토교통부장관에게 제출하여야 한다. 다만, 「항공사업법 시행규칙」 제55조에 따라 이미 제출한 경우에는 다음 각 호의 서류를 제출하지 아니할 수 있다. 〈개정 2023. 10. 19.〉

1. 「국제민간항공협약」 부속서 6에 따라 해당 정부가 발행한 운항증명(Air Operator Certificate) 및 운영기준(Operations Specifications)
2. 「국제민간항공협약」 부속서 6(항공기 운항)에 따라 해당 정부로부터 인가받은 운항규정(Operations Manual) 및 정비규정(Maintenance Control Manual)
3. 항공기 운영국가의 항공당국이 인정한 항공기 임대차 계약서(해당 사실이 있는 경우만 해당한다)
4. 별지 제107호서식의 외국항공기의 소유자등 안전성 검토를 위한 질의서(Questionnaire of Foreign Operators' Safety)

② 국토교통부장관은 제1항에 따라 운항증명승인 신청을 받은 경우에는 그 서류와 다음 각 호의 사항을 검사하여 적합하다고 인정되면 해당 국가에서 외국인국제항공운송사업자에게 발급한 운항증명이 유효함을 확인하는 별지 제108호서식의 운항증명 승인서 및 별지 제109호서식의 운항조건 및 제한사항을 정한 서류를 함께 발급하여야 한다. 〈개정 2020. 12. 10.〉

1. 운항증명을 발행한 국가에 대한 국제민간항공기구의 국제항공안전평가(ICAO USOAP 등) 결과

2. 운항증명을 발행한 국가 또는 외국인국제항공운송사업자에 대하여 외국정부가 공표한 항공안전에 관한 평가 결과

③ 국토교통부장관은 제2항제1호부터 제2호까지 사항이 변경되었음을 알게 된 경우 또는 제4항에 따라 변경 내용 및 사유를 제출받은 경우에는 제2항에 따라 발급한 별지 제108호서식의 운항증명승인서 또는 별지 제109호서식의 운항조건 및 제한사항을 개정할 필요가 있다고 판단되면 해당 내용을 변경하여 발급할 수 있다. 〈개정 2020. 12. 10.〉

④ 외국인국제항공운송사업자는 제2항에 따라 국토교통부장관이 발급한 별지 제108호서식의 운항증명 승인서 또는 별지 제109호서식의 운항조건 및 제한사항에 변경이 필요한 경우 그 변경사항을 적용하려는 날의 30일 전까지 별지 제109호의2서식의 운항증명 변경승인 신청서에 변경내용을 증명할 수 있는 서류를 첨부하여 국토교통부장관에게 제출해야 한다. 〈개정 2020. 12. 10., 2023. 10. 19.〉

제280조(외국인국제항공운송사업자의 항공기의 운항정지 등) 국토교통부장관은 법 제103조제7항에 따라 외국인국제항공운송사업자의 항공기의 운항을 정지하게 하거나 그에 속한 항공종사자의 업무를 정지하게 하려는 경우에는 다음 각 호의 순서에 따라 조치하여야 한다.

1. 국토교통부장관은 외국인국제항공운송사업자 또는 항공종사자에게 항공기의 운항 또는 항공종사자의 업무를 정지하는 사유와 조치하여야 할 내용을 구두로 지체 없이 통보하고, 사후에 서면으로 통보하여야 한다.

2. 제1호에 따라 통보를 받은 자는 조치하여야 할 사항을 조치하였을 때에는 지체 없이 그 내용을 국토교통부장관에게 통보하여야 한다.

3. 국토교통부장관은 제2호에 따른 통보를 받은 경우 그 내용을 확인하고 항공기의 안전운항에 지장이 없다고 판단되면 지체 없이 그 사실을 해당 외국인국제항공운송사업자 또는 항공종사자에게 통보하여 항공기의 운항 또는 항공종사자의 업무를 계속 수행할 수 있게 하여야 한다.

제281조(외국인국제항공운송사업자의 항공기에 탑재하는 서류) 법

제104조제1항에 따라 외국인국제항공운송사업자는 운항하려는 항공기에 다음 각 호의 서류를 탑재하여야 한다.

1. 항공기 등록증명서
2. 감항증명서
3. 탑재용 항공일지
4. 운용한계 지정서 및 비행교범
5. 운항규정(항공기 등록국가가 발행한 경우만 해당한다)
6. 소음기준적합증명서
7. 각 승무원의 유효한 자격증명(조종사 비행기록부를 포함한다)
8. 무선국 허가증명서(radio station license)
9. 탑승한 여객의 성명, 탑승지 및 목적지가 표시된 명부(passenger manifest)
10. 해당 항공운송사업자가 발행하는 수송화물의 목록(cargo manifest)과 화물 운송장에 명시되어 있는 세부 화물신고서류(detailed declarations of the cargo)
11. 해당 국가의 항공당국 간에 체결한 항공기 등의 감독 의무에 관한 이전협정서 사본(법 제5조에 따른 임대차 항공기의 경우만 해당한다)

제282조(외국인국제항공운송사업자의 항공기 운항의 정지 등) 법 제105조제2항에 따른 처분의 세부기준은 별표 39와 같다.

제283조(외국항공기의 유상운송에 대한 운항안전성 검사) 법 제107조에 따라 국토교통부장관이 실시하는 외국항공기의 유상운송에 대한 운항안전성 검사는 제279조제1항에 따른 서류 및 같은 조 제2항에 따른 사항을 확인하는 것을 말한다. 〈개정 2020. 12. 10.〉

제9장 경량항공기

제284조(경량항공기의 시험비행등 허가 및 안전성인증 등) ① 법 제108조제1항 전단에서 “시험비행 등 국토교통부령으로 정하는 경우”란 다음 각 호의 어느 하나에 해당하는 경우를 말한다.

1. 연구·개발 중에 있는 경량항공기의 안전성 여부를 평가하기 위하여 시험비행을 하는 경우
2. 법 제108조제1항 전단에 따른 안전성인증을 받은 경량항공기의 성능 향상을 위하여 운용한계를 초과하여 시험비행을 하는 경우

3. 그 밖에 국토교통부장관이 필요하다고 인정하는 경우

② 법 제108조제1항 전단에 따른 시험비행 등(이하 이 조에서 "시험비행등"이라 한다)을 위하여 허가를 받으려는 자는 별지 제110호서식의 경량항공기 시험비행등 허가 신청서에 해당 경량항공기가 국토교통부장관이 정하여 고시하는 경량항공기 시험비행등의 안전을 위한 기술상의 기준(이하 이 조에서 "경량항공기 시험비행등의 기술기준"이라 한다)에 적합함을 입증하는 다음 각 호의 서류를 첨부하여 「항공안전기술원법」에 따른 항공안전기술원(이하 "기술원"이라 한다)에 제출해야 한다. 〈개정 2022. 6. 8., 2024. 7. 17.〉

1. 해당 경량항공기에 대한 소개서(설계개요서, 설계도면, 부품표 및 경량항공기의 제원을 포함한다)

2. 시험비행등 계획서(시험비행등의 기간, 장소 및 시험비행등 점검표를 포함한다)

3. 설계도면과 일치되게 제작되었음을 입증하는 서류

4. 신청인이 제시한 시험비행등의 범위에서 안전 수준을 입증하는 서류(지상성능시험 결과 및 안전대책을 포함한다)

5. 신청인이 제시한 시험비행등을 하기 위한 수준의 조종절차 및 안전성 유지를 위한 정비방법을 명시한 서류

6. 경량항공기 사진(전체 및 측면사진을 말하며, 전자파일로 된 것을 포함한다) 각 1매

7. 그 밖에 시험비행등과 관련하여 국토교통부장관이 필요하다고 인정하여 고시하는 서류

③ 기술원은 제2항에 따른 신청서를 접수받은 경우 경량항공기 시험비행등의 기술기준에 적합한지를 확인한 후 적합하다고 인정하면 신청인에게 별지 제110호의2서식의 경량항공기 시험비행등 허가서를 발급해야 한다. 〈개정 2022. 6. 8., 2024. 7. 17., 2025. 7. 28.〉

④ 법 제108조제1항 전단 및 같은 조 제2항에서 "국토교통부령으로 정하는 기관 또는 단체"란 기술원을 말한다. 〈개정 2018. 3. 23., 2024. 7. 17.〉

⑤ 법 제108조제2항에 따른 안전성인증 등급은 다음 각 호와 같이 구분하고, 각 등급에 따른 운용범위는 별표 40과 같다. 〈개정 2021. 8. 27., 2022. 6. 8.〉

1. 제1종: 법 제108조제1항 전단에 따라 국토교통부장관이 정하여 고시하는 비행안전을 위한 기술상의 기준(이하 "경량항공기 기술기준"이라 한다)에 적합하게 완제기 형태로 제작된 경량항공기

2. 제2종: 경량항공기 기술기준에 적합하게 조립(組立)형태로 제작된 경량항공기

3. 제3종: 경량항공기가 완제기 형태로 제작되었으나 경량항공기 제작자로부터 경량항공기 기술기준에 적합함을 입증하는 서류를 발급받지 못한 경량항공기

4. 제4종: 다음 각 목의 어느 하나에 해당하는 경량항공기

가. 경량항공기 제작자가 제공한 수리·개조지침을 따르지 아니하고 수리 또는 개조하여 원형이 변경된 경량항공기로서 제한된 범위에서 비행이 가능한 경량항공기

나. 제1호부터 제3호까지에 해당하지 아니하는 경량항공기로서 제한된 범위에서 비행이 가능한 경량항공기

⑥ 제5항에 따른 안전성인증 등급의 구분 및 운용범위에 관하여 필요한 세부사항은 국토교통부장관이 정하여 고시한다.

[제목개정 2022. 6. 8.]

제285조(경량항공기의 정비 확인) ① 법 제108조제4항 본문에 따라 경량항공기소유자등 또는 경량항공기를 사용하여 비행하려는 사람이 경량항공기 또는 그 부품등을 정비한 후 경량항공기 등을 안전하게 운용할 수 있다는 확인을 받기 위해서는 법 제35조제8호에 따른 항공정비사 자격증명을 가진 사람으로부터 해당 정비가 다음 각 호의 어느 하나에 충족되게 수행되었음을 확인받은 후 해당 정비 기록문서에 서명을 받아야 한다.

1. 해당 경량항공기 제작자가 제공하는 최신의 정비교범 및 기술문서

2. 해당 경량항공기 제작자가 정비교범 및 기술문서를 제공하지 아니하여 경량항공기소유자등이 안전성인증 검사를 받을 때 제출한 검사프로그램

3. 그 밖에 국토교통부장관이 정하여 고시하는 기준에 부합하는 기술자료

② 법 제108조제4항 단서에서 "국토교통부령으로 정하는 경미한 정비"란 별표 41에 따른 정비를 말한다.

제286조(경량항공기 조종사 응시자격) 법 제109조제1항에 따라 경량항공기 조종사 자격증명을 받으려는 사람은 법 제109조제2항 각 호에 해당하지 아니하는 사람으로서 별표 4에 따른 경력을 가진 사람이어야 한다.

제287조(경량항공기 조종사 자격증명 응시원서의 제출 등) 법 제112조제1항부터 제3항까지의 규정에 따라 경량항공기 조종사 자격증명 시험 또는 경량항공기 조종사 자격증명의 한정심사에 응시하려는 사람에 관하여는 제75조부터 제77조까지 및 제81조부터 제89조까지를 준용한다. 이 경우 "항공기"는 "경량항공기"로, "항공종사자"는 "경량항공기 조종사"로, 제87조제1항에 대해서는 "별지 제38호서식"은 "별지 제38호의2서식"으로 보되, 제88조제2항에 대해서는 "실기시험"을 "학과시험"으로 본다. 〈개정 2021. 6. 9.〉

제288조(경량항공기의 조종사의 자격증명 업무범위 외의 비행 시 허가대상) 법 제110조 단서에 따라 다음 각 호의 어느 하나에 해당하는 경우에는 국토교통부장관의 허가를 받아야 한다.

1. 새로운 종류의 경량항공기에 탑승하여 시험비행을 하는 경우
2. 국내에 최초로 도입되는 경량항공기에서 교관으로서 훈련을 실시하는 경우
3. 그 밖에 국토교통부장관이 필요하다고 인정하는 경우

제289조(경량항공기 시험비행 등의 허가) 법 제110조 단서에 따라 경량항공기의 시험비행 등을 하려는 사람은 별지 제25호서식의 시험비행 등의 허가신청서를 지방항공청장에게 제출하여야 한다.

제290조(경량항공기 조종사 자격증명의 한정) 국토교통부장관은 법 제111조제3항에 따라 경량항공기의 종류를 한정하는 경우에는 자격증명을 받으려는 사람이 실기심사에 사용하는 다음 각 호의 어느 하나에 해당하는 경량항공기의 종류로 한정해야 한다. 〈개정 2021. 8. 27.〉

1. 조종형비행기
2. 체중이동형비행기
3. 경량헬리콥터
4. 자이로플레인
5. 동력패러슈트

제291조(경량항공기 조종사의 항공신체검사증명의 기준 등) 법 제

113조제1항에 따른 경량항공기 조종사의 항공신체검사증명의 기준, 유효기간 및 신청 등에 관하여는 제92조부터 제96조까지의 규정을 준용한다. 이 경우 "항공기"는 "경량항공기"로, "항공종사자"는 "경량항공기 조종사"로 본다.

제292조(경량항공기 조종사 자격증명 · 항공신체검사증명의 취소 등) ① 법 제114조제1항(법 제115조제3항에서 준용하는 경우를 포함한다) 및 제2항에 따른 행정처분기준은 별표 42와 같다.

② 국토교통부장관 또는 지방항공청장은 제1항에 따른 처분을 한 경우에는 별지 제111호서식의 경량항공기 조종사등 행정처분 대장을 작성 · 관리하되, 전자적 처리가 불가능한 특별한 사유가 없으면 전자적 처리가 가능한 방법으로 작성 · 관리하고, 그 처분 내용에 따라 한국교통안전공단의 이사장 또는 한국항공우주의학협회에 통지하여야 한다. 〈개정 2018. 3. 23.〉

제293조(경량항공기 조종교육증명 절차 등) ① 법 제115조제1항에 따른 경량항공기 조종사 조종교육증명을 위한 학과시험 및 실기시험, 시험장소 등에 관한 세부적인 내용과 절차는 국토교통부장관이 정하여 고시한다.

② 법 제115조제1항에 따라 조종교육증명을 받아야 하는 조종교육은 경량항공기에 대한 이륙조작 · 착륙조작 또는 공중조작의 실기교육(경량항공기 조종연습생 단독으로 비행하게 하는 경우를 포함한다)으로 한다.

③ 법 제115조제2항에 따라 조종교육증명을 받는 자는 한국교통안전공단의 이사장이 실시하는 다음 각 호의 내용이 포함된 안전교육을 정기적(조종교육증명 또는 안전교육을 받은 해의 말일부터 2년 내)으로 받아야 한다. 〈개정 2018. 3. 23.〉

1. 항공법령의 개정사항
2. 기상정보 획득 및 이해
3. 경량항공기 사고사례

제294조(경량항공기 조종연습의 허가 신청) ① 법 제116조제1항에 따라 경량항공기 조종연습 허가를 받으려는 사람은 별지 제112호서식의 경량항공기 조종연습 허가신청서에 자동차운전면허증 사본(제2종 항공신체검사증명서 대신 자동차운전면허증을 제출하는 사람에 한정한다)을 첨부하여 지방항공청장에게 제출해야 한다. 〈개정

2020. 2. 28.〉

② 제1항에 따른 신청을 받은 지방항공청장은 법 제116조제4항에 따라 신청인이 경량항공기 조종연습을 하기에 필요한 능력이 있다고 인정될 때에는 그 조종연습을 허가하고, 별지 제113호서식의 경량항공기 조종연습허가서를 발급하여야 한다.

제295조(경량항공기 전문교육기관의 지정 등) ① 법 제117조제1항에 따라 경량항공기 조종사를 양성하는 전문교육기관(이하 "경량항공기 전문교육기관"이라 한다)으로 지정을 받으려는 자는 별지 제114호서식의 경량항공기 전문교육기관 지정신청서에 다음 각 호의 사항이 포함된 교육규정을 첨부하여 국토교통부장관에게 제출하여야 한다. 〈개정 2020. 5. 27.〉

1. 교육과목 및 교육방법
2. 교관 현황(교관의 자격 · 경력 및 정원)
3. 시설 및 장비의 개요
4. 교육평가방법
5. 연간 교육계획
6. 삭제 〈2020. 5. 27.〉

② 법 제117조제3항에 따른 경량항공기 전문교육기관의 지정기준은 별표 12와 같으며, 지정을 위한 심사 등에 관한 세부 절차는 국토교통부장관이 정하여 고시한다.

③ 국토교통부장관은 제1항에 따른 신청서를 심사하여 그 내용이 제2항에서 정한 지정기준에 적합한 경우에는 별지 제115호서식에 따른 경량항공기 전문교육기관 지정서를 발급하여야 한다.

④ 국토교통부장관은 제3항에 따라 경량항공기 전문교육기관을 지정할 때에는 그 내용을 공고하여야 한다.

⑤ 경량항공기 지정전문교육기관은 교육 종료 후 교육이수자의 명단 및 평가 결과를 지체 없이 국토교통부장관 및 한국교통안전공단의 이사장에게 보고하고, 이를 항공교육훈련통합관리시스템에 입력해야 한다. 〈개정 2018. 3. 23., 2020. 5. 27.〉

⑥ 경량항공기 지정전문교육기관은 제1항 각 호의 사항에 변경이 있는 경우에는 그 변경 내용을 지체 없이 국토교통부장관에게 보고하고, 이를 항공교육훈련통합관리시스템에 입력해야 한다. 〈개정 2020. 5. 27.〉

⑦ 국토교통부장관은 1년마다 경량항공기 지정전문교육기관이 제2항의 지정기준에 적합한지 여부를 심사하여야 한다.

⑧ 법 제117조제4항제2호에서 "국토교통부령으로 정하는 사항을 위반한 경우"란 다음 각 호의 어느 하나에 해당하는 경우를 말한다.

1. 학과교육 및 실기교육의 과목, 교육시간을 이행하지 아니한 경우
2. 교관 확보기준을 위반한 경우
3. 시설 및 장비 확보기준을 위반한 경우
4. 교육규정 중 교육과정명, 교육생 정원, 학사운영보고 및 기록유지에 관한 기준을 위반한 경우

제296조(경량항공기의 이륙·착륙 장소 외에서의 이륙·착륙 허가신청) 영 제23조제3항에 따른 경량항공기의 이륙 또는 착륙의 허가에 관하여는 제160조를 준용한다. 이 경우 "항공기"는 "경량항공기"로 본다.

제297조(경량항공기의 의무무선설비) ① 법 제119조에서 "국토교통부령으로 정하는 경량항공기"란 제284조제5항제1호부터 제3호까지의 등급에 해당하는 경량항공기를 말한다.

② 법 제119조에 따라 경량항공기에 설치·운용 하여야 하는 무선설비는 다음 각 호와 같다.

1. 비행 중 항공교통관제기관과 교신할 수 있는 초단파(VHF) 또는 극초단파(UHF) 무선전화 송수신기 1대
2. 기압고도에 관한 정보를 제공하는 2차 감시 항공교통관제 레이더용 트랜스폰더(Mode 3/A 및 Mode C SSR transponder) 1대

③ 제2항제1호에 따른 무선전화 송수신기는 제107조제2항제3호 및 제4호의 성능을 가져야 한다. 〈개정 2019. 2. 26.〉

제298조(경량항공기 조종사의 준수사항) ① 법 제120조제1항에 따라 경량항공기 조종사는 다음 각 호의 어느 하나에 해당하는 행위를 하여서는 아니 된다. 〈개정 2019. 9. 23.〉

1. 인명이나 재산에 위험을 초래할 우려가 있는 낙하물을 투하하는 행위
2. 주거지역, 상업지역 등 인구가 밀집된 지역이나 그 밖에 사람이 많이 모인 장소의 상공에서 인명 또는 재산에 위험을 초래할 우려가 있는 방법으로 비행하는 행위
3. 안개 등으로 지상목표물을 육안으로 식별할 수 없는 상태에서

비행하는 행위

4. 별표 24에 따른 비행시정 및 구름으로부터의 거리 기준을 위반하여 비행하는 행위

5. 일몰 후부터 일출 전까지의 야간에 비행하는 행위

6. 평균해면으로부터 1,500미터(5천피트) 이상으로 비행하는 행위. 다만, 항공교통업무기관으로부터 승인을 받은 경우는 제외한다.

7. 동승한 사람의 낙하산 강하(降下)

8. 그 밖에 곡예비행 등 비정상적인 방법으로 비행하는 행위

② 경량항공기 조종사는 항공기를 육안으로 식별하여 미리 피할 수 있도록 주의하여 비행하여야 한다.

③ 경량항공기 조종사는 동력을 이용하지 아니하는 초경량비행장치에 대하여 진로를 양보하여야 한다.

④ 경량항공기의 조종사는 탑재용 항공일지를 경량항공기 안에 갖춰 두어야 하며, 경량항공기를 항공에 사용하거나 개조 또는 정비한 경우에는 지체 없이 항공일지에 다음 각 호의 사항을 적어야 한다. 〈개정 2021. 6. 9.〉

1. 경량항공기의 등록부호 및 등록 연월일
2. 경량항공기의 종류 및 형식
3. 안전성인증서번호
4. 경량항공기의 제작자 · 제작번호 및 제작 연월일
5. 발동기 및 프로펠러의 형식
6. 비행에 관한 다음의 기록
   가. 비행 연월일
   나. 승무원의 성명
   다. 비행목적
   라. 비행 구간 또는 장소
   마. 비행시간
   바. 경량항공기의 비행안전에 영향을 미치는 사항
   사. 기장의 서명
7. 제작 후의 총비행시간과 최근의 오버홀 후의 총 비행시간
8. 정비등의 실시에 관한 다음의 사항
   가. 실시 연월일 및 장소
   나. 실시 이유, 정비등의 위치와 교환 부품명

다. 확인 연월일 및 확인자의 서명 또는 날인

⑤ 항공레저스포츠사업에 종사하는 경량항공기 조종사는 다음 각 호의 사항을 준수하여야 한다.

1. 비행 전에 해당 경량항공기의 이상 유무를 점검하고, 항공기의 안전 운항에 지장을 주는 이상이 있을 경우에는 비행을 중단할 것

2. 비행 전에 비행안전을 위한 주의사항에 대하여 동승자에게 충분히 설명할 것

3. 이륙 시 해당 경량항공기의 제작자가 정한 최대이륙중량을 초과하지 아니하게 할 것

4. 이륙 또는 착륙 시 해당 경량항공기의 제작자가 정한 거리 기준을 충족하는 활주로를 이용할 것

5. 동승자에 관한 인적사항(성명, 생년월일 및 주소)을 기록하고 유지할 것

제299조(경량항공기사고의 보고 등) 법 제120조제2항에 따라 경량항공기사고를 일으킨 조종사 또는 그 경량항공기의 소유자등은 다음 각 호의 사항을 지방항공청장에게 보고하여야 한다.

1. 조종사 및 그 경량항공기의 소유자등의 성명 또는 명칭

2. 사고가 발생한 일시 및 장소

3. 경량항공기의 종류 및 등록부호

4. 사고의 경위

5. 사람의 사상 또는 물건의 파손 개요

6. 사상자의 성명 등 사상자의 인적사항 파악을 위하여 참고가 될 사항

제300조(항공기에 관한 규정의 준용) 경량항공기에 관하여는 제12조부터 제17조까지, 제129조, 제161조부터 제170조까지, 제172조부터 제175조까지, 제182조부터 제188조까지, 제190조부터 제196조까지, 제198조, 제222조, 제247조 및 제248조를 준용한다.

제10장 초경량비행장치

제301조(초경량비행장치 신고) ① 법 제122조제1항 본문에 따라 초경량비행장치소유자등은 법 제124조에 따른 안전성인증을 받기 전(법 제124조에 따른 안전성인증 대상이 아닌 초경량비행장치인 경우에는 초경량비행장치를 소유하거나 사용할 수 있는 권리가 있는 날

부터 30일 이내를 말한다)까지 별지 제116호서식의 초경량비행장치 신고서(전자문서로 된 신고서를 포함한다)에 다음 각 호의 서류(전자문서를 포함한다)를 첨부하여 한국교통안전공단 이사장에게 제출하여야 한다. 이 경우 신고서 및 첨부서류는 팩스 또는 정보통신을 이용하여 제출할 수 있다. 〈개정 2020. 12. 10., 2021. 11. 19.〉

1. 초경량비행장치를 소유하거나 사용할 수 있는 권리가 있음을 증명하는 서류

2. 초경량비행장치의 제원 및 성능표

3. 가로 15 센티미터, 세로 10센티미터의 초경량비행장치 측면사진(무인비행장치의 경우에는 기체 제작번호 전체를 촬영한 사진을 포함한다)

② 한국교통안전공단 이사장은 초경량비행장치의 신고를 받으면 별지 제117호서식의 초경량비행장치 신고증명서를 초경량비행장치 소유자등에게 발급하여야 하며, 초경량비행장치소유자등은 비행 시 이를 휴대하여야 한다. 〈개정 2020. 12. 10.〉

③ 한국교통안전공단 이사장은 제2항에 따라 초경량비행장치 신고증명서를 발급하였을 때에는 별지 제118호서식의 초경량비행장치 신고대장을 작성하여 갖추어 두어야 한다. 이 경우 초경량비행장치 신고대장은 전자적 처리가 불가능한 특별한 사유가 없으면 전자적 처리가 가능한 방법으로 작성·관리하여야 한다. 〈개정 2020. 12. 10.〉

④ 초경량비행장치소유자등은 초경량비행장치 신고증명서의 신고번호를 해당 장치에 표시하여야 하며, 표시방법, 표시장소 및 크기 등 필요한 사항은 국토교통부장관의 승인을 받아 한국교통안전공단 이사장이 정한다. 〈개정 2020. 12. 10.〉

⑤ 삭제 〈2020. 12. 10.〉

제302조(초경량비행장치 변경신고) ① 법 제123조제1항에서 "초경량비행장치의 용도, 소유자의 성명 등 국토교통부령으로 정하는 사항"이란 다음 각 호의 어느 하나를 말한다.

1. 초경량비행장치의 용도

2. 초경량비행장치 소유자등의 성명, 명칭 또는 주소

3. 초경량비행장치의 보관 장소

② 초경량비행장치소유자등은 제1항 각 호의 사항을 변경하려는 경우에는 그 사유가 있는 날부터 30일 이내에 별지 제116호서식의

초경량비행장치 변경·이전신고서를 한국교통안전공단 이사장에게 제출하여야 한다. 〈개정 2020. 12. 10.〉

③ 삭제 〈2020. 12. 10.〉

제303조(초경량비행장치 말소신고) ① 법 제123조제4항에 따른 말소신고를 하려는 초경량비행장치 소유자등은 그 사유가 발생한 날부터 15일 이내에 별지 제116호서식의 초경량비행장치 말소신고서를 한국교통안전공단 이사장에게 제출하여야 한다. 〈개정 2020. 12. 10.〉

② 한국교통안전공단 이사장은 제1항에 따른 신고가 신고서 및 첨부서류에 흠이 없고 형식상 요건을 충족하는 경우 지체 없이 접수하여야 한다. 〈개정 2020. 12. 10.〉

③ 한국교통안전공단 이사장은 법 제123조제6항에 따른 최고(催告)를 하는 경우 해당 초경량비행장치의 소유자등의 주소 또는 거소를 알 수 없는 경우에는 말소신고를 할 것을 관보에 고시하고, 한국교통안전공단 홈페이지에 공고하여야 한다. 〈개정 2020. 12. 10.〉

제304조(초경량비행장치의 시험비행등 허가) ① 법 제124조 전단에서 "시험비행 등 국토교통부령으로 정하는 경우"란 제305조제1항에 따른 초경량비행장치 안전성인증 대상으로 다음 각 호의 어느 하나에 해당하는 경우를 말한다. 〈개정 2020. 12. 10.〉

1. 연구·개발 중에 있는 초경량비행장치의 안전성 여부를 평가하기 위하여 시험비행을 하는 경우

2. 안전성인증을 받은 초경량비행장치의 성능개량을 수행하고 안전성여부를 평가하기 위하여 시험비행을 하는 경우

3. 그 밖에 국토교통부장관이 필요하다고 인정하는 경우

② 법 제124조 전단에 따른 시험비행 등(이하 이 조에서 "시험비행등"이라 한다)을 위하여 허가를 받으려는 자는 별지 제119호서식의 초경량비행장치 시험비행등 허가 신청서에 해당 초경량비행장치가 국토교통부장관이 정하여 고시하는 초경량비행장치 시험비행등의 안전을 위한 기술상의 기준(이하 "초경량비행장치 시험비행등의 기술기준"이라 한다)에 적합함을 입증하는 다음 각 호의 서류를 첨부하여 기술원에 제출해야 한다. 〈개정 2022. 6. 8., 2024. 7. 17.〉

1. 해당 초경량비행장치에 대한 소개서(설계개요서, 설계도면, 부품표 및 비행장치의 제원을 포함한다)

2. 시험비행등 계획서(시험비행등의 기간, 장소 및 시험비행등 점검표를 포함한다)

3. 설계도면과 일치되게 제작되었음을 입증하는 서류

4. 신청인이 제시한 시험비행등의 범위에서 안전 수준을 입증하는 서류(지상성능시험 결과 및 안전대책을 포함한다)

5. 신청인이 제시한 시험비행등을 하기 위한 수준의 조종절차 및 안전성 유지를 위한 정비방법을 명시한 서류

6. 초경량비행장치 사진(전체 및 측면사진을 말하며, 전자파일로 된 것을 포함한다) 각 1매

7. 그 밖에 시험비행등과 관련하여 국토교통부장관이 필요하다고 인정하여 고시하는 서류

③ 기술원은 제2항에 따른 신청서를 접수받은 경우 초경량비행장치 시험비행등의 기술기준에 적합한지를 확인한 후 적합하다고 인정하면 신청인에게 별지 제119호의2서식의 초경량비행장치 시험비행등 허가서를 발급해야 한다. 〈개정 2022. 6. 8., 2024. 7. 17., 2025. 7. 28.〉

[제목개정 2022. 6. 8.]

제305조(초경량비행장치 안전성인증 대상 등) ① 법 제124조 전단에서 "동력비행장치 등 국토교통부령으로 정하는 초경량비행장치"란 다음 각 호의 어느 하나에 해당하는 초경량비행장치를 말한다. 〈개정 2024. 11. 13.〉

1. 동력비행장치

2. 행글라이더, 패러글라이더 및 낙하산류(항공레저스포츠사업에 사용되는 것만 해당한다)

3. 기구류(사람이 탑승하는 것만 해당한다)

4. 다음 각 목의 어느 하나에 해당하는 무인비행장치

가. 제5조제5호가목에 따른 무인동력비행장치 중에서 최대이륙중량이 25킬로그램을 초과하는 것

나. 제5조제5호나목에 따른 무인비행선 중에서 연료의 중량을 제외한 자체중량이 12킬로그램을 초과하거나 길이가 7미터를 초과하는 것

5. 회전익비행장치

6. 동력패러글라이더

② 법 제124조 전단에서 “국토교통부령으로 정하는 기관 또는 단체”란 기술원 또는 별표 43에 따른 시설기준을 충족하는 기관 또는 단체 중에서 국토교통부장관이 정하여 고시하는 기관 또는 단체(이하 “초경량비행장치 안전성 인증기관”이라 한다)를 말한다. 〈개정 2018. 3. 23.〉

제306조(초경량비행장치의 조종자 증명 등) ① 법 제125조제1항 전단에서 “동력비행장치 등 국토교통부령으로 정하는 초경량비행장치”란 다음 각 호의 어느 하나에 해당하는 초경량비행장치를 말한다. 〈개정 2020. 5. 27., 2024. 11. 13.〉

1. 동력비행장치
2. 행글라이더, 패러글라이더 및 낙하산류(항공레저스포츠사업에 사용되는 것만 해당한다)
3. 유인자유기구
4. 무인비행장치. 다만 다음 각 목의 어느 하나에 해당하는 것은 제외한다.
    가. 제5조제5호가목에 따른 무인동력비행장치 중에서 연료의 중량을 포함한 최대이륙중량이 250그램 이하인 것
    나. 제5조제5호나목에 따른 무인비행선 중에서 연료의 중량을 제외한 자체중량이 12킬로그램 이하이고, 길이가 7미터 이하인 것
5. 회전익비행장치
6. 동력패러글라이더

② 법 제125조제1항 전단에서 “국토교통부령으로 정하는 기관 또는 단체”란 한국교통안전공단 및 별표 44의 기준을 충족하는 기관 또는 단체 중에서 국토교통부장관이 정하여 고시하는 기관 또는 단체(이하 “초경량비행장치조종자증명기관”이라 한다)를 말한다. 〈개정 2018. 3. 23.〉

③ 초경량비행장치조종자증명기관은 법 제125조제1항 후단에 따른 승인을 신청하는 경우에는 다음 각 호의 사항이 포함된 초경량비행장치 조종자 증명 규정에 제·개정 이유서 및 신·구 내용 대비표(변경승인을 신청하는 경우에 한정한다)를 첨부하여 국토교통부장관에게 제출하여야 한다. 〈개정 2020. 5. 27.〉

1. 초경량비행장치 조종자 증명 시험의 응시자격
2. 초경량비행장치 조종자 증명 시험의 과목 및 범위

3. 초경량비행장치 조종자 증명 시험의 실시 방법과 절차
4. 초경량비행장치 조종자 증명 발급에 관한 사항
5. 그 밖에 초경량비행장치 조종자 증명을 위하여 국토교통부장관이 필요하다고 인정하는 사항

④ 제3항에 따른 초경량비행장치 조종자 증명 규정 중 제1항제4호가목에 따른 무인동력비행장치에 대한 자격기준, 시험실시 방법 및 절차 등은 다음 각 호의 구분에 따른 무인동력비행장치별로 구분하여 달리 정해야 한다. 〈신설 2020. 5. 27.〉

1. 1종 무인동력비행장치: 최대이륙중량이 25킬로그램을 초과하고 연료의 중량을 제외한 자체중량이 150킬로그램 이하인 무인동력비행장치
2. 2종 무인동력비행장치: 최대이륙중량이 7킬로그램을 초과하고 25킬로그램 이하인 무인동력비행장치
3. 3종 무인동력비행장치: 최대이륙중량이 2킬로그램을 초과하고 7킬로그램 이하인 무인동력비행장치
4. 4종 무인동력비행장치: 최대이륙중량이 250그램을 초과하고 2킬로그램 이하인 무인동력비행장치

⑤ 법 제125조제7항에 따른 행정처분기준은 별표 44의2와 같다. 〈신설 2020. 2. 28., 2020. 5. 27., 2021. 11. 19.〉

⑥ 지방항공청장은 법 제125조제5항에 따른 처분을 한 경우에는 그 내용을 별지 제119호의3서식의 초경량비행장치 조종자등 행정처분 대장에 작성·관리하고, 그 처분 내용을 한국교통안전공단의 이사장에 통지해야 한다. 〈신설 2020. 2. 28., 2020. 5. 27., 2021. 11. 19., 2025. 7. 28.〉

⑦ 제6항에 따른 행정처분 대장은 「전자문서 및 전자거래 기본법」 제2조제1호에 따른 전자문서로 작성·관리할 수 있다. 〈신설 2020. 2. 28., 2020. 5. 27., 2021. 11. 19.〉

제306조의2(초경량비행장치 관련 안전교육) ① 법 제125조의2제1항 및 제2항에서 "패러글라이더 등 국토교통부령으로 정하는 초경량비행장치"란 각각 제5조제3호에 따른 패러글라이더를 말한다.

② 법 제125조의2제1항 및 제2항에 따른 안전교육(이하 "초경량비행장치 안전교육"이라 한다)은 최초교육과 정기교육으로 구분하여 실시하며, 그 내용 및 교육시간은 별표 44의3에 따른다. 이 경우

최초교육은 특별한 사정이 없는 한 대면(對面)에 의한 방법으로 하는 교육을 포함해야 한다.

③ 초경량비행장치 안전교육의 시기는 다음 각 호의 구분에 따른다.

1. 최초교육: 다음 각 목의 구분에 따른 기한

가. 법 제125조의2제1항에 따른 안전교육: 제1항에 따른 초경량비행장치에 대해 법 제125조제1항에 따른 초경량비행장치 조종자 증명을 받은 날부터 2년이 되는 날이 속하는 해의 12월 31일까지

나. 법 제125조의2제2항에 따른 안전교육: 같은 항에 따른 조종교육을 실시하기 7일 전까지

2. 정기교육: 직전의 초경량비행장치 안전교육을 받은 날부터 2년이 되는 날이 속하는 해의 1월 1일부터 12월 31일까지

④ 제1항부터 제3항까지에서 규정한 사항 외에 초경량비행장치 안전교육의 실시에 필요한 세부사항은 영 제26조제12항에 따라 지정받은 기관·단체(이하 "초경량비행장치 안전교육기관"이라 한다)가 국토교통부장관의 승인을 받아 정한다.

[본조신설 2024. 11. 13.]

제307조(초경량비행장치 조종자 전문교육기관의 지정 등) ① 법 제126조제1항에 따른 초경량비행장치 조종자 전문교육기관으로 지정받으려는 자는 별지 제120호서식의 초경량비행장치 조종자 전문교육기관 지정신청서에 다음 각 호의 사항을 적은 서류를 첨부하여 한국교통안전공단에 제출하여야 한다. 〈개정 2017. 11. 10., 2018. 3. 23.〉

1. 전문교관의 현황

2. 교육시설 및 장비의 현황

3. 교육훈련계획 및 교육훈련규정

② 법 제126조제3항에 따른 초경량비행장치 조종자 전문교육기관의 지정기준은 다음 각 호와 같다. 〈개정 2021. 11. 19.〉

1. 다음 각 목의 전문교관이 있을 것

가. 비행시간이 200시간(무인비행장치의 경우 조종경력이 100시간)이상이고, 국토교통부장관이 인정한 조종교육교관과정을 이수한 지도조종자 1명 이상

나. 비행시간이 300시간(무인비행장치의 경우 조종경력이 150시간)이상이고 국토교통부장관이 인정하는 실기평가과정을 이수한

실기평가조종자 1명 이상

2. 다음 각 목의 시설 및 장비(시설 및 장비에 대한 사용권을 포함한다)를 갖출 것

가. 강의실 및 사무실 각 1개 이상

나. 이륙·착륙 시설

다. 훈련용 비행장치 1대 이상

라. 출결 사항을 전자적으로 처리·관리하기 위한 단말기 1대 이상

3. 교육과목, 교육시간, 평가방법 및 교육훈련규정 등 교육훈련에 필요한 사항으로서 국토교통부장관이 정하여 고시하는 기준을 갖출 것

③ 한국교통안전공단은 제1항에 따라 초경량비행장치 조종자 전문교육기관 지정신청서를 제출한 자가 제2항에 따른 기준에 적합하다고 인정하는 경우에는 별지 제121호서식의 초경량비행장치 조종자 전문교육기관 지정서를 발급하여야 한다. 〈개정 2017. 11. 10., 2018. 3. 23., 2024. 11. 13.〉

제307조의2(초경량비행장치 조종자 육성 등) ① 한국교통안전공단 이사장은 법 제126조제7항에 따른 초경량비행장치 조종자 교육·훈련 과정의 내용·방법 및 운영에 관한 사항을 정할 수 있다.

② 한국교통안전공단 이사장은 제1항에 따른 사항을 정하려면 국토교통부장관의 승인을 받아야 한다. 이를 변경하려는 경우에도 같다.

[본조신설 2020. 12. 10.]

제308조(초경량비행장치의 비행승인) ① 법 제127조제2항 본문에서 "동력비행장치 등 국토교통부령으로 정하는 초경량비행장치"란 제5조에 따른 초경량비행장치를 말한다. 다만, 다음 각 호의 어느 하나에 해당하는 초경량비행장치는 제외한다. 〈개정 2017. 7. 18., 2024. 11. 13.〉

1. 영 제24조제1호부터 제4호까지의 규정에 해당하는 초경량비행장치(항공기대여업, 항공레저스포츠사업 또는 초경량비행장치사용사업에 사용되지 아니하는 것으로 한정한다)

2. 제199조제1호나목에 따른 최저비행고도(150미터) 미만의 고도에서 운영하는 계류식 기구

3. 「항공사업법 시행규칙」 제6조제2항제1호에 사용하는 무인비행장치로서 다음 각 목의 어느 하나에 해당하는 무인비행장치

가. 제221조제1항 및 별표 23에 따른 관제권, 비행금지구역 및 비행제한구역 외의 공역에서 비행하는 무인비행장치

나. 「가축전염병 예방법」 제2조제2호에 따른 가축전염병의 예방 또는 확산 방지를 위하여 소독·방역업무 등에 긴급하게 사용하는 무인비행장치

3의2.「항공사업법 시행규칙」 제6조제2항제5호의 업무에 사용하는 무인비행장치로서 「수산생물질병 관리법」 제2조제5호에 따른 수산생물전염병의 예방 또는 확산 방지를 위하여 소독·방역 업무 등에 긴급하게 사용하는 무인비행장치

4. 다음 각 목의 어느 하나에 해당하는 무인비행장치

가. 최대이륙중량이 25킬로그램 이하인 무인동력비행장치

나. 연료의 중량을 제외한 자체중량이 12킬로그램 이하이고 길이가 7미터 이하인 무인비행선

5. 그 밖에 국토교통부장관이 정하여 고시하는 초경량비행장치

② 제1항에 따른 초경량비행장치를 사용하여 비행제한공역을 비행하려는 사람은 법 제127조제2항 본문에 따라 별지 제122호서식의 초경량비행장치 비행승인신청서를 지방항공청장·국방부장관 또는 법 제85조제1항에 따라 항공교통업무증명을 받은 자에게 제출하여야 한다. 이 경우 비행승인신청서는 서류, 팩스 또는 정보통신망을 이용하여 제출할 수 있다. 〈개정 2017. 7. 18., 2024. 9. 20.〉

③ 지방항공청장·국방부장관 또는 법 제85조제1항에 따라 항공교통업무증명을 받은 자는 제2항에 따라 제출된 신청서를 검토한 결과 비행안전에 지장을 주지 않는다고 판단되는 경우에는 이를 승인해야 한다. 이 경우 동일지역에서 반복적으로 이루어지는 비행에 대해서는 다음 각 호의 구분에 따른 범위에서 비행기간을 명시하여 승인할 수 있다. 〈개정 2023. 9. 12., 2024. 9. 20.〉

1. 무인비행장치를 사용하여 비행하는 경우: 12개월

2. 무인비행장치 외의 초경량비행장치를 사용하여 비행하는 경우: 6개월

④ 지방항공청장·국방부장관 또는 법 제85조제1항에 따라 항공교통업무증명을 받은 자는 제3항에 따른 승인을 하는 경우에는 다음 각 호의 조건을 붙일 수 있다. 〈신설 2019. 9. 23., 2024. 9. 20.〉

1. 탑승자에 대한 안전점검 등 안전관리에 관한 사항

2. 비행장치 운용한계치에 따른 기상요건에 관한 사항(항공레저스포츠사업에 사용되는 기구류 중 계류식으로 운영되지 않는 기구류만 해당한다)

3. 비행경로에 관한 사항

⑤ 법 제127조제3항제1호에서 “국토교통부령으로 정하는 고도”란 다음 각 호에 따른 고도를 말한다. 〈신설 2017. 11. 10., 2018. 11. 22., 2019. 9. 23., 2020. 2. 28.〉

1. 사람 또는 건축물이 밀집된 지역: 해당 초경량비행장치를 중심으로 수평거리 150미터(500피트) 범위 안에 있는 가장 높은 장애물의 상단에서 150미터

2. 제1호 외의 지역: 지표면·수면 또는 물건의 상단에서 150미터

⑥ 법 제127조제3항제2호에서 “국토교통부령으로 정하는 구역”이란 별표 23 제2호에 따른 관제공역 중 관제권과 통제공역 중 비행금지구역을 말한다. 〈신설 2017. 11. 10., 2018. 11. 22., 2019. 9. 23., 2020. 2. 28.〉

⑦ 법 제127조제3항제2호에 따른 승인 신청이 다음 각 호의 요건을 모두 충족하는 경우에는 12개월의 범위에서 비행기간을 명시하여 승인할 수 있다. 〈신설 2020. 5. 27., 2023. 9. 12.〉

1. 교육목적을 위한 비행일 것

2. 무인비행장치는 최대이륙중량이 7킬로그램 이하일 것

3. 비행구역은 「초·중등교육법」 제2조 각 호에 따른 학교의 운동장일 것

4. 비행시간은 정규 및 방과 후 활동 중일 것

5. 비행고도는 지표면으로부터 고도 20미터 이내일 것

6. 비행방법 등이 안전·국방 등 비행금지구역의 지정 목적을 저해하지 않을 것

⑧ 법 제127조제4항에 따라 국가기관등의 장이 무인비행장치를 비행하려는 경우 사전에 유·무선 방법으로 지방항공청장·국방부장관 또는 법 제85조제1항에 따라 항공교통업무증명을 받은 자에게 통보해야 한다. 다만, 제221조제1항 및 별표 23에 따른 관제권에서 비행하려는 경우에는 해당 관제권의 항공교통업무를 수행하는 자와, 비행금지구역에서 비행하려는 경우에는 해당 구역을 관할하는 자와 사전에 협의가 된 경우에 한정한다. 〈신설 2018. 11. 22., 2019.

9. 23., 2020. 2. 28., 2020. 5. 27., 2024. 9. 20.〉

⑨ 제8항에 따라 무인비행장치를 비행한 국가기관등의 장은 비행 종료 후 지체없이 별지 제122호서식에 따른 초경량비행장치 비행승인신청서를 지방항공청장 · 국방부장관 또는 법 제85조제1항에 따라 항공교통업무증명을 받은 자에게 제출해야 한다. 〈신설 2018. 11. 22., 2019. 9. 23., 2020. 2. 28., 2020. 5. 27., 2021. 6. 9., 2024. 9. 20.〉

제309조(초경량비행장치의 구조지원 장비 등) ① 법 제128조 본문에서 "국토교통부령으로 정하는 장비"란 다음 각 호의 어느 하나에 해당하는 것(제3호부터 제6호까지는 항공레저스포츠사업에 사용되는 기구류 중 계류식으로 운영되지 않는 기구류에만 해당한다)을 말한다. 〈개정 2019. 9. 23.〉

1. 위치추적이 가능한 표시기 또는 단말기
2. 조난구조용 장비(제1호의 장비를 갖출 수 없는 경우만 해당한다)
3. 구급의료용품
4. 기상정보를 확인할 수 있는 장비
5. 휴대용 소화기
6. 항공교통관제기관과 무선통신을 할 수 있는 장비

② 법 제128조 단서에서 "무인비행장치 등 국토교통부령으로 정하는 초경량비행장치"란 다음 각 호의 어느 하나에 해당하는 초경량비행장치를 말한다.

1. 동력을 이용하지 아니하는 비행장치
2. 계류식 기구
3. 동력패러글라이더
4. 무인비행장치

제310조(초경량비행장치 조종자의 준수사항) ① 법 제129조제1항에 따른 초경량비행장치 조종자(이하 "초경량비행장치 조종자"라 한다)는 같은 항에 따라 다음 각 호의 어느 하나에 해당하는 행위를 해서는 안된다. 다만, 무인비행장치의 조종자에 대해서는 제4호 및 제5호를 적용하지 않는다. 〈개정 2017. 11. 10., 2018. 11. 22., 2019. 9. 23., 2021. 3. 16., 2022. 6. 8., 2024. 11. 13.〉

1. 인명이나 재산에 위험을 초래할 우려가 있는 낙하물을 투하(投下)하는 행위

2. 주거지역, 상업지역 등 인구가 밀집된 지역이나 그 밖에 사람이 많이 모인 장소의 상공에서 인명 또는 재산에 위험을 초래할 우려가 있는 방법으로 비행하는 행위

2의2. 사람 또는 건축물이 밀집된 지역의 상공에서 건축물과 충돌할 우려가 있는 방법으로 근접하여 비행하는 행위

3. 법 제78조제1항에 따른 관제공역·통제공역·주의공역에서 비행하는 행위. 다만, 법 제127조에 따라 비행승인을 받은 경우와 다음 각 목의 행위는 제외한다.

가. 군사목적으로 사용되는 초경량비행장치를 비행하는 행위

나. 다음의 어느 하나에 해당하는 비행장치를 별표 23 제2호에 따른 관제권 또는 비행금지구역이 아닌 곳에서 제199조제1호나목에 따른 최저비행고도(150미터) 미만의 고도에서 비행하는 행위

1) 제5조제5호가목에 따른 무인동력비행장치 중 최대이륙중량이 25킬로그램 이하인 것

2) 무인비행선 중 연료의 무게를 제외한 자체 무게가 12킬로그램 이하이고, 길이가 7미터 이하인 것

4. 안개 등으로 인하여 지상목표물을 육안으로 식별할 수 없는 상태에서 비행하는 행위

5. 별표 24에 따른 비행시정 및 구름으로부터의 거리기준을 위반하여 비행하는 행위

6. 일몰 후부터 일출 전까지의 야간에 비행하는 행위. 다만, 제199조제1호나목에 따른 최저비행고도(150미터) 미만의 고도에서 운영하는 계류식 기구 또는 법 제124조 전단에 따른 허가를 받아 비행하는 초경량비행장치는 제외한다.

7. 「주세법」 제2조제1호에 따른 주류, 「마약류 관리에 관한 법률」 제2조제1호에 따른 마약류 또는 「화학물질관리법」 제22조제1항에 따른 환각물질 등(이하 "주류등"이라 한다)의 영향으로 조종업무를 정상적으로 수행할 수 없는 상태에서 조종하는 행위 또는 비행 중 주류등을 섭취하거나 사용하는 행위

8. 제308조제4항에 따른 조건을 위반하여 비행하는 행위

8의2. 지표면 또는 장애물과 가까운 상공에서 360도 선회하는 등 조종자의 인명에 위험을 초래할 우려가 있는 방법으로 패러글라이더를 비행하는 행위

9. 그 밖에 비정상적인 방법으로 비행하는 행위

② 초경량비행장치 조종자는 항공기 또는 경량항공기를 육안으로 식별하여 미리 피할 수 있도록 주의하여 비행하여야 한다.

③ 동력을 이용하는 초경량비행장치 조종자는 모든 항공기, 경량항공기 및 동력을 이용하지 아니하는 초경량비행장치에 대하여 진로를 양보하여야 한다.

④ 무인비행장치 조종자는 해당 무인비행장치를 육안으로 확인할 수 있는 범위에서 조종하여야 한다. 다만, 법 제124조 전단에 따른 허가를 받아 비행하는 경우는 제외한다.

⑤ 「항공사업법」 제50조에 따른 항공레저스포츠사업에 종사하는 초경량비행장치 조종자는 다음 각 호의 사항을 준수해야 한다. 〈개정 2019. 9. 23., 2023. 9. 12.〉

1. 비행 전에 해당 초경량비행장치의 이상 유무를 점검하고, 이상이 있을 경우에는 비행을 중단할 것

2. 비행 전에 비행안전을 위한 주의사항에 대하여 동승자에게 충분히 설명할 것

3. 해당 초경량비행장치의 제작자가 정한 최대이륙중량 및 풍속기준을 초과하지 아니하도록 비행할 것

4. 다음 각 목의 사항을 기록하고 유지할 것. 이 경우 다목부터 마목까지의 사항은 패러글라이더, 동력패러글라이더 및 기구류 중 계류식으로 운영되지 않는 기구류의 조종자만 기록·유지한다.

가. 탑승자의 인적사항(성명, 생년월일 및 주소)

나. 사고 발생 시 비상연락·보고체계 등에 관한 사항

다. 해당 초경량비행장치의 제작사 매뉴얼에 따른 비행 전·후 점검결과 및 조치에 관한 사항

라. 기상정보에 관한 사항

마. 비행 시작·종료시간, 이륙·착륙장소, 비행경로 등 비행에 관한 사항

5. 기구류 중 계류식으로 운영되지 않는 기구류의 조종자는 다음 각 목의 구분에 따른 사항을 관할 항공교통업무기관에 통보할 것

가. 비행 전: 비행 시작시간 및 종료예정시간

나. 비행 후: 비행 종료시간

⑥ 무인자유기구 조종자는 별표 44의4에서 정하는 바에 따라 무

인자유기구를 비행해야 한다. 다만, 무인자유기구가 다른 국가의 영토를 비행하는 경우로서 해당 국가가 이와 다른 사항을 정하고 있는 경우에는 이에 따라 비행해야 한다. 〈신설 2020. 12. 10., 2024. 11. 13.〉

제311조(무인자유기구의 비행허가 신청 등) ① 법 제129조제2항에 따라 무인자유기구를 비행시키려는 자는 별지 제123호서식의 무인자유기구 비행허가 신청서에 다음 각 호의 사항을 적은 서류를 첨부하여 지방항공청장에게 신청하여야 한다.

1. 성명 · 주소 및 연락처
2. 기구의 등급 · 수량 · 용도 및 식별표지
3. 비행장소 및 회수장소
4. 예정비행시간 및 회수(완료)시간
5. 비행방향, 상승속도 및 최대고도
6. 고도 1만 8천미터(6만피트) 통과 또는 도달 예정시간 및 그 위치
7. 그 밖에 무인자유기구의 비행에 참고가 될 사항

② 지방항공청장은 제1항에 따른 신청을 받은 경우에는 그 내용을 심사한 후 항공교통의 안전에 지장이 없다고 인정하는 경우에는 비행을 허가하여야 한다.

③ 삭제 〈2020. 12. 10.〉

제312조(초경량비행장치사고의 보고 등) 법 제129조제3항에 따라 초경량비행장치사고를 일으킨 조종자 또는 그 초경량비행장치소유자등은 다음 각 호의 사항을 지방항공청장에게 보고하여야 한다.

1. 조종자 및 그 초경량비행장치소유자등의 성명 또는 명칭
2. 사고가 발생한 일시 및 장소
3. 초경량비행장치의 종류 및 신고번호
4. 사고의 경위
5. 사람의 사상(死傷) 또는 물건의 파손 개요
6. 사상자의 성명 등 사상자의 인적사항 파악을 위하여 참고가 될 사항

제312조의2(무인비행장치의 특별비행승인) ① 법 제129조제5항 전단에 따라 야간에 비행하거나 육안으로 확인할 수 없는 범위에서 비행하려는 자는 별지 제123호의2서식의 무인비행장치 특별비행승

인 신청서에 다음 각 호의 서류를 첨부하여 지방항공청장에게 제출하여야 한다. 〈개정 2020. 5. 27., 2020. 12. 10.〉

1. 무인비행장치의 종류·형식 및 제원에 관한 서류
2. 무인비행장치의 성능 및 운용한계에 관한 서류
3. 무인비행장치의 조작방법에 관한 서류
4. 무인비행장치의 비행절차, 비행지역, 운영인력 등이 포함된 비행계획서
5. 안전성인증서(제305조제1항에 따른 초경량비행장치 안전성인증 대상에 해당하는 무인비행장치에 한정한다)
6. 무인비행장치의 안전한 비행을 위한 무인비행장치 조종자의 조종 능력 및 경력 등을 증명하는 서류
7. 해당 무인비행장치 사고에 따른 제3자 손해 발생 시 손해배상 책임을 담보하기 위한 보험 또는 공제 등의 가입을 증명하는 서류(「항공사업법」 제70조제4항에 따라 보험 또는 공제에 가입하여야 하는 자로 한정한다)
8. 별지 제122호서식의 초경량비행장치 비행승인신청서(법 제129조제6항에 따라 법 제127조제2항 및 제3항의 비행승인 신청을 함께 하려는 경우에 한정한다)
9. 그 밖에 국토교통부장관이 정하여 고시하는 서류

② 지방항공청장은 제1항에 따른 신청서를 제출받은 날부터 30일(새로운 기술에 관한 검토 등 특별한 사정이 있는 경우에는 90일) 이내에 법 제129조제5항에 따른 무인비행장치 특별비행을 위한 안전기준에 적합한지 여부를 검사한 후 적합하다고 인정하는 경우에는 별지 제123호의3서식의 무인비행장치 특별비행승인서를 발급하여야 한다. 이 경우 지방항공청장은 항공안전의 확보 또는 인구밀집도, 사생활 침해 및 소음 발생 여부 등 주변 환경을 고려하여 필요하다고 인정되는 경우 비행일시, 장소, 방법 등을 정하여 승인할 수 있다. 〈개정 2018. 11. 22., 2020. 5. 27.〉

③ 제1항 및 제2항에 규정한 사항 외에 무인비행장치 특별비행승인을 위하여 필요한 사항은 국토교통부장관이 정하여 고시한다.

[본조신설 2017. 11. 10.]

제313조(초경량비행장치사용사업자에 대한 안전개선명령) 법 제130조제2호에서 "국토교통부령으로 정하는 사항"이란 다음 각 호의 어느 하

나에 해당하는 사항을 말한다. 〈개정 2022. 6. 8., 2024. 11. 13.〉

1. 초경량비행장치사용사업자가 운용중인 초경량비행장치에 장착된 안전성이 검증되지 아니한 장비의 제거

2. 초경량비행장치 제작자가 정한 정비ㆍ비행 절차의 이행

3. 법 제125조제1항에 따른 초경량비행장치 조종자 증명을 받아야 하는 사람에 대한 그 증명의 발급ㆍ효력 여부에 대한 확인

4. 초경량비행장치 조종자에 대한 다음 각 목의 사항의 교육

가. 제310조에 따른 초경량비행장치 조종자의 준수사항

나. 초경량비행장치 제작자가 정한 정비ㆍ비행 절차

다. 그 밖에 초경량비행장치사용사업의 안전을 위하여 국토교통부장관이 필요하다고 인정하여 고시하는 사항

제313조의2(국가기관등 무인비행장치의 긴급비행) ① 법 제131조의2제2항에 따른 무인비행장치의 적용특례가 적용되는 긴급 비행의 목적은 다음 각 호의 어느 하나에 해당하는 공공목적으로 한다. 〈개정 2020. 11. 2.〉

1. 재해ㆍ재난으로 인한 수색ㆍ구조

2. 시설물 붕괴ㆍ전도 등으로 인한 재해ㆍ재난이 발생한 경우 또는 발생할 우려가 있는 경우의 안전진단

3. 산불, 건물ㆍ선박화재 등 화재의 진화ㆍ예방

4. 응급환자 후송

5. 응급환자를 위한 장기(臟器) 이송 및 구조ㆍ구급활동

6. 산림 방제(防除)ㆍ순찰

7. 산림보호사업을 위한 화물 수송

8. 대형사고 등으로 인한 교통장애 모니터링

9. 풍수해 및 수질오염 등이 발생하는 경우 긴급점검

10. 테러 예방 및 대응

11. 그 밖에 제1호부터 제10호까지에서 규정한 공공목적과 유사한 공공목적

② 법 제131조의2제2항에 따른 안전관리방안에는 다음 각 호의 사항이 포함되어야 한다.

1. 무인비행장치의 관리 및 점검계획

2. 비행안전수칙 및 교육계획

3. 사고 발생 시 비상연락ㆍ보고체계 등에 관한 사항

4. 무인비행장치 사고로 인하여 지급할 손해배상 책임을 담보하기 위한 보험 또는 공제의 가입 등 피해자 보호대책

5. 긴급비행 기록관리 등에 관한 사항

[본조신설 2017. 11. 10.]

제11장 보칙

제314조(항공안전전문가) 법 제132조제2항에 따른 항공안전에 관한 전문가로 위촉받을 수 있는 사람은 다음 각 호의 어느 하나에 해당하는 사람으로 한다.

1. 항공종사자 자격증명을 가진 사람으로서 해당 분야에서 10년 이상의 실무경력을 갖춘 사람

2. 항공종사자 양성 전문교육기관의 해당 분야에서 5년 이상 교육훈련업무에 종사한 사람

3. 5급 이상의 공무원이었던 사람으로서 항공분야에서 5년(6급의 경우 10년) 이상의 실무경력을 갖춘 사람

4. 대학 또는 전문대학에서 해당 분야의 전임강사 이상으로 5년 이상 재직한 경력이 있는 사람

제315조(정기안전성검사) ① 국토교통부장관 또는 지방항공청장은 법 제132조제3항에 따라 다음 각 호의 사항에 관하여 항공운송사업자가 취항하는 공항에 대하여 정기적인 안전성검사를 하여야 한다.

1. 항공기 운항 · 정비 및 지원에 관련된 업무 · 조직 및 교육훈련

2. 항공기 부품과 예비품의 보관 및 급유시설

3. 비상계획 및 항공보안사항

4. 항공기 운항허가 및 비상지원절차

5. 지상조업과 위험물의 취급 및 처리

6. 공항시설

7. 그 밖에 국토교통부장관이 항공기 안전운항에 필요하다고 인정하는 사항

② 법 제132조제6항에 따른 공무원의 증표는 별지 제124호서식의 항공안전감독관증에 따른다.

제316조(항공기의 운항정지 및 항공종사자의 업무정지 등) 국토교통부장관 또는 지방항공청장은 법 제132조제8항에 따라 항공기, 경량항공기 또는 초경량비행장치의 운항 또는 항행안전시설의 운용을 일

시 정지하게 하거나 항공종사자, 초경량비행장치 조종자 또는 항행안전시설을 관리하는 자의 업무를 일시 정지하게 하는 경우에는 다음 각 호에 따라 조치하여야 한다.

1. 항공기, 경량항공기 또는 초경량비행장치의 운항 또는 항행안전시설의 운용을 일시 정지하게 하거나 항공종사자, 초경량비행장치 조종자 또는 항행안전시설을 관리하는 자의 업무를 일시 정지하게 하는 사유 및 조치하여야 할 내용의 통보(구두로 통보한 경우에는 사후에 서면으로 통지하여야 한다)

2. 제1호에 따른 통보를 받은 자가 통보받은 내용을 이행하고 그 결과를 제출한 경우 그 이행 결과에 대한 확인

3. 제2호에 따른 확인 결과 일시 운항정지 또는 업무정지 등의 사유가 해소되었다고 판단하는 경우에는 항공기, 경량항공기 또는 초경량비행장치의 재운항 또는 항행안전시설의 재운용이 가능함을 통보하거나, 항공종사자, 초경량비행장치 조종자 또는 항행안전시설을 관리하는 자가 업무를 계속 수행할 수 있음을 통보(구두로 통보하는 것을 포함한다)

제317조(항공운송사업자에 관한 안전도 정보의 공개) ① 법 제133조제1호에서 "국토교통부령으로 정하는 항공사고"란 최근 5년 이내에 발생한 항공기사고로서 국제민간항공기구에서 공개한 사고를 말한다.

② 법 제133조제3호에서 "국토교통부령으로 정하는 사항"이란 다음 각 호의 어느 하나에 해당하는 사항을 말한다. 〈개정 2019. 9. 23., 2023. 10. 19.〉

1. 외국정부에서 실시·공개한 항공운송사업자의 항공안전평가결과에 관한 사항

2. 항공운송사업자별 기령(機齡) 20년 초과 항공기(이하 "경년항공기"라 한다)의 보유 및 운영에 관한 사항(외국인국제항공운송사업자는 제외한다)

3. 그 밖에 국토교통부장관이 국민의 안전한 항공기 이용을 위하여 공개할 필요가 있다고 인정하는 정보

③ 국토교통부장관은 법 제133조에 따라 항공운송사업자에 관한 안전도 정보를 공개하는 경우에는 국토교통부 홈페이지에 게재하여야 한다. 이 경우 필요하다고 인정하는 경우에는 항공 관련 기관이

나 단체의 홈페이지에 함께 게재할 수 있다.

제317조의2(안전투자의 범위 및 항목) ① 법 제133조의2제1항에 따른 안전투자(이하 "안전투자"라 한다)의 범위 및 항목은 다음 각 호와 같다.

1. 항공기 및 부품
   가. 경년항공기의 교체
   나. 예비용 항공기의 구입 또는 임차
   다. 항공기의 정비 · 수리 · 개조
   라. 발동기 · 부품 등의 구매 및 임차
   마. 정비시설 · 장비의 구매 및 유지 관리
2. 항공기 운항 및 공항시설
   가. 공항시설의 설치 및 개선
   나. 소방 · 제설 · 제빙 · 방빙 등을 위한 차량 등의 구입
   다. 법 제58조제2항에 따른 항공안전관리시스템의 구축 및 유지 관리와 안전정보 관리
3. 항공종사자 · 직원의 교육훈련
4. 항공안전을 위한 연구개발
5. 항공안전 증진을 위한 홍보
6. 그 밖에 항공안전에 관련된 투자에 관한 사항으로서 국토교통부장관이 고시하는 사항

② 제1항에 따른 안전투자 범위 및 항목에 관한 세부기준은 국토교통부장관이 정하여 고시한다.

[본조신설 2020. 5. 27.]

제317조의3(안전투자의 공시 기준) ① 법 제133조의2제1항에 따른 안전투자 공시에는 다음 각 호의 사항이 모두 포함되어야 한다.

1. 과거 2년간의 안전투자 실적
2. 당해 연도의 안전투자 계획
3. 향후 1년간 안전투자 계획
4. 그 밖에 안전투자에 관한 사항으로서 국토교통부장관이 정하여 고시하는 사항

② 제1항에 따른 안전투자공시에 관한 세부기준은 국토교통부장관이 정하여 고시한다.

[본조신설 2020. 5. 27.]

제317조의4(안전투자의 공시 절차) ①「항공사업법」 제2조제35호에 따른 항공교통사업자(이하 "항공교통사업자"라 한다)는 법 제133조의2에 따른 안전투자의 공시를 하려면 제317조의3에 따른 공시기준(이하 "공시기준"이라 한다)에 따라 안전투자 공시내역서를 작성하여 매년 3월 말까지 국토교통부장관에게 제출하여야 한다.

② 제1항에 따른 안전투자 공시내역서를 받은 국토교통부장관은 안전투자 공시내역서가 공시기준에 맞는지를 확인하여야 하며, 필요한 경우 해당 항공교통사업자에게 안전투자 공시내역서의 보완을 요청할 수 있다.

③ 국토교통부장관은 제2항에 따른 안전투자 공시내역서를 받은 날부터 1개월 이내에 확인의견을 항공교통사업자에게 통보하여야 한다.

④ 제3항에 따른 확인의견을 받은 항공교통사업자는 통보를 받은 날로부터 10일 이내에 확인의견과 안전투자 공시내역서를 항공교통사업자의 인터넷 홈페이지 및「항공사업법」 제6조제1항제3호에 따른 항공정보포털시스템에 게시해야 한다.

⑤ 제1항부터 제4항까지에서 규정한 사항 외에 안전투자의 공시 절차에 관한 세부적인 사항은 국토교통부장관이 정하여 고시한다.

[본조신설 2020. 5. 27.]

제318조(권한 위임의 범위) 영 제26조제1항제19호나목에서 "국토교통부령으로 정하는 의무보고 대상 항공안전장애"란 별표 20의2 제3호나목의 의무보고 대상 항공안전장애를 말한다.

[본조신설 2021. 6. 9.]

[종전 제318조는 제318조의2로 이동 〈2021. 6. 8.〉]

제318조의2(전문검사기관의 지정 기준) 영 제26조제3항에서 "국토교통부령으로 정하는 기술인력, 시설 및 장비"란 별표 45에 따른 기술인력, 시설 및 장비를 말한다.

[제318조에서 이동 〈2021. 6. 9.〉]

제319조(항공영어구술능력평가 전문기관의 지정) ① 영 제26조제8항에 따라 항공영어구술능력증명시험의 실시를 위한 평가전문기관 또는 단체(이하 "평가기관"이라 한다)로 지정받으려는 자는 별지 제125호서식의 항공영어구술능력평가 전문기관 지정신청서에 다음 각 호의 서류를 첨부하여 국토교통부장관에게 제출하여야 한다. 〈개정

2019. 9. 23.〉

1. 평가기관의 조직도

2. 평가전문인력의 정원, 자격 및 경력을 적은 서류

3. 평가전문인력에 대한 교육훈련 프로그램

4. 다음 각 목의 사항이 포함된 항공영어구술능력평가업무 수행계획서

가. 시험문제의 검토 · 선정

나. 시험의 실시 · 평가

다. 시험결과의 통보

5. 평가의 객관성, 공정성 확보방안 및 부정행위 방지대책

② 국토교통부장관은 제1항에 따라 신청을 받은 경우에는 그 내용을 심사하여 별표 46에 따른 기준에 적합하다고 인정하면 별지 제126호서식의 항공영어구술능력평가 전문기관 지정서를 발급하고 이를 관보에 고시해야 한다. 〈개정 2019. 9. 23.〉

③ 제2항에 따라 지정을 받은 평가기관은 제1항 각 호의 사항이 변경된 경우에는 그 변경 내용을 지체 없이 국토교통부장관에게 보고하여야 한다.

제320조(평가기관의 인력 · 시설기준 등) ① 영 제26조제8항에서 "국토교통부령으로 정하는 인력 · 시설 등"이란 별표 46에 따른 인력 · 시설 등을 말한다. 〈개정 2019. 9. 23.〉

② 국토교통부장관은 평가기관이 제1항의 기준에 적합한지 여부를 매년 심사하여야 한다.

[제목개정 2019. 9. 23.]

제320조의2(안전투자 공시업무의 위탁) 영 제26조제10항제6호에서 "국토교통부령으로 정하는 업무"란 다음 각 호의 업무를 말한다.

1. 제317조의4제1항에 따른 안전투자 공시내역서의 접수

2. 제317조의4제2항에 따른 안전투자 공시내역서의 확인 및 보완 요청

3. 제317조의4제3항에 따른 안전투자 공시내역서 확인의견의 통보

[본조신설 2020. 5. 27.]

제320조의3(초경량비행장치 안전교육기관의 지정) ① 영 제26조제12항에서 "국토교통부령으로 정하는 인력, 장비 및 시설을 갖춘 기관 · 단체"란 다음 각 호의 요건을 모두 갖춘 기관 · 단체를 말한다.

1. 법 제125조제1항에 따른 초경량비행장치 조종자 증명을 받은 사람으로서 제307조제2항제1호가목에 따른 조종교육교관과정을 이수한 인력을 갖출 것

2. 다음 각 목의 장비 및 시설을 모두 갖출 것. 이 경우 임대차계약 등을 통해 장비 및 시설의 사용권을 확보한 경우에는 그 계약기간 동안 해당 장비 및 시설을 갖춘 것으로 본다.

가. 비대면 교육에 필요한 컴퓨터 등의 장비

나. 교육용 비행장치

다. 교육기록을 안전하게 저장할 수 있는 전자저장매체

라. 사무실 및 대면 교육에 필요한 교육장

② 초경량비행장치 안전교육기관으로 지정받으려는 기관·단체는 별지 제127호서식의 초경량비행장치 안전교육기관 지정 신청서에 다음 각 호의 서류를 첨부하여 국토교통부장관에게 제출해야 한다.

1. 해당 기관·단체의 조직도 및 인력 현황

2. 다음 각 목의 사항이 포함된 초경량비행장치 안전교육 계획서

가. 교육 내용

나. 교육성과에 대한 평가 방법

다. 교육기록 보존 계획

3. 제1항 각 호의 인력, 장비 및 시설을 갖추었음을 증명하는 서류

4. 제1항제1호에 따른 인력에 대한 교육훈련 계획

③ 국토교통부장관은 제2항에 따라 지정 신청을 받으면 초경량비행장치 안전교육기관으로 적합하다고 인정하는 경우에는 별지 제128호서식의 초경량비행장치 안전교육기관 지정서를 발급하고 그 사실을 관보에 고시해야 한다.

④ 초경량비행장치 안전교육기관은 제1항 각 호의 사항을 변경한 경우에는 그 내용을 지체 없이 국토교통부장관에게 보고해야 한다.

[본조신설 2024. 11. 13.]

제321조(수수료) ① 법 제136조에 따라 수수료를 내야 하는 자와 그 금액은 별표 47과 같다.

② 국가 또는 지방자치단체에 대해서는 국토교통부장관 또는 지방항공청장이 직접 수행하는 업무에 한정하여 제1항에 따른 수수료 및 법 제136조제2항에 따른 여비를 면제한다.

③ 제1항에 따른 수수료는 정보통신망을 이용하여 전자화폐·전

자결제 등의 방법으로 내도록 할 수 있다.

④ 법 제136조제2항에 따른 현지출장 등의 여비 지급기준은 「공무원여비규정」에 따른다. 다만, 법 제135조제2항에 따른 전문검사기관의 경우에는 그 기관의 여비규정에 따른다.

⑤ 제1항에 따른 수수료를 과오납한 경우에는 해당 과오납 금액을 반환하고, 별표 47 제12호, 제13호, 제17호, 제18호, 제30호, 제31호, 제34호, 제35호 및 제38호에 따른 시험 또는 교육을 신청한 사람이 다음 각 호의 어느 하나에 해당하는 사유로 시험에 응시하지 못하거나 교육을 받지 못한 경우에는 해당 수수료의 전부를 납부한 사람에게 반환하여야 한다. 〈개정 2018. 3. 23., 2021. 6. 9., 2024. 9. 20.〉

1. 한국교통안전공단의 귀책사유로 시험에 응시하지 못한 경우

2. 학과시험 시행 1일 전까지 및 실기시험 시행 5일 전까지 접수를 취소하는 경우

3. 5등급 이하의 항공영어구술능력증명시험 시행 1일 전까지 및 6등급의 항공영어구술능력증명시험 시행 5일 전까지 접수를 취소하는 경우

4. 다음 각 목의 어느 하나에 해당하는 사유로 시험에 응시하지 못하거나 교육을 받지 못하는 경우

가. 시험에 응시하거나 교육을 받으려는 사람의 사망, 사고 또는 질병의 발생

나. 시험에 응시하거나 교육을 받으려는 사람의 직계가족의 사망

다. 그 밖에 시험에 응시하거나 교육을 받을 수 없는 불가피한 사유가 있다고 한국교통안전공단의 이사장이 인정하는 경우

제322조(규제의 재검토) 국토교통부장관은 다음 각 호의 사항에 대하여 다음 각 호의 기준일을 기준으로 3년마다(매 3년이 되는 해의 기준일과 같은 날 전까지를 말한다) 그 타당성을 검토하여 개선 등의 조치를 해야 한다. 〈개정 2022. 7. 19., 2025. 1. 17.〉

1. 제91조의4 및 별표 7의4에 따른 모의비행훈련장치의 지정 취소 등 행정처분기준: 2021년 11월 30일

1의2. 제96조의3제1항에 따른 신체적 · 정신적 상태 저하의 신고기준: 2025년 1월 19일

1의3. 제97조 및 별표 10에 따른 항공종사자에 대한 행정처분기준: 2022년 7월 19일

1의4. 제103조의2 및 별표 10의2에 따른 조종연습생등에 대한 행정처분기준: 2022년 7월 19일

2. 제104조 및 별표 12에 따른 운항관리사과정 전문교육기관의 지정기준: 2021년 11월 30일

3. 제282조 및 별표 39 제5호에 따른 외국인 국제항공운송사업자에 대한 행정처분기준: 2021년 11월 30일

4. 제292조 및 별표 42에 따른 경량항공기 조종사 등에 대한 행정처분기준: 2021년 11월 30일

[본조신설 2021. 11. 19.]

부칙 〈제410호, 2017. 3. 30.〉

제1조(시행일) 이 규칙은 2017년 3월 30일부터 시행한다. 다만, 제98조제3항·제4항 및 별표 4 제1호나목의 조종교육증명란은 2018년 3월 30일부터 시행하고, 제109조(같은 조 제1항제5호는 제외한다)는 2017년 8월 20일부터 시행하며, 제109조제1항제5호는 2018년 11월 8일부터 시행한다.

제2조(다른 법령의 폐지) 항공법 시행규칙은 폐지한다.

제3조(자격증명시험 및 한정심사의 면제에 관한 경과조치) 부칙 제1조 본문에 따른 시행일 당시 종전의 항공법 시행규칙(부칙 제2조에 따라 폐지되기 전의 것을 말한다. 이하 같다) 제94조제4항에 따라 지정을 받은 전문교육기관에서 교육훈련을 이수하고 있거나 이수한 사람에 대해서는 제91조제2항 및 제92조제2항에도 불구하고 종전의 항공법 시행규칙 제90조제2항 및 제91조제2항에 따른다.

제4조(항공교통관제사 자격증명시험 응시자격에 관한 경과조치) 부칙 제1조 본문에 따른 시행일 당시 종전의 항공법 시행규칙 제94조제4항에 따라 지정을 받은 전문교육기관에서 교육훈련을 이수하고 있거나 이수한 사람에 대해서는 별표 4 제1호가목의 항공교통관제사란에도 불구하고 종전의 항공법 시행규칙 별표 9 제1호의 항공교통관제사란에 따른다.

제5조(조종교육증명에 관한 경과조치) ① 2018년 3월 29일까지 조종교육증명을 위한 한정심사에 응시하려는 사람의 응시경력에 관하

여는 별표 4 제1호나목의 조종교육증명란에도 불구하고 종전의 항공법 시행규칙 별표 9 제2호의 조종교육증명란에 따른다.

② 2018년 3월 30일 전에 종전의 항공법 제34조제2항 또는 법 제44조제2항에 따라 조종교육증명을 받은 사람은 제98조제3항제1호에 따른 초급 조종교육증명을 받은 것으로 본다. 다만, 해당 조종교육증명을 받은 후에 조종교육 비행시간이 275시간 이상이면서 총 비행시간이 500시간 이상인 사람은 제98조제3항제2호에 따른 선임 조종교육증명을 받은 것으로 본다.

제6조(사고예방장치에 관한 경과조치) 사고예방장치에 관하여는 제109조에도 불구하고 2017년 8월 19일까지는 종전의 항공법 시행규칙(국토교통부령 제385호 항공법 시행규칙 일부개정령에 따라 개정되기 전의 것을 말한다) 제135조의2에 따른다.

제7조(경량항공기 조종교육증명을 받은 사람의 안전교육에 관한 적용례) 이 규칙 시행 전에 종전의 항공법 제24조제9항에서 준용하는 같은 법 제34조제2항에 따라 경량항공기 조종교육증명을 받은 사람은 제296조제3항에 따른 안전교육을 2018년 3월 29일까지 받아야 한다.

제8조(전문교육기관의 모의관제장비에 관한 경과조치) 이 규칙 시행 당시 종전의 항공법 시행규칙 제94조제4항에 따라 국토교통부장관이 지정한 전문교육기관 중 종전의 항공법 시행규칙 별표 13 제9호에 따른 모의관제장비를 사용하는 기관은 2018년 3월 29일까지 해당 모의관제장비에 대하여 국토교통부장관으로부터 인정을 받아야 한다.

제9조(초경량비행장치 조종자 증명에 관한 경과조치) 부칙 제1조 본문에 따른 시행일 전에 종전의 항공법 시행규칙 제66조의2제1항제5호에 따라 무인회전익비행장치 조종자 증명을 받은 사람은 제306조제1항제4호에 따라 무인헬리콥터 및 무인멀티콥터 조종자 증명을 각각 받은 것으로 본다.

제10조(다른 법령과의 관계) 이 규칙 시행 당시 다른 법령에서 종전의 항공법 시행규칙과 그 규정을 인용한 경우에 이 규칙 가운데 그에 해당하는 규정이 있으면 종전의 규정을 갈음하여 이 규칙 또는 이 규칙의 해당 규정을 인용한 것으로 본다.

부칙 〈제440호, 2017. 7. 18.〉

제1조(시행일) 이 규칙은 공포한 날부터 시행한다. 다만, 별표 28

제2호의 개정규정은 2017년 7월 18일부터 시행하고, 별표 47 제19호의 개정규정은 2017년 9월 1일부터 시행한다.
제2조(초경량비행장치의 비행승인에 관한 적용례) 제308조제1항제4호의 개정규정은 이 규칙 시행 전에 초경량비행장치 비행승인을 신청한 초경량비행장치에 대해서도 적용한다.
제3조(항공신체검사에 관한 적용례) 별표 9 제12호의 개정규정은 이 규칙 시행 전에 항공신체검사증명 신청서를 제출한 사람에 대해서도 적용한다.

부칙 〈제464호, 2017. 11. 10.〉
제1조(시행일) 이 규칙은 2017년 11월 10일부터 시행한다.
제2조(초경량비행장치 전문교육기관 지정에 관한 경과조치) 이 규칙 시행 당시 국토교통부장관에게 초경량비행장치 조종자 전문교육기관 지정신청서를 제출한 자는 제307조제1항의 개정규정에 따라 교통안전공단에 제출한 것으로 본다.

부칙 〈제499호, 2018. 3. 23.〉
제1조(시행일) 이 규칙은 공포한 날부터 시행한다. 다만, 별표 5 제1호가목1) 및 별표 6의 개정규정은 2019년 1월 1일부터 시행한다.
제2조(전문교육기관의 항공정비사과정에 관한 적용례) 별표 12 제9호가목의 개정규정은 이 규칙 시행 당시 전문교육기관에서 개설 중인 항공정비사 과정부터 적용한다.

부칙 〈제509호, 2018. 4. 25.〉
이 규칙은 2018년 4월 25일부터 시행한다.

부칙 〈제529호, 2018. 6. 27.〉
이 규칙은 2018년 6월 27일부터 시행한다.

부칙 〈제559호, 2018. 11. 22.〉
제1조(시행일) 이 규칙은 공포한 날부터 시행한다.
제2조(무인비행장치의 특별비행승인 신청에 관한 적용례) 제312조의2제2항 및 별지 제123호의2서식에 따른 처리기간의 개정규정은 이

규칙 시행 이후 무인비행장치의 특별비행승인을 신청하는 경우부터 적용한다.

부칙 〈제600호, 2019. 2. 26.〉

제1조(시행일) 이 규칙은 공포한 날부터 시행한다. 다만, 별표 4 제1호가목의 개정규정은 공포 후 6개월이 경과한 날부터 시행하고, 별표 5 제1호가목1)의 개정규정은 2020년 1월 1일부터 시행한다.

제2조(운항자격인정을 위한 지식·기량 요건에 관한 적용례) 제138조 및 제139조의 개정규정은 이 규칙 시행 전에 법 제63조제1항 및 제140조에 따라 운항자격 인정 및 심사를 신청한 사람에 대해서도 적용한다.

제3조(항공신체검사에 관한 적용례) 별표 9 제9호의 개정규정은 이 규칙 시행 전에 법 제40조제1항 및 제93조제1항에 따라 항공신체검사증명을 신청한 사람에 대해서도 적용한다.

제4조(전문교육기관 지정기준에 관한 적용례) 별표 12의 개정규정은 이 규칙 시행 전에 법 제48조제1항 및 제104조제1항에 따라 전문교육기관의 지정을 신청한 경우에도 적용한다.

제5조(항공기술요원 양성 교육기관의 항공정비사과정에 관한 경과조치) 부칙 제1조 단서에 따른 시행일 당시 항공기술요원을 양성하는 교육기관에서 교육을 이수하고 있거나 이수한 사람에 대해서는 별표 4 제1호가목다)의 개정규정에도 불구하고 종전의 규정에 따른다.

제6조(전문교육기관 지정기준에 관한 경과조치) 이 규칙 시행 전에 법 제48조제1항에 따라 지정된 전문교육기관의 지정기준에 관하여는 별표 12의 개정규정에도 불구하고 2020년 12월 31일까지는 종전의 별표 12에 따른다.

부칙 〈제651호, 2019. 9. 23.〉

제1조(시행일) 이 규칙은 공포한 날부터 시행한다. 다만 별표 4 제1호가목 항공정비사의 비행경력 또는 그 밖의 경력란의 나)의 개정규정은 공포 후 1년이 경과한 날부터 시행하고, 별표 18 및 별표 19의 개정규정은 2020년 1월 1일부터 시행한다.

제2조(항공교통관제사 등의 자격증명시험 응시자격에 관한 경과조치) ① 이 규칙 시행 당시 별표 5 제1호에 따른 항공교통관제사 학

과시험의 범위를 포함하는 각 과목을 이수하였거나 이수 중에 있는 사람은 별표 4 제1호가목 항공교통관제사의 비행경력 또는 그 밖의 경력란의 개정규정에도 불구하고 종전의 규정에 따른다.

② 이 규칙 시행 당시 별표 5 제1호에 따른 항공정비 관련 학과에 입학하였거나 항공정비 관련 학과를 이수한 사람이 정비실습경력 1년 이상을 충족하는 경우에는 별표 4 제1호가목 항공정비사의 비행경력 또는 그 밖의 경력란의 1)나)의 개정규정에도 불구하고 종전의 규정에 따른다.

부칙 〈제703호, 2020. 2. 28.〉

제1조(시행일) 이 규칙은 공포한 날부터 시행한다. 다만, 제81조제5항제1호가목 단서 및 나목 단서, 제81조제6항, 별표 4 제1호가목의 항공정비사의 비행경력 또는 그 밖의 경력란의 2) 및 같은 표 제1호나목의 자격증명한정의 항공정비사란, 별표 5 제1호가목1)의 항공정비사란, 같은 표 제1호가목2)의 항공정비사란, 같은 표 제1호나목1)의 항공정비사란 및 같은 표 제1호나목2)의 항공정비사란의 개정규정(경량항공기에 관한 부분은 제외한다)은 공포 후 1년이 경과한 날부터 시행한다.

제2조(항공안전관리시스템의 변경승인 등에 관한 적용례) ① 제130조제3항제3호부터 제7호까지의 개정규정은 이 규칙 시행 후 항공안전관리시스템을 변경하는 경우부터 적용한다.

② 이 규칙 시행 당시 종전의 규정에 따라 항공안전프로그램, 항공안전관리시스템 및 항공교통업무 안전관리시스템을 구축·운용하고 있는 자는 해당 프로그램 및 시스템을 이 규칙 시행일부터 1년이 되는 날까지 제131조부터 제133조까지의 개정규정에 적합하게 해야 한다.

제3조(항공정비사의 항공기 종류의 한정에 관한 경과조치) 이 규칙 시행 당시 다음 각 호의 어느 하나에 해당하는 사람에 대해서는 제81조제5항제1호가목 단서 및 나목 단서의 개정규정에도 불구하고 종전의 규정에 따른다.

1. 종전의 규정에 따라 항공정비사 자격증명을 받은 사람(별표 4 제1호가목의 항공정비사의 비행경력 또는 그 밖의 경력란의 1)라)에 따른 자격증명을 받은 사람을 포함한다)

2. 다음 각 목의 어느 하나에 해당하는 기관에 입학한 사람

가. 별표 4 제1호가목의 항공정비사의 비행경력 또는 그 밖의 경력란의 1)나)에 따른 항공정비사 학과시험의 범위를 포함하는 각 과목을 교육하는 기관

나. 별표 4 제1호가목의 항공정비사의 비행경력 또는 그 밖의 경력란의 1)다)에 따른 전문교육기관

제4조(항공정비사의 정비분야 한정에 관한 경과조치) ① 이 규칙 시행 전에 종전의 제81조제6항에 따라 정비분야의 한정(전자 · 전기 · 계기 관련 분야의 한정을 받은 경우는 제외한다)을 받은 사람은 제81조제5항제1호가목 본문 및 나목 본문에 따른 항공기 종류의 한정을 받은 것으로 본다. 이 경우 항공정비사는 한정을 받은 것으로 의제되는 비행기 또는 헬리콥터(프로펠러 관련분야로 정비분야를 한정받은 경우에는 비행기)에 대하여 별표 4 제1호가목의 항공정비사란 및 같은 호 나목의 자격증명한정의 항공정비사란에 따른 정비업무경력을 갖추고 있어야 한다.

② 제1항에 따라 항공기 종류의 한정을 받은 것으로 의제되는 항공정비사가 새로 항공정비사 자격증명서를 발급받으려는 경우에는 이 규칙 시행일부터 1년 이내에 한국교통안전공단의 이사장에게 제87조에 따른 자격증명서의 발급을 신청할 수 있다.

③ 한국교통안전공단의 이사장은 제2항에 따른 신청을 받은 경우 신청자가 제1항 후단에 따른 정비업무경력을 갖추고 있으면 항공기 종류의 한정내용에 따라 별지 제38호서식의 항공종사자 자격증명서를 발급해주어야 한다.

제5조(항공정비사 시험 등에 관한 경과조치) 별표 5 제1호가목1)의 항공정비사란의 및 같은 목 2)의 항공정비사란의 개정규정에도 불구하고 이 규칙 시행 전에 종전의 규정에 따라 다음 표의 왼쪽란에 해당하는 항공정비사 학과시험의 과목에 합격한 사람은 같은 표의 오른쪽란에 해당하는 항공정비사의 학과시험의 과목에 합격한 것으로 본다.

종전의 규정에 따른 항공정비사 학과시험의 과목	개정규정에 따른 항공정비사 학과시험 과목
항공기체분야, 왕복발동기분야, 터빈발동기분야, 프로펠러분야의 항공법규 과목	비행기분야 및 헬리콥터분야의 항공법규 과목

항공기체분야, 왕복발동기분야, 터빈발동기분야, 프로펠러분야의 정비일반 과목	비행기분야 및 헬리콥터분야의 정비일반 과목
항공기체분야의 항공기체 과목	비행기분야 및 헬리콥터분야의 항공기체 과목
왕복발동기분야의 왕복발동기 과목	비행기분야 및 헬리콥터분야의 항공발동기 과목
터빈발동기분야의 터빈발동기 과목	비행기분야 및 헬리콥터분야의 항공발동기 과목
프로펠러분야의 프로펠러 과목	비행기분야 및 헬리콥터분야의 항공발동기 과목
전자·전기·계기분야의 전자·전기·계기분야 과목	전자·전기·계기분야의 전자·전기·계기분야(기본) 과목 및 전자·전기·계기분야(심화) 과목

제6조(비행실기교육 위탁에 관한 경과조치) 이 규칙 시행 당시 종전의 규정에 따라 비행실기교육을 법 제48조에 따라 전문교육기관으로 지정받지 않은 외부기관에 위탁한 경우에는 이 규칙 시행일부터 1년이 되는 날까지 별표 12 제1호다목5), 제2호다목5), 제3호다목5), 제4호다목4) 및 제5호다목4)의 개정규정에 적합한 자에게 다시 위탁해야 한다.

부칙 〈제730호, 2020. 5. 27.〉

제1조(시행일) 이 규칙은 2020년 5월 27일부터 시행한다. 다만, 제306조제1항제4호의 개정규정은 2021년 3월 1일부터 시행하고, 제317조의2부터 제317조의4까지 및 제320조의2의 개정규정은 2022년 11월 27일부터 시행한다.

제2조(경량항공기 조종사 자격증명에 관한 경과조치) 이 규칙 시행 전에 국토교통부장관이 지정한 전문교육기관의 교육과정을 이수한 사람에 대하여는 별표 4 제2호가목의 개정규정에도 불구하고 종전의 규정에 따른다.

부칙 〈제775호, 2020. 11. 2.〉

제1조(시행일) 이 규칙은 공포한 날부터 시행한다. 다만, 별표 15 제5호비고의 제2호의 개정규정은 공포 후 3개월이 경과한 날부터 시행한다.

제2조(수수료에 관한 적용례) 별표 47 제32호의 개정규정은 이 규칙 시행 후 신청하는 경량항공기 안전교육부터 적용한다.

제3조(항공종사자 등에 대한 행정처분기준에 관한 경과조치) 이 규

칙 시행 전의 위반행위에 대한 행정처분에 관하여는 그 기준이 종전보다 강화된 경우에는 종전의 별표 10, 별표 34 및 별표 35에 따르고, 종전보다 완화된 경우에는 별표 10, 별표 34 및 별표 35의 개정규정에 따른다.

부칙 〈제786호, 2020. 12. 10.〉

제1조(시행일) 이 규칙은 2020년 12월 10일부터 시행한다. 다만 제109조제3항의 개정규정은 공포 후 3개월이 경과한 날부터 시행하고, 별표 5의 개정규정은 공포 후 6개월이 경과한 날부터 시행하며, 제177조제2항 및 별표 12의 개정규정은 공포 후 12개월이 경과한 날부터 시행하고, 별표 12 제9호가목 및 같은 호 다목2)의 개정규정은 2021년 3월 1일부터 시행한다.

제2조(항공교통관제사 응시경력에 관한 적용례) 별표 4의 개정규정은 이 규칙 시행 이후 전문교육기관의 교육과정을 시작하는 사람부터 적용한다.

제3조(전문교육기관 지정기준에 관한 적용례 등) ① 별표 12의 개정규정은 이 규칙 시행 이후 전문교육기관 지정을 신청하거나 전문교육기관 훈련운영기준의 변경을 신청하는 경우부터 적용한다.

② 이 규칙 시행 당시 종전의 규정에 따라 전문교육기관 지정을 받은 자는 이 규칙 시행일부터 1년이 되는 날까지 전문교육기관의 이착륙 시설, 장비 등을 별표 12의 개정규정에 적합하게 해야 한다.

제4조(정비규정 인가 등에 관한 적용례 등) ① 별표 37의 개정규정은 이 규칙 시행 이후 정비규정의 인가 또는 변경인가를 신청하는 경우부터 적용한다.

② 이 규칙 시행 당시 종전의 규정에 따라 정비규정을 인가받은 자는 이 규칙 시행일부터 180일이 되는 날까지 정비규정을 별표 37의 개정규정에 적합하게 해야 한다.

부칙 〈제838호, 2021. 3. 16.〉 (주세법 시행규칙)

제1조(시행일) 이 규칙은 공포한 날부터 시행한다.

제2조 생략

제3조(다른 법령의 개정) ① 생략

② 항공안전법 시행규칙 일부를 다음과 같이 개정한다.

제310조제1항제7호 중 “「주세법」 제3조제1호”를 “「주세법」 제2조제1호”로 한다.
제4조 생략

부칙 〈제855호, 2021. 6. 9.〉
제1조(시행일) 이 규칙은 2021년 6월 9일부터 시행한다. 다만, 별지 제38호서식의 개정규정은 2022년 1월 1일부터 시행한다.
제2조(초경량비행장치의 기준에 관한 경과조치) 이 규칙 시행 당시 종전의 규정에 따라 법 제124조에 따른 초경량비행장치 안전성인증을 받은 동력비행장치에 대해서는 제5조제1호의 개정규정에도 불구하고 종전의 규정에 따른다.
제3조(항공안전관리시스템 구축·운용 등에 관한 경과조치) 이 규칙 시행 당시 종전의 규정에 따라 항공안전관리시스템 및 항공교통업무안전관리시스템을 구축·운용하고 있는 자는 해당 시스템을 이 규칙 시행일부터 180일이 되는 날까지 제132조 및 별표 20의 개정규정에 적합하게 해야 한다.
제4조(정비규정 인가 등에 관한 경과조치) 이 규칙 시행 당시 종전의 규정에 따라 정비규정을 인가받은 자는 이 규칙 시행일부터 180일이 되는 날까지 정비규정을 별표 37의 개정규정에 적합하게 해야 한다.

부칙 〈제882호, 2021. 8. 27.〉 (어려운 법령용어 정비를 위한 80개 국토교통부령 일부개정령)
이 규칙은 공포한 날부터 시행한다. 〈단서 생략〉

부칙 〈제915호, 2021. 11. 19.〉
이 규칙은 2021년 11월 19일부터 시행한다.

부칙 〈제1130호, 2022. 6. 8.〉
제1조(시행일) 이 규칙은 2022년 6월 8일부터 시행한다. 다만, 다음 각 호의 개정규정은 해당 호에서 정한 날부터 시행한다.
1. 제284조, 제304조, 별지 제110호서식 및 별지 제119호서식의 개정규정: 공포 후 2개월이 경과한 날

2. 제310조제1항의 개정규정: 공포 후 1개월이 경과한 날

3. 제313조제3호의 개정규정: 2022년 12월 8일

제2조(비행경력의 증명에 관한 적용례) 제77조제1항 및 제2항의 개정규정은 이 규칙 시행 이후 비행경력을 증명하는 경우부터 적용한다.

제3조(경량항공기 시험비행등 허가에 관한 적용례) 제284조제2항 및 제3항의 개정규정은 이 규칙 시행 전에 법 제108조 전단에 따라 경량항공기 시험비행 등 허가를 신청한 경우에 대해서도 적용한다.

제4조(초경량비행장치 시험비행등 허가에 관한 적용례) 제304조제2항 및 제3항의 개정규정은 이 규칙 시행 전에 법 제124조 전단에 따라 초경량비행장치 시험비행 등 허가를 신청한 경우에 대해서도 적용한다.

제5조(경량항공기 등의 안전성인증 수수료 감면에 관한 적용례) 별표 47 비고제9호의 개정규정은 이 규칙 시행 이후 안전성인증을 신청하는 경우부터 적용한다.

부칙 〈제1136호, 2022. 7. 19.〉

이 규칙은 2022년 7월 19일부터 시행한다.

부칙 〈제1167호, 2022. 12. 9.〉

이 규칙은 2022년 12월 11일부터 시행한다.

부칙 〈제1188호, 2023. 1. 13.〉

제1조(시행일) 이 규칙은 2023년 1월 19일부터 시행한다.

제2조(건강증진활동계획 수립에 관한 적용례) 법 제41조의2에 따라 건강증진활동계획을 수립·시행해야 하는 자는 이 규칙 시행 후 6개월 이내에 제96조의2의 개정규정에 따른 최초의 건강증진활동계획을 수립해야 한다.

부칙 〈제1252호, 2023. 9. 12.〉

제1조(시행일) 이 규칙은 공포한 날부터 시행한다. 다만, 다음 각 호의 개정규정은 해당 호의 구분에 따른 날부터 시행한다.

1. 제310조제5항, 별표 8 및 별표 20의2의 개정규정: 공포 후 1개월이 경과한 날

2. 제109조제1항 단서, 같은 항 제2호·제3호 및 같은 조 제5항의 개정규정: 공포 후 6개월이 경과한 날
제2조(초경량비행장치 비행승인에 관한 적용례) 제308조제3항·제7항 및 별지 제122호서식의 개정규정은 이 규칙 시행일 이후 초경량비행장치 비행승인신청서를 제출하는 경우부터 적용한다.
제3조(항공신체검사 유효기간 단축에 관한 적용례) 별표 8의 개정규정은 부칙 제1조 단서에 따른 시행일 이후 제93조제1항에 따라 항공신체검사증명 신청서를 제출하는 경우부터 적용한다.
제4조(헬리콥터의 대체장비 장착에 관한 경과조치) 부칙 제1조 단서에 따른 시행일 전에 제109조제5항제3호 및 제4호의 개정규정에 해당하는 헬리콥터의 소유자등은 이 규칙 시행 후 6개월 이내에 제109조제1항제3호에 따른 비행기록장치 또는 같은 조 제5항 후단의 개정규정에 따른 대체장비를 장착해야 한다.

부칙 〈제1262호, 2023. 10. 19.〉

제1조(시행일) 이 규칙은 공포한 날부터 시행한다. 다만, 제109조제1항제6호의 개정규정은 2025년 1월 1일부터 시행하고, 제109조제1항제7호의 개정규정은 2026년 1월 1일부터 시행한다.
제2조(비행기의 비행기록장치에 관한 경과조치) ① 2022년 1월 1일 이후 최초로 감항증명을 받은 비행기로서 최대이륙중량이 2만 7천킬로그램을 초과하는 비행기를 운항하는 자나 소유자등은 이 규칙 시행 후 6개월 이내에 제109조제1항제3호나목의 개정규정에 따른 비행기록장치를 갖추어야 한다.
② 2022년 1월 1일 전에 감항증명을 받은 비행기로서 최대이륙중량이 2만 7천킬로그램을 초과하는 비행기를 운항하는 자나 소유자등은 제109조제1항제3호나목의 개정규정에 따른 비행기록장치를 갖추지 않을 수 있다.
제3조(항공기의 위치 파악 장치에 관한 경과조치) ① 2024년 1월 1일부터 2026년 6월 30일까지 최초로 감항증명을 받은 비행기로서 최대이륙중량이 2만 7천킬로그램을 초과하는 항공운송사업에 사용되는 비행기를 운항하려는 자나 소유자등은 2026년 6월 30일까지 제109조제1항제6호의 개정규정에 따른 항공기의 위치 파악 장치를 갖추어야 한다. 〈개정 2025. 6. 30.〉

② 2024년 1월 1일 전에 감항증명을 받은 비행기로서 최대이륙중량이 2만 7천킬로그램을 초과하는 항공운송사업에 사용되는 비행기를 운항하려는 자나 소유자등은 제109조제1항제6호의 개정규정에 따른 항공기의 위치 파악 장치를 갖추지 않을 수 있다.
제4조(활주로종단 초과 인식 및 경고시스템에 관한 경과조치) 2026년 1월 1일 전에 감항증명을 받은 비행기로서 최대이륙중량이 5천7백킬로그램을 초과하고 터빈발동기를 장착한 항공운송사업에 사용되는 비행기를 운항하려는 자나 소유자등은 제109조제1항제7호의 개정규정에 따른 활주로종단 초과 인식 및 경고시스템을 갖추지 않을 수 있다.
제5조(운항증명을 위한 검사기준에 관한 적용례) 별표 33 바목12)의 개정규정은 이 규칙 시행 이후 최초로 제257조제1항에 따라 운항증명을 신청하는 경우부터 적용한다.

부칙 〈제1341호, 2024. 5. 31.〉 (한시적 규제유예 등 민생경제 활력 제고를 위한 4개 법령의 일부개정에 관한 국토교통부령)
이 규칙은 공포한 날부터 시행한다.

부칙 〈제1365호, 2024. 7. 17.〉
제1조(시행일) 이 규칙은 2024년 7월 17일부터 시행한다.
제2조(수수료에 관한 적용례) 별표 47의 개정규정은 이 규칙 시행 이후 같은 별표에 따른 증명 및 승인 등을 신청하는 경우부터 적용한다.

부칙 〈제1389호, 2024. 9. 20.〉
제1조(시행일) 이 규칙은 공포한 날부터 시행한다.
제2조(전문교육기관의 항공정비사과정에 관한 적용례) 별표 12 제9호가목의 개정규정은 이 규칙 시행 이후 개설되는 항공정비사과정부터 적용한다.

부칙 〈제1405호, 2024. 11. 13.〉
제1조(시행일) 이 규칙은 공포한 날부터 시행한다. 다만, 다음 각 호의 개정규정은 해당 호에서 정한 날부터 시행한다.

1. 제5조제5호가목의 개정규정: 공포 후 6개월이 경과한 날

2. 제306조의2, 제310조제6항, 제320조의3, 별표 44의3, 별표 44의4, 별지 제127호서식 및 별지 제128호서식의 개정규정: 2025년 1월 17일

제2조(무인수직이착륙기에 관한 경과조치) ① 부칙 제1조제1호에 따른 시행일 전에 무인수직이착륙기에 대하여 종전의 규정에 따라 초경량비행장치의 신고 또는 변경신고를 한 경우에는 제301조 및 제302조에 따라 무인수직이착륙기에 대하여 신고 또는 변경신고를 한 것으로 본다.

② 부칙 제1조제1호에 따른 시행일 전에 무인수직이착륙기에 대하여 종전의 규정에 따라 초경량비행장치 안전성인증을 받은 경우에는 제305조에 따라 무인수직이착륙기에 대하여 안전성인증을 받은 것으로 본다.

③ 부칙 제1조제1호에 따른 시행일 전에 무인수직이착륙기에 대하여 종전의 규정에 따라 초경량비행장치 조종자 증명을 받은 경우에는 제306조에 따라 무인수직이착륙기에 대한 초경량비행장치 조종자 증명을 받은 것으로 본다. 다만, 부칙 제1조제1호에 따른 시행일부터 1년 이내에 다시 무인수직이착륙기에 대하여 초경량비행장치 조종자 증명을 받아야 한다.

④ 제3항 단서에 따른 기간 내에 다시 초경량비행장치 조종자 증명을 받지 않으면 그 기간이 경과한 날부터 해당 초경량비행장치 조종자 증명의 효력은 상실한다.

⑤ 부칙 제1조제1호에 따른 시행일 전에 무인수직이착륙기에 대하여 종전의 규정에 따라 초경량비행장치의 비행승인을 받은 경우에는 제308조에 따라 무인수직이착륙기에 대한 초경량비행장치의 비행승인을 받은 것으로 본다.

⑥ 부칙 제1조제1호에 따른 시행일 전에 무인수직이착륙기에 대하여 종전의 규정에 따라 무인비행장치 특별비행승인을 받은 경우에는 제312조의2에 따라 무인수직이착륙기에 대한 무인비행장치 특별비행승인을 받은 것으로 본다.

부칙 〈제1441호, 2025. 1. 17.〉

제1조(시행일) 이 규칙은 2025년 1월 19일부터 시행한다.

제2조(신체적·정신적 상태 저하 신고에 관한 적용례) 제96조의3의 개정규정은 이 규칙 시행 이후 신체적·정신적 상태의 저하가 발생한 경우부터 적용한다.

부칙 〈제1505호, 2025. 6. 30.〉

이 규칙은 공포한 날부터 시행한다.

부칙 〈제1510호, 2025. 7. 28.〉

이 규칙은 공포한 날부터 시행한다.

부칙 〈제1518호, 2025. 8. 8.〉

이 규칙은 2025년 8월 28일부터 시행한다.

별표 / 서식

[별표 1] 항공기의 손상·파손 또는 구조상의 결함(제8조 관련)
[별표 2] 항공기준사고의 범위(제9조 관련)
[별표 3] [별표 20의2]로 이동 〈2020. 2. 28 〉
[별표 4] 항공종사자·경량항공기조종사 자격증명 응시경력(제75조, 제91조 및 제286조 관련)
[별표 5] 자격증명시험 및 한정심사의 과목 및 범위(제82조제1항 관련)
[별표 6] 자격증명을 가진 사람의 학과시험 면제기준(제86조제2항 관련)
[별표 7] 자격증명시험 및 한정심사의 일부 면제(제88조제2항 및 제89조제3항 관련)
[별표 7의2] 모의비행훈련장치의 종류·등급 및 운용범위(제91조의2제3항 및 제91조의3제5항 관련)
[별표 7의3] 모의비행훈련장치 품질관리시스템의 기준(제91조의3제4항 관련)
[별표 7의4] 모의비행훈련장치의 지정 취소 등 행정처분기준(제91조의4 관련)
[별표 8] 항공신체검사증명의 종류와 그 유효기간(제92조제1항 관련)
[별표 9] 항공신체검사기준(제92조제2항 관련)

[별표 10] 항공종사자에 대한 행정처분기준(제97조제1항 관련)
[별표 10의2] 조종연습생등에 대한 행정처분기준(제103조의2제1항 관련)
[별표 11] 항공영어구술능력 등급기준(제99조제1항 관련)
[별표 12] 전문교육기관 지정기준(제104조제2항 관련)
[별표 12의2] 지정전문교육기관 지정 취소 등 행정처분기준(제104조의2제1항 관련)
[별표 13] 항공신체검사 의료기관 시설 및 장비기준(제105조제2항제3호 관련)
[별표 14] 항공전문의사에 대한 행정처분기준(제106조제2항)
[별표 15] 항공기에 장비하여야 할 구급용구 등(제110조 관련)
[별표 16] 항공계기 등의 기준(제117조제1항 관련)
[별표 17] 항공기에 실어야 할 연료와 오일의 양(제119조 관련)
[별표 18] 운항승무원의 승무시간등 기준(제127조제1항 관련)
[별표 19] 객실승무원의 비행근무시간 및 휴식시간기준(제128조제2항 관련)
[별표 20] 항공안전관리시스템의 구축·운용 및 승인기준(제132조제2항 관련)
[별표 20의2] 의무보고 대상 항공안전장애의 범위(제134조 관련)
[별표 21] 순항고도(제164조제1항제2호 및 제3호 관련)
[별표 22] 수상에서의 항공기 등불(제168조제6호 관련)
[별표 23] 공역의 구분(제221조제1항 관련)
[별표 24] 시계상의 양호한 기상상태(제175조 관련)
[별표 25] 제2종 및 제3종 계기착륙시설(ILS) 정밀계기접근용 장비 및 운항제한 등의 기준(제181조제8항제4호 관련)
[별표 26] 신호(제194조 관련)
[별표 27] 위험물의 포장·용기검사기관의 검사장비 및 검사인력 등의 지정기준(제210조제2항 관련)
[별표 28] 위험물 포장·용기 검사기관의 행정처분기준(제211조제1항 관련)
[별표 29] 위험물전문교육기관의 지정기준(제212조제2항 관련)
[별표 30] 위험물전문교육기관의 행정처분기준(제213조제1항 관련)
[별표 31] 항공교통업무증명의 취소 또는 항공교통업무 제공의 정

[별지 제3호서식] 형식증명서
[별지 제4호서식] 형식증명서 재발급 신청서
[별지 제5호서식] 부가형식증명 신청서
[별지 제6호서식] 부가형식증명서
[별지 제7호서식] 형식증명승인 신청서
[별지 제8호서식] 형식증명승인서
[별지 제9호서식] 부가형식증명승인 신청서
[별지 제10호서식] 부가형식증명승인서
[별지 제11호서식] 제작증명 신청서
[별지 제12호서식] 제작증명서
[별지 제13호서식] 항공기 표준감항증명 신청서
[별지 제14호서식] 항공기 특별감항증명 신청서
[별지 제15호서식] 표준감항증명서
[별지 제16호서식] 특별감항증명서
[별지 제17호서식] (표준감항증명서, 특별감항증명서)재발급 신청서
[별지 제18호서식] 운용한계 지정서
[별지 제19호서식] 항공기 감항승인 신청서
[별지 제20호서식] 부품 등 감항승인 신청서
[별지 제21호서식] 항공기 감항승인서
[별지 제22호서식] 부품 등 감항승인서
[별지 제23호서식] 소음기준적합증명 신청서
[별지 제23호의2서식] 소음기준적합증명서 재발급 신청서
[별지 제24호서식] 소음기준적합증명서
[별지 제25호서식] 시험비행 등의 허가신청서
[별지 제26호서식] 기술표준품형식승인 신청서
[별지 제27호서식] 기술표준품형식승인서
[별지 제28호서식] 항공기기술기준 제·개정 신청서, 기술표준품형식승인기준 제·개정 신청서
[별지 제29호서식] 부품등제작자증명 신청서
[별지 제30호서식] 부품등제작자증명서
[별지 제31호서식] 항공기등 또는 부품등의 수리·개조승인 신청서
[별지 제32호서식] 항공기등 또는 부품등의 수리·개조 결과서
[별지 제33호서식] 국외 정비확인자 인정서

[별지 제34호서식] 항공기 고장·결함·기능장애 보고서(Service Difficulty Report)
[별지 제35호서식] 항공종사자 자격증명시험(한정심사) 응시원서
[별지 제36호서식] 비행경력증명서
[별지 제37호서식] 항공종사자 자격증명서 (재)발급신청서
[별지 제38호서식] 항공종사자 자격증명서
[별지 제38호의2서식] 경량항공기조종사 자격증명서
[별지 제39호서식] 항공종사자 자격증명서 발급대장
[별지 제40호서식] 항공종사자 자격증명서 유효성확인 신청서
[별지 제41호서식] 자격증명서 유효성확인 증명서
[별지 제42호서식] 모의비행훈련장치 지정 신청서
[별지 제43호서식] 모의비행훈련장치 지정서
[별지 제43호의2서식] 모의비행훈련장치 변경지정 신청서
[별지 제43호의3서식] 모의비행훈련장치 유효기간 연장 신청서
[별지 제44호서식] 항공신체검사증명 신청서
[별지 제45호서식] 항공신체검사증명서
[별지 제46호서식] 항공신체검사증명서 발급대장
[별지 제47호서식] 항공신체검사증명 유효기간 연장신청서
[별지 제48호서식] 항공신체검사증명 이의신청서
[별지 제48호의2서식] 신체적·정신적 상태 저하 신고서
[별지 제48호의3서식] 신체적·정신적 상태 적합 여부 통지대장
[별지 제49호서식] 항공종사자 행정처분대장
[별지 제50호서식] 항공영어구술능력증명시험 응시원서
[별지 제50호의2서식] 항공영어구술능력증명서 (재)발급신청서
[별지 제51호서식] 항공영어구술능력증명서
[별지 제52호서식] 항공기 조종연습 허가신청서
[별지 제53호서식] 항공기 조종연습허가서
[별지 제54호서식] 항공교통관제연습 허가신청서
[별지 제55호서식] 항공교통관제연습 허가서
[별지 제56호서식] (항공신체검사증명서, 조종연습허가서, 항공교통관제연습 허가서)재발급신청서
[별지 제56호의2서식] 조종연습생등 행정처분대장
[별지 제57호서식] 항공종사자 전문교육기관 지정신청서

[별지 제58호서식] 항공종사자 전문교육기관 지정서
[별지 제58호의2서식] 훈련운영기준(Training Specifications)
[별지 제58호의3서식] 훈련운영기준 변경신청서
[별지 제59호서식] 항공전문의사(신규지정, 기재사항 변경)신청서
[별지 제60호서식] 항공전문의사 지정서
[별지 제60호의2서식] 항공전문의사 지정 취소 요청서
[별지 제60호의3서식] 피로위험관리시스템 승인신청서
[별지 제60호의4서식] 피로위험관리시스템승인서Certificate of Approval, Fatigue Risk Management System
[별지 제60호의5서식] 피로위험관리시스템 승인 변경신청서
[별지 제61호서식] 주류등 섭취 또는 사용 적발보고서
[별지 제62호서식] 항공안전관리시스템 승인신청서
[별지 제63호서식] 항공안전관리시스템 승인서
[별지 제64호서식] 항공안전관리시스템 변경승인 신청서
[별지 제65호서식] 항공안전 의무보고서(Aviation Safety Mandatory Report)
[별지 제65호의2서식] 조류 및 동물 충돌 보고서
[별지 제66호서식] 항공안전 자율보고서(Aviation Safety Voluntary Report)
[별지 제67호서식] 조종사 운항자격 인정(심사) 신청서
[별지 제68호서식] 지정항공운송사업자등의 지정신청서
[별지 제69호서식] 지정심사관 지정(심사) 신청서
[별지 제70호서식] 이륙·착륙 장소 외에서의 이륙·착륙 허가 신청서
[별지 제71호서식] 비행계획서
[별지 제72호서식] 반복비행계획서
[별지 제73호서식] 항공기 입출항 신고서(GENERAL DECLARATION)
[별지 제74호서식] 최저비행고도 아래에서의 비행허가 신청서
[별지 제74호의2서식] 물건 투하 또는 살포 허가 신청서
[별지 제74호의3서식] 낙하산 강하허가 신청서
[별지 제74호의4서식] 곡예비행 허가 신청서
[별지 제75호서식] 무인항공기 비행허가 신청서

[별지 제75호의2서식] 긴급항공기 지정신청서
[별지 제75호의3서식] 긴급항공기 지정서
[별지 제75호의4서식] 긴급항공기 지정서 재발급 신청서
[별지 제76호서식] 위험물 항공운송허가 신청서
[별지 제77호서식] 위험물 항공운송 허가서
[별지 제78호서식] 위험물 포장 · 용기검사기관 지정신청서
[별지 제79호서식] 위험물 포장 · 용기검사기관 지정서
[별지 제80호서식] 위험물전문교육기관 지정신청서
[별지 제81호서식] 위험물전문교육기관 지정서
[별지 제82호서식] (운용경험 기반 승인방식, 속성 승인방식)회항시간 연장운항승인 신청서
[별지 제83호서식] (수직분리축소공역, 성능기반항행요구공역, 특정통신성능요구공역, 특정감시성능요구공역)항공기 운항승인 신청서
[별지 제84호서식] 통제공역 비행허가 신청서
[별지 제85호서식] 항공교통업무증명 신청서
[별지 제86호서식] 항공교통업무증명서
[별지 제87호서식] 항공교통업무증명 변경신고서
[별지 제88호서식] 항공교통업무증명 변경승인신청서
[별지 제89호서식] 운항증명 신청서
[별지 제90호서식] 운항증명서
[별지 제91호서식] 운영기준Operations Specifications
[별지 제92호서식] 운항증명 변경신청서
[별지 제93호서식] 운영기준 변경신청서
[별지 제94호서식] 운영기준
[별지 제95호서식] 안전운항체계 변경검사 신청서
[별지 제96호서식] (운항, 정비)규정 (변경)인가 신청서
[별지 제97호서식] (운항, 정비)규정 변경 신고서
[별지 제98호서식] 정비조직인증 신청서
[별지 제99호서식] 정비조직인증서
[별지 제100호서식] 외국항공기 항행허가 신청서
[별지 제101호서식] 영공통과 허가신청서
[별지 제102호서식] 외국항공기 항행허가 변경신청서
[별지 제103호서식] 영공통과허가 변경신청서

[별지 제104호서식] 외국항공기 국내사용허가 신청서
[별지 제105호서식] 외국항공기 국내사용허가 변경신청서
[별지 제106호서식] 운항증명승인 신청서
[별지 제107호서식] QFOS; Questionnaire of Foreign Operators' Safety(외국항공기의 소유자등 안전성 검토를 위한 질의서)
[별지 제108호서식] 운항증명 승인서
[별지 제109호서식] 운항조건 및 제한사항
[별지 제109호의2서식] 운항증명 변경승인 신청서(Application for Revalidation of Air Operator Certificate)
[별지 제110호서식] 경량항공기 시험비행등 허가 신청서
[별지 제110호의2서식] 경량항공기 시험비행등 허가서
[별지 제111호서식] 경량항공기 조종사등 행정처분 대장
[별지 제112호서식] 경량항공기 조종연습 허가신청서
[별지 제113호서식] 경량항공기 조종연습허가서
[별지 제114호서식] 경량항공기 전문교육기관 지정신청서
[별지 제115호서식] 경량항공기 전문교육기관 지정서
[별지 제116호서식] 초경량비행장치(신규, 변경 · 이전, 말소)신고서
[별지 제117호서식] 초경량비행장치 신고증명서
[별지 제118호서식] 초경량비행장치 신고대장
[별지 제119호서식] 초경량비행장치 시험비행등 허가 신청서
[별지 제119호의2서식] 초경량비행장치 시험비행등 허가서
[별지 제119호의3서식] 초경량비행장치 조종자등 행정처분 대장
[별지 제120호서식] 초경량비행장치 조종자 전문교육기관 지정신청서
[별지 제121호서식] 초경량비행장치 조종자 전문교육기관 지정서
[별지 제122호서식] 초경량비행장치 비행승인신청서
[별지 제123호서식] 무인자유기구 비행허가 신청서
[별지 제123호의2서식] 무인비행장치 특별비행승인 신청서
[별지 제123호의3서식] 무인비행장치 특별비행승인서
[별지 제124호서식] 항공안전감독관증
[별지 제125호서식] 항공영어구술능력평가 전문기관 지정신청서
[별지 제126호서식] 항공영어구술능력평가 전문기관 지정서
[별지 제127호서식] 초경량비행장치 안전교육기관 지정 신청서
[별지 제128호서식] 초경량비행장치 안전교육기관 지정서

대한민국 법령 시리즈 233

항공안전법

법 령 / 시 행 령 / 시 행 규 칙

2025년 8월 28일 인쇄 정가 40,000원
2025년 9월 8일 발행

편 저 편집부
디 자 인 송영미
발 행 인 조준형
발 행 처 해광출판사
http://www.hgbookpub.com
E-mail : munbookcokr@naver.com
주 소 부산광역시 중구 해관로 41-1 (중앙동2가)
전화번호 (051) 253-0001 팩스 (051) 245-1187
등 록 제 2012-000005호

해광출판사에서는 여러분의 소중한 원고와 함께 할 기회를 기다리고 있습니다. 책으로 엮을 원고나 아이디어가 있으신 분들은 이메일 munbookcokr@naver.com로 책에 대한 간단한 개요와 원고 전체 또는 일부를 연락처와 함께 보내주십시오.

ISBN 979-11-6881-878-1

※ 법령 출처 : 법제처 국가법령정보센터
※ 본 도서는 〈공공데이터 제공 및 이용 활성화에 관한 법률〉을 근거로 출판되었습니다.

해광출판사 대한민국 법령 시리즈

001. 선원법
002. 어선법
003. 선박직원법
004. 해사안전기본법
005. 해양환경관리법
006. 선박의 입항 및 출항등에 관한 법률
007. 학교안전사고예방 및 보상에 관한 법률
008. 종합부동산세법
009. 방위사업법
010. 행정규제기본법
011. 식품산업진흥법
012. 위험물안전관리법
013. 화재의 예방 및 안전관리에 관한 법률
014. 도시가스사업법
015. 실내공기질관리법
016. 지방세법
017. 소득세법
018. 법인세법
019. 도선법
020. 선박안전법
021. 선박법
022. 수산업법
023. 고압가스안전관리법
024. 국민연금법
025. 공동주택관리법
026. 화학물질관리법
027. 어선원 및 어선 재해보상보험법
028. 장기등 이식에 관한 법률
029. 자연재해대책법
030. 공유재산 및 물품 관리법
031. 산업입지 및 개발에 관한 법률
032. 부정경쟁방지 및 영업비밀보호에 관한 법률
033. 금융지주회사법
034. 온실가스 배출권의 할당 및 거래에 관한 법률
035. 건축사법
036. 산림문화휴양에 관한 법률
037. 전기사업법
038. 사립학교법
039. 고등교육법
040. 액화석유가스의 안전관리 및 사업법
041. 선박투자회사법
042. 수산자원관리법
043. 위험물선박운송및저장규칙
044. 선박평형수관리법
045. 주택임대차보호법
046. 상가건물임대차보호법
047. 지방공기업법
048. 승강기안전관리법
049. 수목원·정원의 조성 및 진흥에 관한 법률
050. 민법
051. 치료감호 등에 관한 법률
052. 대부업 등의 등록 및 금융이용자 보호에 관한 법률
053. 사료관리법
054. 무형문화재 보전 및 진흥에 관한 법률
055. 총포·도검·화약류 등의 안전관리에 관한 법률
056. 경찰관직무집행법
057. 시설물의 안전 및 유지관리에 관한 특별법
058. 수산생물질병 관리법
059. 소비자기본법
060. 국제선박등록법
061. 정보통신망 이용촉진 및 정보보호 등에 관한 법률
062. 해운법
063. 농수산물 품질관리법
064. 수산업협동조합법
065. 해외건설촉진법
066. 수상레저안전법
067. 공무원재해보상법
068. 수상에서의 수색·구조 등에 관한 법률
069. 어촌어항법
070. 항만법
071. 항만운송사업법
072. 해양경비법
073. 해양사고의 조사 및 심판에 관한 법률
074. 외국인근로자의 고용 등에 관한 법률
075. 중소기업기본법
076. 자유무역지역의 지정 및 운영에 관한 법률
077. 대기환경보전법
078. 소음진동관리법
079. 폐기물관리법
080. 하수도법
081. 물환경보전법
082. 토양환경보전법
083. 환경정책기본법
084. 산업재해보상보험법
085. 관세법
086. 노동조합 및 노동관계조정법
087. 근로기준법
088. 군인연금법
089. 먹는물관리법
090. 기술보증기금법
091. 관광진흥법
092. 감염병의 예방 및 관리에 관한 법률
093. 사법경찰관리의 직무를 수행할 자와 그 직무범위에 관한 법률
094. 수의사법
095. 가정폭력방지 및 피해자보호 등에 관한 법률
096. 환경영향평가법
097. 체육시설의 설치 · 이용에 관한 법률
098. 장사 등에 관한 법률
099. 상호저축은행법
100. 은행법
101. 보호관찰 등에 관한 법률
102. 형법
103. 자동차관리법
104. 형사소송법
105. 전자금융거래법
106. 마약류 불법거래 방지에 관한 특례법
107. 도로법
108. 주세법
109. 변리사법
110. 하천법
111. 중소기업진흥에 관한 법률
112. 발달장애인 권리보장 및 지원에 관한 법률
113. 주택법
114. 장애인복지법
115. 농어업경영체 육성 및 지원에 관한 법률
116. 공인중개사법
117. 건강기능식품에 관한 법률
118. 예비군법
119. 개발제한구역의 지정 및 관리에 관한 특별조치법
120. 국유재산법
121. 주차장법
122. 환경기술 및 환경산업 지원법
123. 대기관리권역의 대기환경개선에 관한 특별법
124. 악취방지법
125. 미세먼지 저감 및 관리에 관한 특별법
126. 가축분뇨의 관리 및 이용에 관한 법률
127. 물의 재이용 촉진 및 지원에 관한 법률
128. 물관리기본법
129. 물관리기술 발전 및 물산업 진흥에 관한 법률
130. 자원의 절약과 재활용촉진에 관한 법률
131. 전기 · 전자제품 및 자동차의 자원순환에 관한 법률
132. 건설폐기물의 재활용촉진에 관한 법률
133. 수도권매립지관리공사의 설립 및 운영 등에 관한 법률
134. 폐기물의 국가 간 이동 및 그 처리에 관한 법률
135. 폐기물처리시설 설치촉진 및 주변지역지원 등에 관한 법률
136. 자원순환기본법
137. 잔류성오염물질 관리법
138. 환경분쟁 조정법

해광출판사 대한민국 법령 시리즈

139. 화학물질의 등록 및 평가 등에 관한 법률
140. 환경오염시설의 통합관리에 관한 법률
141. 환경오염피해 배상책임 및 구제에 관한 법률
142. 중소기업제품 구매촉진 및 판로지원에 관한 법률
143. 환경개선비용 부담법
144. 환경분야 시험·검사 등에 관한 법률
145. 환경친화적 산업구조로의 전환촉진에 관한 법률
146. 환경친화적 자동차의 개발 및 보급 촉진에 관한 법률
147. 환경범죄 등의 단속 및 가중처벌에 관한 법률
148. 생명윤리 및 안전에 관한 법률
149. 장애인차별금지 및 권리구제 등에 관한 법률
150. 부동산투자회사법
151. 정치자금법
152. 과학기술기본법
153. 대리점거래의 공정화에 관한 법률
154. 상속세 및 증여세법
155. 학원의 설립 · 운영 및 과외교습에 관한 법률
156. 해양심층수의 개발 및 관리에 관한 법률
157. 전기용품 및 생활용품 안전관리법
158. 사회기반시설에 대한 민간투자법
159. 공직선거법
160. 정당법
161. 유류오염손해배상 보장법
162. 부정청탁 및 금품등 수수의 금지에 관한 법률
163. 항로표지법
164. 어장관리법
165. 민방위기본법
166. 공직자윤리법
167. 선거관리위원회법
168. 유선 및 도선 사업법
169. 전기공사업법
170. 사회복지사업법
171. 택지개발촉진법
172. 국가공무원법
173. 민간임대주택에 관한 특별법
174. 어음법·수표법
175. 민사집행법
176. 상법
177. 문화예술진흥법
178. 중소기업협동조합법
179. 농업협동조합법
180. 도로교통법
181. 의료사고 피해구제 및 의료분쟁 조정 등에 관한 법률
182. 산림보호법
183. 소년법
184. 동물보호법
185. 건축물관리법
186. 도시개발법
187. 화물자동차 운수사업법
188. 도시 및 주거환경정비법
189. 의료법
190. 국회법
191. 응급의료에 관한 법률
192. 출입국관리법
193. 노인복지법
194. 산림자원의 조성 및 관리에 관한 법률
195. 청소년 보호법
196. 초 · 중등교육법
197. 혁신도시 조성 및 발전에 관한 특별법
198. 경제자유구역의 지정 및 운영에 관한 특별법
199. 공공기관의 운영에 관한 법률
200. 대한민국헌법
201. 국민기초생활 보장법
202. 저작권법
203. 가사소송법
204. 국가유공자 등 예우 및 지원에 관한 법률
205. 국민체육진흥법
206. 전통주 등의 산업진흥에 관한 법률
207. 재난 및 안전관리 기본법
208. 정보통신공사업법
209. 주식회사 등의 외부감사에 관한 법률
210. 공익사업을 위한 토지 등의 취득 및 보상에 관한 법률
211. 개인정보 보호법
212. 국세기본법
213. 에너지이용 합리화법
214. 감정평가 및 감정평가사에 관한 법률
215. 국가인권위원회법
216. 가맹사업거래의 공정화에 관한 법률
217. 보건의료기본법
218. 산업안전보건법
219. 법무사법
220. 교육공무원법
221. 특허법
222. 민사소송법
223. 아동복지법
224. 전파법
225. 하도급거래 공정화에 관한 법률
226. 기초연금법
227. 사립학교교직원 연금법
228. 직업안정법
229. 장애아동 복지지원법
230. 부동산등기법
231. 자동차손해배상 보장법
232. 철도안전법
233. 항공안전법
234. 전자상거래 등에서의 소비자보호에 관한 법률
235. 독점규제 및 공정거래에 관한 법률
236. 상표법
237. 채무자 회생 및 파산에 관한 법률
238. 공무원연금법
239. 축산법
240. 근로복지기본법
241. 민원 처리에 관한 법률
242. 약사법
243. 방문판매 등에 관한 법률
244. 건축기본법
245. 지방세기본법
246. 지방세징수법
247. 지방자치법
248. 도시교통정비 촉진법
249. 공공주택 특별법
250. 국세징수법
251. 공인노무사법
252. 중대재해 처벌 등에 관한 법률
253. 외무공무원법
254. 소방시설공사업법
255. 검역법
256. 공중위생관리법
257. 할부거래에 관한 법률
258. 인터넷 멀티미디어 방송사업법
259. 전기통신사업법
260. 제품안전기본법
261. 철도사업법
262. 어린이제품 안전 특별법
263. 영유아보육법
264. 원자력안전법
265. 보험업법
266. 경비업법
267. 교통안전법
268. 세무사법
269. 관세사법
270. 공인회계사법
271. 지방공무원법
272. 고용정책 기본법
273. 국가경찰과 자치경찰의 조직 및 운영에 관한 법률
274. 협동조합 기본법
275. 재해구호법
276. 환경보건법

해광출판사 대한민국 법령 시리즈

277. 자살예방 및 생명존중문화 조성을 위한 법률
278. 소방산업의 진흥에 관한 법률
279. 소방기본법
280. 비송사건절차법
281. 자연환경보전법
282. 변호사법
283. 기업구조조정투자회사법
284. 전기통신기본법
285. 에너지법
286. 해양생태계의 보전 및 관리에 관한 법률
287. 사회보장기본법
288. 통신비밀보호법
289. 공증인법
290. 물류시설의 개발 및 운영에 관한 법률
291. 청소년활동 진흥법
292. 형의 집행 및 수용자의 처우에 관한 법률
293. 도시공원 및 녹지 등에 관한 법률
294. 태권도 진흥 및 태권도공원 조성 등에 관한 법률
295. 녹색건축물 조성 지원법
296. 우편법
297. 예금자보호법
298. 건설산업기본법
299. 금융회사의 지배구조에 관한 법률
300. 장애인활동 지원에 관한 법률
301. 언론중재 및 피해구제 등에 관한 법률
302. 국가재정법
303. 농지법
304. 게임산업진흥에 관한 법률
305. 정신건강증진 및 정신질환자 복지서비스 지원에 관한 법률
306. 디자인보호법
307. 의료기사 등에 관한 법률
308. 스마트도시 조성 및 산업진흥 등에 관한 법률
309. 내수면어업법
310. 한국주택금융공사법
311. 의료기기법
312. 유통산업발전법
313. 전통시장 및 상점가 육성을 위한 특별법
314. 여신전문금융업법
315. 해외자원개발 사업법
316. 산업교육진흥 및 산학연협력촉진에 관한 법률
317. 빈집 및 소규모주택 정비에 관한 특례법
318. 기업도시개발 특별법
319. 전력기술관리법
320. 국토기본법
321. 지하수법
322. 식품위생법
323. 광업법
324. 호스피스·완화의료 및 임종과정에 있는 환자의 연명의료결정에 관한 법률
325. 주식·사채 등의 전자등록에 관한 법률
326. 표시·광고의 공정화에 관한 법률
327. 골재채취법
328. 국민건강증진법
329. 새마을금고법
330. 여객자동차 운수사업법
331. 마리나항만의 조성 및 관리 등에 관한 법률
332. 한부모가족지원법
333. 국가를 당사자로 하는 계약에 관한 법률
334. 지방자치단체를 당사자로 하는 계약에 관한 법률
335. 축산물 위생관리법
336. 병역법
337. 음악산업진흥에 관한 법률
338. 국가균형발전 특별법
339. 첨단재생의료 및 첨단바이오의약품 안전 및 지원에 관한 법률
340. 공간정보의 구축 및 관리 등에 관한 법률
341. 공유수면 관리 및 매립에 관한 법률
342. 농수산물 유통 및 가격안정에 관한 법률
343. 아시아문화중심도시 조성에 관한 특별법
344. 신탁법
345. 자연공원법
346. 생활화학제품 및 살생물제의 안전관리에 관한 법률
347. 군인사법
348. 국제조세조정에 관한 법률
349. 낙동강수계 물관리 및 주민지원 등에 관한 법률
350. 주민등록법
351. 집합건물의 소유 및 관리에 관한 법률
352. 집단에너지사업법
353. 산림조합법
354. 반도체집적회로의 배치설계에 관한 법률
355. 자본시장과 금융투자업에 관한 법률
356. 담보부사채신탁법
357. 근로자퇴직급여 보장법
358. 국제과학비즈니스벨트 조성 및 지원에 관한 특별법
359. 수도법
360. 식품 등의 표시 · 광고에 관한 법률
361. 약관의 규제에 관한 법률
362. 인삼산업법
363. 종자산업법
364. 항공사업법
365. 건설기계관리법
366. 군형법
367. 궤도운송법
368. 기술의 이전 및 사업화 촉진에 관한 법률
369. 농수산물의 원산지 표시 등에 관한 법률
370. 담배사업법
371. 석유 및 석유대체연료 사업법
372. 가축전염병 예방법
373. 농어촌정비법
374. 식물신품종 보호법
375. 항공보안법
376. 중소기업창업 지원법
377. 군사법원법
378. 우주개발 진흥법
379. 해저광물자원 개발법
380. 산림복지 진흥에 관한 법률
381. 지능형 로봇 개발 및 보급 촉진법
382. 헌법재판소법
383. 옥외광고물 등의 관리와 옥외광고산업 진흥에 관한 법률
384. 혈액관리법
385. 국제항해선박 등에 대한 해적행위 피해예방에 관한 법률
386. 유료도로법
387. 독립유공자예우에 관한 법률
388. 신에너지 및 재생에너지 개발 · 이용 · 보급 촉진법
389. 신용정보의 이용 및 보호에 관한 법률
390. 출판문화산업 진흥법
391. 공항시설법
392. 국민 평생 직업능력 개발법
393. 아동 · 청소년의 성보호에 관한 법률
394. 방송법쉬
395. 신용보증기금법
396. 화장품법
397. 청소년 기본법
398. 인터넷주소자원에 관한 법률
399. 양곡관리법
400. 도로명주소법
401. 전자문서 및 전자거래 기본법
402. 산업기술의 유출방지 및 보호에 관한 법률
403. 국가기술자격법
404. 양식산업발전법
405. 산업기술혁신 촉진법
406. 새만금사업 추진 및 지원에 관한 특별법
407. 전자정부법
408. 지역 개발 및 지원에 관한 법률
409. 한국농어촌공사 및 농지관리기금법
410. 계량에 관한 법률
411. 기업활동 규제완화에 관한 특별조치법
412. 군에서의 형의 집행 및 군수용자의 처우에 관한 법률

해광출판사 대한민국 법령 시리즈

413. 규제자유특구 및 지역특화발전특구에 관한 규제특례법
414. 금융위원회의 설치 등에 관한 법률
415. 남녀고용평등과 일·가정 양립 지원에 관한 법률
416. 농어업인 삶의 질 향상 및 농어촌지역 개발촉진에 관한 특별법
417. 댐건설·관리 및 주변지역지원 등에 관한 법률
418. 국가유산수리 등에 관한 법률
419. 법원조직법
420. 보훈보상대상자 지원에 관한 법률
421. 부패방지 및 국민권익위원회의 설치와 운영에 관한 법률
422. 과학기술분야 정부출연연구기관 등의 설립·운영 및 육성에 관한 법률
423. 연구개발특구의 육성에 관한 특별법
424. 친환경농어업 육성 및 유기식품 등의 관리·지원에 관한 법률
425. 연안관리법
426. 영화 및 비디오물의 진흥에 관한 법률
427. 신용협동조합법
428. 방송통신발전 기본법
429. 범죄피해자 보호법
430. 가축 및 축산물 이력관리에 관한 법률
431. 국가표준기본법
432. 국가통합교통체계효율화법
433. 범죄인 인도법
434. 국가과학기술 경쟁력 강화를 위한 이공계지원 특별법
435. 국제경기대회 지원법
436. 금융혁신지원 특별법
437. 수자원의 조사·계획 및 관리에 관한 법률
438. 축산자조금의 조성 및 운용에 관한 법률
439. 소방시설 설치 및 관리에 관한 법률
440. 양성평등기본법
441. 축산계열화사업에 관한 법률
442. 수입식품안전관리 특별법
443. 대외무역법
444. 국가연구개발사업 등의 성과평가 및 성과관리에 관한 법률
445. 무역보험법
446. 기술사법
447. 광산안전법
448. 농약관리법
449. 농업·농촌 및 식품산업 기본법
450. 문화산업진흥 기본법
451. 부담금관리 기본법
452. 야생생물 보호 및 관리에 관한 법률
453. 한국은행법
454. 별정우체국법
455. 원양산업발전법
456. 콘텐츠산업 진흥법
457. 한국수출입은행법
458. 외국인투자 촉진법
459. 물류정책기본법
460. 전자서명법
461. 산업발전법
462. 산업표준화법
463. 소프트웨어 진흥법
464. 토지이용규제 기본법
465. 해수욕장의 이용 및 관리에 관한 법률
466. 정보통신 진흥 및 융합 활성화 등에 관한 특별법
467. 정보통신산업 진흥법
468. 지진·화산재해대책법
469. 소금산업진흥법
470. 위치정보의 보호 및 이용 등에 관한 법률
471. 외국법자문사법
472. 이러닝(전자학습)산업 발전 및 이러닝 활용 촉진에 관한 법률
473. 암관리법
474. 실용신안법
475. 가족관계의 등록 등에 관한 법률
476. 무인도서의 보전 및 관리에 관한 법률
477. 감사원법
478. 정보보호산업의 진흥에 관한 법률
479. 결혼중개업의 관리에 관한 법률
480. 공익신고자 보호법
481. 박물관 및 미술관 진흥법
482. 낚시 관리 및 육성법
483. 동산·채권 등의 담보에 관한 법률
484. 임금채권보장법
485. 국민투표법
486. 농림수산업자 신용보증법
487. 국가채권 관리법
488. 중소기업은행법
489. 식품안전기본법
490. 외국환거래법
491. 발명진흥법
492. 건설기술 진흥법
493. 기후위기 대응을 위한 탄소중립·녹색성장 기본법
494. 인체조직안전 및 관리 등에 관한 법률
495. 엔지니어링산업 진흥법
496. 신문 등의 진흥에 관한 법률
497. 식물방역법
498. 석탄산업법
499. 산업융합 촉진법
500. 비료관리법
501. 임업 및 산촌 진흥촉진에 관한 법률
502. 복권 및 복권기금법
503. 대규모유통업에서의 거래 공정화에 관한 법률
504. 뉴스통신 진흥에 관한 법률
505. 지능정보화 기본법
506. 자격기본법
507. 중소기업 기술혁신 촉진법
508. 국가공간정보 기본법
509. 농어업재해대책법
510. 방송광고판매대행 등에 관한 법률
511. 지식재산 기본법
512. 초고층 및 지하연계 복합건축물 재난관리에 관한 특별법
513. 해양 조사와 해양정보 활용에 관한 법률
514. 공간정보산업 진흥법
515. 공공기관의 정보공개에 관한 법률
516. 행정기본법
517. 해상교통안전법
518. 농어업재해보험법
519. 문화유산의 보존 및 활용에 관한 법률
520. 자연유산의 보존 및 활용에 관한 법률
521. 국토의 계획 및 이용에 관한 법률
522. 건축법
523. 국민건강보험법
524. 계엄법
525. 환경친화적 선박의 개발 및 보급 촉진에 관한 법률
526. 해양폐기물 및 해양오염퇴적물 관리법
527. 연안사고 예방에 관한 법률
528. 전기안전관리법
529. 의약품 등의 안전에 관한 규칙
530. 공공보건의료에 관한 법률
531. 군보건의료에 관한 법률
532. 농어촌 등 보건의료를 위한 특별조치법
533. 보호소년 등의 처우에 관한 법률
534. 국가를 당사자로 하는 소송에 관한 법률
535. 간호법
536. 국립묘지의 설치 및 운영에 관한 법률
537. 주류 면허 등에 관한 법률
538. 부가가치세법
539. 자율운항선박 개발 및 상용화 촉진에 관한 법률

*** 해광출판사의 법령 시리즈는 계속 발행 됩니다.**
**** 각 도서의 개정판은 인쇄일을 기준으로 제작 되었습니다.**